U0556600

作者简介 AUTHOR

汪 洋

1983年生，安徽徽州人，清华大学长聘副教授、博士生导师，教育部青年长江学者。受聘最高人民检察院"法学名师进检察"授课专家、北京市人民政府立法工作法律专家委员会委员。在多个中国法学会下属二级学会及北京市法学会直属研究会任副秘书长、常务理事等职务。在权威核心期刊发表论文50余篇，荣获最高人民法院全国优秀应用法学论文成果奖、中国法学会董必武青年研究成果奖、人大复印资料重要转载来源作者、中国法学会民法学研究会佟柔青年优秀研究成果奖，中国法学会婚姻法学研究会优秀科研成果一等奖等荣誉。担任清华大学实践教学专家、理律杯全国高校模拟法庭竞赛负责人，获评清华大学良师益友、教师林枫奖、仲英青年学者。深度参与《最高人民法院关于适用〈中华人民共和国民法典〉合同编通则若干问题的解释》《最高人民法院关于适用〈中华人民共和国民法典〉婚姻家庭编的解释（二）》的制定研讨，协助民政部、自然资源部、文化和旅游部、国务院妇女儿童工作委员会办公室等起草修改多部规范性文件。

献给我的爱人何芳玲女士

Tractatus de Iuribus in Agro Aedeque Aliena

用益物权论

汪 洋/著

北京大学出版社
PEKING UNIVERSITY PRESS

目　录

传统民法素来以意思自治为底色,尤其体现在合同法等凸显自愿的交换正义理念的法域,而物权法则有着迥然不同的风格,原因在于它不仅关乎交换,也关乎分配。公法与私法汇流于物权法,财产权及相关的产权理论也与政治哲学中的国家理论息息相关。只要回忆和揣摩一下 20 世纪末到 2007 年,《合同法》(已失效,下同) 与《物权法》(已失效,下同) 两部法律在立法历程和社会评价中的巨大差异,就能体察出物权法中"国家"的角色与分量。诺斯在《西方世界的兴起》[1]里,认为制度因素是经济增长的关键,能够为个人提供有效激励的产权结构,是保证经济增长的决定性因素,而产权结构由国家来决定,因此国家理论构成了理解产权理论的前见。在此基础上,可以从个人自由、经济效率、社会关联及国家规制四重面向来理解物权法的功能。

一、个人自由面向:道德论与基本权利视角

理解物权法的第一个面向是个人自由。过往学说通常从道德论角度去证成私有财产的正当性。私法自治理念的规范表达为所有权神圣,人生来就有自由、财产安全和反抗压迫的权利,其中财产安全是个人自由的直接基础与重要内容,无财产则无人格。正如黑格尔

---

[1] 参见[美]罗伯斯·托马斯、[美]道格拉斯·诺斯:《西方世界的兴起》,厉以平、蔡磊译,华夏出版社 2009 年版,第 4 页。

所言,所有权是自由之定在[1]。产权赋予个人独立的财产决策自由和市场退出自由。

(一)国家理论:社会契约论

这一面向在理论根基上受到国家理论谱系中社会契约论学说的影响。国家理论的首要任务是说明国家的性质,大致立场可以归纳为契约论、掠夺论及暴力潜能分配理论三种解释方案。契约论的代表人物有霍布斯、洛克、卢梭等。霍布斯在《利维坦》中提出丛林法则,即自然状态下的人是平等和绝对自由的,人们为了实现自己的利益,引起相互间漫无止境的掠夺乃至血腥屠杀,结论便是人的自然状态是处于"一切人反对一切人的战争状态"。在自然状态下虽有自然法调整,但人类要摆脱人与人的敌对状况,必须寻求能使大家畏惧并指导其行动以谋求共同利益的公共权力,社会契约便是人类走出自然状态的必经之路。人们通过订立契约让渡自己的部分权利,建立公共机构来保障自然权利,从自然状态过渡到社会状态,于是就形成了国家。国家是超越人们彼此利害关系的、利益中立的第三方。[2]

在《政府论》中,洛克认为在自然状态下每个人都拥有自然权利,没有人有权利侵犯其他人的生命、自由或财产。财产先于政府存在且独立,而政治社会创立的目标便是为了给财产权利提供更好的保护。政府的统治也必须经过被统治者的同意,因此政府只是人民所委托的代理人,应该对政府权力实行监督与制衡。当法律被违反或代理人滥用权力时,就意味着政府背叛了人民,人民有权建立一个新的政府,以对抗旧政府的不正当权威,这被称为"革命"。革命不但是一种权利,也是一种义务。[3]

卢梭也把自然状态作为社会政治学说的出发点。自然状态既赋

---

[1] 参见[德]黑格尔:《法哲学原理》,范扬、张企泰译,商务印书馆1961年版,第54页。
[2] 参见[英]霍布斯:《利维坦》,黎思复、黎廷弼译,杨昌裕校,商务印书馆1985年版,第92—97、128—142页。
[3] 参见[英]洛克:《政府论(下篇)》,叶启芳、瞿菊农译,商务印书馆1964年版,第3、77、94、139—157页。

予人以自由,也产生了事实上的不平等,最后到达自然状态的终点——私有制的产生。卢梭在《社会契约论》中提出要用社会契约来保证社会平等。社会契约的核心是权利的转让,要旨是一切人把一切权利转让给一切人,这一结合使每一个与全体相联合的个人又只不过是在服从自己本人,并且像以往一样自由,这就是社会契约要解决的国家与个人的根本关系问题。有了权利的保证,就使得人与人之间虽然可能有体力与智力上的不平等,但是他们却拥有了权利的平等。社会契约产生的结果既不是霍布斯的有绝对权力的“利维坦”,也不是洛克的有限权力的政府,而是集强制的权力和自由的权利于一身的“公意”。“公意”不同于“众意”,永远以公共利益为出发点和归宿,在具体的政治实践中表现为法律,其中立法权是关键。《社会契约论》最核心的一个观点就是区分了国家与政府的关系,一个理想的社会建立于人与人之间而非人与政府之间的契约关系,“主权在民”而不是“朕即国家”,才是政府存在的法理基础,政府只是人民的受托方、法律的执行者,而非主权者本身。如果政府不合人民的“公意”,人民就有权结束契约并索回所让渡的权利。[1]

　　社会契约理论的契约是平等主体自愿缔结的契约,不平等主体间存在的将是强制性的服从。这一假设显然同历史经验事实相违背,因此契约论的重点不在于探求国家的真实起源,而在于对国家存在与功能的正当化论说,同时也为人们反抗专制权力及权利诉求提供了正当化依据,成为有力的动员革命力量的意识形态,亦为近代国家的政治制度设计提供了有效的理论指导,可以相对容易地建构出一套符合“权利话语”的政治正确理论。契约论对产权制度的生成作出了解释,说明了最初签订契约的得利,但未能说明不同利益成员在达成契约后如何调整自己的行动以获取最大化的利益。因为国家既作为每一个契约的第三者,又是强制力的最终来源,各方都希望能按有利于自己集团的方式再分配福利和收入。

---

[1]　参见[法]卢梭:《社会契约论(修订第3版)》,何兆武译,商务印书馆2003年版,第18—30、108—119页。

(二)对财产权的保护以财产规则而非责任规则为基点

在现代法律体系中,财产权是否属于基本权利,一直以来颇有争议。从财产规则与责任规则的差异中,或许可以观察到财产权作为基本权利的面向。民事立法的任务无非两个轴心:确认主体的自由权利和构建有效的竞争秩序。前者是对主体赋权,后者则是对行为规制。卡拉布雷西(Guido Calabresi)和梅拉米德(Douglas Melamed)为此创设了"卡-梅框架"(C&M Framework),对于一项"法授权利或曰法益"(entitlement),[1]区分"财产规则"(property rules)、"责任规则"(liability rules)及"禁易规则"(inalienability rules)三种保护方式。财产规则的要点在于,法律禁止私人之间非自愿地转移法益,只允许自愿交易,因此是一种事前防范的产权保护规范;责任规则的要点在于,法律禁止私人之间非补偿地转移法益,法益依据集体分配决策的定价进行强制转移,是一种"向后看"的规范,旨在依照法定客观标准进行事后补偿。[2]

对财产权的保护要以财产规则而非责任规则为基点,因为财产的防御功能、存续保障优先于价值保障。财产权人作为定价权人,有交易的自由也有不交易的自由,这同时也构成契约自由的应有之义。比如,在强制拆迁场景下,因为征收补偿协议的定价权人是被拆迁户,所以在达不成征收补偿协议的时候通过强拆把问题转化为强拆

---

[1] entitlement 一词,各学者有不同翻译。其含义不同于 right(权利),卡梅二氏是法律现实主义者,将纷争解决视为国家给予而非(个人与个人间或个人与国家间)权利之厘定,视法律为法官(国家之代表)之政策工具,简资修从该角度将其译为"应配分"。参见简资修:《背光下的大教堂:找寻失落的交易规则》,载解亘主编:《南京大学法律评论》2018 年春季卷,南京大学出版社 2018 年版,第 2 页。

[2] See Guido Calabresi, A. Douglas Melamed, Property Rules, Liability Rules and Inalienability: One View of the Cathedral, 85 Harvard Law Review, 1972, pp.1089-1090;中译本参见[美]吉多·卡拉布雷西,[美]道格拉斯·梅拉米德:《财产规则、责任规则与不可让渡性:"大教堂"的一幅景观》,凌斌译,载[美]唐纳德·A.威特曼编:《法律经济学文献精选》,苏力等译,法律出版社 2006 年版,第 29—50 页;另参见凌斌:《法律救济的规则选择:财产规则、责任规则与卡梅框架的法律经济学重构》,载《中国法学》2012 年第 6 期,第 8—14 页。

之后的补偿问题,补偿价格的定价权人就不再是被拆迁户,而是市场价格或者政府确定的补偿价格,相当于从财产规则滑坡到了补偿规则。

当然,"卡-梅框架"也符合效率维度的考量,通过不同规则的设定达到最优效率的同时解决外部性问题。事前效率的比较涉及相应规则对主体未来行为模式的可能影响;事后效率的衡量主要通过对比相应规则的交易成本和估价成本,当交易成本较高时,责任规则更有效率。但责任规则仅能体现法益的原初价值,无法反映其潜在或长远价值,不能促进资源流向效率最大化的使用者,除节约谈判成本外,对法益交易没有任何效率保障。因此,在通过市场交易分配法益成本很低但估价成本较高时,财产规则就更有效率。

二、经济效率面向:物权经济分析方法的引入

理解物权法的第二重面向是经济效率,主要从功利论的角度阐述产权结构的优劣。波斯纳认为,正义的诸多面向中,效率本身是相当重要的面向,且对法官来说是最可操作的面向。[1] 多种分配一样公平时,仍需选择更有效率者。苏永钦老师也极度重视效率维度,认为让物权法肩负提升整体社会福利的功能,在提升效率会导致分配不正义时,再让特别法介入处理,公私结合使得私法更纯粹。[2]

(一)国家理论:掠夺论

在国家理论谱系中,掠夺论或曰暴力论的一个重要视角,便在于国家设计的产权结构对于效率的积极或消极影响。掠夺论的代表人物是曼瑟·奥尔森。奥尔森认为,人们获取资源的途径有三种:一是

---

〔1〕　参见[美]理查德·波斯纳:《法律的经济分析(第七版)》(中文第二版),蒋兆康译,法律出版社2012年版。

〔2〕　参见苏永钦:《寻找新民法》(增订版),北京大学出版社2012年版,第293—314页。

生产性劳动;二是自愿交换;三是暴力掠夺。人们会倾向选择收益同成本之差最大的方式,由于强者希望通过暴力掠夺这一成本最小的方式获得资源,因此个体间和群体间的暴力冲突贯穿着整个人类历史,这种以暴力为后盾的强制性服从的力量就是权力。只有理解了冲突才能理解和平,只有理解了权力的逻辑才能更好地理解秩序的生成。[1] 以"流窜匪帮"为例可以更好地理解奥尔森的"匪帮"理论。在生存与利益最大化的逻辑支配下,各流窜匪帮会尽可能地进行"杀鸡取蛋"的劫掠活动,而不会考虑无止境的劫掠给社会带来的损失和最终会导致无东西可抢的后果,这样下去就会导致所有匪帮劫掠收益的下降。当流窜劫掠无利可图时,一位实力庞大的匪帮首领可能会占据一个地方固定下来,由"杀鸡取蛋"演化到"养鸡生蛋"。附近苦于其他流窜匪帮的居民会纷纷向此匪帮靠拢,愿意缴纳贡赋以换取他们的保护。实施此种策略的匪首将攫取更多的财富、占领更大的地盘,直到遇到地理限制或另一同样强大的匪帮为止。

坐寇逐渐由血腥的匪徒变成了头戴王冠,提供公共物品的专制国王。即使出现的是专制国家,也会比无政府状态要进步,因为它会在一定范围内维持和平、保护产权、促生合作。在这一过程中,有一个极其重要的变量就是共容利益,即权力者个人收入同社会总收入的密切一致性,共容利益关系越大,权力者越有激励关心自己的行为对社会总产出的影响。奥尔森形容道,理性的、自利的流寇头子好像是在一只看不见的手的引导下变成坐寇,戴上皇冠,这只看不见的手被奥尔森称为"看不见的左手",与亚当·斯密形容市场是"看不见的右手"相对应。[2]

当然,国家垄断性地拥有暴力并非暴力配置的唯一形式,原始社会的氏族也曾掌握暴力,欧洲封建时期的庄园也掌握暴力,东印度公司这样的企业也可以掌握暴力。那么,暴力究竟是由国家集中掌握

---

〔1〕 参见[美]曼瑟·奥尔森:《权力与繁荣》,苏长和、嵇飞译,上海人民出版社 2005 年版,第 1—18 页。

〔2〕 参见[美]曼瑟尔·奥尔森:《集体行动的逻辑》,陈郁等译,上海三联书店、上海人民出版社 1995 年版,第 138—191 页。

好,还是分散在各个社团共同体中更好？奥尔森在《集体行动的逻辑》中指出,小集团难以避免"搭便车"的问题,例如,防卫作为公共产品会产生第三方受益问题,即那些不为防卫出力的人也能享受到那些提供防卫的人所带来的安全,最有效的解决方法莫过于政府确立权威和向一切受益者征税。也就是说,国家提供制度时可解决"搭便车"的问题,在整个国家范围内节省交易费用。这一优势的存在使国家自然而然地掌握了暴力,成为在暴力上具有比较优势的组织。[1]

从掠夺论立场看,国家理论和产权理论之间的关系是政府作为某一集团或阶级的代理者,它的作用是代表该集团或阶级的利益向其他集团或阶级的成员榨取收入。用马克思主义理论的表达,国家是掠夺或剥削的产物,是统治者掠夺和剥削被统治者的工具。政府会利用公共权力来界定一套有利于权力集团利益最大化的产权体系,无视其对立集团及整个社会的福利,因而不能促进整个社会效率的提高,长期来看必然演化成无效率的产权。

(二) 外部性、制度费用及事前观点

效率面向首先涉及产权的初始分配及随之而来的外部性问题。1968 年哈定发表了《公地悲剧》(*The Tragedy of the Commons*) 一文,公地作为一项资源或财产有许多拥有者,他们中的每一个都有使用权,但没有权力阻止其他人使用,而每一个人都倾向于过度使用,从而造成资源的枯竭。[2] 过度砍伐的森林、过度捕捞的渔业资源及污染严重的河流和空气,都是公地悲剧的典型例子,负外部性没有被内部化。外部性指的是人的行为产生的或好或坏的影响,未全由自己享受或负担。外部成本比重越高,行为越会发生,如工厂排烟污染空气且无须支付补偿。内部化外部性问题就是制度费用问题,如工厂加装环保设备的费用。公共物品因产权难以界定而被竞

---

〔1〕　参见[美]曼瑟尔·奥尔森:《集体行动的逻辑》,陈郁等译,上海三联书店、上海人民出版社 1995 年版,第 121—128 页。

〔2〕　See Garrett Hardin, The Tragedy of the Commons, Science, Vol.162, 1968, pp.1243-1248.

争性地过度使用或侵占是必然的结果。要让公地悲剧发生,一种资源必须是稀缺的,在消费上具有竞争性且是具有不可排他性的。

　　一种可能的解决方案是利维坦方案,即自上而下的政府监管或对公共资源池的直接控制。例如,政府法规可以限制在政府土地上放牧的牛的数量,或者发放捕鱼配额。然而,自上而下的政府解决方案往往受到众所周知的寻租、委托代理问题的影响。另一种可能的解决方案是私有化,大多数情况下,这种私有化进程是通过政府强行控制一个公共资源池,然后根据销售价格或简单的政治恩惠将该资源的私有产权分配给其主体来实现的,会遇到与自上而下的政府控制相同的问题。集体解决方案是另一个克服公地悲剧的流行解决方案。2009 年,奥斯特罗姆(Elinor Ostrom)成为历史上第一个获得诺贝尔经济学奖的女性,她在其名著《公共事物的治理之道:集体行动制度的演进》中试图解决的中心问题便是:一群相互依存的人们,如何能够把自己组织起来,进行自主治理,并通过自主性的努力(并非由政府作指挥),去克服"搭便车"等(即市场失效)问题,以实现持久性共同利益。她提出了"自筹资金的合约实施博弈",认为公共资源的使用者可以通过自筹资金来制定并实施有效使用公共池塘资源的合约。[1]

　　效率面向的一个重要指标是"交易成本"(transaction costs),指设立、维持、使用财产权的费用,包括谈判、协商、诉讼等成本。科斯(R.H.Coase)试图解决的疑问是,有些交易在厂商内部进行,有些交易在市场中进行,虽然理论上竞争市场能达到资源的有效配置,生产活动可以在市场交易中实现,但交易需要成本,只要这些交易活动在厂商内部进行的成本小于在市场中的成本,厂商就会把原本的市场交易变为厂商内部配置,以达到节省交易成本的目的。科斯的《社会成本的问题》一文的发表也标志着法律经济学的创立。[2]

---

〔1〕 参见[美]埃莉诺·奥斯特罗姆:《公共事物的治理之道——集体行动制度的演进》,余逊达、陈旭东译,上海三联书店 2000 年版,第 36~50 页。
〔2〕 See R.H. Coase, The Problem of Social Cost, Journal of Law and Economics, Vol.3, 1960, pp.1-44.

托马斯·梅里尔(Thomas W. Merrill)和亨利·史密斯(Henry E. Smith)还提出了信息成本(information costs)的概念,如物权公示是为了降低潜在交易者的信息成本,物权公信使已尽一定调查程度的交易者无须继续支出信息成本。[1] 同时,建立不动产统一登记需要高昂的社会成本,如罗马帝国地籍册、明朝"鱼鳞图册"的初始成本都非常高,维持费用亦不低。包括物权法在内的法律,便是致力于降低社会成本与信息成本以促进交易,直到执行该政策的边际社会成本低于其边际利益为止;为使交易不成时,资源仍能被最妥善运用,法律应将财产权分配给最有效率利用该资源者。张五常将这两个概念统合为"制度费用",[2]认为能同时兼顾降低交易成本与信息成本的制度方为良策。科斯定理的内涵便是,若无制度费用,产权分配方式不影响经济效率。

从立法和司法的角度看,影响效率面向的两种不同立场是事前观点与事后观点。事后观点要求在某事已发生的条件下,使得善后工作能在局限下极大化社会福祉,该立场更关注个案正义。而事前观点强调立法与司法应着重于使未来的行为人,可以选择更有效率的行为,而非着眼于眼前的个案,因此重视诱因,透过法律规定促使受规范者自动践行立法者的期待,包括短期效果和长期效果。问题的根源在于,采取事后观点的决定,通常也会有事前效果,会扭曲他人未来的行为诱因。以物权法中的加工制度为例,法律如何产生保护原所有权人的事前效果? 或者处罚恶意加工,使明知物所有权人的加工人有诱因与原所有权人交涉,以探知加工是增值还是减值。即使加工价值显著大于原材料价值,也可以综合考虑充分发挥物的效用和保护无过错当事人原则,判决添附物由材料的所有权人所有。或者不规定善意加工必然获得所有权,使不确定所有权归属的加工人有诱因花费一定信息成本来确认产权状态。

---

[1]　See Thomas W. Merrill, Henry E. Smith, Property: Principles and Policies, Third Edition, Foundation Press, 2017, pp.1-40.

[2]　参见张五常:《卷四:制度的选择》(经济解释 五卷本 二〇一九增订版),中信出版集团股份有限公司2019年版,第60—74页。

　　综上所述,物权赋予了物权人在社会共存情形下的分散决定的行动能力。这种分散决定成为市场形成、发展及市场自由很重要的动力,因此物权法是市场经济秩序的基础,通过清晰界定各种物权(明确物的归属),排除达成私人协议的障碍,减少交易成本并提升物的利用效率(发挥物的效用),规范财产流转、保障交易安全,并借助担保促进了信用与融资,从而最终实现物权法的第一重功能,即提升经济效率。

三、群己关系面向:物权法体现社会关联性

(一)财产权兼顾社会福祉:人人自由得以并行

　　理解物权法的第三重面向是群己关系,物权法诸多规范皆体现出社会关联性。康德所言的"人人自由之并行"提出了社会共同生活的秩序原则,[1]物权人在分散决定之同时,也应进行共同生活的协调,必须兼顾社会以保障每个人的自由得以实现。耶林基于利益衡量概念,主张不应存在忽视社会利益的绝对所有权,[2]基尔克、门格尔等社会平衡思想浓厚的学者继受了其观点。狄骥(Léon Duguit)揭示的"社会连带义务",包括所有权的社会义务,主张现代社会的财产权不再是一种主观权利,而必须同时承担社会职能。[3] 财产权固有的支配性和排他性及资源的稀缺性,使其和人人可平均享有的人格权不同,财产上一旦被确权,其他人即不可能在财产上享有相同权益,要享有权益就必须服从权利人的意志。税收的诞生就表征财产

---

〔1〕　参见[德]康德:《法的形而上学原理——权利的科学》,沈叔平译,林荣远校,商务印书馆1991年版,第108—114页。

〔2〕　Vgl. Rudolph von Jhering, Der Geist des Römischen Rechts auf den Verschiedenen Stufen Seiner Entwicklung, 1. Teil, Leipzig: Druck und Verlag von Breitkopf und Härtel, 5. Aufl, 1878, S. 7.

〔3〕　参见[法]莱昂·狄骥:《〈拿破仑法典〉以来私法的普通变迁》,徐砥平译,徐菲勘校,中国政法大学出版社2003年版,第12—13页、第23—28页。

不再被局限于个人意志领域,而被视为必须承担社会义务的权利,正当性使财产服务于多元价值,这一价值清单包括自由与效率、公平、社会福利和正义、人身安全和人类尊严等。这些价值不可通约,也无法通过普遍规范决定先后优劣,只能适用阿列克西分量维度衡量的竞争法则。[1] 财产权中的正义只可能是语境中的正义,是特定社会和法律关系中的正义,而不是抽象正义。

财产权在私法层面的社会关联性呈现于诸多具体制度中。例如,对不融通物如毒品及土地等自然资源、无线电频谱资源等存在财产权的取得限制;通过责任规则、时效取得、善意取得、添附等制度对财产权进行强制剥夺;通过相邻关系与区分所有权、共有物分割、土地细分限制、登记对宗地的法定要求等体现对财产权的内容限制;基于伦理考量及生存保障考量,对尸体、人体组织器官、动物、农村土地权利等客体的权益设置进行使用和转让限制。[2]

财产权在公法上的社会关联性同样呈现于诸多具体制度中。[3] 例如,征收征用及税收制度体现了对财产权的强制牺牲;通过城市规划、生态环保、文物保护和历史认同(历史文化名城名镇名村保护条例)、交通利益保障(机动车限行)、能源设施保障(电力设施保护条例)等特别法,要求权利人应以特定方式使用甚至放弃特定的使用方式,以促进社会福祉。当然,如果把财产权作为基本权利,部门规章和地方性法规是否具有限制资格,是值得进一步探讨的。

(二)居住权作为产权类型体现出的社会关联性

在传统民法用益物权序列中,居住权是一种典型体现社会关联性功能的产权类型,本书第四卷对该主题进行了集中阐述。第十一章"从用益权到居住权:罗马法人役权流变史"从私法史层面剖析

---

[1]　See Robert Alexy, A Theory of Constitutional Rights, Translated by Julian Rivers, Oxford University Press, 2002, p.54.

[2]　参见谢鸿飞:《财产权的公共性》,载《上海政法学院学报(法治论丛)》2022年第5期,第9页。

[3]　同上注,第1—18页。

了罗马法人役权包括用益权、使用权和居住权三种类型,用益权诞生最早,使用权与居住权衍生自用益权,在房屋为客体时,三者的权利内容非常相近。用益权是一种权利分化的工具,在古典法中与所有权对应使用,成为强大的全面利用他人财产的经济和法律手段,同时其社会关联性体现在遗嘱继承中,遗嘱继承是用益权最早,也是最重要的运用场景,主要着眼于为遗孀及未婚女等家庭成员提供生活扶助,平衡作为继承人的婚生子女与非继承人的遗孀之间的利益。在这样的制度安排下,才可以解释为何没有在用益权客体中排除消耗物。供养目的造就了用益权高度的人身专属性,不能转让,也不能继承。其后,优士丁尼颁布居住权谕令,使居住权独立于用益权和使用权,并赋予了居住权人出租房屋的权利。这一过程并非理论推演的结果,是为了满足现实生活需求的产物。

第十二章“民法典中的意定居住权与居住权合同”论证了现代法上的居住权这一产权类型也具有社会关联与经济效率双重功能,《民法典》“物权编”中的投资性居住权秉承政策中立与私人自治,采取意定方式设立,属于独立的用益物权,起到提取居住权公因式的作用;而具有社会关联性质的社会性居住权体现国家管制与政策考量,集中于“婚姻家庭编”“继承编”及特别法中的规定,分别采取法定、意定及裁判方式设立,以此形成居住权外部体系的总分结构。我国《民法典》虽新增居住权这一产权类型,但遗憾的是未能厘清居住权的功能定位,其他各编未明确规定社会性居住权,而“物权编”中的几个条文将社会性居住权与投资性居住权的内容毫无章法地混杂一团,文义上对居住权主体、客体、权能、消灭事由及可转让继承性都进行了极为严苛的限制,却徒增解释论的难度和适用成本,不当阻碍和限制了投资性意定居住权诸多功能的实现,进一步压缩了交易市场上的用益物权工具。

第十三章“遗嘱方式设立居住权的规范构造”进一步聚焦于以遗嘱方式设立的居住权这一产权类型,鉴于遗嘱的无偿性、人身性等特征,该居住权虽属于意定居住权,但呈现出典型的保障功能这一社会

关联性定位。以遗嘱方式设立的居住权属于遗产范畴,如果遗嘱为
必留份权利人设立居住权的同时,通过分配房屋所有权给他人作为
对价,为必留份权利人的未来生活作出特别安排,且足以维持正常生
活水平,应认定符合必留份的强制性规范。基于其社会关联性定
位,应赋予居住权人遗产债务清偿层面的特殊保护,居住权劣后于其
他遗产用于遗产债务清偿。在第一阶段即立遗嘱人死亡时,居住权
依据《民法典》第230条直接设立,暂时性归属于遗产承受人共同体
所有,无须登记。在第二阶段即遗产分割时,居住权人依照遗嘱对遗
产管理人享有协助居住权登记请求权,居住权自首次登记时设立。
若由法院通过裁判方式分割遗产,则自法律文书生效时居住权设立。
为了给予居住权人优待,在遗嘱生效后首次登记前,居住权人有权依
据有效的遗嘱对房屋进行占有、使用和收益及申请预告登记。

四、国民关系面向:物权法助力社会结构形成与国家规制

理解物权法的第四重面向是国家规制,国家规制功能处理的是
国民关系。物权法并非单单的私权架构,其重要功能在于对社会上
财产的多层次分配与有效控管,构建出社会财产基础秩序,以体现国
家政经体制层面的考量与规制目的的影响。

(一)国家理论:"暴力潜能"分配理论

诺思(D.C. North)认为,契约论或掠夺论均不能涵盖所有的国家
形式,因而是不全面的。契约论忽略了不同的利益集团在达成契约
后如何调整自己的行动以获取利益的最大化,掠夺论没有考虑到产
权的最初分配,即忽略了契约的最初得利。诺思倡导有关国家的"暴
力潜能"(violence potential)分配理论,认为国家带有掠夺和契约的
双重性,可视为在暴力方面具有比较优势的组织。若"暴力潜能"在
公民之间进行平等分配,便产生契约性国家;若分配是不平等的,则

产生掠夺(剥削)性国家。[1]

诺思提出了国家的经济人假设,国家为选民提供保护与公正,选民交纳税收维护国家正常运转,这是一种"交换关系"。为使国家收入最大化,国家会将选民分为各个集团,分别界定和设计产权结构,属于"带有歧视性的垄断者",如同垄断厂商针对不同消费者设计出"歧视价格",以获取优于同等对待情况下的最大收入。当然,由于存在能提供同样服务的潜在竞争对手,如其他国家及在现存政治经济单位中可能成为潜在统治者的集团,国家界定产权结构时,受制于其选民的机会成本,以免这些选民投向潜在竞争者。[2]

国家是一种强制性的制度安排,没有国家就没有产权。产权的实质是排他的权力,理解国家的关键在于,利用潜在暴力来实现对资源的控制以实施产权。国家在产权制度形成中的作用主要表现在,界定和明晰产权结构,以便使统治者的收益最大化;然后在此基础上降低产权界定和转让中的交易费用,使社会产出最大化。国家作为唯一的非人格化的立法和执行机构的主体,能够降低交易费用。然而两个目标难以调和的内在冲突在于,有效率的产权结构有利于整个社会的产出最大化,但未必有利于统治者的收益最大化。国家仅仅在统治者的福利最大化目标的范围内促进和界定有效率的产权,因此历史上有效率的产权和无效率的产权都与国家有关。国家的存在是经济增长的关键,也是人为导致经济衰退的根源,是个人权利最大和最危险的侵害者。

(二)任何产权结构本质上皆为混合财产权

诺思的论述表明,财产权与一个社会的政治经济状况及社会各阶层力量博弈结果紧密相连,具有社会结构的形成功能。因而基于规制目的,针对不同财产可以设计不同的产权结构和所有制模式。

---

[1] 参见[美]道格拉斯·C.诺思:《经济史中的结构与变迁》,陈郁、罗华平等译,三联书店上海分店、上海人民出版社1994年版,第20—34页。
[2] 同上书。

第一种类型是不设立私人所有权,国家直接作为主权者进行规制;第二种类型是设立排他性的国家所有权,但为了协调经济目的,允许私人通过市场化方式利用;第三种模式是法律具体规定属于国家所有情形,除此之外允许私人所有权存在;第四种模式是设立私人所有权,国家对其进行一般内容限制、管制型征收与征用,并通过税收工具参与分配。无论是作为所有权人收取租金,还是作为主权者收取契税,实质上皆是国家参与了财产收益的分配。从这个角度来说,任何产权结构本质上皆为混合财产权模式。

具体采用何种模式,需考虑诸多因素,不存在任何情形下皆正当的所有制架构,而是取决于管理成本、排除成本及总收益的比较、社会关联性程度、负外部性、执行成本等,再结合比例原则具体展开。例如,哪些财产需要遵循围绕经济自由与交易取向而构建的规范;哪些财产因具有较强的社会关联性,应当划归国家与集体所有或特许经营,以协调公共目的与经济目的;对于国家所有权,是否应从公共财产而非私有财产权的框架下理解以及设计规范;等等。本书的主要章节内容便是围绕着这一主题展开。

1. 物权体系框架演进中的国家角色

第一章"罗马法上所有权概念的类型与内涵"通过梳理罗马法上所有权概念的发展,认为所有权从来不是单纯的法技术上的构建,而是为该社会下财产的政治性安排披上一件法律的"晚礼服",这就是所有权政治性、经济性与法律性的三位一体。罗马法所有权概念,从最初完全体现政治性色彩与主权意义的"支配权",经历了氏族家庭权力的消解、个人主义的兴起与法学家阶层对其主观权利的改造之后,共和国中后期出现的"市民法所有权"概念已经体现出强烈的个人性与法律性特征;帝国时期出现的"所有权"概念则仅仅具备经济与法律意义,相比较归属更加强调权能的分解。因此,所有权概念的演进史是政治性逐渐消退、法律性与经济性逐渐增长的过程。

第二章"大陆法系用益物权框架的生成与表达"试图论证整个物权规范体系即产权结构的生成与确立,都脱离不开时代的政治经济背景,政经秩序作为一种宏观推力,对于具体物权的制度构建起到了根本性影响。甚至可以说,就长期历史而言,制度是无关的,它内生于更根本的经济和社会变量。[1] 一方面,在法律系统内部,物权体系化的过程,就是经由多种物权类型不断生成与精细化而逐步搭建起法教义架构的过程;另一方面,在整个社会系统视野下,财产权结构用于进行多层次的社会财富分配,从而建立起基本的社会经济秩序。国家直接介入、调试和推动各种财产及社会资源的归属及利用关系,在物权规范体系建立过程中留下了鲜明而深刻的痕迹,大量物权规范皆是调整私人与国家之间,而非私人与私人之间的法律关系。由此可见,物权规范体系从来不单单是一种私法层面的权利架构,而且还是糅合着私人权利、各阶层的利益分配及国家规制目的的混合产物。

2. 传统中国地权秩序的二元结构

第三章"传统中国地权管业秩序的理论构造"以我国传统地权结构为分析对象,论证传统社会的产权结构同样需要从国家理论和产权理论两个层面理解,由此形成政治权力主导的宏观地权秩序与民间自生自发的微观地权秩序的二元结构。我国传统社会的地权秩序深刻受制于国家权力,土地持有人的权利无法表达为"所有权"这一绝对排他性权利,政治权力的动荡更替导致地权格局的重组,如历史上频繁重演的土地革命、土地兼并和荫占现象。国家权力提供一组服务来交换税赋和地方安靖,并以"永不加税"的承诺等方式,退化为土地上的固定负担。除此之外,官府既无力也无心进行必要的制度安排,导致了乡土社会中官僚法的缺席。乡土社会以民间惯习为基础,对地权进行了细化,在哈耶克(Friedrich August von Hagek)所谓"进化论的理性主义"框架内构筑出一套原生的、以契约为工具的微观地权秩序。私人从权能与时间等维度,对土地收益进行多层次分配,生成了典卖、活卖、绝卖、租佃等一系列灵活、开放而

---

[1] 参见姚洋:《土地、制度和农业发展》,北京大学出版社2004年版,第1—25页。

多元的交易名目。

3. 我国现行产权结构中呈现的国家规制

第七章"集体土地所有权的三重功能属性"将我国农村集体土地的产权结构界定为糅合了公法层面的治理功能、生存保障功能及私法层面的市场化私权功能的集合体。集体土地从治理和生存保障工具逐渐转变为具备实体权利义务关系的私权规范,是伴随着国家公权力在乡村的逐步退却,以及农村集体经济组织自身的实体化而得以实现的。未来的改革方向,或为通过区分以社会保障功能为主的地权初始分配与市场化功能为主的自由流转两个阶段,将现有的农村集体经济组织改造为具有合作性质的私权范畴内自由结合而成的"民间集体"。

第四章"土地空间利用的理论框架与实践运用"及第五章"公共役权在我国土地空间开发中的运用",针对土地空间立体开发利用这一现实问题,依据有偿或无偿、法定或约定、权利行使为独占或非独占三组影响因素,组合排列出有偿出让的空间建设用地使用权、无偿划拨的空间建设用地使用权、约定有偿的空间役权、法定有偿的公共役权及法定无偿的空间相邻关系等私法工具,并具体适配于公共轨道交通、矿业用地、地下油气管网、电网工程及城市地下综合管廊等土地空间的开发实践。在"卡-梅框架"视角下,上述不同的私法工具分别对应于财产规则和责任规则,体现了国家对土地空间资源的多重控制及权力的不同介入程度:或者作为城市土地空间的所有权人,通过设立建设用地使用权进行城市治理;或者作为土地一级市场垄断性的供给方,通过征收程序控制集体土地空间资源的分配和利用;或者作为公共利益的界定和评判者,为征收决定及公共役权的设立提供合法性和正当性支持;同时还作为城市规划的主导者和相邻关系等技术标准的制定者,分配和规制各方空间利益的内容及范围。

一项法益受到财产规则保护的意义在于带来最低程度的国家干预,而责任规则会涉及额外的国家干预及集体分配决策。传统的"卡-梅框架"把补偿规则当成改进型市场处理,但卡拉布雷西新近认为,补偿规则也可以作为执行集体分配决策或是实现某些社会—民主目标的独立工具,被用来模仿规制性法律的结果。[1] 比如,巨额的惩罚性赔偿金体现了一种接近不可让渡性的集体决策,相反,不足以弥补损失的低额赔偿金则体现了鼓励某些导致权属改变的行为的集体决策。正如霍维茨所言,19世纪的侵权法实际上是一种支持工业化的补贴。许多发展中国家常采用低定价的补偿规则,以刺激工业化和经济竞争性。

　　第八章"集体建设用地使用权的再体系化"则聚焦于集体建设用地使用权这一产权结构,依据其设立目的和用途类型化为集体经营性建设用地使用权、集体公益性建设用地使用权与宅基地使用权。目前允许入市的客体仅限于集体经营性建设用地,且只能采取公开竞价方式有偿出让,并通过转让、互换、出资、赠与或抵押等流转方式进入二级市场。当前产权改革的目标是把"集体土地用途管制+土地征收"一元化土地供应模式转变为"公益性建设用地征收+非公益性建设用地入市"双轨制土地供应模式。在征收模式下,集体的收益体现为"公平、合理的征收补偿",国家的收益体现为征地变为国有后出让获得的出让金减去征收补偿款的剩余部分;在入市模式下,国家的收益体现为集体交纳的"土地增值收益调节金",集体的收益为入市的土地增值收益减去调节金的剩余部分。由此可见,在出让金数额或调节金缴纳比例与征地补偿标准之间保持适当平衡的前提下,征收与入市模式在经济效果层面差异并不大,实质上皆是国家通过不同架构的混合财产权参与了土地产出的分配。这一思路下,宅基地使用权也可被视为一种法定的非经营性建设用地,在符合土地规划的前提下,三种集体建设用地应当允许相互转化。转权与入市两个步骤有机结合,允许农户在不影响其基本居住保障的前提下,向非集体成员身份的社会主体一并转让宅基地使用权与房屋所有权,或者单独转让宅基地使用权,在符合规划前提下先行转权为集体建设用

[1]　参见[美]奎多·卡拉布雷西:《法和经济学的未来》,郑戈译,中国政法大学出版社2019年版,第146—149页,第159—160页。

地,然后向集体经济组织办理入市的出让手续并缴纳土地出让金。

民法中的国家治理已经深度介入家庭内部范畴。第六章"婚姻关系中房产归属与份额的理论重构"针对近年来引发社会关注和热议的婚姻关系中的房产问题,结合我国婚姻状况、人口状况及住房问题的急剧变化,认为婚姻关系中的房产问题不单纯是法教义学层面的法律适用和解释路径选择问题,应当在国家治理视角下通过立法决断提供解决方案。价值立场除了要维护传统民法意思自治原则与婚姻家庭法的婚姻保护价值,还应当契合我国的家庭及人口政策,即通过保障父母出资利益、适度限缩夫妻共同财产范围等正向激励机制,确保以夫妻财产制为代表的婚姻制度不会成为抑制结婚率和生育率的负面因素。

除了产权结构对婚姻关系的影响,第九章"土地承包经营权继承的规范阐释与政策考量"和第十章"宅基地使用权继承的制度重构"则着力于产权结构与继承法的关联。现行规范回避了家庭土地承包经营权能否继承的问题,应将土地承包经营权的主体从形式上的"农户"理解为实质意义上的农户内部成员,赋予承包经营权以遗产属性,区分情形实现国家乡村治理的目标,集体内部成员以继承人身份继承时"报发包方备案",而集体成员之外的继承人继承时需要"发包方同意"。在经济效率面向,允许土地承包经营权继承会产生地权稳定性效应从而显著提高农民的生产效率及对于土地长期投资的激励作用,针对多子继承导致的农地零碎化问题,在"最小耕作单位"的承包经营权上可以采用"单嗣继承制"等应对措施。宅基地使用权继承问题的根源同样在于国家治理层面需要解决其作为生存保障工具的价值预设应否予以维持这一前见。在"三块地"改革背景下,适格保有宅基地使用权的继承人有权单独继承宅基地使用权,反之则由集体经济组织收回。若宅基地上建有房屋,房地一体原则导致房屋的可继承性与宅基地使用权能否继承的不明确性之间产生冲突。继承人不适格保有宅基地使用权时,土地性质转化为有偿且有期限的集体经营性建设用地使用权,继承人需要补缴出让金;继承人也可以选择将房屋有偿转让给适格获得宅基地的本集体成员或者将宅基地使用权退回集体经济组织,由集体赎买房屋或进行价值补偿。在制度设计时不应仅仅局限于权利人视角,而忽视集体经济组织的权益及本集体其他成员的长远利益。

以上是笔者结合本书各章内容,尝试从个人自由、经济效率、社会关联及国家规制四重面向对物权法的结构和功能所作的阐释。绕来绕去,想说的无外乎是这么几句话:

> 私法的两个基准是自由与效率。
> 人人自由而以他人之自由为界。
> 权利是权力的"晚礼服",名分是实益的"蒙眼布"。
> 天下没有免费的午餐,世间也没白花的钱财。

第一卷
用益物权的体系生成与法系比较

Tractatus de Iuribus in Agro Aedeque Aliena

第一章
罗马法上所有权概念的类型与内涵

一、罗马早期的所有权概念：支配权（mancipium）

罗马建城之初的王政时期和共和国前期，尚处于制度起源阶段，在这个时期罗马法中还没有出现完善的"所有权"的概念。由于存在观念类型上的差别，我们在运用现代的"所有权"的术语去描述罗马人的法律经验时，要注意到概念所指向的实际内容而不能仅仅关注概念本身。所有权的概念充其量只是一种约定俗成的产物，并不存在一个先验的所有权概念。如果某一法律体制允许私人对某物拥有绝对的处分权，这种法律地位是否可以被界定为一种所有权，其实是一个术语体系选择的问题。如果严格地把所有权与"市民法所有权"等同的话，那就不能用所有权的概念去指称其他与之类似，但是又的确存在一定差异的法律地位。[1] 所以笔者是在宽泛的意义上，用所有权的概念去指称法律通过排除第三人的干预而赋予一个主体对特定的、单个的物行使特定权力所具有的具体的资格，这里的所有权针对的是任何第三人，进而显示出主体对受保护物的绝对可支配性。如此一来，"所有权"这一概念之下就可以包容不同类型的法律地位，从而可以论述罗马法上的不同类型的所有权的法律架构。

---

[1] 参见薛军：《物权与占有》，载费安玲主编：《罗马私法学》，中国政法大学出版社 2009 年版，第 167 页。

(一)彭梵得的"所有权的集体与政治性理论"

1. "支配权"的"主权"特性

罗马早期法学语境中"归属"(appartenenza)的性质与类型,一般被概括为"支配权"这一术语。对于罗马早期归属的性质,最为重要的理论流派是罗马法学家彭梵得(Bonfante)所创立的"所有权的集体与政治性理论",该理论自19世纪末以来产生了深远的影响,促使后世的罗马法学家们对罗马法中物的归属体系的历史与演化进行重构。

根据彭梵得的理论,罗马早期的所有权归属关系有些类似于日耳曼所有权,体现为一种以"氏族"(gens)或父系家族为中心的集体所有权特征。这种归属关系最初产生于土地及与土地相关联的物上,而非产生于动产,是一种针对土地而产生的、封闭而独立的、不受限制的、永久性的"主宰"(signoria),体现在与财产的一种事实性的关系中,它排斥任何限制与外来的影响,必然吸收一切添加进来的东西,有着神圣的边界(limites),就像城邦有自己的城墙与城界(pomerio)一样,[1]所以更多地体现为一种"主权"(sovranità)特性,而非仅仅是简单的"统领"(dominio)。土地所有权与"地域主权"等量齐观,土地即为主权性的领地,也是家族之所在。可以说在"支配权"上体现出了公法上的权力(主权)与私法上的权力(所有权)的平行关系。

2. "支配权"的主体——家父(pater familias)

彭梵得的所有权理论需要解决的一个重要问题是,这种有着主权特质的所有权究竟由哪些主体享有呢?罗马社会早期主要有三种社会组织体,从大到小依次为氏族、"共同法家庭"(familia communi

---

[1] 参见[意]彼德罗·彭梵得:《罗马法教科书》,黄风译,中国政法大学出版社1992年版,第149页。

iure)及"自有法家庭"(familia proprio iure)。[1] 这个问题涉及这三种社会组织体之间的关系及这些组织体在建立城邦过程中所扮演的角色,简要而言,彭梵得所支持的理论被称为"家父制家庭理论",这种理论强调最初的社会组织体是罗马家庭,随后在家庭的基础上自发地演化出氏族及城邦[2],即土地等重要的物属于氏族或家庭集体所有,而具体的权力则掌握在"家父"手中,由"支配权"这一术语进行表述。

罗马土地与家父两者展现出一种完美的平行关系,家父在土地上的统一的"支配权"实质上具备了"政治性"特征,其并非起源于城邦,而是先于城邦即已存在,即家父针对土地的权力并非源于一个更高级组织的授予或确认。早期家庭被视为城邦的雏形,在建城后的初期,也如同一个"国中之国"。这种所有权归属的"政治性"特征,使得最早的所有权的功能更多地与家庭或氏族组织的自治与存亡相关,而非纯粹具有与土地利用相关的经济性目的,所以这种所有权只能是集体性质的,不可能体现为一种个体性质。但因为根据习俗和宗教,这种集体性质的归属资格仅被授予家父,因此也可以说罗马社会的最早的所有权是一种"以家父为主体限定的个人所有权"。[3]

因此"支配权"可以定义为:家父为了家庭利益而对在其父权范围下的人与物所行使的"权力"(potestas),家子和女性成员也被扩展为财产的权利人。在原始文献中常出现"权力""夫权"(manus)与"支配权"三个概念一体的情形,如盖尤斯在其《法学阶梯》(Gai.2.86)中提道:

---

〔1〕　Feliciano Serra, Diritto private economia e società nella storia di roma, Prima parte, Jovene Editore, p. 35.

〔2〕　另一种理论被称为"城邦—家族"理论,强调最初的统一的主权性组织并非家庭或氏族,而是一种基于村社体系形成的同种族的家族(stirpe),随着这一大的家族的瓦解,才形成了城邦、氏族和部落等市民社会组织,这种同种族的家族被包含在最初的组织体之内。另外,格罗索综合了两种观点,认为城邦的建立源自更大的共同体的解体与小规模组织体的统一这一交织的进程。Cfr. Stefania Romeo, L'appartenenza e l'alienazione in diritto romano: tra giurisprudenza e prassi, Giuffrè Editore, 2010, p.17.

〔3〕　D. 50.16.195.2, Ulp.46 ad ed.: qui in domo dominium habet.

我们不仅通过我们自己取得,而且也通过那些处于我们的支配权、夫权或权力之下的人实现取得。[1]

3."支配权"的客体——集体性质的"要式物"

彭梵得提出了由家父的权力所构成的"父权制"下的家庭和氏族组织的政治性特征与社会组织结构,并以此区分出了两种基本的物的类型——代表社会团体利益的物和代表个体利益的物,或者说"要式物"(res mancipi)与"略式物"(res nec mancipi)。这是整个罗马古典法时期最为基础的一种物的划分,直到拉丁世界发生危机为止。[2] 两者的区分标准并非依据单纯的物理性要素(如动产和不动产),而是包含了一系列在当时的经济社会秩序下,依据一般性与必要性为衡量标准所作的社会功能评价:"要式物"关系到一个社会组织体自身的需求,指一个经济和社会组织得以存续的不可缺少的物,是一种集体和社会性财产,对其归属的定义就概括为"支配权";[3]而"略式物"最初仅包括家庭内部成员所有的具备个体性归属特征的动产,[4]其出现略晚于"要式物",但很长时期内两种形式的归属形态是共存的。这种区分与对立,并非法技术上的,而是历史和立法的结果。[5]

盖尤斯在 Gai.1.192 片段中,[6]将"要式物"描述为"贵重物"(res pretiosiores),很显然在这里盖尤斯并没有深入阐述"更贵重"所体现的历史含义:在政治性特征与社会组织结构的原因之外,这种区分也源自两种物所代表的经济社会功能标准的差异。在罗马社会早期以农耕为主要经营模式的经济形态下,将土地及其耕作工具和承

---

[1] [古罗马]盖尤斯:《法学阶梯》,黄风译,中国政法大学出版社1996年版,第108页。
[2] 参见[意]彼德罗·彭梵得:《罗马法教科书》,黄风译,中国政法大学出版社1992年版,第146页。
[3] P. Bonfante, Forme primitive ed evoluzione della proprietà romana. in Scritti giuridici varii, II, UTET,1918, p.22.
[4] P. Bonfante, Corso di diritto romano, II, La proprietà 1, Giuffrè Editore, 1963, p.211.
[5] "略式物"的范畴在帝国初期也扩展到行省土地之上。
[6] 参见[古罗马]盖尤斯:《法学阶梯》,黄风译,中国政法大学出版社1996年版,第72页。

载重要地役权的物确定为"要式物",就是因为这些物在每一个以农业为生存之道的组织体中都最为不可或缺,而非简单地依据某物的市场价格。[1] 例如,罗马古代经济中作为农业生产工具的驴和马都被归为"要式物",这就是根据单个物的社会价值进行的归类。而一幅名画或许价格比一块土地或一套房屋贵得多,但在经济和社会功能标准下却不属于"要式物"。沃齐(P.Voci)对"要式物"的定义便是:在原初的农业和战争社会中,满足古代家庭的基本需求和具备最大经济价值的物。[2]

总结而言,根据彭梵得的理论,在罗马社会初期,集体性质所有权的客体是"要式物",而个体所有权的客体是"略式物","支配权"这一早期指称所有权的术语,所指代的仅是这种氏族家庭集体所有的"要式物",而不包含"略式物"。也就是说,"要式物"与"略式物"不仅客体不同,它们所对应的归属主体也是不同的,而且在最初,"略式物"被排除出"所有物返还之诉"(rei vindicatio)的保护范围。

(二)mancipium 词源分析

从词源上分析,一种观点认为,mancipium 一词源于 manu capere,即"用手抓住",这表明最初归属的实现是通过手的活动,当然这种活动必须具备一定的法律含义。土地不久便被添加进这个范畴,因为它的取得也源于人的占有和耕种的行为,总之,原初的所有权与人类的劳动这一要素密不可分。[3]

另一种观点认为,mancipium 一词源于 mancipatio,即"要式买卖",它最初并非一种"权力或权利",而是一种物的"取得行为",即通过"要式买卖"而取得"要式物"的行为。根据词根很容易看出,

---

[1] Luigi Capogrossi Colognesi, La struttura della proprietà e la formazione dei „iura praediorum" nell'età repubblicana, Giuffrè Editore,1969, p.350-370.

[2] P. Voci, Modi di acquisto della proprietà (Corso di diritto romano), Giuffrè Editore, 1952, p. 271.

[3] Stefania Romeo, L'appartenenza e l'alienazione in diritto romano: tra giurisprudenza e prassi, Giuffrè Editore, 2010, p.30.

"要式物"即是通过"要式买卖"取得的物,家父在这种物上的资格就被称为"支配权",这三个术语的词源是相同的。这种词源理解在《十二表法》和盖尤斯的《法学阶梯》中均有体现(Gai. 2.22):

> 要式物则是通过要式买卖向他人转让的物品,所以它们被称为要式物。有关要式买卖的说法同样适用于拟诉弃权。[1]

这种转让方式的不同,也进一步验证了区分"要式物"与"略式物"的原因,即具有社会属性的物更为重要,因此其转让需要更为复杂的形式要件,以确保该转让行为得到更广泛和确定的公示。而且"要式买卖"严格的程式告诉我们,这个阶段在所有权转移的问题上,仅有纯粹的协议还不够,还需要有一个特定的具有转移性的效力的行为,这样的处理方法在罗马法中一直维持到它发展到高度成熟的阶段。

另外从 Gai.1.116, 1.120,1.123 等片段中,可以看出"要式买卖"的客体不仅包含一般的"物"(res)的范畴,还包含奴隶和自由人,他们与物一样也是家父享有的"支配权"的客体。而到了随后的"所有权"(dominium)阶段时,排除了古老的"支配权"客体中涉及的人和家庭成员这一部分,客体仅限定于物的范畴,并且将"略式物"也囊括其中。[2]

(三)"支配权"的限制及其保护方式

早期的法律体制对于抽象的所有权的认识尚处于萌芽状态,法律体制的滞后性自然会在对所有权行使的限制不足上表现出来。客观而言,人类早期社会中人与人之间的复杂联系和氏族社会中的连带关系,在事实上限制了家父"支配权"自由运作的空间,所以习惯法对所有权的限制是客观存在的。但是,在罗马早期的社会结构发生变化之后,上述习惯法对所有权的实质性限制趋于解体,而制定法对

---

[1] [古罗马]盖尤斯:《法学阶梯》,黄风译,中国政法大学出版社 1996 年版,第 84 页。
[2] Stefania Romeo, L'appartenenza e l'alienazione in diritto romano: tra giurisprudenza e prassi, Giuffrè Editore, 2010, p. 29.

所有权的限制尚未架构出来,所以给后人造成了罗马法上的所有权是一种自由的、绝对的所有权的印象。就此而言,当我们说罗马早期的所有权表现出高度的自由与绝对的特征,也许不过是依据我们的形式主义、实证主义的法律观念去描述罗马人的法律、道德和习俗相互交错的所有权制度时所产生的一种先入为主的印象。[1] 因此,家父对于"支配权"之下的"要式物"与家庭成员,并不能完全自由处置,而是处于一种"权力—义务"的位置上,被所赋予的社会职能束缚,家父必须为了家庭成员的集体利益行使职权。[2]

随着城邦的建立,对这种归属关系的保护方式,也从之前由家庭内私人力量无秩序地自发通过暴力手段进行自卫,逐渐地朝向在法律与宗教规则的内容与形式下,由家父与城邦机构一起进行维护,并由此产生了最初的"法律诉讼"(legis actiones)之中的"对物之诉"(actio in rem)。[3] 在早期法律规范的萌芽阶段,法秩序中不同成员之间的冲突,许多时候只能借助祭司等宗教机制和团体来解决纠纷,在这之中城邦世俗权力并没有主动介入。例如,"誓金法律诉讼"(legis actio sacramento)中的誓言,这种宗教的神力直到被"伪誓"(spergiuro)等破坏后,才给城邦世俗权力的介入提供了可能。

在罗马法发展的早期阶段,之所以出现上述处理方法,很可能是最初负责处理私人争端解决的祭司团体将其作为一种确保"权属状态的确定性"的工具而加以使用和发展的。关于权属状态的确定性,用现代语言来表述的话,就是努力使得物之上的权利状态与物的实际状态相一致。实际上,诉讼程序的保障形式及与其相对应的法律上的请求,虽然受到祭司团体方面的相关制度上的调整,但是,它们的存在却肯定早于这些法律规范对其做出调整的时期。应该

---

〔1〕　参见[意]弗朗切斯科·德·马尔蒂诺:《个人主义与罗马私法》,薛军译,载徐国栋主编:《罗马法与现代民法》第四卷(2003 年号),中国人民大学出版社 2004 年版,第 30 页。

〔2〕　Stefania Romeo, L'appartenenza e l'alienazione in diritto romano: tra giurisprudenza e prassi, Giuffrè Editore, 2010, p.60.

〔3〕　G. Pugliese, Ⅱ processo civile romano, Ricerche, 1962, p. 29.

说,这些制度属于传统的"习俗"(mores)的核心内容,而这些习俗的起源,在罗马城邦产生之后已经湮灭不可考了。[1]

二、古典法中的所有权概念:dominium 与 proprietas

(一)从支配权(mancipium)向市民法所有权(dominium)的转化

当"城邦"建立和完善之后,伴随着政治的重心和平台从氏族和家庭逐渐转向城邦共和国及随后的元首制帝国,瓦解和消除了氏族等更小规模的政治组织体,早先的氏族集体性质的土地消失了,在土地领域,私有土地逐渐与公地成为了罗马最为重要的土地类型,家庭社会角色的弱化及习俗的重要性的削减,使得家父的精神价值虽依旧存在,但"父权"却逐渐日薄西山。

而且根据尼科西亚(Nicosia)等学者的观点,到了共和国晚期和帝国初期,尤其是第二次布匿战争之后,随着罗马经济和社会条件的发展,商业经济更为动态化,要求物的移转更为频繁和快捷,使得这一建立在农业经济基础上的、限制移转的古老的物的分类逐渐成为了一种阻碍因素,要求取消"要式物"与"略式物"区分的呼声逐渐成为主流。此外,罗马的行省政策使得意大利大多数城市从行省源源不断地攫取财富而变得富足,加上意大利本身的农业危机及元老院的寡头们将财富都投资于商业活动,导致农业作为罗马权力与财富基础的神话破灭了,对物的评价重新回到简单的以物的市场价值定义"贵重物"的阶段。[2]

在这些因素的共同作用之下,"支配权"这一表达所有权归属的

---

[1] 参见[意]卡博格罗西:《所有权与物权:从罗马法到现代》,薛军译,载斯奇巴尼主编:《中国学者罗马法高级研讨班文集》,知识产权出版社2008年版,第19页。

[2] Luigi Capogrossi Colognesi, La struttura della proprietà e la formazione dei „iura praediorum" nell'età repubblicana, Giuffrè Editore,1969, pp. 360-370.

术语,在公元前 3—2 世纪逐渐消失了。个人主义的兴起产生了纯粹经济含义与个体性特征的所有权术语,即一种法技术层面狭义的归属概念——古典法时期的"市民法所有权"或称为"奎里蒂法所有权"(dominium ex iure Quiritium),以及更晚期的"所有权"(proprietas)。尽管卡博格罗西(Capogrossi)认为即便到了"市民法所有权"时期,家父依旧对人和物具有统一的权力,但不可否认的是,家父在很大程度上失去了自治权力,罗马法上所有权的发展开始朝向一条"抽象化"的路线,即演变成一种更为抽象、更为技术性的归属方式与物的取得方式。[1]

　　当然,从"支配权"向"市民法所有权"的转化是逐渐实现的:在转变发生之前,家父通过自力救济的方式来处理家庭间"要式物"的归属关系;而到了第二阶段,虽然没有完全摆脱古代的遗留影响,但通过"要式买卖"与"所有物返还之诉"中"物是我的"(meum esse aio)等为代表的严格的程式,将一种家庭之间的归属关系转变为一种个体性归属的居间阶段,保护方式也从自力救济过渡到城邦制定法中诉讼程序的保护,如最初的"对物之诉"。对个人价值而非家庭利益的保护的日益重视,使得归属模式中的经济性内容日益重要和突出,出现了中世纪法学家对"市民法所有权"定义中所出现的各个权能要素:"拥有"(habere)、"占有"(possidere)、"使用"(uti)、"收益"(frui),等等。

　　但需要强调的是,"市民法所有权"的规范与《十二表法》时期"支配权"的规范之间并不存在明显的差别。从所有权的内容、转移所有权的行为、时效取得、相邻关系及地役权等方面来看,都是如此。这种现象之所以出现,主要是因为在《十二表法》的编纂中,"支配权"已经表现出了一定程度的抽象性,并且相关法律规范集中关注所有权人对物的自由的利用。这种所有权的法律结构,即使对于很多世纪以后那些强调所有权的自由特性的法律体系而言,也是一种非

---

[1]　Luigi Capogrossi Colognesi, La struttura della proprietà e la formazione dei „iura praediorum" nell'età repubblicana, Giuffrè Editore,1969, p.124,186.

常理想的模式。[1]

　　(二)原始文献中的市民法所有权(dominium)与所有权(proprietas)

　　"市民法所有权"这一术语最早出现在公元前2世纪,在这一时期,尽管抽象的所有权概念在罗马人的法律思维中尚未获得明确表达,但事实上它已经在共和国时期法学家的相关作品与法律制度中开始实际运转了,即从"市民法所有权"的实际运用到法学对其进行精确的术语界定,存在一段间隙期。

　　这一时期也恰好与罗马的统治阶层内部出现最初的法律专家的时代相重合,随着世俗法学取代祭司法学,罗马所有权开始处在一个更加广阔的进程的开端。该转变从公元前2世纪初期开始,在穆齐(Quinto Mucio)和塞维鲁(Servio Sulpicio Rufo)的时代仍然在扩展,一直到共和国末期为止。罗马的所有权一方面在扩展,一方面也在限缩:所谓扩展,表现为从其中开始发展出一些独立的并且其界限更加明确的新的法律地位;这同时也可以看作对所有权本身的限制。因此,所有权一方面受到限制,一方面其内容也更加精确,通过这种技术,从它原来的古老的绝对性中就分离出一些功能,这些功能逐渐被看作一些独立的权能。这就是所谓系列的"物权"的发现。[2]

　　原始文献中的"市民法所有权"这一术语最早出现在公元前1世纪后期阿尔芬鲁斯(Alfeno Varo)的著述《摘要》中的一个片段,在这个片段中dominium第一次被用来指代所有权的概念,后来被保罗(Paolo)引用而被编纂进优士丁尼的《学说汇纂》[D.8.3.30: Paul.4 epit. Alfeni dig.(保罗《阿尔芬鲁斯学说汇纂概要》第4卷)]之中:

　　　　拥有两块土地的人出售其中之一时,将土地上的水源和水

---

[1]　参见薛军:《物权与占有》,载费安玲主编:《罗马私法学》,中国政法大学出版社2009年版,第167页。

[2]　参见[意]卡博格罗西:《所有权与物权:从罗马法到现代》,薛军译,载斯奇巴尼主编:《中国学者罗马法高级研讨班文集》,知识产权出版社2008年版,第23页。

源边上十尺之地作为例外保留了。接着提出了这么一个问题,保留之地的所有权(dominium)仍属于他呢,还是说他仅可以进入该部分的土地? 答复说,如果保留是这样表达的"围着水源十尺之宽",则认为出售人只拥有个人通行权。[1]

在这个片段中"市民法所有权"(dominium)所对应的是"通行役权"(servitus itineris),有研究认为阿尔芬鲁斯应该是受其老师,即共和国晚期的法学家塞尔维(Servio)的影响。在同一时期西塞罗(Cicero)的晚年著作中也出现了这一术语(Cic., Rep., 1.27, ad Brut. 1.16.4, 17.2);奥古斯都时期,这一术语在法学家拉贝奥(Labeone)的著述(D.18.1.80.3, Lab.5 post. a Iav.ep.)及李维(Livio)的《建城以来史》中也有出现(Liv., ab Urbe cond., 45.13.15)[2]:

> 但是,就我们的土地、房屋、牲畜,以及巨大的金银仓库而言,有人从未认为这些东西是或者从未把它们称为财产,因为他看到,这些东西给人的享受是微不足道的,它们的用处很少,所有权(dominatus)是不确定的,而且他注意到那些最鄙劣的人所拥有的这些物品常常无法计量。(Cic.,rep.,1.27)[3]

> 他很高兴享有用益权,而所有权仍然保留在给他的用益权人那里。(Liv.,45.13.15)

在这两个原始文献中,术语(dominium)是与"用益权"(usufrutto)相对应使用的。根据波札(Bozza)的研究,dominium 最初就是在对应地役权(iura praediorum)与用益权(usus fructus)所代表的他物权的意义上出现的。[4] 这种对应现象也揭示了二者之间隐

---

[1] [古罗马]优士丁尼:《学说汇纂:地役权(第八卷)》,陈汉译,[意]纪蔚民校,中国政法大学出版社 2009 年版,第 97 页。

[2] Luigi Capogrossi Colognesi, La struttura della proprietà e la formazione dei „iura praediorum" nell'età repubblicana, Giuffrè Editore,1969, pp. 494-497.

[3] [古罗马]西塞罗:《国家篇 法律篇》,沈叔平、苏力译,商务印书馆 1999 年版,第 27 页。

[4] Luigi Capogrossi Colognesi, La struttura della proprietà e la formazione dei „iura praediorum" nell'età repubblicana, Giuffrè Editore,1969, pp. 494-497.

含的一种联系。在公元 1 世纪后期人们完全可以在法技术层面上运用这一术语。

Proprietas 作为现代所有权概念表达的另一术语,它比 dominium 出现得略晚,但出现次数比 dominium 要少得多,长期以来两者一直被并行使用。Proprietas 多是与用益权或者占有这些术语相对应出现,构成一种"用益物所有权—用益权"(propietas-ususfructus)的对立结构,[1]例如,盖尤斯的《法学阶梯》(Gai.2.33, 2.89, 2.90, 3.136)与优士丁尼的《学说汇纂》中的相关片段:

> 人们可以采用以下方式通过要式买卖设立用益权:在转让所有权时可以扣除用益权。在这种情况下,用益权实际上并未被买卖,而是在对所有权进行要式买卖时加以扣除,从而使一人享有用益权,另一人享有所有权(proprietas)。(Gai.2.33)[2]

> 用益权也可以在遗产分割和公有财产分割的司法判决的基础上设立,如果法官判决一人享有用益物的所有权(proprietas),而另一人享有用益权的话。(D.7.1.6.1)

(三)市民法所有权(dominium)与所有权(proprietas)的结构

"市民法所有权"(dominium ex iure Quiritum)是罗马古典法中最典型的所有权形式。但与"支配权"相同的是,罗马文献也没有对该术语进行明确或直接的定义。盖尤斯在《法学阶梯》(Gai.2.41)中把"市民法所有权"称作"对物的完全权利"。罗马人只是继续沿用"这个东西是属于我的"或"这个东西是我的"(res in bonis meis est, res mea est)这种迂回的表达方法,并且加上一句"根据奎里蒂法(ex iure Quiritium)",来表示这种物的归属关系。这种表述的方式其实并不完全对应古典法时期"市民法所有权"的特点。理论上说,任何

---

[1] Stefania Romeo, L'appartenenza e l'alienazione in diritto romano: tra giurisprudenza e prassi, Giuffrè Editore, 2010, p.74.

[2] [古罗马]盖尤斯:《法学阶梯》,黄风译,中国政法大学出版社 1996 年版,第 88 页。

一种主体权利都可以表现为主体对物在一定程度上的拥有,这种程度则由权利的性质加以表示。因而,一个人可以说:我根据永佃权或用益权拥有一块土地。但是,"市民法所有权"(dominium)中的这种归属是最为完整的,所有主完全可以说"这个东西是我的",而无须附加任何限定词(例如"根据奎里蒂法")来说明这东西在何种意义上并在何种程度是属于他的。[1]

但是"根据奎里蒂法"这一限定语,表明到了"市民法所有权"(dominium)阶段,法学视角转向一种"合法性价值"的评判,即对物的归属情形的限制不再从外部通过与其他家庭的关系而得以实现,也不再建立在习俗这种浸淫着神性与宗教的法律基础之上。这种所有权首先被《十二表法》规定的公共利益限制,其次在城市土地及其建筑领域,被"公共法律"(leges publicae)、元老院决议和皇帝敕令所限制,这代表着从家庭规范向市民规范体系的转变,即这种归属的法律关系不再仅存于家庭之间,也就是家父之间,而且还存在于市民(cives)之间。[2]

可以看到,罗马人对所有权的定义是消极性的,也就是通过指出所有权受到的消极限制来界定所有权的内容。这些限制一般体现在那些与保护所有权的诉讼工具有关的特殊体制中。由此也可以看出所有权和债权之间的根本性差别即后者的内容总是特定的,通过特殊的请求权来保障其实现,"市民法所有权"(dominium)则是一个完全的权利,偶尔受到一些例外的限制之所以说是例外的限制,是因为本来就不可能积极地界定所有权的边界。总的来说,罗马人一直试图避免通过具体的积极列举的方式、指出所有权具有哪些权能的方式去界定所有权的内容。[3] 而且如夏洛亚(Scialoja)所言,对于罗

［1］ 参见[意]彼德罗·彭梵得:《罗马法教科书》,黄风译,中国政法大学出版社 1992 年版,第 150 页。

［2］ Stefania Romeo, L'appartenenza e l'alienazione in diritto romano: tra giurisprudenza e prassi, Giuffrè Editore, 2010, p.56.

［3］ 参见[意]卡博格罗西:《所有权与物权:从罗马法到现代》,薛军译,载斯奇巴尼主编:《中国学者罗马法高级研讨班文集》,知识产权出版社 2008 年版,第 21 页。

马法学家来说,缺少所有权的定义使其成为一种类似于基本原则的观念,当出现与所有权相混淆的法学表征时,可以把所有权与这些类似于所有权的表征进行截然区分。[1]

Dominium 这一术语的词源来自"dominus"(主人),如果没有行使所有权的"主人",也就难以想象"dominium"的存在。因此这一术语依旧代表着一种从人到物的主体视野。在罗马法学家对此进行理论抽象之前,罗马人非常清楚主人是什么及其权力有哪些,所以说"市民法所有权"(dominium)在很长一段时间内更多代表着一种事实关系而非法律关系。

Proprietas 这一术语的词源来自"自己的"(proprius, pro privo),如前文所述,最初该术语同"用益权"(ususfructus)相对应使用,它指称的是一种对物不享有任何的实际支配能力,而仅为名义上的所有权人的"空虚所有权",更偏向于是一个经济与法律的概念,后来被现代法典化运动所选中。[2] 在罗马法原始文献中也没有对于"所有权"(proprietas)的直接定义,第一位对该术语进行明确界定的,是中世纪的法学家巴托洛(Bartolo):proprietas est ius utendi et abutendi re sua quatenus iuris ratio patitur,即强调所有权是一种用益与消费(usus et abusus)的权利。[3]

总体而言,罗马法学家们一般从两种思路来描述所有权:一种侧重于所有权人的权力角度,强调人对于物的统领及以人为重心的关系,这一角度得到了 dominium 这一术语的支撑;另一种侧重于物的归属角度,强调物的经济与法律意义的归属及以物为重心的关系,同时开始从法技术上分化出多项"权能",这一思路得到了 proprietas 这一术语的支持。所以 dominium 与 proprietas 两个术语有着内在密切的关联关系,它们结合在一起,构成了完整的所有权概念和内涵。

---

[1] V. Scialoja, Teoria della proprietà in diritto romano lezioni ordinate curate edite da pietro Bontate, I, Sampaolesi, 1928, p. 263.

[2] Feliciano Serra, Diritto private economia e società nella storia di roma, Prima parte, Jovene Editore, p. 278.

[3] P. Bonfante, Corso di diritto romano, II, La proprietà 1, Giuffrè Editore, 1963, p. 233.

(四)市民法所有权(dominium)的性质:从物(res)到权利(ius)

前文已述,在罗马社会早期,相对于权利观念,罗马法学家更倾向于具体形象的思维,他们将人与物之间存在的直接的法律关系直观地反映为物本身,将所有权与物相等同。很难断言"支配权"是一种主观权利或者主观法律状态,原因之一在于,当时喜好法律经验实用性的罗马人尚不具备这一概念建构的能力和需求;原因之二在于,罗马法学家不将所有权看作一种"权利",是因为他们仅将权利定义为一种限定性的权利或权力,如债权、他物权,或者一种权力的整体,如继承。但不可能存在一种无限定性的一般性权力。所以罗马法学家将"所有权"看作一种"物",在其上可以产生和存在"权利",即所有权不是一种物上特殊的权利,它就是物本身。

到了古典法时期,"市民法所有权"(dominium ex iure Quiritum)依旧被视为一种"物",但是法学家对其逐渐进行了主观权利的改造,该概念已经逐渐成为"权利"的近义词了,在当时的原始文献中已经出现了诸如 dominium usufructus, dominium obligationis, dominium hereditatis 等表述,在这些表述里 dominium 代表着一般意义上的主观权利,或者说"权利"的归属。[1] 可以说 dominium 是从 mancipium 到 proprietas 的一个中间阶段,此时虽然没有精炼出恰当的主观权利理论,但已不再把所有权视为一种完全物理性支配的约束关系。到了后古典法时期和优士丁尼法时期,proprietas 已经被看作一种"权利"。[2]

在罗马人发现在人与物之间可以存在一种非物质性的法律关联之后,随着希腊哲学的影响,盖尤斯创建了"有体物与无体物"(res corporalis-res incorporalis)这一对应关系,随后影响到了所有权概念的构建。[3] 盖尤斯通过"无体物"(res incorporalis)这一概念,把所

〔1〕 P. Bonfante, Corso di diritto romano, II, La proprietà 1, Giuffrè Editore, 1963, p. 232.

〔2〕 R. Santoro, Potere ed azione nell'antico diritto romano, Tipografia M. Montaina, p.438.

〔3〕 Luigi Capogrossi Colognesi, La struttura della proprietà e la formazione dei „iura praediorum" nell'età repubblicana, Giuffrè Editore,1969, pp. 494-497.

有财产性的法律关系都被包括到"物"的范畴中来,其中包括所有权、其他物权、债和继承。[1] 通过这一区分,盖尤斯构建起一个具有很大包容性的"物"的范畴,并在此基础上建立了"人—物—诉讼"的《法学阶梯》三分法体系。这一划分在古典法时期是很独特的,但符合拜占庭时代的法学思维习惯,因此得到强调并成为了优士丁尼的《法学阶梯》体系建构的基础。[2] 但这并不能掩盖"有体物"与"无体物"划分的内在逻辑不一致的问题:根据这一划分,所有权本身被视为"有体物",同时其客体也是"有体物";其他权利被视为"无体物",同时其他权利的客体却可以是"有体物",这样就将所有权与其他权利完全割裂开了。

三、古典法与帝政时期所有权的多种类型与统一

(一)裁判官法所有权(in bonis habere):并立的双重所有权体系

最早可能追溯至公元前 1 世纪,在罗马法上出现了与"市民法所有权"(dominium ex iure Quiritum)并行的另一种所有权形式——"裁判官法所有权"或称为"善意拥有"(in bonis habere)。盖尤斯明确谈到了"双重所有权"(duplex dominium)。我们可以重读盖尤斯在《法学阶梯》中几个著名的原始片段[3]:

> 此外,由于在罗马市民中存在双重所有权(实际上,为某人所拥有的奴隶,可以归其享用,或者根据罗马法归其所有,或者既归其享用又归其所有),因而我们说,只要奴隶归某人享用,他

---

[1] Gai.2.13-14:无体物是那些不能触摸的物品,它们体现为某种权利,比如,遗产继承权、用益权、以任何形式缔结的债。

[2] 参见薛军:《物权与占有》,载费安玲主编:《罗马私法学》,中国政法大学出版社 2009年版,第 156 页。

[3] 参见[古罗马]盖尤斯:《法学阶梯》,黄风译,中国政法大学出版社 1996年版,第 20、90、304 页。

就处于该人的支配权下，虽然与此同时根据罗马法他不归该人所有。因此，如果某人只在形式上对奴隶拥有罗马法的所有权，人们不认为他拥有支配权。（Gai.1.54）

现在我们应当指出，在异邦人那里只有一种所有权，一个人或者是所有主，或者不被视为所有主。罗马共同体一度也曾遵循过这一法则，即某人或者根据罗马法是所有主，或者不被视为所有主。但后来，人们接受了一种对所有权的划分，因而根据罗马法一个人可以是物的所有主，而另一个人则可以享用物。（Gai.2.40）

实际上，如果我不是通过要式买卖或者拟诉弃权而只是通过让渡向你转让要式物，该物则由你享用，然而根据罗马法它仍然是我的，直到你通过占有实现了对该物的时效取得；一旦实现了时效取得，你就取得了完全的权利，也就是说物既归你享有，根据罗马法它又是你的，就像通过要式买卖或者拟诉弃权转让给你一样。（Gai.2.41）

同样，时效取得也以虚拟的方式在所谓布布里其安之诉中进行。这种诉权被给予那些尚未根据正当原因对被让渡物实现时效取得并且要求恢复对它的占有的人；由于他不能提出要求说"根据罗马法物是他的"，所以他虚拟成已实现了对物的时效取得，因而就像已根据罗马法成为所有主一样提起诉讼，比如说道，"某人是法官。假如阿杰里买下一个被让渡给他的奴隶并且占有了一年，因而根据罗马法这个有争议的奴隶应当是他的"，等等。（Gai.4.36）

"裁判官法所有权"或称为"善意拥有"，是指未遵守"市民法所有权"转让形式而获得的、受到裁判官法保护的事实上的所有权形式，属于在实体法层面上产生法律效果的司法实践的产物。因为罗马法上区分了"要式物"与"略式物"，对于前者适用"要式买卖"或拟诉弃权的方式转让，后者则只需要简单的交付即可。因此，在"要式物"转让的情形中，如果未遵循上述程式仅为简单交付，则依照市民法的规定,物的所有权不发生转移。但到后古典法时期,随着罗马的扩张及商业贸易的繁荣,人们要求简化交易程序,"要式物"的转让形式就成为了一种阻碍和弊端。交易双方仅通过交付来转让物的情形越来越普遍,面对这种情形,裁判官为了保护买受人的基本利益和履行维护公平正义的职责,就在"所有物返还之诉"的基础上类推适用并拟制出"善意占有之诉"(actio Publiciana)这一新的诉讼,以及"物已出让并交付之抗辩"(exceptio rei venditae et traditae),对物的受让人进行保护。在这种情形下,转让人仍然是市民法所有权人,物的受让人没有取得市民法所有权,但裁判官赋予其抗辩权,使其成为受到裁判官法保护的事实上的所有权人。相反,物的原所有权人仍然对物享有市民法所有权,依然是物的名义上的所有权人,可以对抗除物的受让人以外的任何第三人。由此形成了"裁判官法所有权"与"市民法所有权"的对立。

事实上,就盖尤斯谈到的"双重所有权"的内部而言,"市民法所有权"和"裁判官法所有权"之间的对立,不会相应地改变所有权制度及其经济—社会功能,因为从实质上看,"裁判官法所有权"的规则是模仿"市民法所有权"上的规则的,[1]两者的区分,完全建立在对规范体系的形式区别上,即对特定法律地位的保护,或来源于市民法,或来源于荣誉法(裁判官法),这种差别只与罗马法法律体制的二元化特征存在联系,二者都具有高度的抽象性,并且都保障权利人拥有最广泛的利用其所有物的自由。彭梵得就认为,盖尤斯所描述的这两种所有权不应当被理解为两种所有权类型的划分,而应当是对统一所有权概念的分解。主体只有同时兼具"奎里蒂法所有权"和"善意拥有",才能对物享有完整的所有权。

"布布里其安之诉"(actio Publiciana)并没有出现在优士丁尼法中,因为这种诉讼所遵循的古老的"要式物"和"略式物"区别的背景在优士丁尼公元531年的法令(C.7.31.1.5)中被废除,"让渡"成为了

---

〔1〕 M. Talamanca, Considerazioni conclusive, in E. Cortese, La proprietà e le proprietà: Pontignano, 30, settembre—3 ottobre 1985, Giuffrè Editore, 1988, p.196.

唯一的财产移转的生前行为方式。但"布布里其安之诉"转而通过适用于善意取得他人之物的买卖问题而得以继续。优士丁尼不再区分"市民法所有权"（dominium ex iure Quiritum）与"裁判官法所有权"（in bonis habere），他认为这种区分作为一种法律技术没有任何实践价值,[1]同时试图重新统一所有权概念。但这两者的区分是建立在不同的诉讼方式上的:对"市民法所有权"采用"所有物返还之诉"进行保护,而对"裁判官法所有权"则采用"布布里其安之诉"。优士丁尼在实践中对善意取得他人之物的买方同样赋予"所有物返还之诉",即试图通过统一两种诉讼程式来统一两种所有权制度。

(二) 行省土地所有权:一种实质性的所有权

绝大多数行省土地,至少在共和国和帝国的大多数时间内属于广义的"公地"的范畴,因此行省土地上无法适用涉及"市民法所有权"的相关制度规范;又因为行省土地属于"略式物",并且不能通过时效取得,所以不适用"裁判官法所有权"即"善意拥有"的相关法律规则。面积广袤的行省土地,一时间似乎成为了传统所有权理论领域的弃儿。

行省土地的法律归属性质在盖尤斯的《法学阶梯》（Gai. 2.7）中有所表述:

> 但是,多数人认为行省土地不能变为神息物,因为这种土地归罗马国家或者皇帝所有,我们似乎只拥有占有权或者用益权……

前文已述,在这里不能从公法层面,即治权和主权的角度来理解土地的归属,不能将行省土地纳入"公有物"的法律范畴,相反,可将罗马人民或皇帝作为行省土地私法关系上的主体来看待,使得私人

---

[1]　参见[意]彼德罗·彭梵得:《罗马法教科书》,黄风译,中国政法大学出版社1992年版,第164页。

也能够对该土地进行"占有和用益"(possessio vel usus fructus)。[1]
但是,随着土地税赋制度的发展,尤其是在戴克里先(Diocletian)进行税赋改革,取消两种行省土地的区分,使得意大利的私有土地也开始缴纳土地税之后,又重新开始从主权的层面理解帝国对于行省土地的权力,即虽然皇帝或者罗马人民名义上为某些行省土地的所有主,但事实上,大的承佃人、市镇及具体的土地占有人,已然成为了真正意义上的土地所有权人,除了缴纳不同类型的土地税赋,他们行所有权人之实,而无所有权名号之累,与共和国时期贵族在"占据地"(ager occupatorius)上的处境相类似。当然,自《卡拉卡拉敕令》颁布之后,市民法在帝国全境得以适用,裁判官通过扩展适用保护"奎里蒂法所有权"的诉讼,并且引入物权性质的告示来对土地实际的所有人进行保护,[2]这种私人权利甚至被罗马法学家称为"行省土地所有权"。

可以说,"行省土地所有权"的产生,就其起源而言,实际上是罗马人对公地的法律规制变迁的产物。罗马法学家最开始没有对行省土地上的权利加以特别注意,一方面是因为从技术角度来看,在行省土地上没有出现一种特别的,需要通过创造新的法律规则及以特别方法来规制行省土地流通的需求;另一方面是因为行省面积广袤,流通制度和转让、用益的方式可以留给当地的法律和习惯来解决。此外,虽然没有一个特别的命名,但从经济内涵角度来看,获得土地的人的权利与"市民法所有权"是相同的,即使它们在法律形式上存在差异,如在很长一段时间内有缴税、缴租的义务。从术语界定来看,否认权利人对行省土地所享有的几乎绝对的处分权可以被定义为某种形式的所有权,这主要是基于概念的原因,因为同一个物,不可能被认可在其之上同时存在人民和皇帝的所有权和另外一种私人性质的所有权。

---

[1] Francesco Grelle, Stipendium vel Tributum: l'imposizione fondiaria nelle dottrine giuridiche del II e III secolo, Jovene Editore, 1963, pp. 4-10.
[2] D.6.3.1-3.

(三)优士丁尼法中所有权概念的统一

在后古典法时代,罗马分裂为东西两个帝国,这两个帝国处在完全不同的社会环境之中。在西罗马帝国,日耳曼等蛮族的法律及希腊世界的法律实践开始影响罗马法,使罗马法进入"世俗化"与"庸俗化"进程。因此日耳曼人的所有权观念很大程度上改变了罗马法中公法与私法的明确区分。在日耳曼法中,所有权更多的是被放置于公法范畴之中。最初,不动产所有权仅属于政治共同体,个人只能对动产享有所有权。日耳曼法中的"占有"(Gewere)制度与罗马古典法的绝对所有权观念,是两个在价值取向和法律构造上完全不同的制度模式。而在东罗马帝国,古典法思想则继续发挥着影响,仍能够相对保持古典主义特色,其原因在于东罗马文化中的抽象理性思维,以及在司法和修辞学等方面的成熟。[1]

这一时期法学家阶层的衰落也加剧了术语使用的混乱,在司法实践中的所有权术语上也出现了"世俗化"趋势。人们已经不再维持古典法学家那种精确的法学语言,不再区分占有与所有权,而是通过列举所有人或占有人的权能来指称其权利,开始用占有来描述所有权的状态本身,有时所有权这一概念也指代一种含糊的"有权的权利人"的意思。缺乏法学家的科学反思与系统整理,在法律层面上社会发展带来的新的土地财产归属和利用形式没有被特别界定,导致这些形式彼此之间,以及与所有权之间的界限日益模糊。[2] 这也进一步冲淡了古典法所有权观念,最终导致了绝对、排他和统一的所有权概念的消失。

例如,帝政后期,土地归属形式呈现新的多样化,使得法律实践越来越复杂,其中包含许多中世纪土地权利结构的因素。在后古典时期,为了避免占有和所有的混淆,不得不将所有权叫作"确定的占

---

[1]　P. Grossi, Le situazioni reali nell'esperienza giuridica mediavale: corso die storia del diritto, CEDAM, 1968, p.31.

[2]　参见薛军:《物权与占有》,载费安玲主编:《罗马私法学》,中国政法大学出版社2009年版,第177页。

有"(firma possessio),而原先的占有被称为"一时的占有"(momen-
taria possessio)。在实体权利层面出现了"有期限的所有权",它与用
益权并无严格区分,同时出现了介于用益权与所有权之间的权利类
型,如永佃权(ius emphyteuticarium)和永租权(ius perpetuum)制度。

在帝政时期,随着戴克里先改革消灭了在意大利私有土地和行省
土地之间存在的关于税收制度方面的差异,为"市民法所有权"和"行
省土地所有权"的同一化创造了前提条件,"行省土地所有权"体制开
始被整合到一个统一的土地所有权体制之中。优士丁尼对所有权制度
进行了改革:从形式上废除了"要式物"与"略式物"的划分,转而采用
动产与不动产这一最基本的区分;在此基础上废除了"市民法所有权"
与"裁判官法所有权"的划分;采用长期取得时效制度(praescriptio lon-
gi temporis),将其作为时效取得制度唯一形式,适用于位于行省和意
大利境内的不动产。从优士丁尼的这些改革内容中可以发现,"行省
土地所有权"在统一的所有权构造中发挥了重大影响。

优士丁尼在皇帝谕令与新律的用语中,也采用了古典法时期的
准确术语与精确划分,与东方的古典法特征相联系,重新回归到抽象
的一元的古典法所有权观念,使其重新具有绝对性、排他性和永久性
特征。这也使得古典的罗马法所有权理论,能够借助中世纪的罗马
法复兴,被重新发掘和解释,为注释法学与评注法学派学者所接
受,对现代所有权模式在法律结构和权利内容的确定上产生重要影
响。但不可否认的是,优士丁尼的法典编纂班子也不可避免地使用
世俗化的语言。[1]

表1 所有权概念的历史演变

术语	主体	客体	要素	性质
支配权 (mancipium)	家父	要式物+ 家庭成员	归属	集体性与政治性

---

[1] 参见薛军:《物权与占有》,载费安玲主编:《罗马私法学》,中国政法大学出版社 2009
年版,第 178 页。

（续表）

术语	主体	客体	要素	性质
市民法所有权 （dominium）	个人	要式物+ 略式物	归属	抽象、完全和 排他的权力
所有权 （proprietas）	个人	要式物+ 略式物	归属+权能	经济与法律性质
裁判官法所有权 （in bonis habere）	个人	要式物	权能+ 归属抗辩	抗辩性质 与事实性
行省土地所有权 （proprietà provinciale）	行省土地 持有人	行省土地	权能	拟制性质 与实质性

四、罗马法所有权概念对两大法系的影响

（一）大陆法系对罗马法所有权（proprietas）概念的继受

在罗马法中"归属与权能"相统一的"所有权"（proprietas）概念下，所有权表现为对物完整的、统一的、全面的、不可分割的权利，与近现代西方自由资本主义时期的个人主义精神相契合。具体来说，至18世纪末，随着社会进步和经济发展，财产上的自由和政治上的平等信念日益增强，在这样一个社会发展和个人欲望膨胀的背景下，加之封建主之间相互争夺土地，在土地上渐渐形成了可以自由处分的土地所有权。罗马法绝对所有权概念所体现的绝对的、独立的、自由的观念及一物一权主义正符合这一时期经济发展的需要。尤其到了自由资本主义时期，人们越来越清楚地意识到日耳曼法所有权制度已经成为资本主义商品经济发展的羁绊，而罗马法上的所有权概念则与自由资本主义时期的个人主义精神完全一致。与此相反的是中世纪西欧日耳曼地区采用的分割所有权（split ownership）形式，附属于物的财产权能由两个或多个主体分割所有——采邑主和封建农奴。处分权能和用益权能在被划分为不完整的所有权中分

离。处分权人被视为"上级所有权人",另外的权利人被视为"用益所有权人"。1794 年《普鲁士普通邦法》和 1811 年《奥地利普通民法典》虽然建立在自然法和学说汇纂学派的基础上,但是确立的却是分割所有权的法律模式。[1]

近现代继受罗马法所有权的哲学理论基础的是黑格尔所奠定的所有权与自由之间的关系——"所有权是自由的定在"。"人把他的意志体现在物内,这就是所有权的概念。"因为自由意志仅仅是抽象的主体性,而现实的真正的人必须是主客同一体,只有主客同体才是自由的理性的存在或作为理念的存在,所以说"人为了作为理念而存在,必须给自己的自由以外部的领域";而"人唯有在所有权中才是作为理性而存在的"。黑格尔的具体论证方法是从抽象到具体:自由意志最初是抽象的,"为了不仍然是抽象的,自由意志必须首先给自己以定在,而这种定在最初的感性材料就是事物,即外界的物;自由的这一最初方式,就是所有权"[2]。

罗马法的绝对所有权观念不仅深得 19 世纪注释法学家的推崇,也被大陆法系各国的资本主义立法所继承。1789 年法国的《人权宣言》第 17 条规定:"私有财产是神圣不可侵犯的权利……任何人的这种权利都不可被剥夺。"法国大革命后,借鉴罗马法制定的《拿破仑法典》从根本上摧毁了封建特权对所有权的束缚,赋予私人所有权神圣不可侵犯的至高无上的地位。"双重所有权"被一物一权所取代。《拿破仑法典》第 544 条规定:"所有权是对于物有绝对无限制地使用、收益及处分的权利,但法令所禁止的使用不在此限。"[3]这一物权法所奉行的无限制私有权的原则成为自由资本主义时期民法的重要原则之一。《德国民法典》受到德国哲学和法学思想的影响,也果断抛弃分割所有权概念,转向罗马法的统一所有权制度。康德和黑格尔都意识到,基于分割所有权的这种直接占有用益的关

---

[1] 参见[德]罗尔夫·克尼佩尔:《法律与历史——论〈德国民法典〉的形成与变迁》,朱岩译,法律出版社 2003 年版,第 239 页。

[2] [德]黑格尔:《法哲学原理》,范扬、张企泰译,商务印书馆 1961 年版,第 42—59 页。

[3] 《拿破仑法典(法国民法典)》,李浩培等译,商务印书馆 1979 年版,第 72 页。

系,以及采邑同租佃与其他租金、地租和转移税之间的关系,不符合现代所有权概念。《德国民法典》第一草案因此称:"在采邑法中,涉及因很久以前的政治、经济关系形式而存在的制度。在绝大多数国家中,立法在思考消除这些制度。这些制度的残余逐渐归于消亡,从而将其纳入民法典是不合适的。"[1]

前文已述,罗马人对所有权的定义是具有消极性的,也就是通过指出所有权受到的消极与例外限制来界定所有权的内容,一直试图避免通过具体的积极列举的方式、指出所有权具有哪些权能的方式,去界定所有权的内容。[2] 这就是罗马法所有权的"完全物权"理念,它也被大陆法系各法典完美继受。以《德国民法典》为例,第903条前句规定:"在不与法律或者第三人的权利相抵触的限度内,物的所有人可以随意处置该物,并排除他人的一切干涉。"其中就没有对所有权的积极权能进行列举,而是认为所有权是所有权人对物的一般概括性的完全支配,突出了归属的要素。

(二)英国法土地保有制(tenure)的起源——从罗马帝国后期到诺曼征服

罗马帝国中后期,帝国各个行省的社会经济结构开始逐步走向封建化:戴克里先皇帝的税制改革试图将劳动力固定在土地上,使得帝国全部乡村居民都要缴纳一种丁税与地税相结合的"人头土地税"(capitatio iugatio)。[3] 戴克里先的税收和户籍改革被君士坦丁一世(Constantinus I)继承,甚至有所强化。随着社会阶层的日渐僵化,在农村出现了"佃农制"(colonato),即为了使耕种者做到永久性服役,采取了把耕种者束缚在土地上的做法,还加强了佃户对田庄主的

---

[1] [德]罗尔夫·克尼佩尔:《法律与历史——论〈德国民法典〉的形成与变迁》,朱岩译,法律出版社2003年版,第240页。

[2] 参见[意]卡博格罗西:《所有权与物权:从罗马法到现代》,薛军译,载斯奇巴尼主编:《中国学者罗马法高级研讨班文集》,知识产权出版社2008年版,第21页。

[3] Francesco Grelle, Stipendium vel Tributum: l'imposizione fondiaria nelle dottrine giuridiche del Ⅱ e Ⅲ secolo, Jovene Editore, 1963, p.93.

人身依附,如果他们逃亡或者被别人告发,应被押回原来的田庄。根据君士坦丁一世于公元 332 年颁发的敕令,任何人如果在自己的地产内找到了别人的佃农,不但应把佃农送还原来的地方,而且应该负担佃农在那个期间的人头税,因此佃农变成了农奴,被世代束缚在一块土地及他与主人的主仆关系上,变成了一个严格的世代相承的等第中的一员。

另一方面,迫于沉重的税收、畜力不足及由此引发的畜肥缺乏,小土地所有者抛弃土地以逃避税收已经是相当普遍的现象。而且由于社会动荡,治安状况恶劣,越来越多的小农户为求得大田庄主的庇护而自动投靠大田庄,成为有依附关系的佃农。[1] 因此自君士坦丁时期开始,到公元 4 世纪后期,再到 5 世纪初,伴随着公地和私有土地的集中,重新出现了一个大土地所有主阶级,即"土豪"(potentiores),他们盘踞一方领地,摆脱了向帝国应尽的义务,采取自救行为维护自身利益,向个人和周边村落提供保护,俨然成为小的独立政权,以对抗帝国和外部势力,由此产生了一些"庇护地"(patrocinia)。[2] 总体而言,在君士坦丁一世临朝时期,欧洲大陆开始了向封建制的确定无疑的转变。[3]

在罗马帝国分裂灭亡之后,欧洲陷入无序与混乱,个人人身与财产安全凭自身力量无法自保,因此,君士坦丁时期出现的小农"带产投靠"贵族以寻求庇护的做法日渐普遍,代价则是丧失人身的独立与对土地的所有权。原来的农户只是"持有(hold)"土地,并且提供各种劳役。由此,"土地保有制"逐渐形成,土地成为连接人与人之间关系的纽带。简言之,保有是一种围绕土地而建立的领主及其附庸之间的社会关系:附庸持有领主的土地,并向领主承担各种封建义务;领主向附庸提供保护,并保留在某些情况下收回土地的权利。附庸并不拥有(own)土地,他和土地之间的关系只是持有(hold)关系。

---

〔1〕 参见厉以宁:《罗马—拜占庭经济史》(上编),商务印书馆 2006 年版,第 365—367 页。
〔2〕 参见[意]朱塞佩·格罗索:《罗马法史》,黄风译,中国政法大学出版社 1994 年版,第 389 页。
〔3〕 参见厉以宁:《罗马—拜占庭经济史》(上编),商务印书馆 2006 年版,第 313 页。

随着 1066 年诺曼征服[1]，欧洲大陆的土地保有制度被威廉一世带入英国。征服者威廉一世认为自己对英国王位有继承权，他在消灭或驱逐不肯降服的撒克逊贵族后，将其土地收归自己所有，按照功绩与亲疏分配给亲信与将士。因此所有的土地只属于国王，每一个从国王处分到或赎回土地之人成为第一持有人（tenant in chief），他们持有而不是拥有土地。持有人可以对其所持有的土地进行再分封，分得土地的二级持有人可以继续往下分封，每一次分封均产生一层保有关系。[2] 随着土地保有体制的彻底推行，在英国，除国王外，无人可直接拥有土地。尽管随着时间推移，事实在不断发生实质性变化，但保有的外壳并未随之改变。英美法宁愿一步步削弱土地保有制度的实际效力，也不愿动摇保有理论本身的基础，于是保有理论就这样自罗马帝国后期始，一直影响到今日的英美法。

（三）英美法地产权中"fee simple"与罗马法"行省土地所有权"的趋同：归属与权能的分离

在土地保有制度下，理论上是国王拥有全部土地所有权，现实却是个人实际掌握自己土地上的权利，为了刻意区分于国王所有，它又绝不能成为绝对的所有权。因为保有权益自国王的权益中分封出来，所以与国王的所有权相比可以无限接近但始终存在一个差距。因此，虽然土地的实际拥有人就土地持有的"普通法所有权"（legal title），名为所有权，但却没有大陆法上为它确立起来的那种终极性与封闭性，仍存在超越的空间，这一空间指的就是国王的所有权。因此英美法所有权观念不可能采取罗马法绝对所有、排斥其他的概念，[3]而只能采取类似于罗马法"行省土地所有权"的模式，所有权

---

[1] 诺曼征服（Norman Conquest）指 1066 年法国诺曼底公爵威廉一世对英格兰的入侵和征服。这次征服改变了英格兰的走向，从此英格兰受到欧洲大陆的影响加深，而受到的斯堪的纳维亚的影响逐渐衰退。诺曼征服改变了英格兰的文化，甚至语言。

[2] 参见吴一鸣：《英美物权法——一个体系的发现》，上海人民出版社 2011 年版，第 57 页。

[3] 参见 Kate Green, Land Law, 4th ed., 法律出版社影印 2003 年版，第 7 页。

形式上的归属主体为帝国与皇帝,但土地的实际持有人却享有一种实质性与拟制性的所有权。

与罗马行省土地持有人需要缴纳税赋与承担公役等义务相同,英美法土地的实际持有人,一旦未忠实履行封建义务,其土地就会被收回;但从领主角度而言,只要持有人能忠实履行义务,领主即不能对土地行使权利。因此,与罗马法不同的是,英国法的土地上,无论领主还是持有人,对土地仅享有一种有限的权利。故而,英国法上的土地持有人所拥有的是一个存在于持有人与土地之间的抽象实体,该实体被称为"地产权"(estate),即对土地进行占有性利用的权利范围。地产权是连接租户与土地的一个法律概念。[1]

"地产权"有多种,如果持有人可以终身占有土地,且死后可由其继承人继承土地,则该持有人拥有的地产权被称为"不限嗣继承地产权"(fee simple)。1925年英国财产法改革,土地持有人所负封建义务被荡涤一清,至此 fee simple 成为一种持有人可自由处分的权利,一种完整、自足的土地权利,一种英美法中"最大"的地产权,从权利的存续规则、功能乃至限制上,其接近甚至等同于大陆法系的不动产所有权,这也宣布了土地保有制度的名存实亡,国王的土地所有权已不含任何私权的成分,而是纯化为一种领土主权。

综上所述,很长一段时期以来,名义上英美法不动产所有权的归属仅掌握在国王手中,但现实中却创设出了各种地产权取代所有权各种权能的功能。随着封建社会的消亡,地产权体系中最基础的一种地产权——"不限嗣继承地产权"逐渐在实质上取得所有权的内涵与法律地位。但在无所有权年代形成的特有的地产权制度也几乎完整地进入现代社会。地产权制度的直接后果为,在英美物权法中,主体与客体之间始终存在一个抽象的地产权,主体不直接拥有不动产,而是拥有权利,ownership 这一术语即表示权利与主体之间的

---

[1] 参见[美]约翰·亨利·梅利曼:《所有权与地产权》,赵萃萃译,载《比较法研究》2011年第3期。

此种归属关系,而非所有权本身。[1]

英美法地产权这一归属与权能相分离的模式与罗马法中"行省土地所有权"的设计极为类似,实质上也是所有权政治性与法律性、经济性相分离的一种体现:无论是行省土地还是英国土地,在政治层面上的归属皆为帝国皇帝或英国国王,但落实到法律与经济层面上,所有权之中那些实质性的享益与权能皆归于土地的实际持有人。

但英美法地产权模式与被大陆法采用的罗马法绝对"所有权"模式却存在着本质区别:大陆法所有权可以被想象为一个写有"所有权"标签的盒子,在所有权完全无负担的情况下,盒子里包含了占有、使用、收益、处分等特定权利,所有权人可以把盒子里的一些权利转让给他人,但只要盒子仍在,即便是空的,它仍然是所有权人的。而英美法中没有所谓盒子,有的是各种地产权代表的不同束的法律权益,拥有"不限嗣继承地产权"的人有最大束的法律权益,当他转移一束或多束给他人时,那部分就没有了,地产权的性质也就随之改变。[2]

(四)"衡平法所有权"与"裁判官法所有权"的功能比较:双重所有权的假象?

在英美财产法中最为独特的莫过于信托制度,其将所有权区分为"普通法所有权"(legal title)与"衡平法所有权"(equitable title)两个层次,即通常所说的"双重所有权"(duality of land ownership)。前者指的是根据普通法的原则而得到确认的产权,即在普通法法院可获得承认或执行的产权,产权人对财产的所有权和占有在表面上是完整的,但对财产并无受益利益。后者是根据衡平法的原则而受衡

---

[1] ownership 不是一个权利概念,描述的是人与权利之间的归属关系,并不描述人与不动产之间的关系。换言之,在不动产法领域,英美法与大陆法所有权概念对应的并非"ownership",而是"fee simple"。参见吴一鸣:《英美物权法——一个体系的发现》,上海人民出版社 2011 年版,第 69—71 页。

[2] 参见[美]约翰·亨利·梅利曼:《所有权与地产权》,赵萃萃译,载《比较法研究》2011 年第 3 期。

平法保护的一种财产上的受益利益。[1] 在功能上,衡平法较多涉及欺诈、信托等问题,缓解了普通法的僵硬性,是一种补充性或附加性、注释性的法律,它所围绕的仍然是普通法,二者不是竞争对手的关系,而是一种主辅的关系。换言之,这反映了"衡平法追随普通法"(equity follows the law)这一事实,即衡平法始终以承认普通法为前提,并不明确否定普通法的规则,而只是通过规则的创新来对那些不能实现实质正义的普通法规则进行实质性修改。

在财产法范畴,英美法并不承认一种绝对的权利根据,而是承认一系列相对有效的权利,对这些具体权利,个案审判时适用比较的方法来确定其中谁是更优(better)的产权,由此给予保护。因此,所有权作为一种权利出现时也是相对的,既然是相对的,就没有理由反对另一种权利伴生于它,这就是英美法"双重所有权"存在的合理背景。[2]

大陆法系处理问题的思路则完全不同。例如,当买卖双方就一块土地善意约定了转让,但并未完成法律约定的若干程序时,英美法的处理方法是这块土地的"普通法所有权"在卖方手中,"衡平法所有权"则在买方手中,相互比较,实现超越;而大陆法系的处理办法是卖方享有土地的所有权,买方享有基于合同的债权请求权。但二者在本质上都可概括为二重性的划分,通过这种财产法律结构的二分,两大法系都对现代商业流转中非即时清结的交易关系实现了有效的调整。它们虽然在处理问题的技术方式上存在重大差异,但却发挥着相似的功能。[3]

究其本质而言,"普通法所有权"与"衡平法所有权"不是两个独立的所有权,尽管会出现"双重所有权"的表述。所谓"双重所有权",只是在不同司法体系中得到不同救济的两个法益。例如,在信

---

[1] See B. A. Garner, Black's Law Dictionary, 7th ed., West Group, 1999, p.1493.

[2] 参见冉昊:《"相对"的所有权——双重所有权的英美法系视角与大陆法系绝对所有权的解构》,载《环球法律评论》2004年第4期。

[3] 参见冉昊:《论两大法系财产法结构的共通性——英美法系双重所有权与大陆法系物权债权二元划分的功能类比》,载《环球法律评论》2006年第1期。

托关系中,普通法只认可受托人,不认可受益人,因此只有不动产的受托人拥有产权。而衡平法既认可受托人,也认可受益人,但认为受益人对土地拥有实质性的利益,是实质的产权人,同时并不否认受托人对土地拥有产权,只不过这个产权成了一个没有实际利益的"挂名产权"。可见从历史的角度而言,信托中的"双重所有权"不过是由于权利在不同的救济系统中获得保护的可能性不同而出现的一个法律现象;从逻辑的角度而言,信托在本质上也不过是所有权权能分割的产物,由此产生的两个权利不过是分担了一个所有权的两个功能。[1]

这一现象极为类似于罗马法中"市民法所有权"和"裁判官法所有权"的区分,虽然没有证据明确表明,"衡平法所有权"的诞生受到了"裁判官法所有权"模式的影响,因为自优士丁尼始已经取消了"市民法所有权"与"裁判官法所有权"的区分,该种所有权类型在诺曼征服时期早已不复存在。但是在形式上进行比较可以发现,与"裁判官法所有权"相同,"衡平法所有权"在设立之初,也是因为未满足普通法所要求的形式要件,也是基于司法实践救济而在实体法层面上产生的法律效果,也是与法律和司法体系的二元化特征存在联系,普通法所有权人与市民法所有权人一样,可以对抗除了衡平法所有权人与裁判官法所有权人之外的任何第三人。而且究其实质,罗马法中这种"双重所有权"也并非真正的两个独立完整的所有权,如上文所述,彭梵得认为这两种所有权应当被理解为对统一所有权概念的分解。主体只有同时兼具"市民法所有权"和"裁判官法所有权"两者,才称得上对物享有完整的所有权。

细细比较可以发现,"衡平法所有权"与"裁判官法所有权"也具有不同之处。因为英美财产法理论不采用一物一权的归属模式,因此"普通法所有权"与"衡平法所有权"更多展示的是处分权能与受益权能的区分,而不涉及归属层面;而"裁判官法所有权"规则是模仿

---

[1] 参见吴一鸣:《英美物权法——一个体系的发现》,上海人民出版社2011年版,第78—81页。

"市民法所有权"规则的,[1]这就意味着裁判官法所有权人除了享有所有权的一切权能,亦对归属层面进行了制度设计:裁判官法所有权人在取得时效完成之前,并没有对物的归属,而仅被裁判官赋予一种"归属的抗辩",只有等取得时效完成之日,才能获得对物的归属,但在这一时刻,"裁判官法所有权"就消失了,而自动转化成为"市民法所有权"。

五、总结

(一)罗马法所有权概念的发展趋势:政治性的消退与法律性的增长

纵观罗马法上所有权概念的发展,可以看出,各个时期的"所有权"概念,在成为一个教义学的术语之前,都属于一个历史的概念,所有权制度从来不是单纯的法技术上的构建,而是与一个社会的政治经济状况及社会各阶层力量博弈的结果紧密相连,所有权的法律结构在某种程度上为一个社会的财产的政治性安排披上了一件法律的"晚礼服"。这就是所有权政治性、经济性与法律性的三位一体。

罗马法所有权概念演变的趋势表明,从最初完全体现政治性色彩与主权意义的"支配权",经历了氏族家庭权力的消解、个人主义的兴起与法学家阶层对其主观权利的改造之后,共和国中后期出现的"市民法所有权"概念已经体现出强烈的个人性与法律性特征,完成了从物到权利的质变;最后出现了与用益权等他物权相对应使用的"所有权"概念,其仅仅具备经济与法律意义,相比较归属更加强调权能的分解。因此可以说,罗马法所有权概念的发展,就是一个政治性

---

[1] M. Talamanca, Considerazioni conclusive, in E. Cortese, La proprietà e le proprietà: Pontignano, 30, settembre—3 ottobre 1985, Giuffrè Editore, 1988, p.196.

逐渐消退,而法律性与经济性逐渐增长的过程。

罗马法所有权概念的这一发展趋势,也影响了现代法所有权的性质。近现代欧洲法典运动,采用了罗马法中"所有权"这一术语,旨在突出强调所有权的经济性与法律性,而弱化其政治性特征。虽然各国在宪法层面上对所有权与财产权保护的强调仍然保留了所有权内涵中的政治性要素,而我国的《民法典》"物权编"保留了国家所有权、集体所有权的分类,某种程度上是以政治性表述替代了法技术性的规定。把国家所有权规定在《民法典》"物权编"上,在私法层面上更多起到的是一种"排除功能",例如,不适用善意取得与时效取得制度,不适用诉讼时效制度,等等。而立法者显然意识到了所有权制度政治性过强所带来的弊端,例如,《物权法》第 59 条对《民法通则》(已失效,下同)悄然进行了修正,《物权法》继续承认集体所有权政治意义上的主体是集体组织,但是明文规定了集体所有权法律意义上的主体是集体组织成员——试图以这种方式从法技术上解决集体所有权的主体虚化问题。《民法典》第 261 条[1]承继了这一规范。

(二)罗马法所有权对两大法系的影响——花开两枝,各自表述

通过前文的分析可以看出,罗马法中丰富多元的归属体系及其表达方式,在不同时期分别造就了"氏族集体所有权""个人所有权""市民法所有权""裁判官法所有权""行省土地所有权""公地占有"等诸多概念,使得统一的罗马法所有权概念未曾被建立,现代的罗马法学家们更愿意通过采用"单一所有权与多重所有权"(la proprietà, le proprietà)这一同时在单复数意义上使用的方式,来表述罗马法上同时呈现绝对一元以及多重多元特征的归属及权能模式。[2]

罗马法中这一系列所有权概念与模式,对两大法系所有权与财

---

〔1〕　《民法典》第 261 条第 1 款规定:农民集体所有的不动产和动产,属于本集体成员集体所有。

〔2〕　M. Talamanca, Considerazioni conclusive, in E. Cortese, La proprietà e le proprietà: Pontignano, 30, settembre—3 ottobre 1985, Giuffrè Editore, 1988, p.186.

产权体系的建构,都产生了深远的影响。具体而言,以归属为核心要素构建出来的"市民法所有权"与"所有权"概念,尤其是后者,成为了近现代大陆法系各国法典化中所有权的模型,大陆法系各国法典继承了罗马法这一概念中所包含的"一物一权""完全性""排他性""弹力性"等品格,并且坚持了"归属+权能"的模式。

而与此相反,罗马法所有权序列中的另外两个概念——"行省土地所有权"与"裁判官法所有权",与日后英美财产法中产生的"不限嗣继承地产权"以及"衡平法所有权",从功能到结构都高度趋同,例如,"行省土地所有权"与"不限嗣继承地产权"的共同特性都在于"归属"要素的缺失及"权能"的实质享有;"裁判官法所有权"与"衡平法所有权"两者都基于形式要件不适格,基于司法实践救济而产生,实际效力都强于名义上的所有权人等。再联系到英国财产法源头的"土地保有"制度在罗马帝国后期封建化过程中产生的雏形,不由让人感叹道,罗马法中丰富的所有权模型,以"归属"这一要素为区分点,分别在大陆法与英美法两大法系扎根发芽,可谓"花开两枝,各自表述",共同构建起了当今世界的所有权制度。

第二章
大陆法系用益物权框架的生成与表达

一、物权规范体系的历史基础:时间维度与社会维度

法律具有时间维度与社会维度两个面向。[1] 时间维度指过去、现在和未来的关系,强调法律是一门有历史取向和"依赖于往昔"的科学。在时间维度上,一方面,我国物权立法的基本概念和体系,从实质材料与表述来看,沿袭自以罗马法为根基构建起来的大陆法传统,而罗马物法中诸多制度,皆围绕土地制度而构建,是传统民法创设一系列物权规范的源泉与归途。另一方面,罗马土地物权规范秩序,一直都是在国家的直接介入、调适和推动下生成与演化的。国家通过安排公地这一最为重要的社会资源在不同阶段的归属及利用,在形塑物权规范体系过程中留下了鲜明痕迹,使得大部分他物权类型都围绕着私人与国家之间(而非私人与私人之间)针对土地的利用而展开。这种土地权益秩序上体现出的强烈的国家法色彩,与我国现今的土地制度有似曾相识之妙。因此厘清土地物权规范体系的生成轨迹,无论是在私法史与法教义层面上,还是在我国当代土地制度的背景之下,都有着重要的理论价值,这构成了本章的写作目的之一。

法律的社会维度强调法律系统与其他系统的关系。法律是自主

---

[1] 参见谢鸿飞:《历史法学的思想内核及其中国复兴》,载《中国法律评论》2015 年第 2 期。

的,却不是孤立而自足的,它一方面与政经领域相分离而维持系统的独立,但并非与其他社会子系统构成的环境全然无关,通过外部指涉对环境保持认知的开放,使得不同系统之间彼此依赖与支持。[1] 或如戈登所言,"法律内史"与"法律外史"分别对应着盒子内部的法律与盒子外部的社会,"盒内乾坤"并非由盒子内部决定,而是取决于盒子外部的政治、经济、文化等社会情势。[2] 土地上的物权体系,通过复杂的关于土地总产出的多层次分配规范,构成一种总体上的财产基础秩序,对整个社会基本结构起到制度保障的作用。通过对资源及其分配进行有效的管控,使得物权体系具备了社会基本结构的形成功能。[3] 由此,国家通过对物权规范体系的架构实现政经体制的确立,并使得国家规制的目的介入其中。可以说,整个物权框架格局的生成与演化,一直充斥着国家层面政经体制的考量。[4] 探究物权框架演进与政经体制变迁的内在关联,展示时间维度与社会维度的相互交织与影响,构成了本章的另一个写作目的。

需要说明的是,在运用"物权"这一近现代私法的认识范式对古代制度进行重述时,反映了一种将古代史料填充到现代法律框架之内的企图,这就绕不开"权利之预设",因为整个物权框架是基于权利结构的,权利是它唯一的表达。[5] 可是在罗马法中并未提炼出如同现代法中体系化的实体意义上的"主观权利"概念,[6]罗马法中也没

[1] 卢曼关于"法律系统论"的理论框架分析,参见〔德〕尼古拉斯·卢曼:《法社会学》,宾凯、赵春燕译,上海人民出版社 2013 年版;〔德〕鲁曼:《社会中的法》,李君韬等译,五南图书出版股份有限公司 2009 年版。

[2] 参见谢鸿飞:《法律与历史:体系化法史学与法律历史社会学》,北京大学出版社 2012 年版,第 59 页。

[3] 参见龙卫球:《物权法定原则之辨:一种兼顾财产正义的自由论视角》,载《比较法研究》2010 年第 6 期。

[4] 参见朱虎:《物权法自治性观念的变迁》,载《法学研究》2013 年第 1 期,第 152 页。

[5] 权利概念具有太多文化的和时代的内涵,用它来描述、说明和分析古代社会诸关系,不能不特别审慎。否则,在对古代制度进行权利表达的过程中,会构建出一种原本不存在或不完整的权利结构,势必引起失真。参见梁治平:《清代习惯法:社会与国家》,中国政法大学出版社 1996 年版,第 51 页。

[6] Massimo Brutti, Il diritto privato nell'antica Roma, Giappichelli Editore, 2009, p.79; Matteo Marrone, Istituzioni di diritto romano, 3ª ed., Palumbo Editore, 2006, p.21.

有"物权"(ius reale)、"对物权"(ius in re)、"他物权"(ius in re aliena)这些概念的明确表述,[1]因此,本章仅出于理解便捷的需要,把"权利"和"物权"作为罗马物法的分析和诠释工具,更着重于权益的某种外在呈现状态和客观情态,而非立足于"主观权利"的内涵之中。[2] 当然,历史上并不存在一个先验的物权概念,不能仅将物权框架视为一个逻辑上具备一贯性的固有体系,相反,它是历史的产物,这就为在理论层面上,把散落在历史长河中的材料碎片逻辑性地整理还原为一个物权框架提供了必要性和可能性。[3]

---

[1] 作为现代物权概念前身的"对物权",它是中世纪评注法学家的创造,"他物权"这一术语也是中世纪人文主义法学家雨果·多诺(Hugo Doneau)在摈弃直接所有权与用益所有权区分基础上创设的,由此所有权和他物权都成为了对物权的下位概念。17世纪以来,格劳秀斯、普芬道夫、波蒂埃等自然法学家把中世纪的"对物权—向物权"(ius ad rem)的区分,发展为"对物权—对人权"的区分,为日后成熟的潘德克顿民法物债二分体系奠定了关键性的概念区分基础。尔后经过法国民法典评论者、德国潘德克顿学派及意大利学者的工作,才使得物权的概念和范畴得到了精确的表述。详细分析参见朱晓喆:《论近代私权理论建构的自然法基础——以17世纪欧陆自然法思想为背景》,载[意]桑德罗·斯奇巴尼、徐涤宇主编:《罗马法与共同法》(第一辑),法律出版社2012年版,第306页;[意]弗兰切斯科·西特茨亚:《罗马法的物权体系》,刘家安译,载[意]江平、S.斯奇巴尼主编:《罗马法、中国法与民法法典化(文选)——罗马法与物权法、侵权行为法及商法之研究》,中国政法大学出版社2008年版,第9页。

[2] 是否因为在罗马时期没有形而上意义的"权利"概念,就应当放弃用其描述和分析古代制度的尝试? 其实从本己之特殊立场去观察世界,不但是不可避免的也是正当的。问题不在于是否和能否使用现代概念,而在于怎样或如何使用这些概念。霍贝尔指出,将复杂的制度清晰地分解成基本组成部分,能够避免因为使用含义宽泛乃至大而无当的术语所带来的混乱和无益的争论。例如,可以将所有权视为一系列有关土地的复杂的权利综合体,它不仅由一套数量不定的在严格意义上的权利,或针对一批负有相应义务的数量不定的人的请求权组成,也由一系列数量不定且为数众多的特许权、权能和豁免权所组成。参见梁治平:《清代习惯法:社会与国家》,中国政法大学出版社1996年版,第48—51页。

[3] 如果一个法律体系允许私人对某物拥有一定的支配或排他权利,这种法律地位可否被界定为一种物权,其实是一个术语选择的问题。由于存在观念类型上的差别,所以我们在运用现代的物权术语去描述罗马人的法律经验的时候,一定要注意到概念所指向的实际内容而不能仅关注概念本身。

二、"贵族—平民"体制与"所有权—占有"框架

(一) 罗马共和国时期土地权属概况与政经格局

物权的法律设计本质上不能简单地被归结为主体之间的归属区划问题,这里还存在一个立法者在共同体成员之间进行财产分配的问题。[1] 在罗马共和国的绝大多数时期,土地基本可被归为公地与私有土地两种类型,罗马人在这两种类型的土地上分别构建起所有权与占有两套物权制度。一直到共和国末期,罗马公地都是意大利最重要的土地类型。除了少量公地以"分配田"(ager divisus et adsignatus)的形式分配给平民阶层而成为私有土地,大部分罗马公地交由私人占有使用,称为"占据地"(ager occupatorius),这是早期公地利用所采用的唯一模式。在公元前 367 年《李其尼法》通过之前,根据古老的习惯法规则(mores),只有贵族阶层才能够占有公地,[2] 正是在"占据地"的基础上,逐渐发展起公地利用的多元化模式。

私有土地的缘起,关涉城邦向私人授予的公地,以及氏族向内部成员分配的氏族集体土地。城邦分配公地的记载可以回溯到罗马第一位国王罗慕路斯(Romulus)向全体市民"按丁分配"的二尤杰里"世袭地产"(heredium),[3] 罗慕路斯的土地分配针对贵族与平民两个阶层,而其后城邦数次土地分配的对象仅针对平民。[4] 除了"按丁分配"形成的"分配田",罗马还通过在征服的土地上建立殖民地的方式,使每个殖民者都能够获取一定数量的私有土地。[5] 罗马市

---

[1] 参见[英]吉米·边沁:《立法理论》,李贵方等译,中国人民公安大学 2004 年版,第 117 页。

[2] Feliciano Serra, Diritto privato economia e società nella storia di roma, Prima parte, Jovene Editore, p.300; Alberto Burdese, Studi sull'ager publicus, Giappichelli Editore, 1952, p. 22.

[3] Plut. Numa, 16.1. 参见[古罗马]普鲁塔克:《希腊罗马名人传①》,席代岳译,吉林出版集团有限责任公司 2009 年版,第 133 页。

[4] Feliciano Serra, Diritto privato economia e società nella storia di roma, Prima parte, Jovene Editore, p.300; Alberto Burdese, Studi sull'ager publicus, Giappichelli Editore, 1952, p. 282.

[5] See Frontinus 4.34-5; Agennius Urbicus 36.6-8; Commentum 62.30-1.

民对这些分配的私有土地享有完整的所有权。

总体而言,共和国前中期,罗马的土地政策是:赋予平民少量土地的私人所有权,但禁止平民介入公地的占有;对贵族则恰恰相反,极少给贵族分配私有土地,而是以习惯法为依托,使贵族通过"占据地"的形式掌控了几乎全部的公地。于法律层面,贵族在"占据地"上无法适用"市民法所有权"这一工具,但恰恰因为从法理上看,"占据地"的所有权仍然归城邦所有并且可以随时被收回,这种公地占有的不确定性及任意使用的可能性,使得贵族在经济上大大受益的同时,在政治上亦无太多负担。所以,现实中贵族并不愿意将对公地的占有转化为真正的私人所有权。因此,在罗马史中,公地私有化进程并非因经济统治阶级,而是因经济从属阶级的推动而前进。

贵族设计的这一"占据地"制度创造了一个完美的平行关系:对国家权力的占有意味着对土地的占有,对公地的占据是政治权力的反映。虽然贵族对某些公地的占有是不合法的,但是由于贵族掌握了国家前进的方向,对于平民要求获得不同用途的公地、要求停止与现行法不相符的对土地的过度消耗这些诉求,贵族们将政治世界与法律世界彻底分离,从而在政治上维持着占有的现状。公地的受益者组成了国家的领导阶层,对公地的占有在多个世纪里都被固定在一些同样的家庭里,这些家庭的继承人能够继续维持其占有。[1] 直到《李其尼法》颁布之前,罗马土地的现状都是:"平民拥有少量的私地所有权,贵族垄断占有所有公地。"[2]

(二) 私有土地:市民法所有权保护模式

在私有土地上建构出来的权利样态为"市民法所有权",作为罗马市民法中最典型的所有权样态,盖尤斯(Gai.2.41)把它称作"对物的完全权利"。罗马人用"这个东西是我的"(res in bonis meis est, res mea

---

〔1〕 Alberto Burdese, Studi sull'ager publicus, Giappichelli Editore, 1952, p.21.
〔2〕 Feliciano Serra, Diritto privato economia e società nella storia di roma, Prima parte, Jovene Editore, p.300; Alberto Burdese, Studi sull'ager publicus, Giappichelli Editore, 1952, p. 283.

est)这种迂回的表达方法来表示这种最完整的物之归属关系,[1]并通过"所有物返还之诉"这一法律手段进行了周延的保护,土地所有人有权对抗任何妨碍其行使对物的直接支配权的第三人。[2]

除了"所有物返还之诉",在所有权的保护上,针对土地之间的关系,还发展出一系列保护所有权不受外来第三人侵扰,尤其是来自土地邻人侵扰的诉讼工具,以确保存在比普通的救济措施更加迅速的司法干预,从而在私有土地上形成了一套完善的诉讼保护体系,该体系可以分为三组类别:第一组适用于自认为是所有人而占有他人土地的情形,主要指"所有物返还之诉"与"地界调整之诉"(actio finium regundorum);第二组适用于所有权人仍然保有所有权,但他人行为已经侵扰到所有人对土地应有的排他利用的情形,其中多数用于调整相邻关系,如"排除妨害之诉"(actio negatoria)、"排放雨水之诉"(actio aquae pluviae arcendae)、"潜在损害保证"(cautio damni infecti)、"新施工告令"(operis novi nuntiatio)及"制止暴力和欺瞒令状"(interdictum quod vi aut clam)等;第三组适用于土地所有人为了利用土地,需要把行为扩大到他人土地上,如"修剪树权令状"(interdictum de arboribus caedendis)、"关于收获果实的令状"(interdictum de glande legenda)等。[3]

---

[1] 参见汪洋:《罗马法"所有权"概念的演进及其对两大法系所有权制度的影响》,载《环球法律评论》2012年第4期,第150页。

[2] 在最初的"法律诉讼"阶段,对所有权人保护使用"对物的誓金法律诉讼"(legis actio sacramenti in rem),争议双方被安排在同样的地位上,这一时期诉讼中的"赌誓"环节尚充斥着宗教色彩;经由"誓约法律诉讼"(agere per sponsionem)过渡之后,到了公元前2世纪兴起的"程式诉讼"(formulas)阶段,在"所有物返还之诉"中原告与被告被置于不同的位置上,赋予了"占有"这一状态以充分的法律意义,物的非占有方承担证明自己是所有权人的举证责任,只要相对人未能证明自己的主张,土地的现实占有人就可以胜诉。所以在新的诉讼结构下,"占有"已经成为一个决定性的因素,所有权争议在很大程度上成为了占有争议。D.41.2.35,"对占有争议的处理结果仅仅是法官宣布两者中谁占有物,其结果将是:在占有诉讼中败诉的一方,在提出所有权诉讼时将充当原告"。参见[意]桑德罗·斯奇巴尼选编:《民法大全选译Ⅲ:物与物权》,范怀俊译,中国政法大学出版社1993年版,第193页。

[3] Alberto Burdese, Studi sull'ager publicus, Giappichelli Editore, 1952, p.83.

(三)公有土地:裁判官法占有令状保护模式

无论是把罗马公地交由市民利用的制度安排,还是随后私人对行省土地的多种利用方式,都存在着"占有"这一法律关系。[1] 在共和国早期,祭司及法学家已经了解到,对"占据地"的占有是一种法律上的事实状态,很难将这种状态归类于某种权利。在术语选择上,使用"possessio"之前,反复出现的是"occupatio"和"usus"两个概念。[2] 早期对公地的占据并非源自城邦的积极规定,而是贵族的一种自发的事实行为,随后这一占有的事实被认为是合法的,得到了城邦的肯认和保护。[3] 因此,逻辑顺序是:对公地的"利用"(usus)构成"先占"(occupatio)这一事实,最终在法律层面上体现为"占有"(possessio)。占有人不能对"占据地"通过时效取得而转变为所有权人,[4]城邦在理论上可以随意撤销私人对"占据地"的占有,所以这种占有是一种"不确定的占有",[5]但是在国家收回土地之前,这种占有具备一个合法的基础,因此面对第三人时,占有人享有基于无瑕疵占有基础上的受保护的状态,即只要不是通过暴力和欺诈而占有土地,就是"合法的",不受第三人侵扰,[6]这也解释了为什么占有的保护程序从一开始就具有返还性的功能。[7]

---

[1] Emilio Albertario, Il possesso dell "ager vectigalis", Milano, 1912. p.17.

[2] "usus"一词比"possessio"要古老的多,它本身具有两方面的内在的张力:一方面,它具有一个最宽泛的适用范围,甚至可以适用于某些家庭关系,因此不限于对物的纯粹的管领和支配;另一方面,它本身既包含了事实上的状态,也包含了这种事实状态所具有的法律效力,也就是与其相对应的取得权利的效力。

[3] Feliciano Serra, Diritto privato economia e società nella storia di roma, Prima parte, Jovene Editore, p.300, Alberto Burdese, Studi sull'ager publicus, Giappichelli Editore, 1952, p. 291.

[4] See Agennius Urbicus 40.1-2; Hyginus (1) 96.4-5; D.41.3.9.

[5] See Commentum 64.25-7; Hyginus (1) 90.18-20.

[6] 学者弗朗切斯科·德·马尔蒂诺认为,对公地的占有是由于一种对公地的占领行为而独立行使的统治权(signoria),并具有这种占有性质本身所固有的双重限制,既不能凭时效取得也不可转让。Cfr. Francesco De Martino, Storia della costituzione Romana;参见[意]弗朗切斯科·德·马尔蒂诺:《罗马政制史(第一卷)》,薛军译,北京大学出版社 2009 年版,第 300—301 页。

[7] 参见费安玲主编:《罗马私法学》,中国政法大学出版社 2009 年版,第 255 页。

公元前 4 世纪时,城邦还通过《李其尼法》对私人占有公地的面积进行了限制,但这一法案的目的在于避免和纠正对公地任意武断的占有,[1]而且反过来含蓄地赋予了占有一定面积公地的合法性。可见城邦很早便察觉到一味纵容贵族成员以超过自身耕种能力的规模占有公地的危害,以及控制私人额外贪婪的必要性,为了整个共同体的经济利益,通过建立一套法律规则在公地诸多追求者中间相对公平地划分各自利用公地的范围,一来可以避免威胁到城邦根基的冲突与矛盾的产生,二来可以用更有效率的方式利用公地。[2]

占有人对于公地不享有所有权,因而无法适用市民法上"对物的誓金法律诉讼"进行保护。到了公元前 3 世纪布匿战争时期,针对第三方对"占据地"占有人的侵扰,渐渐由裁判官(Praetor)发展起一系列保护占有的"令状"(interdicta)体系,通过令状这一诉讼程序工具,保护对公地占有的事实状态。[3]至此,"占有"这一概念正式具有了法律意义,与"所有权"相对应。

到了共和国中后期,针对公地占有的令状保护框架已经基本建立,[4]主要分为"维护占有令状"(interdicta retinendae possessionis)与"恢复占有令状"(interdicta recuperandae possessionis)两大类型。[5]"维护占有令状"指在两个占有人对占有土地的归属发生争议时,一方可以申请此令状排除另一方的干扰,以维持目前的占有状态。此种令状又可区分为"现状占有令状"(interdictum uti possidetis)与"优者占有令状"(interdictum utrubi);"恢复占有令状"指被他人以暴力方式剥夺对土地的占有时,可要求法官发布此令状使其恢复对土地

〔1〕 Francesco De Martino, Storia della costituzione Romana;参见[意]弗朗切斯科・德・马尔蒂诺:《罗马政制史(第一卷)》,薛军译,北京大学出版社 2009 年版,第 302 页。
〔2〕 Alberto Burdese, Studi sull'ager publicus, Giappichelli Editore, 1952, pp.51-52.
〔3〕 参见[意]卡博格罗西:《所有权与物权:从罗马法到现代》,薛军译,载斯奇巴尼主编:《中国学者罗马法高级研讨班文集》,知识产权出版社 2008 年版,第 20—24 页。
〔4〕 Feliciano Serra, Diritto privato economia e società nella storia di roma, Prima parte, Jovene Editore, p. 300; Alberto Burdese, Studi sull'ager publicus, Giappichelli Editore, 1952, p. 296.
〔5〕 参见黄风编著:《罗马法词典》,法律出版社 2002 年版,第 130—134 页。

原先的占有状态。此种令状也可进一步划分为"制止暴力剥夺令状"（interdictum de vi）与"制止武力剥夺令状"（interdictum de vi armata）。

　　在占有令状产生初期，适用令状的前提是占有本身没有瑕疵，即占有"无暴力无欺瞒无临时授让"（nec vi nec clam nec precario），[1]在《伊其利亚法》（Lex Icilia）中便规定了如果私人占据公地时存在暴力或者欺瞒情形，应该将土地归还给罗马人民，而没有暴力或欺瞒的占有则得到城邦的承认和保护。[2] 到了共和国中后期，大量非法占有的公地因时间的流逝而被洗白，实践中无法区分占有来源的合法与非法，因此占有瑕疵作为一种例外被渐渐接受，令状所保护的对象不再是合法的占有人，而是对占有状态不加区分地进行保护，由此生成了"有缺陷占有的抗辩"（exceptio vitiosae possessionis）。[3] 至此，占有令状这一保护工具被罗马私法全盘接纳。到了帝政时期，随着社会结构呈现出前封建社会的特征，新的体制为了加强中央权力，对私人的自力救济施加了更严格的限制，皇帝通过谕令，针对原先"制止暴力剥夺令状"的情形，引进了一种一般性的法律救济手段——现实占有令状，任何人被暴力剥夺占有时，都可以恢复取得土地的现实占有，而不考虑被暴力剥夺的占有本身是否为瑕疵占有。[4] 所以某种程度上，这些令状尤其"现状占有令状"对占有现状的保护，使占有的效力比之所有权，甚至更加有力。[5] 令状不仅保护了现实中对"占据地"的占有，还使得公地占有人被视为事实上合

---

[1]　D.43.17.1.59，"在此令状中总是包含下述语言：同另一个人相比你未以暴力、未秘密地或不确定地占有"。参见［意］桑德罗·斯奇巴尼选编：《民法大全选译Ⅲ：物与物权》，范怀俊译，中国政法大学出版社1993年版，第379页。

[2]　Feliciano Serra, Diritto privato economia e società nella storia di roma, Prima parte, Jovene Editore, p.300; Alberto Burdese, Studi sull'ager publicus, Giappichelli Editore, 1952, p.297.

[3]　Alberto Burdese, Studi sull'ager publicus, Giappichelli Editore, 1952, p.28; Le vicende delle forme di appartenenza e sfruttamento della terra nella loro implicazioni politiche tra 4 e 3 secolo a.C., BIDR 27, p. 63.

[4]　参见费安玲主编：《罗马私法学》，中国政法大学出版社2009年版，第257页。

[5]　D.43.17.1.2，参见［意］桑德罗·斯奇巴尼选编：《民法大全选译Ⅲ：物与物权》，范怀俊译，中国政法大学出版社1993年版，第377页。

法的权利人。[1] 合法的占有人不仅能对抗第三人,到了后古典法时期,占有还被视为一种"对世"(erga omnes)的权利。

综上,与私有土地上权利保护的关键词是"所有权"不同,整个罗马公地利用体制的关键词是"占有"。在整个共和国时期,只有乡村地役权,尚未形成他物权这一概念和权利类别,因此,罗马土地上最早形成的物权规范体系,可以归纳为"所有权—占有"的二元框架(如图1所示)。

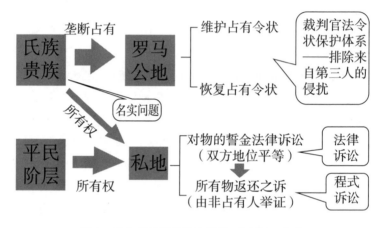

图 1 共和国前期的物法框架:所有权—占有

三、公地多元利用与规制:债权模式

(一) 催生公地多元法律利用模式的政经背景:排除城邦的侵扰

到了共和国后期,公元前 2 世纪左右,在意大利中部地区,农产品产量飞速增长,市场不断发展,商品作物的种植日益广泛,奴隶劳作也开始成规模地出现,而在意大利其他地区这一切都尚未发生。究其原因,首先,意大利中部的罗马城区域是整个共和国的中枢,人

---

[1] Alberto Burdese, Studi sull'ager publicus, Giappichelli Editore, 1952, p. 27.

口众多、城市发达,这为农产品及劳动力的商品化提供了客观需求;其次,意大利中部存在数量较多的私有土地,相比较于公地占有,在权利方面有更加完善的保障,因此促进了私人对土地的投入,在此基础上形成诸多中型地产。这种中型地产因在加图的《农业志》中得到详细描述而被称为"加图式庄园"(Villa Cato)。[1] 庄园由"管家"(Villicus)或庄园主亲自打理,平日由奴隶耕作,农忙时雇佣附近的自由农帮忙。[2] 劳动力的混合使用是"加图式庄园"区别于其他庄园的重要特征。[3] 相反,公地占有的不确定性阻碍了占有人对土地的大规模投资,对农业的发展形成了一种阻碍而非刺激性因素。[4]

公元前170年罗马停止新建殖民地以后,一些私人庄园改变经营方法,允许部分自由民作为"佃农"(Coloni)在缴纳租金的基础上租种土地。他们属于分益佃农(politier),与庄园主的分成因地而异,至此"佃农制"开始在意大利发展起来,关于土地租赁的法律结构也在公元前1世纪以前被构建出来。据记载,公元前83年集结在庞培(Pompey)周围的许多平民就是他的佃农。这些佃农的身份是独立的,与土地所有主之间仅是租佃关系,其性质和公元2世纪后期出现的"隶农"不同。[5]

但是随着人口膨胀、经济发展和疆域扩大,意大利和地中海地区的海外贸易逐渐升温,有限的私有土地上的农业生产已经无法满足飞速发展的农产品市场的需求。[6] 与此同时,意大利的大部分公地

---

[1]　See Saskia T. Roselaar, Public land in the Roman Republic: a Social and Economic History of the Ager Publicus in Italy, 396–89BC, PhD thesis Leiden University 2008, pp.147–149.

[2]　Cato Agr. 1.4.5.

[3]　Varrone, De. Re. Rustica, 1, 17, 2–3.

[4]　See Saskia T. Roselaar, Public land in the Roman Republic: a Social and Economic History of the Ager Publicus in Italy, 396–89BC, PhD thesis Leiden University 2008, pp.193–195.

[5]　参见杨共乐:《罗马社会经济研究》,北京师范大学出版社2010年版,第33—34页。

[6]　到了公元前225年,罗马城居民已经达到了15万—20万人,绝大多数不从事农业生产。Cfr. Leandro Zancan, Ager Publicus: Ricerche di Storia e di diritto romano, CEDAM, 1935, pp.91–93.

基本上还是属于最简单的"占据地",虽然通过逐渐完善的令状保护体系,占有人可以抵御来自第三方的侵扰,但是城邦作为理论上的土地所有者,随时可以将"占据地"收回,这就给农业商品化生产带来了严重的阻碍:扩大土地生产规模需要先期大量资金、工具和劳力的投入,但"占据地"的"不确定性"使得占有者得不到确实的权利保障,因而占有者缺乏对土地进行进一步投资的勇气和热情,"占据地"这种简单的占有形式愈发无法满足经济发展的需求,现实境况呼唤一种更强有力和更为高效的土地利用形式,以确保土地占有者除了抵御来自第三方的侵扰,还能防范土地被城邦随意夺取。[1]

在这种现实需求下,公元前 2 世纪以后在意大利发展出一系列新的公地占有和利用的法律模式,包括"监察官田"（ager locatus ex lege censoria）、"财政官田"（ager quaestorius）、"附典卖简约地"（ager trientabulis fruendus datus）、"记名牧地"（ager scripturarius）、"公共牧地"（ager compascuus）、"赋税田"（ager vectigalis）等,通过这些具体的公地利用模式,占有者与土地的关系更加紧密、权利义务内容更为细化,并得到了来自城邦层面的承认和保障,公地占有者因此能够放心地投资和生产。这些开发的公地大多位于意大利中部,它们向罗马的农产品市场提供了大量农产品,与此同时共和国外围地区的大部分公地依然保持"占据地"的利用性质。[2]

(二) 公地利用与规制的债权模式:租赁与典卖

公地利用大致可以分为两大类别。"监察官田""记名牧地"和"赋税田"无一例外地采用了租赁合同这一债权规制模式。"监察官田"是一种由监察官（Censore）将公地出租给出价最高的私人而形成的公地利用类型。[3] 一些学者认为监察官每隔五年将土地出租

---

〔1〕 See Saskia T. Roselaar, Public land in the Roman Republic: a Social and Economic History of the Ager Publicus in Italy, 396-89BC, PhD thesis Leiden University 2008, pp.116-118.

〔2〕 同上注,p.128。

〔3〕 Alberto Burdese, Studi sull'ager publicus, Giappichelli Editore, 1952, p.48.

一次,另一些学者认为在实践中仅是现实的占有人每隔五年更新一次租赁合同;[1]"记名牧地"指监察官通过招标的方式允许私人在缴纳一定数额租税之后用来放牧的公地,租税额由牲畜数量决定。在这一制度的成熟时期,一个或多个特定的放牧人排他地保有在土地上放牧的权利,采用的是监察官向私人租赁土地的形式,与现代法上的租赁非常相像;[2]"赋税田"最初是一种用于出租的集体耕地,[3]后来发展为私人以永久方式租用(res in perpetuum locata)的公地。[4]

这三种公地利用类型中,公地承租人除了通过令状对占有进行保护,排除来自第三人的侵扰,还通过与城邦签订各种租赁合同,附加一层债权性质的保障,使得占有者在公地上的权益进一步得到城邦的认可,城邦不可以再任意将这些公地收回。而且现实中只要承租人按时向城邦缴纳税款,似乎可以无限期续租。与此同时,国家可以通过续租及收取租税来保持对公地的控制力,并且源源不断地从中获取财富,因此构成了公地利用的绝佳方式。到了共和国末期和帝政时代,这几种类型的公地开始相互交错渗透,逐渐统一为"赋税田"的形式,再进一步演化为永佃权等他物权。

在公地利用的诸类型中,"财政官田"与"附典卖简约地"则转向了另一条演化道路。"财政官田"由管理国库和财政的财政官(Questore)在罗马公开拍卖给私人耕种。[5]财政官出卖的并非公地本身,而是对公地占有和利用的权利。除了令状保护,实践中还采用与买卖合同相关的程式诉讼,这也隶属于债权性的保护方式。[6]

---

[1] See Saskia T. Roselaar, Public land in the Roman Republic: a Social and Economic History of the Ager Publicus in Italy, 396–89BC, PhD thesis Leiden University 2008, pp.123–124.

[2] Alberto Burdese, Studi sull'ager publicus, Giappichelli Editore, 1952, p.38.

[3] Hyginus (1) 82.35–84.2.

[4] Giuseppe Grosso, Schemi giuridici e società nella storia del dritto private romano, Giappichelli Editore, 1952, p. 295.

[5] Cic. De Lege Agr. 2.21. Edoardo Volterra, Istituzioni di diritto privato romano, Ricerche, 1967, p. 429.

[6] Alberto Burdese, Studi sull'ager publicus, Giappichelli Editore, 1952, p.45.

"财政官田"的诞生是公地私有化进程的重要一步,虽然城邦已经针对公地设置了地籍册和界石,但占有人在获得"财政官田"以后,可以任意转让而无须登记,也可以交由后代继承,从实际效果上来看与私有土地已经相差不大,[1] 城邦对土地的实际控制力已经十分薄弱。

"附典卖简约地"的产生需回溯到公元前 210 年第二次布匿战争期间,许多罗马市民借款给城邦以支持其赢得战争,这些借款由城邦分三期偿还。[2] 但是到了偿还第二期借款的时候,罗马陷入了财政危机,欠下许多债权人巨额债务。为此执政官将公地转让给债主,以代替 1/3 的欠款。待到城邦有能力偿债时,若债主更希望获得金钱,则该土地被重新收回城邦手中。[3] 城邦通过"典卖简约"(Patto di riscatto)的方式将公地分成小块出卖给债权人,购买者(即城邦的债权人)仅需向公共财政支付极少数额的地价。[4] 私人对这部分公地可以自由排他地使用。城邦对"附典卖简约地"既无法管理,也无法主动收回,没有记载表明很多债权人放弃了土地而选择收回金钱,因此该类型的公地也逐渐被私有化了。[5] 如果说公元前 5 世纪以"按丁分配"方式对少量公地进行的私有分配,是着眼于农业层面上解决生存问题,那么从公元前 3 世纪开始的公地私有化进程,则是城邦意图进一步扩大土地产出与经济收益。

公地私有化进程还历经了一个公私含混的中间阶段。公元前 1 世纪提比留·格拉古与其弟盖尤斯·格拉古先后颁布的两部《森布罗尼土地法》规定,分配的公地不可转让(inalienabilità),且需要缴纳土地税(vectigal)。究其实质是授予了私人对土地享有的一种"受约束的所有权"(proprietà vincolata):排他性占有利用、可继承、不可转

---

〔1〕 Edoardo Volterra, Istituzioni di diritto privato romano, Ricerche, 1967, p.430.

〔2〕 Liv. 26.36.11-12, Liv. 29.16.1-3.

〔3〕 Liv. 31.13.6-9.

〔4〕 Edoardo Volterra, Istituzioni di diritto privato romano, Ricerche, 1967, p.429.

〔5〕 See Saskia T. Roselaar, Public land in the Roman Republic: a Social and Economic History of the Ager Publicus in Italy, 396-89BC, PhD thesis Leiden University 2008, pp.123-124.

让、需缴纳赋税。这便是《格拉古土地立法》中新创设的土地类型——"私人赋税田"（ager privatus vectigalisque），其模板为"财政官田"，它授予了土地占有人"永久占有"（privata possessio）的资格。其中"possessio"暗指这种权利还不是所有权；而"privata"则强调私人而非城邦是享有土地的主体。[1] 它与罗马法传统上的绝对"所有权"（dominium）概念相对立，从内涵上更为接近于现代法意义上的所有权，[2] 暗含了土地上一系列属于国家的权利。[3] "永久占有"的内涵除了"归属"，更为强调多项经济意义上的"权能"，所蕴含的"归属与权能相分离"的可能性，为法学上一系列他物权的产生奠定了理论基础。古典法时期被现代法典化运动继受的"所有权"（proprietas）术语，就是在与他物权的定义相对应的过程中生成的。[4]

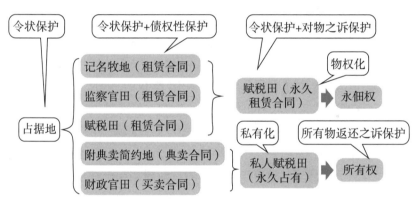

图 2　公地多元化利用与保护模式的演进

〔1〕　Leandro Zancan, Ager Publicus: Ricerche di Storia e di diritto romano, CEDAM, 1935, pp.91-93.

〔2〕　同上注，pp.89-90。

〔3〕　Saskia T. Roselaar, Public land in the Roman Republic: a Social and Economic History of the Ager Publicus in Italy 396-89BC, PhD thesis Leiden University 2008, p. 266.

〔4〕　参见[意]卡博格罗西:《所有权与物权:从罗马法到现代》，薛军译，载[意]桑德罗·斯奇巴尼主编:《中国学者罗马法高级研讨班文集》，知识产权出版社 2008 年版，第 20—26 页。

四、"所有权—他物权"体系的成型与水平分割的趋向

(一)行省土地的权属结构:行省土地所有权

从公元前27年奥古斯都创建元首制开始,罗马进入帝国时代。在帝国政制得以确立和稳定之后,从法律层面观察,各行省土地的归属与利用因地制宜地体现出多样性的特征。理论上,行省土地归于罗马人民或皇帝所有,私人在行省土地上不享有"市民法所有权"。随着罗马帝国的扩张,皇帝行省的数量和面积急剧增加,相比较元老院行省通常更为边远,大部分居民由没有罗马市民籍的低人一等的"自由人"(deditici)组成,这一现实情形阻止了"占有"等物权性质的土地利用模式的适用和推广,事实上彼时罗马也不愿意授予这些外邦人以全面而可以转让的"占有"权利。因此在帝政初期,皇帝行省土地上多笼统采用债权性质的"享益"(uti frui)模式来指代权利人对土地享有的权利,[1]通过引入"赋税田上的私人权利"(ius in agro vectigali)这一法技术手段,来解决私人对于土地权利的转让问题。

公元3世纪以降,随着帝国经济的日渐凋零和土地荒芜,为了提供生产、扩大兵源和税源,帝国通过比简单的"享益"更具物权效力的"占有"模式来吸引农民投入土地耕作。[2] 戴克里先进行的税赋改革取消了行省土地与意大利私有土地的区分,罗马人民与皇帝开始从主权的层面重新理解行省土地的权利,行省土地上权利人的权利

---

[1] "享益"的具体称谓也非常多样,例如,在"元老院行省土地"(agri delle provincie senatorie)上常称之为"占有或用益"(possessio vel ususfructus),或者"对公地的租赁"(locatio di ager publicus);而对"皇帝行省土地"(agri delle provincie imperiali)则很少使用"占有"这一术语,而是采用"用益"(ususfructus)等概念。Cfr. Giuseppe Grosso, Schemi giuridici e società nella storia del dritto private romano, Giappichelli Editore, p. 290; Edoardo Volterra, Istituzioni di diritto privato romano, Ricerche, 1967, p. 434; Francesca Bozza, Note sulla proprietà provinciale, Editore Milano, pp.13–14.

[2] Francesca Bozza, Note sulla proprietà provinciale, Editore Milano, pp. 25–26.

与"市民法所有权"在权能范围上是相似的,虽然它们在法律形式上存在差异。在实践中,大的承佃人和土地占有人除了需要缴纳土地税赋,已经成为实质意义上的土地所有权人。裁判官通过扩展适用保护"市民法所有权"的诉讼、引入物权性告示来对土地权利人进行保护,[1]这种权利被后世法学家冠以"行省土地所有权"的称谓。

可以说,罗马法学家最初没有对行省土地上的私人权利加以特别的注意,因为从技术角度来看,在行省土地上没有出现一种特别的要以创造新的法律规则及以特别方法来规制行省土地的流通的需求;而且行省面积广袤,流通制度和转让、用益的方式可以留给当地的法律和习惯进行解决。从术语界定来看,未把权利人对行省土地的几乎绝对的处分权定义为所有权,还是源于传统观念的掣肘,即认定一个物上无法同时存在公共所有权和私人所有权。

(二)他物权体系的建构:永佃权、地上权与用益权的创设与成型

将古老的所有权模式扩展成为一个在功能与结构上全新的物权体系,显然是法学理论的功劳。在社会层面上,对他物权的产生起决定性作用的因素,是土地之间新型归属与利用关系的不断产生与细化,这已非相对立的所有权与占有制度所能容纳的。在罗马法中"他物权"(iura in re aliena)没有被用作包罗地役权与用益权的一般性概念,因此在古罗马人经验主义的观念里,很难理解他物权这一概念。罗马法学家在这一问题上的考虑重点,是把那些具有社会意义并且从实践角度有存在价值的权利类型提取出来,他们并没有过多纯粹理论上的追求,也没有动力去发展出关于他物权的"一般理论"。[2]在优士丁尼的法律编纂中,他物权作为一般性概念未被《法学阶梯》

---

[1]　D.6.3.1—3.
[2]　参见[意]卡博格罗西:《所有权与物权:从罗马法到现代》,薛军译,载[意]桑德罗·斯奇巴尼主编:《中国学者罗马法高级研讨班文集》,知识产权出版社2008年版,第25页。

体系所采纳。[1] 优士丁尼法上的他物权(用益物权)框架由以下权利所构成[2]:役权(包括地役权和人役权)、永佃权和地上权。从历史发展来看,罗马法上的他物权经历了从地役权到人役权,再到永佃权和地上权这样一个演进过程。这些新的物权类型具有"封闭性"和"典型性",它们是在公地的多元化利用、罗马法学技艺的成熟,以及裁判官诉讼管辖的扩张等诸多因素的共同影响之下形成的。

永佃权作为延续至近现代的一项极为重要的他物权类型,有两个重要的制度来源。一个制度来源是意大利的"赋税田"。"赋税田"最初只设定了五年期限的租赁,随后突破这一限制转变为"以永久方式租用"(res in perpetuum locata)的土地。[3] 从体系的角度来看,法学家对于"赋税田"的法律定位一直在将其纳入物法还是债法这两种选择之间徘徊不定,即使在债法领域,也因将其归入租赁还是买卖而争论。[4] 保罗等人把"赋税田"定位为一种物的关系,同时也是一种异化了的租赁。[5] 私人与"赋税田"之间的关系具有对世效应,在程序法上被当作物权来进行保护,实践中承租者除了可获得占有令状的保护,还具有相应的权利——"'赋税地权'(ius in agro vectigali)与对物之诉""赋税田之诉"(actio in rem vectigalis)。[6] 而且

---

[1] Mario Talamanca, Istituzioni di Diritto Romano, I, Giuffrè Editore, 1990.

[2] "担保物权"在罗马法时期基本隶属于债法范畴,故本章中的"他物权"仅代指用益物权。

[3] Giuseppe Grosso, Schemi giuridici e società nella storia del dritto private romano, Giappichelli Editore, p. 295.

[4] 拉贝奥(Labeone)在 D.18.1.80.3 中一方面排除了"赋税田"属于买卖的可能性,另一方面却在判断其是否属于租赁之时碰到了困难。盖尤斯在《法学阶梯》中(Gai. inst. 3.145)针对这个问题关注的是买卖与租赁之间的区别。他认为尽管这属于永久性的租赁,但是这一租赁被认为不可撤销,而买卖与租赁的区别主要是在合同到期之后是否必须归还标的物,既然私人在使用"赋税田"之后无须将其归还给国家,那么应该是买卖。参见[古罗马]盖尤斯:《法学阶梯》,黄风译,中国政法大学出版社 1996 年版,第 250 页。

[5] 法学家保罗(D.6.3.1 pr. Paul. l. 21 ad ed.)将"赋税田"定位为"永久租赁"。参见[意]桑德罗·斯奇巴尼选编:《民法大全选译III:物与物权》,范怀俊译,中国政法大学出版社 1993 年版,第 125 页。

[6] Giuseppe Grosso, Schemi giuridici e società nella storia del dritto private romano, Giappichelli Editore, p. 297.

私人实际上通过扩用之诉的方式,获得了相当于所有权人的一系列诉权,如"排放雨水之诉""地界调整之诉"和"追究盗伐树木行为之诉"。[1] 另一个制度来源是埃及等帝国东部行省中长期或永久出租为耕耘土地以便开垦的利用模式。[2]

公元 5 世纪,芝诺皇帝(Zenone)成立了独立于买卖和租赁的"永佃契约",[3]他虽然没有给予永佃权以明确的形式和单独的名称,但开创了使人把永佃权视为一种独立的物权的先例,[4]这构成了"永佃权"的前身。最终优士丁尼完成了永佃权制度的设立,他把永佃权的两大制度源头,即意大利赋税田的文献同希腊永佃权的文献混合在一起,形成了最终的永佃权这一他物权形态。[5]

---

[1] D.6.3.1.1(Paul. 21 ad ed.):"为了永久享用土地而向市府租地的人虽未变成所有权人,但他有权对任何一个占有人,甚至对市府本身提起对物之诉。"参见[意]桑德罗·斯奇巴尼选编:《民法大全选译Ⅲ:物与物权》,范怀俊译,中国政法大学出版社1993年版,第125页。

[2] 哈德良当政期间,在埃及通过授予土地占有人以近似私有土地的"长期租赁"的方式,来刺激土地占有人的积极性,促使他们以更大的热情来专心从事农务。在阿非利加行省,通过《曼奇亚法》(lex Manciana),他鼓励开垦荒地、废弃地和种植果树等较高级的耕作方式,希望有佃户永久性定居在皇家荒地上。为此他不仅允许占有者在荒地上播种耕种,还赐给占有者以准土地所有主的权利。私人在土地上的权利从单纯的"享益权"(usus proprius)转变为"享益、占有及由后代继承的权利"(ius fruendi ac possidendi heredive suo relinquendi),这是吸引农民垦荒的有效工具,因此哈德良皇帝毫不犹豫地将这些原本属于所有权范畴的权利授予这些私人。土地占有人仅仅需要耕种土地并缴纳租税。随后哈德良在希腊和小亚细亚也推行同样的政策。到了公元193年佩贝纳科斯时期,帝国制定了一部针对帝国范围内所有荒地的统一法律规定,它与哈德良时期的法律类似,赋予了私人在行省土地上享有广泛的物权性权利。Cfr. Max Weber, Storia agraria romana: dal punto di vista del diritto pubblico e privato, Saggiatore, 1967, pp.145-147; Francesca Bozza, Note sulla proprietà provinciale, Editore Milano, p.28; 参见[美]M. 罗斯托夫采夫:《罗马帝国社会经济史(下册)》,马雍、厉以宁译,商务印书馆1985年版,第519—521页。

[3] I.3.24.3,参见[罗马]查士丁尼:《法学总论——法学阶梯》,张企泰译,商务印书馆1989年,第177—178页。

[4] C.4.66.1 pr. 参见[意]桑德罗·斯奇巴尼选编:《民法大全选译Ⅲ:物与物权》,范怀俊译,中国政法大学出版社1993年版,第126页。

[5] 参见[意]彼德罗·彭梵得《罗马法教科书》(2005年修订版),黄风译,中国政法大学出版社2005年版,第203页。

地上权(superficies)产生于另一个不同目的:弥补罗马法中"地上物被土地吸收"这一绝对添附性原则违反经济规律所造成的后果。地上权作为一种所有权水平分割的实践,首先被试验于共和国后期公地的利用上,表现为允许私人在公地上建筑店铺,这些店铺不能被转让,只能通过长期或不定期租赁交由私人使用;到了共和国末期该权利也被扩展到私有土地上的建筑,表现为长时间的租赁和支付相应租金。[1] 由此可见,地上权起初并未被定位于他物权,而是被定位于一种债的关系,通过两种契约类型加以规制:当地上权具有期限时,采取租赁的方式;当这种权利无期限时,采取买卖的方式。[2]

使地上权彻底摆脱债的单纯定位,是塞维鲁时期(公元 3 世纪初)法学家的贡献。[3] 这一时期,地上权人对建筑物享有类似于用益权或使用权的权利,并受物权诉讼的保护。到了哈德良皇帝时期,皇帝通过谕令规定地上权人可拥有对物之诉,并以非常审判程序加以主张。受到的保护趋于严密和有效,其反射性的效力导致一般的社会观念将这种权利看成一种物权类型,允许基于生前行为将这种权利进行有期限的转让和继承。[4] 事实上,在地上权性质向物权转移的过程中,附有期限的地上权仍一度被定位于租赁契约且受对

---

[1] 参见费安玲主编:《罗马私法学》,中国政法大学出版社 2009 年版,第 234 页。
[2] 在地上权尚不具备物权属性的时代,如果土地所有人妨碍地上权受益人(superficiario)行使权利,地上权人可以提起债权性的"对人诉讼",要求土地所有人赔偿损害;如果损害来自土地所有人以外的第三人,则地上权人不能提起"对人诉讼",只能要求土地所有人转让其对第三人的诉权,而这条救济路径在现实生活中显然过于繁杂。为了更加便捷地解决地上权人与土地所有人之外第三人的利益冲突问题,罗马裁判官通过告示引进了"地上权令状"(interdictum de superficiebus),以保护对建筑物的享用(frui),这种令状通过将地上权与"非暴力且非隐秘"的占有等同,其结构与"维护占有令状"非常相似,使地上权人得以对抗任何人,具有了向物权关系靠拢的趋势。对于永久设立的地上权,在更早的古典法中,就允许适用对物之诉或扩用的"要求返还之诉"(utilis vindicatio)。D.43.18.1.1: Ulpianus 70 ad ed; D.6.1.75; D.43.18.1.6;参见[意]桑德罗·斯奇巴尼选编:《民法大全选译Ⅲ:物与物权》,范怀俊译,中国政法大学出版社 1993 年版,第 163—165 页。
[3] 参见[意]阿尔多·贝特鲁奇:《地上权:从罗马法到现行意大利民法典》,刘家安译,载杨振山、[意]桑德罗·斯奇巴尼主编:《罗马法·中国法与民法法典化——物权与债权之研究》,中国政法大学出版社 2001 年版,第 243—245 页。
[4] 参见费安玲主编:《罗马私法学》,中国政法大学出版社 2009 年版,第 234 页。

人之诉的保护;而没有期限的地上权则被归入对物之诉的保护。[1]

在优士丁尼的新律中,地上权被等同于同样具备支配性质的永佃权,[2]将它扩大适用于相邻关系中为所有主提供的一系列法律补救措施。地上权适用于城市土地,而永佃权适用于乡村土地。而且,地上权人的权利要比永佃户的权利更为绝对,它不受任何限制并且对所有人不负任何义务,年租金对于地上权来说似乎也不是实质性的必要条件。[3]

用益权(ususfructus)的出现不是借助于立法或裁判官的干预,而是基于世俗法学的发展,促使法学家创造出这一制度。作为他物权的一种类型,该制度产生后就严格地与公元前3—2世纪产生的不同的役权概念紧密联系在一起。实践中通过消极方式对用益权人的权利设立了一些限制,权利的行使必须维持物的实质,而不改变物的社会经济功能。例如,用益权人可以开挖沟渠,只要不损害土地的农业经济价值。由于用益权具有人身性,因此其本质上是有期限的权利,在权利人死亡或人格减等情形下权利也会消灭。人身性特质导致用益权不可转移,用益权买卖在原始文献中被界定为债权性质的买卖,买受人无法取得用益权,只能在事实层面上行使相关权利。[4]

---

[1] 参见[意]阿尔多·贝特鲁奇:《地上权:从罗马法到现行意大利民法典》,刘家安译,载杨振山、[意]桑德罗·斯奇巴尼主编:《罗马法·中国法与民法典化——物权与债权之研究》,中国政法大学出版社2001年版,第247—248页。

[2] Nov.7.3.2; 120.1.2.

[3] 即便地上权到了后古典法时期已经被承认为一种独立的他物权类型,罗马法学家依然没有企图对地上权进行抽象的理论构建。当对所有权进行水平层次分割在实践中越来越重要的时候,对他物权的影响主要体现在希腊化行省的实践中。基于优士丁尼对"地上物被土地吸收"这一绝对添附性原则的重申,法学家们试图把地上权制度纳入最广泛的役权范畴。参见[意]彼德罗·彭梵得:《罗马法教科书》(2005年修订版),黄风译,中国政法大学出版社2005年版,第204页;费安玲主编:《罗马私法学》,中国政法大学出版社2009年版,第235页。

[4] 参见费安玲主编:《罗马私法学》,中国政法大学出版社2009年版,第228页。

(三) 所有权水平分割的趋向:用益所有权的出现

永佃权与地上权两者在对物的享用方面成为优先于所有权的权利。[1] 它们和用益权人赋予权利人的权能与所有权的权能几乎没有区别,[2]唯一的实质性区分在于针对他物权人的保护及土地使用权转让的可能性都建立在支付一定租税的基础之上。[3] 可以说土地上的多数他物权类型,都趋于对传统的绝对所有权进行水平分割,他物权在中世纪的演化历程证成了这一结论。在后古典法时期,罗马法仿照"所有物返还之诉",为永佃权人、地上权人设立了"用益物返还之诉"(rei vindicatio utilis),使永佃权人的诉讼地位类似于所有权人。直至中世纪的注释法学家将 dominium 与 utilis 两词结合,生成"用益所有权"(dominio utile)这一概念,与"直接所有权"(dominio diretto)相区分。[4]

把所有权进行水平分割,是所有权历史上的一个重要时刻。当所有权被分割理解之后,dominium 一词本身便具备了抽象的特质。中世纪的文献甚至可以用 dominium 一词指称任何对物的权利。[5]这一区分还承认了在所有权之外还独立存在着一种"所有权效力"(effectum dominii),它从所有权中衍生出来,常常适用于经济语境中

---

[1] 参见[意]彼德罗·彭梵得:《罗马法教科书》(2005 年修订版),黄风译,中国政法大学出版社 2005 年版,第 201 页。

[2] 他物权人只是不享有对物进行处分的权利,但可以通过订立并履行债权性合同来允许别人基于合同使用物并缴纳租金。Cfr. Mario Talamanca, Istituzioni di Diritto Roma-no,Ⅰ, Giuffrè Editore, 1990.

[3] 参见费安玲主编:《罗马私法学》,中国政法大学出版社 2009 年版,第 219 页。

[4] 第一个作出区分的人很可能是生于 12 至 13 世纪的皮留斯(Pillius),后世法学家接触到这一区分主要是经由巴托鲁斯(Bartolus de Sassoferrato)的著作。See Robert Feenstra, Dominium and ius in re Aliena: The Origins of a Civil Law Distinction, in New Perspectives in the Roman Law of Property, ed. Peter Birks, Oxford: Clarendon Press, 1989, p.113;参见唐晓晴:《澳门特别行政区土地法中的长期租借制度——以 dominium directum 和 dominium utile 的区分为视角》,载《北方法学》2012 年第 1 期,第 65 页。

[5] Giuseppe Grosso, Schemi giuridici e società nella storia del dritto private romano, Giap-pichelli Editore, p.248.

指称具备一定支配与排他效力的永佃权等他物权。由于"归属"要素的缺失,用益所有权与古典意义上的所有权仍然存在一定差别,罗马法在设立了他物权的土地上依旧保留了"虚空所有权人"(nudus dominius)的头衔,专享"归属"这一核心要素。为了保护这种"归属",产生了由用益权人负担的一系列义务,如维持物的用途和良好状态、在必要的时候对物进行维修和保养等,而真正的所有权人则没有上述义务。[1]

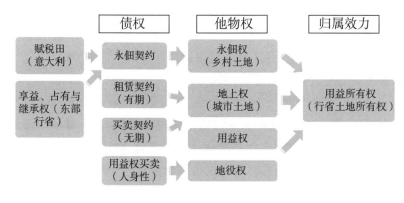

图3 "所有权—他物权"体系的成型

五、物权规范的教义功能、社会结构形成功能与规制功能

(一)"所有权—他物权"体系的教义功能

上文对土地上"所有权—他物权"体系的生成进行了全景式的概览:物权最初的框架是基于公有与私有两种土地类型而构建出的"所有权—占有"二分体系;在公地多元化利用中逐渐催生了多种债权保护模式以排除城邦与第三人的侵扰;然后逐步通过令状与诉讼手段等救济途径的升级,将土地上债权性质的权利转变为具有对世效应

---

[1]　Gai.2.30, 参见[古罗马]盖尤斯:《法学阶梯》,黄风译,中国政法大学出版社1996年版,第86页。

的物权关系;到了罗马帝国时代,从这些土地权利中逐步析出永佃权、地上权、用益权与地役权等独立的他物权类型,最终生成较为完备的"所有权—他物权"体系。

单一的所有权中独立出新的物权类型这一现象,有其在法教义体系功能层面的考量。考量因素之一,在于使土地上的权利状态与实际状态相一致。所有权包括"归属"与"权能"两方面的内涵,仅强调归属而不细化各种权能结构的差异,就很容易导致权利的名义与具体的利益状态相脱节,而通过他物权这一将所有权权能细化给不同主体的制度安排,可以使权利的称谓与当事人的具体利益状态相吻合,在当事人针对土地不应再具备相应利益的情形下,可以通过权利消灭的形式达至名实相符。[1]

考量因素之二,在于避免古老的所有权模式被用来实现多样的但会对自己的定位造成不利影响的功能,从而加重了所有权结构的复杂性,最终使"所有权"的概念承受不能之重。[2] 因此,他物权的产生,使法学理论摒弃了将所有权这一制度框架扩展适用于多种功能的思路。以最早产生的他物权"乡村地役权"(servitutes praedi-orum rusticorum)为例,其包括通行权和用水权,曾对罗马的农业经济的发展起到了很重要的作用。[3] "通行权"最初并非采取直接在他人土地上设立专项权利的模式,而是通过让与用于通行的条状土地的方式。[4] 而当历史发展到需要对这种权利内容进行精确定性时,人们从社会变迁中产生新的处理方法,把对通行道路和输水管道的所有观念,转变为在他人土地上为自己土地的利益专门设立通行

---

[1] 例如,地役权等他物权会因为"不行使"(non usus)或经过"时效解除负担"(usucapio libertatis)而消灭。参见[意]卡博格罗西:《所有权与物权:从罗马法到现代》,薛军译,载[意]桑德罗·斯奇巴尼主编:《中国学者罗马法高级研讨班文集》,知识产权出版社 2008 年版,第 24 页。

[2] 同上注。

[3] 参见[意]彼德罗·彭梵得:《罗马法教科书》(2005 年修订版),黄风译,中国政法大学出版社 2005 年,第 192 页。

[4] 这也是为什么这种古老的地役权属于"要式物",并且使用"要式买卖"和"对物誓金法律诉讼"进行移转和保护,以及可以时效取得的原因。Crf. Giuseppe Grosso, Schemi giuridici e società nella storia del dritto private romano, Giappichelli Editore, p.245.

或引水的权利,由此产生了作为一种他物权的地役权(iura praediorum)。[1]

考量因素之三,在于通过新的物权类型,将土地利用中纯粹的债的关系转变为效力更强大持久的物权性法律关系。在这一方面,行省土地的利用从享益模式向他物权模式的转变,公地多元化利用模式中发展出来的他物权类型,以及地上权的产生,都是典型的例证,这在理论上涉及物权与债权的区分。在彼时情境中,土地上某一权利从债权性质向物权具体转化,并非抽象理论逻辑上对权利性质的重新定位,而是从实用性的保护视角出发,简单地通过救济途径的改变实现的。所采用的技术手段,便是把土地权利人受侵害时用以自卫的"对人之诉",升级为"对物之诉",除此之外,还通过扩用之诉,扩大适用在相邻关系中为所有人提供的一系列法律补救措施,如"排放雨水之诉""地界调整之诉"和"追究盗伐树木行为之诉"。[2]由于受到的保护趋于严密和有效,其反射性的效力导致一般的社会观念将这种权利看成一种物权类型,并允许基于生前行为将这种权利进行有期限的转让和继承,私人与土地之间的关系从而具有了对世效应。在这种绝对权面前,其他社会成员负有消极义务。[3]

(二)物权体系的社会结构形成功能与社会规制功能

他物权的功能除了致力于拓展物的利用方式,更在于通过构建一个更为复杂的"所有权—他物权"的财产权基础结构,以达到对物

---

[1] 参见[意]朱塞佩·格罗索:《罗马法史》,黄风译,中国政法大学出版社1994年版,第114页。

[2] D.6.3.1.1(Paul. 21 ad ed.):"为了永久享用土地而向市府租地的人虽未变成所有权人,但他有权对任何一个占有人,甚至对市府本身提起对物之诉。"参见[意]桑德罗·斯奇巴尼选编:《民法大全选译Ⅲ:物与物权》,范怀俊译,中国政法大学出版社1993年版,第125页。

[3] [意]弗兰切斯科·西特茨亚:《罗马法的物权体系》,刘家安译,载[意]S.斯奇巴尼主编:《罗马法、中国法与民法法典化(文选)——罗马法与物权法、侵权行为法及商法之研究》,中国政法大学出版社2008年版,第13页。

的财产功能更为复杂的多层次分配的社会规范配置目的,构建出社会财产基础秩序。因此,他物权的产生与设计绝非对所有权第一规范的彻底颠覆,而是在对所有权作为第一规范体制确立后的财产结构本身加以基本尊重的前提下,为促进物尽其用及实现物的社会平衡所作的一种再调整。[1] 具体到本章的研究对象,土地上的物权体系采取具有支配和排他功能的物权规范,对资源及其分配进行有效的控管,从而构建起一个复杂的关于土地总产出的多层次分配系统与财产基础秩序,使得物权体系框架自身具备了社会基本结构的形成功能。

土地作为社会财富的代表,由国家通过对公共所有权、私人所有权及他物权等多种法律工具进行弹性选择,在不同阶段对不同阶层进行各种策略的财富分配,从而达到国家规制社会的目的,并在此过程中同时考虑对土地财产的保护和合理利用。因此,可以看出在历史上并不存在一种先验性或者先天具备正当性的所有制架构与物权结构,在历史的不同阶段,基于不同的规制目的,可能会采用国家直接管控所有土地;由私人所有土地,但国家进行严格的管制和施以沉重的税赋负担;国家所有土地,但赋予私人各种利用的权利等多元化的物权模式。由此,国家经由物权体系的架构达至政经体制的确立。[2] 因此可以说,整个物权体系的生成与演化,一直充满着国家政经体制层面的考量与规制目的的影响。以下以罗马物权体系的演进为例进行说明总结。

罗马共和国前中期的社会基本结构为"贵族—平民"二元体制,土地资源集中掌控在贵族手中。迫于平民风起云涌的土地运动,[3] 贵族虽然赋予了平民少量土地所有权,但依旧通过"占有"这一法律工具掌控了几乎全部公地。彼时政治上的考量是,在法理上

---

〔1〕 参见龙卫球:《物权法定原则之辨:一种兼顾财产正义的自由论视角》,载《比较法研究》2010年第6期,第34—36页。

〔2〕 参见朱虎:《物权法自治性观念的变迁》,载《法学研究》2013年第1期,第152页。

〔3〕 参见汪洋:《罗马共和国早期土地立法研究——公元前5世纪罗马公地的利用模式及分配机制》,载《华东政法大学学报》2012年第2期,第46—49页。

公地的所有权归城邦而非实际的贵族利用者,因此贵族在经济上大大受益的同时在政治上亦无负担。[1] 鉴于贵族在整个城邦体制中的强势地位,"占有"这一权利形态辅之以裁判官法的令状保护已经足够,所以贵族即便在应然层面,也不愿将占有转化为私人所有权。正是在这一政经背景下形成了最初的"所有权—占有"二分框架。而经济层面的影响则体现在这一时期关于土地的一系列立法如《李其尼与塞斯蒂亚法》上,基于整个城邦共同体的经济利益的考量,限制贵族成员以超过自身耕种能力的规模占有公地,以期建立一套法律规则来更有效利用公地这一古代社会最重要的社会资源。[2]

到共和国后期和末期,物权体系变动的政经动因有两点:一是经济层面,随着疆域的扩大和地中海贸易的升温,农产品产量飞速增长,市场不断发展,有限的私有土地上的农业生产已无法满足农产品市场的需求,[3]而公地上简单的占有法律模式无法阻挡来自城邦的侵扰,由此阻碍了占有者对土地的大规模投资,[4]城邦通过发展出一系列新的公地占有和利用的法律模式,使得占有者在土地上的权利义务得到城邦层面的承认和保障。二是政治层面,随着布匿战争等对外扩张战争规模的无限制扩大,城邦需要从手里掌握的公地中寻找财政支持,因此国家通过与土地利用者签订租赁合同等多种形式,以续租及收取租税的方式,一方面保持对公地一定的控制力,另一方面以公地所有者的名义,源源不断地从中获取财富,并且进一步扩大了土地的总产出与经济收益。

进入帝国时代,出于国家安全、税赋保障及元首与元老院分权等政经因素的考虑,国家对行省的规制方式不同于意大利本土,虽然面积广袤的行省土地名义上一直保持公有模式,但对土地的实际利用

---

〔1〕　Alberto Burdese, Studi sull'ager publicus, Giappichelli Editore, 1952, p.34.

〔2〕　参见汪洋:《罗马共和国李其尼·塞斯蒂亚法研究——公元前4—3世纪罗马公地利用模式诸类型》,载《比较法研究》2012年第3期,第37—42页。

〔3〕　Leandro Zancan, Ager Publicus: Ricerche di Storia e di diritto romano, CEDAM, 1935, pp.91-93.

〔4〕　Saskia T. Roselaar, Public land in the Roman Republic: a Social and Economic History of the Ager Publicus in Italy, 396-139BC, PhD thesis Leiden University 2008, pp.193-195.

人赋予了所有权之外的各种权利。在帝国前期,为了达到向行省大规模移民、安置老兵,以及推进垦荒等国家层面的政策目的,国家倾向于将未耕耘的土地长期或永久租赁给移民者、老兵或垦荒者,为了鼓励和刺激土地占有人的积极性,赐予了许多占有者以准土地所有主的权利。[1] 而公元 3 世纪以后,随着帝国经济的日渐凋零和土地荒芜,社会阶层日渐僵化,为了扩大兵源和税源,国家通过以物权效力的他物权模式替代租佃等债权模式来加强对土地耕种者的保护,以期望吸引农民投入土地耕作。[2] 戴克里先实施税赋改革之后,国家对行省土地的权力性质的理解,从所有主层面转变为从主权层面,这一转变是对土地规制方式的一次重大改变,此后,国家在土地上的利益被固化为"土地税赋"这一相对固定的负担。伴随着封建化的进程,大的土地承佃人及具体的土地占有人,在缴纳税赋之外,俨然成为真正的所有权人,从法律上享有对物之诉和扩用所有权告示的完善保护,被后世冠以"行省土地所有权"或"用益所有权"的称谓。

六、结论

土地上物权规范体系的生成与确立,离不开时代的政治经济背景,政经秩序作为一种宏观推力,对具体物权的制度构建起到了根本性影响。甚至可以说,就长期历史而言,制度并非孤立存在,它内生于更根本的经济和社会变量。[3] 在此背景之下,一方面,从法律系统内部观察,土地物权走向"体系化"的过程,就是经由多种物权类型不断生成与精细化而逐步搭建起一个物权的法教义外部体系的过程。各种归属、权能与诉讼手段的不断完善与深化,无论是对于保障

[1] Max Weber, Storia agraria romana: dal punto di vista del diritto pubblico e privato, Saggiatore, 1967, pp.145-147.
[2] Francesca Bozza, Note sulla proprietà provinciale, Editore Milano, pp. 25-26.
[3] 参见姚洋:《土地、制度和农业发展》,北京大学出版社 2004 年版,第 1—25 页。

和平衡土地上各种类型的利益分配者的权益,还是对于更加科学且技术化地实现国家的规制目的,都是不可或缺的实现工具和方式。

另一方面,从涵盖法律系统的整个社会系统的视野来看,物权规范体系的确立与演进,为社会结构形成与国家规制目的的实现提供了必要且重要的助力。经由在土地上构造一个财产权结构来达到多层次的社会财富分配目的,从而建立起基本的社会秩序。围绕这一目标及不同时期国家的具体规制目的,国家直接介入、调控和推动土地这一最为重要的社会资源的归属及利用关系,从而在土地物权规范体系形成过程中留下鲜明而深刻的痕迹,使得大量围绕土地生成的物权规范皆是调整私人与国家之间,而非私人与私人之间的法律关系。国家角色在土地物权体系中突出的分量,与我国当今土地物权模式有似曾相识的感觉。由此可以看出,物权规范体系从来不单单是一种私法层面的权利架构,而且是糅合着私人权利、各阶层的利益分配及国家规制目的的混合产物。

第三章
传统中国地权管业秩序的理论构造

清末修律百余年来,欧陆各国民法典及其法学理论,经过一个世纪持续继受移植、萃取与本土化的努力,得到了我国社会民众与法律界的广泛认同,并成为我国民法典编纂的"词性基础"与"范式原典"。这一过程伴随着传统与现代之间的"文化断裂"、中华法系的解体和律学传统被抛弃,以及对传统的迅速疏离和忽略。然而法律是一门有历史取向和"依赖于往昔"的科学,[1]当我们回过头审视固有法,仍能发现其中所蕴含的思想智慧与制度价值。[2] 但毕竟社会情势沧海桑田,即便传承中国固有法能被列入法典编纂的政治与社会文化任务之一,也会面临固有法如何融入现代法学理论与立法体系的难题,真正实现这一任务相当不易。[3] 这就需要将法律本土资源作为素材,进行学术化、规范化和体系化转换的工作,本章便是在这个层面上进行的有益尝试。

明清时期田土产业领域的固有民法规则,包含一田二主、典制、活卖、绝卖等中国特有的财产制度安排,构成了传统民事法领域最有魅力的部分,它与大陆法系的物权法体系大相径庭,与英美财产法的

---

[1] 维亚克尔认为,除非丧失整个主体性,各民族事实上无法放弃其基本的日常生活形式。参见[德]弗朗茨·维亚克尔:《近代私法史:以德意志的发展为观察重点》(上),陈爱娥、黄建辉译,上海三联书店2006年版,第107页。

[2] 不少学者呼吁民法典的编纂要承载"统一、守成、更新"的立法使命,"守成"即意味着对本民族固有法律经验传统的尊重保留和参酌。近代中国私法变革的相关内容,参见陈新宇、陈煜、江照信:《中国近代法律史讲义》,九州出版社2016年版,第176—237页。

[3] 参见谢鸿飞:《中国民法典的生活世界、价值体系与立法表达》,载《清华法学》2014年第6期,第23页。

结构及观念却有诸多暗合之处。中国经济史学界与法制史学界的诸多前辈和学者,在该领域依托详尽的第一手历史材料,已经积累了相当丰富的研究成果,[1]但从民法或财产法领域依托上述成果所开展的理论研究依然寥寥,相关成果也较少。由于运用现代西方私法框架来重述传统财产秩序容易遭遇古今、中西和官民三大鸿沟而引起失真,[2]因此本章坚持复原历史上本土概念的表达,在此基础上,从功能比较的视角,借用新制度经济学及现代财产法理论,对明清地权秩序进行学术化处理。[3] 西方法律理论作为地方性知识的特殊性或许并不能提供有益的比较性洞见,但交易中的"制度性因素"却是普适的。[4]

　　本章的论述结构如下:首先,厘清传统中国地权秩序在宏观国家

[1] 涉及明清时期土地制度的代表性著作,在经济史领域,包括傅衣凌著《明清农村社会经济》,赵俪生著《中国土地制度史》,杨国桢著《明清土地契约文书研究》,白凯著《长江下游地区的地租、赋税与农民的反抗斗争(1840—1950)》,赵冈与陈钟毅著《中国土地制度史》等一系列作品,李文治著《明清时代封建土地关系的松解》,葛金芳著《中国近世农村经济制度史论》,曹树基与刘诗古著《传统中国地权结构及其演变》,江太新著《论清代土地关系的新变化》,高王凌著《租佃关系新论——地主、农民和地租》,龙登高著《地权市场与资源配置》,理查德·R.托尼著、安佳译《中国的土地和劳动》等,以及钱穆、何炳棣、费孝通、李伯重、念ðÂ÷祺等学者所著的经济史作品中的部分章节内容。在法制史领域的代表性著作,包括[美]黄宗智著《法典、习俗与司法实践:清代与民国的比较》及《明清以来的乡村社会经济变迁:历史、理论与现实》等一系列作品,[日]森田成满著、牛杰译《清代中国土地法研究》,[日]寺田浩明著、王亚新等译《权利与冤抑:寺田浩明中国法史论集》,蒲坚主编《中国历代土地资源法制研究》,郝维华著《清代财产权利的观念与实践》,吴向红著《典之风俗与典之法律》,吴向红与吴向东著《无权所有:集权奴役社会的地权秩序》,邓建鹏著《财产权利的贫困:中国传统民事法研究》等,以及梁治平、滋贺秀三、仁井田陞、叶孝信等学者所著的法制史作品中的部分章节内容。
[2] 从而造成古代的史料被现代化、本土的素材被西洋化、乡土的风俗被成文化。参见郝维华:《清代财产权利的观念与实践》,法律出版社2011年版,第10—15页。
[3] 是否应放弃使用西方现代社会科学的概念描述和分析古代制度的尝试? 其实从本己之特殊立场去观察世界,是不可避免的,也是正当的。问题不在于是否或能否使用现代理论,而在于如何使用。如霍贝尔指出,将复杂的制度明晰地分解成基本组成部分,能够避免因为使用含义宽泛乃至大而无当的术语所带来的混乱和无益的争论。参见梁治平:《清代习惯法:社会与国家》,中国政法大学出版社1996年版,第48—51页。
[4] 参见[美]曾小萍、[美]欧中坦、[美]加德拉编:《早期近代中国的契约与产权》,李超等译,浙江大学出版社2011年版,第166页。

层面与微观民间层面上的二元结构；其次，从"管业"概念入手逐一勾勒民间地权秩序中诸管业层级与交易类型，根据经营收益、流通性、管业年限和税赋风险四种影响因子对诸管业层级的内容与地权价值进行比较，通过当前与未来收益两个维度，构建诸地权交易类型的理论框架；再次，探究地权分化的深层动因，简要分析复杂地权的功用及其社会经济史成因；复次，比较明清地权秩序与两大法系视野下财产权从观念到结构的异同；最后，探究这一地权秩序对我国农地"三权分置"改革的有益启示。

一、传统中国地权秩序的二元结构

新制度经济学认为，理解制度结构有两个必不可少的工具，即国家理论和产权理论。[1] 国家理论之所以不可或缺，原因在于国家在宏观层面决定着产权结构并最终对产权结构的效率负责；而产权结构的效率则导致经济增长、停滞或衰退。产权理论则关注经济运行的制度基础，即财产权利结构。对于传统中国的地权秩序，同样需要从国家理论和产权理论两个层面来理解，由此形成政治权力主导的宏观地权秩序与民间自生自发的微观地权秩序的二元结构。

在国家理论层面，诺斯认为，国家是一种在行使暴力上有比较利益的组织，产权的实质是排他的权力。国家这一享有行使暴力的比较利益的组织，便处于规定和强制实施产权的地位。这是理解国家的关键所在：潜在利用暴力来实现对资源的控制。[2] 地权秩序同样

---

〔1〕 参见[美]道格拉斯·C.诺思：《经济史上的结构和变革》，厉以平译，商务印书馆1992年版，第21页。

〔2〕 国家理论大致包括洛克和卢梭等人所秉持的契约论，马克思和奥尔森等创立的掠夺论，以及试图统合两者的由诺斯所阐述的暴力潜能分配理论。参见[美]道格拉斯·C.诺思：《经济史上的结构和变革》，厉以平译，商务印书馆1992年版，第25—29页。

深刻受制于国家权力,表达为以国家暴力为依托的变动不居的权力结构。地权分配的终极来源是超经济层面的"封、赏、请、射",[1]正所谓"普天之下,莫非王土"。被分配的土地原则上可被收回,土地持有人的权利也无法表达为"所有权"这一绝对排他性的权利结构。政治权力的控制与土地的控制(占田)相伴而生,政治权力的稳定平衡造就了阶段性静态的地权关系;政治权力的动荡更替则会导致地权格局的重组,如历史上频繁重演的土地革命、土地兼并和荫占现象,[2]它们构成地权秩序中非制度性的不稳定因素。

国家会提供一组服务(如司法保护)来交换岁入,所以地权秩序对于官府的意义,无外乎收敛税赋和地方安靖。无论是地主还是自耕农的土地,在官府的视野中都仅作为一个赋税单位而存在。[3]国家仅在统治阶层利益最大化的目标范围内促进和界定有效率的产权,除此之外,既无力也无心进行必要的制度安排,由此导致了乡土社会中官僚法的缺席,以及作为一种反控制应对的民间惯习的必然出现和蓬勃发展。[4]在政治局势相对稳定的阶段,乡土社会以民间惯习为基础,对地权进行了细化,构筑出一套原生的、以契约为工具的微观地权秩序。

这套民间产权结构并非由国家建构和实施,而是在哈耶克所谓"进化论的理性主义"框架内形成的自生自发秩序,包括民间风俗和

---

〔1〕 土地与权力紧紧缠绕在一起,这种关系是联结"国家—民户"的纽带,民户的各阶层取得土地的途径有:赏赐、请射、职禄、买卖、掠夺、继承等。除买卖和继承外,其他四种途径均与国家权力有关,其产权是政治权力的延伸。参见吴向红:《典之风俗与典之法律》,法律出版社2009年版,第68页。

〔2〕 尽管土地兼并时时而也以土地买卖的形式出现,却掩盖不了其背后隐藏的权力背景。参见程念祺:《国家力量与中国经济的历史变迁》,新星出版社2006年版,第41—44页。

〔3〕 诺斯和托马斯把17世纪英国在土地占有合理化及持续几百年的圈地运动背景下的政府理解为一个通过对所有权征税获得财源,并作为报偿为所有权提供司法保护的组织。在这样的理念下,税收近似于私人换取国家提供"公共产品"的对价。参见[美]道格拉斯·诺斯、[美]罗伯特·托马斯:《西方世界的兴起》,厉以平、蔡磊译,华夏出版社2014年版,第9页;参见邓建鹏:《财产权利的贫困——中国传统民事法研究》,法律出版社2006年版,第78页。

〔4〕 参见程念祺:《国家力量与中国经济的历史变迁》,新星出版社2006年版,第8页。

惯习等"未阐明的正当行为规则",[1]经济因素在其中占据主导地位,私人从权能与时间等维度,对土地收益进行多层次分配,生成了典卖、活卖、绝卖、租佃等一系列灵活、开放而多元的交易名目。[2]民间产权结构产生于"所有权缺失"的宏观制度背景,私人权益具有相对性,只能相互主张并有限度地对抗他人。

宏观与微观地权秩序确立了一套以"土地收益"为标的的分配方案:"土地总产出=官府实收税赋+征收过程中的消耗+留给田主的产出剩余。"[3]官府管控土地的动力,在于如何从土地总产出中收取足额的税赋并限制作为交易费用的各类消耗。[4]官府对于民间保有的土地产出剩余部分如何在相关权益者之间分配并无兴趣,因此该部分才有可能、也有必要在官府管控之外进一步细化。

国家有两个基本目标,一是统治阶层的利益最大化,二是全社会的总产出最大化,以增加国家税收。然而这两个目标之间存在持久的冲突,要使社会产出最大化,就要求国家提供最高效的产权制度;而确保统治阶层利益最大化的可能是一套低效的产权制度,这一冲突是不能实现社会经济持续增长的根源。[5]在传统中国的地权秩序中,这一冲突不仅表现为官僚法与民间惯习的处处抵牾,还表现为政治权力的更替介入,以不可预测的周期破坏和压制民间地权秩序的稳定性,比如,历史上频繁重演的均田、抄没和

---

[1] 参见[英]弗里德利希·冯·哈耶克:《自由秩序原理》,邓正来译,生活·读书·新知三联书店 1997 年版,第 10—32 页;[英]弗里德利希·冯·哈耶克:《法律、立法与自由(第一卷)》,邓正来等译,中国大百科全书出版社 2000 年版,第 14—37 页。

[2] 参见吴向红、吴向东:《无权所有:集权奴役社会的地权秩序》,法律出版社 2015 年版,第 32 页。

[3] 征收过程中的消耗包括耗羡、因漕运、贪污等产生的额外损耗等交易费用。参见[日]寺田浩明:《中国近世土地所有制研究》,载氏著:《权利与冤抑:寺田浩明中国法史论集》,王亚新等译,清华大学出版社 2012 年版,第 86—88 页。

[4] 参见吴向红:《典之风俗与典之法律》,法律出版社 2009 年版,第 251—253 页。

[5] 参见[美]道格拉斯·C.诺思,《经济史上的结构和变革》,厉以平译,商务印书馆 1992 年版,第 25—29 页。

圈地。[1] 而民间地权以惊人的生命力,在每一次政治风暴过后新的宏观格局下,通过高效的产权配置促成社会经济的复苏。

官僚法与民间惯习在长期博弈的过程中,也逐渐形成默契和分工:国家权力以"永不加税"的承诺等方式,退化为土地上的固定负担,表现为民间契约中"载粮某某石"等条款内容;而民间自生自发的地权秩序,以灵活高效的方式合理配置土地、劳动力与资本等经济要素并生成有序结构。地权契约的存在和效力并不依赖于官府,正所谓"民有私约如律令",无论红契(经官府盖章公证)还是白契(未经官府认证),作为"管业来历"的可信凭据,均得到民间惯习的认同,以至于最暴烈的手段也无法将其完全纳入官僚法的范畴。

二、民间地权秩序中的管业层级与交易形态

(一)"业"的观念、层级结构与交易形态

在乡土社会中运行的地权秩序中,核心概念是"业"。与物权观念不同,"业"的观念侧重于土地孳息,其本质为"养育"而非"支配",支撑"业"的是一种朴素的生存伦理,人与"业"之间是共生性的相互依赖,而非单向度的控制。[2] 所以"业"并不要求人对物的排他性支配,仅需得到某一层面的使用许可。"物"与"业"是一对多的关系,一块土地上可以同时成立多项内容与形式皆不同的"业",各得其所、相安无事。当"业"的结构逐步形成几种稳态并得到社会广泛认可时,便构建出一套有规范性色彩的"管业秩序"。"管业"是一种名

---

[1]　近年来涉及中国传统民事法的研究潜含着"没有国家的法律史"倾向,强调传统民事法的内在自洽性,很大程度上把国家的意志与利益取向排斥出考察视野,这种绝对化的视野在权力无所不在的传统社会是值得怀疑的。参见邓建鹏:《财产权利的贫困——中国传统民事法研究》,法律出版社 2006 年版,第 7 页。

[2]　"业"在词源上指一份生计,譬如陶渊明《桃花源记》中的"捕鱼为业","农业"就是"农耕为业"。获得维持生计的手段为"得业",反之为"失业"。参见吴向红:《典之风俗与典之法律》,法律出版社 2009 年版,第 189—197 页。

分,使得人与业之间的关系具备正当性,获得管业名分的人被称为"业主"。

"业"的层级结构,有广义与狭义之分。广义上,人与土地建立的关系皆可称为"业",惟"管业"内容有所不同;狭义上,"为业"的必备条件是,收益源具有长期性,内容上超越单纯的劳作收益,具有一定程度的排他性和对抗力。[1] 以该标准衡量,通常不把仅享有劳动收益的普通佃户认定为"业主",而"田皮主"被认定为"业主",乃是因为"田皮主"超越了耕佃者上升到坐享取租的地位,这种地位还可以转让,"取租权益"是业主收益独立化的表现。狭义的"业"又分为"大业"与"小业":经由新垦、自有或祖分等方式获得的完全产业被称为"大业";经由永佃、一田二主、典卖等地权分化方式获得的次级业权被称为"小业"。[2] 在传统话语体系中,"大业"与"小业"分别被称为"田产"与"佃业"。

"业"的交易形态多样,买、典、租、佃都可以使人"管业",至明清时期,逐渐形成多元的地权交易体系链:胎借—租佃—押租—典—抵当—活卖—绝卖。地权交易形态于漫长的历史演进过程中逐渐丰富起来:在租佃与买卖之间,宋代出现典;在租佃与典之间,明清出现押租;在典与卖之间,明清出现活卖。[3] 若以现代产权标准衡量,这些业的交易形态,既包括产权不变的融通性交易与用益性交易,如以土地为担保的"按""抵押""胎借""典制"等借贷形式,以及涉及土地用益价值的"租佃""典制";也包括以移转产权为目的的交易类型,如典卖、活卖、绝卖、顶退、找价、回赎等,规则的一般价值取向是最大限度地避免田主身份易主。

"业"的一系列层级结构和交易形态塑造了乡土社会特有的所有观、买卖观与租佃观。农人关心的是获得土地用以耕种并取得正当性的收益。因此,任何一种地权层级结构和交易形态,皆以"土地的

〔1〕 参见[日]森田成满:《清代中国土地法研究》,牛杰译,法律出版社2012年版,第24页。
〔2〕 参见郝维华:《清代财产权利的观念与实践》,法律出版社2011年版,第118页。
〔3〕 参见龙登高:《地权市场与资源配置》,福建人民出版社2012年版,第51、95页。

经营收益"及其"正当性"两个因素为基础。所谓"土地的买卖",不能简单地被视为对土地这一"物"的处置和移转,而是"前管业者"把管业地位出让给"现管业者"的行为;所谓"土地的所有",就是向社会公示"现管业者"与"前管业者"订立的契据,将其作为取得管业地位的正当"来历"而获得社会成员的尊重与认可。[1]

总之,土地管业秩序,就是围绕特定农地的经营收益行为,前管业者与现管业者之间通过契据支付对价而发生的"活、绝"两种正当性的赋予与继受关系,以及社会上对此结果的大体尊重,使"管业来历"在民间社会结构中获得的较稳固的位置。"业"摆脱了绝对所有权的观念,甚至包含着与所有权的排他支配性根本矛盾的内容,所谓"业主的所有权"只是多余的现代性虚构。正是基于管业秩序这种简单而又普遍存在的机制,才使传统社会中的地权秩序与大规模的土地交易得以在低成本下维持。[2] 以下对"业"的各层级结构与交易形态的制度轮廓逐一简单勾勒。

(二)永佃制:较高经营收益、低流通性的无期限佃业

永佃制发端于宋代,自明中叶以后,开始流行于东南地区,到了清代和民国时期,已扩展至全国,在若干地区成为主要的土地租佃形态。永佃制这一地权类型的结构内容可概括如下:佃户向田主交纳定额租,有经营土地的自主权;佃户在不拖欠地租的前提下,有权"不限年月、永久耕作"土地,田主无权撤佃;佃户可以自由退佃,主佃之间不存在人身依附关系;佃户无权自由转佃。[3]

永佃制的生成,源于多种因素的共同作用[4]:第一,为了稳定租

---

〔1〕 参见[日]寺田浩明:《中国近世土地所有制研究》,载氏著:《权利与冤抑:寺田浩明中国法史论集》,王亚新等译,清华大学出版社 2012 年版,第 77—88 页。

〔2〕 [日]寺田浩明:《权利与冤抑——清代听讼和民众的民事法秩序》,载氏著:《权利与冤抑:寺田浩明中国法史论集》,王亚新等译,清华大学出版社 2012 年版,第 218 页。

〔3〕 参见杨国桢:《明清土地契约文书研究》(修订版),中国人民大学出版社 2009 年版,第 70—76 页。

〔4〕 参见赵冈、陈钟毅:《中国土地制度史》,新星出版社 2006 年版,第 299—307 页;赵冈:《永佃制研究》,中国农业出版社 2005 年版,第 16—13 页。

佃关系,在北宋末南宋初,主佃之间普遍签订长期租佃契约。有些地方的买主在买田时于买地文契中承允继续出租给原佃户,构成"随田佃客"。第二,押租制是永佃最常见的起源。它的基本功能是防止欠租,并朝着"押金趋高,租额趋低"的形势发展,押租的佃户在承佃年限和经营收益上常有附带要求,如地主不退还押租银,佃农便可一直承佃,在契约文书中体现为"许退不许辞"和"卖田不卖佃"等条款。第三,宋代典卖之风盛行,很多时候出典者继续留在土地上以佃户身份耕作,在回赎前可世代承佃,由此永佃成为典卖土地的附带条件,这被称为"就行佃赁"。第四,在边远省份开荒、东南各省水利工程兴修,以及战乱或抛荒后的复耕过程中,佃户对土地投入工本,使田地增值并由此获得永佃资格,这被称为"久佃成业"。第五,"诡寄田产"及投献行为。如田主将土地转让给官户,但自己继续耕种以求庇护。另外,安徽等地的世仆或庄仆制也是成因之一。

在永佃制的多种生成方式中,押租制的旨趣在于纯粹的佃业,"退佃还银"成为唯一的退出机制。押租人的基本投资策略是"不置田产,只做佃业"。押租的价银可多可少,价银多则地租轻,价银少则地租重。因此,押租的功能在于"加押减租",以提高永佃户的经营收益。价银与地租的关系体现了当前现金流与未来收益两者的权衡及灵活多样的配置。在特定情形下,当押租银增加到一定数额,地租可趋减至零,相当于把土地典卖或活卖给佃户。[1] 永佃制的其他生成方式也体现了类似机制,如招垦开荒便是把投入的工本转化为佃业资本,表现为不受期限的承佃及地租数额的适当折让。

总之,在永佃制下,佃户不欠租便有权长期耕种土地;佃户有"自由退佃权"但没有"自由转佃权",流通性较差;经营收益根据押租额的大小自由浮动。永佃制是一种较高经营收益、低流通性的中长期佃业。

---

[1] 参见吴向红、吴向东:《无权所有:集权奴役社会的地权秩序》,法律出版社 2015 年版,第 68—70 页。

(三) 一田多主：高经营收益、最高流通性的无期限佃业

一田二主这一民间惯习在明清时期已遍及江南各地与我国台湾地区。[1] 其地权分化的路径是，把一块土地抽象分割为上下两层，田面和田底分别归属于不同主体且皆能独立自由处分。田面主享有的权益，包含对土地的占有使用、部分收益(小租)和对田面的处分权(自由退佃、转佃和典卖的权利)；田底主享有的权益，包含部分收益(大租)和对田底的处分权，同时负担国家层面缴纳税赋的义务和乡族层面"乡邻先买权"的限制。[2] 从"业"的角度观察，一田二主中的田底和田面没有相互隶属或屈从关系，[3]具备两套各自独立的"管业来历"。

一田二主制中的土地权益分配结构如图 4 所示：在土地总产出中，国家获得的部分产出就是税赋；田底主获得的土地产出为从田面主处收得的大租减去所纳税赋后的剩余部分；田面主获得的土地产出为从佃户处收得的小租减去上交给田底主的大租后的剩余部分；佃户获得的土地产出为土地总产出减去上交给田面主的小租后的剩余部分。

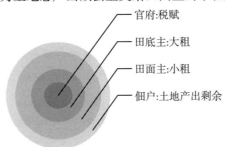

图 4　一田二主制中的土地权益分配结构

---

[1]　参见葛金芳：《中国近世农村经济制度史论》，商务印书馆 2013 年版，第 242—245 页。

[2]　田面又被称为田皮、上地、小业等，田底又被称为田骨、田根、底地、大业等。参见杨国桢：《明清土地契约文书研究》(修订版)，中国人民大学出版社 2009 年版，第 307—316 页。

[3]　参见[日]寺田浩明：《权利与冤抑——清代听讼和民众的民事法秩序》，载氏著：《权利与冤抑：寺田浩明中国法史论集》，王亚新等译，清华大学出版社 2012 年版，第 227 页。

一田二主制中的地权分化从田主层和佃户层两个方向同时展开。[1] 田主层的分化与明代的赋役制度紧密相关,佃户层的分化在永佃制基础上演化而来,佃户原本不能自由转佃,但是当佃户"私相授受"永佃地位的行为渐渐生成乡规俗例,作为一种不可变更的既成事实时,就迫使田主从不承认到默认、从默认到公开接受,永佃便进化成为田面。整个分化过程大致有三种类型:[2]其一,从田产中分割出田面转让给他人,田主自己保留田底。例如,田主活卖土地但不办理过割推收手续,自己保留纳税义务;或者卖主向买主索取高价,继续作为名义上的田主保留粮差义务(虚悬);或者佃户垦荒投入浩大工本,田主直接授予佃户田面作为垦荒工本的对价。其二,从田产中分割出田底转让给他人,田主自己保留田面。例如,田主为逃避粮差,以贱售、诡寄或授产赠送的方式,将田底连同缴纳粮差的义务一并转给他人。其三,将田产同时分割为田底和田面,分别转让给不同的买主,或分家析产时给予不同的家庭成员。

一田多主展现了地权在四个层面的分解[3]:一为投资的分解,田底主通过继承或买卖获得田底,佃户通过押租、垦荒等方式获得田面,对土地皆有不同程度的控制权;二为收益的分解,官府、田底主、田面主与佃户分配了土地收益,这种分配机制以土地高产出为前提;三为管理的分解,田底主负责水利等基础设施或土壤的保持,田面主负责具体的耕种劳作,"不在地田底主"则将管理权完全委托给田面主;[4]四为风险的分解,理论上田底主收取稳定的定额大租,不因土地收成丰歉而增减,风险很低,而田面主或佃户则面临高风险与高收益的并存。

---

[1] 明中叶后普遍存在一田两主、一田三主,甚至一田四主的情形。参见傅衣凌:《明清农村社会经济 明清社会经济变迁论》,中华书局 2007 年版,第 51—59 页。

[2] 参见杨国桢:《明清土地契约文书研究》(修订版),中国人民大学出版社 2009 年版,第 307—316 页。

[3] 参见龙登高:《地权市场与资源配置》,福建人民出版社 2012 年版,第 36—39 页。

[4] 费孝通把一田多主制与不在地地主制联系起来。参见费孝通:《江村经济》,上海人民出版社 2007 年版,第 125—138 页。

田面与田底的价值并没有法定比例,由各自独立的市场决定。[1] 人们通常误认为田面价有相对固定的价格,但是在押租制盛行的地区,田面价随押金多少而上下浮动。[2] 田面与田底的价格并不同步升降,也无明显关联。从长期历史趋势来看,由于田面买卖手续简便,只凭双方契据(白契)便可完成,无须过割和认缴契税;田面主直接占有与使用土地,只要土地总产出足够,就可将田面租佃出去而收取稳定的"小租",自己成为二地主;[3] 同时,工本的持续投入使田地生产力日渐提升,在大租基本稳定不变的前提下,田面主的收益率通常随之上升。上述因素促使田面价格在承平年岁日渐上涨,而田底价格则日趋下跌,许多地区常常出现"小租超过大租"的现象,如江南地区田面价约为地价的 2/3,田底价约为地价的 1/3。[4] 这一价格趋势改变了田主置产时的行为模式,倾向于卖出田底而留下更有价值的田面。但田面的风险在于,作为民间惯习,它缺乏官僚法的支撑和保障,一旦遭遇战乱等社会变局,收回或持有田面的风险就会大增。例如,太平天国引起皖南农村骚动,田价、田底价和田面价均应声下跌,其中田面价跌得最凶。到了近代,地权市场则显现两个新的特征:田底交易频繁,转手率高,而田面转手率较低;田底的买主多是外地人,田面多限于本村范围内周转。[5]

田面是对佃业价值最彻底的表达,田面主与田底主之间是一种非人格化、非身份性的债权债务关系。[6] 田底主享有的大租,不过是从田面主处获取定额地租的经营性地位,田底买卖的价格也只是与这种经营性地位相对应,比完整的土地价格低得多,并且拖欠大租不会导

〔1〕　参见赵冈:《永佃制研究》,中国农业出版社 2005 年版,第 43—49 页。

〔2〕　参见曹树基、刘诗古:《传统中国地权结构及其演变》(修订版),上海交通大学出版社 2015 年版,第 29 页。

〔3〕　参见杨国桢:《明清土地契约文书研究》(修订版),中国人民大学出版社 2009 年版,第 93 页。

〔4〕　参见龙登高:《地权市场与资源配置》,福建人民出版社 2012 年版,第 101—105 页。

〔5〕　参见赵冈:《永佃制研究》,中国农业出版社 2005 年版,第 43—49 页。

〔6〕　欧洲中世纪的分割所有权中包括身份性支配和庇护之类的人身依附关系。参见 [日]仁井田陞:《中国法制史》,牟发松译,上海古籍出版社 2011 年版,第 222 页。

致田面被收回。一方面,作为地权分割的对价,田面价体现了买方对田主两方面的补偿:一为土地收益的减少(收益仅限于大租),二为管业范围的极小化(不能对土地直接占有使用)。[1] 田底与田面均可通过多种交易形态分别自由流转,具有高度流通性,相互之间没有牵制,一方主体的变更不会引起另一方权益的消长,两者均没有期限限制。总之,田面是一种高经营收益的、具有最高流通性的无期限佃业。

一田二主的出现,意味着土地产权被分解为经营性地权(田面)和资产性地权(田底)。一方面,作为独立而稳定的产权形态,田面主通常愿意追加工本长期投资以提高地力,提升未来收益,形成新的恒产增量,改善一般租佃制下佃户对土地投入的激励缺失。因土地投资产生的未来预期收益,可以由接耕者在交易价格中予以贴现。[2] 另一方面,田底成为纯粹的资产性地权而不参与土地具体经营,不在地田底主这一类型的推广,鼓励了城市居民与工商业者下乡购买并投资土地,大大延展了参与地权交易的社会阶层。同时,资产性地权与经营性地权的相互置换,还为农户最大化利用家庭资源提供了多元选择:需要扩大经营规模时,可以出卖田底获得资金,去购买更大面积的田面实现规模经营;需要资金时,可以出卖田底或田面进行融资。当家庭劳动力充足时,可以保留田面以获取劳动收益;劳动力不足时则保留田底以获取资产性收益。

一田多主制与永佃制的差异,在制度的表象轮廓层面,仅仅体现为佃户是否可以自由转佃。但这两种管业类型的旨趣与功能有明显差异,关系不是递进,而是分差。一田多主制的精髓,体现为地租和管业范围精确而合理的划分。田底主自愿从土地经营中退出,将自身权益抽象为年金或税邑一样的租谷来源,享受大租和国家税赋的

---

〔1〕 参见吴向红、吴向东:《无权所有:集权奴役社会的地权秩序》,法律出版社 2015 年版,第 52—57 页。

〔2〕 如果土地投入的未来收益不能转让或贴现,这种情况将限制农民的自由选择,强化土地的束缚作用。所以变现转让是一种退出机制,代表着人对资本的从属关系,反之则代表着人对土地的依附,这一点决定着佃农的性质。参见龙登高:《地权市场与资源配置》,福建人民出版社 2012 年版,第 101—113 页。

差额,保有名义上的田主身份,其他一律不问;田面主则以缴纳大租为代价,彻底摆脱了税赋征缴中的过割与输纳之苦,并可自由流转田面,因此这一关系是双赢的。[1] 与官府的交道完全留给田底主,由此成功隔绝了政治权力导致的一切负外部性,使田面成为民间原生地权秩序中纯粹的经济要素。作为超级佃业,田面的高度流通性和对资本的吸引力,对乡土社会的地权分化产生了决定性影响,这是永佃制所无法比拟的。永佃制的核心功能是防止"增租夺佃",一田多主制则通过底面分离屏蔽了官府与业主两方面的不确定性,在所有权缺位的背景下,把田面塑造成为近乎现代土地产权的优质资产。

(四)典制:最高经营收益、可自由流通的中长期佃业

典制又称为典卖,指有保留地出售土地,为最具本土特色的民间惯习。古汉语中"典"作为动词的本义是掌管、使用,用于土地时为"使……管田"之意。对土地之典起源于北朝隋唐均田制时期对土地转卖的限制,指在固定期限内回赎的"帖卖"之法。[2] 后周时期典、质二字复合为"典质",与具有抵押功能的"倚当"(抵当)并列。[3] 典制正式形成于唐宋时期,受到唐宋律令中不保护计息债权原则及

---

[1]　参见吴向红、吴向东:《无权所有:集权奴役社会的地权秩序》,法律出版社 2015 年版,第 54—57 页。

[2]　"帖卖者,钱还地还,依令听许。"《通典》卷二《食货二·田制》。转引自吴向红、吴向东:《无权所有:集权奴役社会的地权秩序》,法律出版社 2015 年版,第 11 页。

[3]　"倚当"之"倚"字,是依靠、凭借的字义,与抵销、顶替字义的"当"字结合为"倚当",表示依靠田宅若干年的收益抵销积欠下的债务,由受当人占有使用田宅,也被称为"抵当"。倚当与典卖不同,它是一种债务的清偿方式,立契时议定的当价只是债务人不能偿还的债务数额,与田宅价值并无直接联系。而出典源于债务的担保行为,设定时须考虑田宅价值来设定典价。当主往往不愿按约定期限归还田宅,以收益尚未达到原当价为借口,要求出当人再支付一定价钱收赎田宅,形成大量纠纷。参见郭建:《中国财产法史稿》,中国政法大学出版社 2005 年版,第 133—138 页。对"倚当"的另一种理解认为,抵当就是通过土地担保获取借贷,如不能偿还债务和利息,则以地权让渡来清偿。因此,官府和社会伦理通常限制抵当,其理由:一是基于反对高利贷的道德伦理,二是抑制土地产权的被迫转移。宋朝称典为"正典",抵当为"倚当"。参见龙登高:《地权市场与资源配置》,福建人民出版社 2012 年版,第 64—66 页。

强调家族财产传承性的文化背景影响,得以长期广泛存在与扩散。[1]

典制的结构内容可概括为:自出典到绝卖或回赎完成的整个管业期间,典主支付给田主典价,换取四个方面的权益。一为典主可占有使用土地并收益;二为典主无须缴纳地租(地不起租,银不起利);三为典主可自由转典;四为田主无法回赎时可将田产绝卖给典主。[2] 典制与一田二主制的区别在于典制是从时间维度对地权的分割:以典期为界,在典期之前典主无条件管业;典期之后田主可以回赎土地,未回赎时由典主继续管业,由此构成"一业两主"的权益格局。典制需要占有使用土地,所以客体包括田产与田面但不包括田底,因为田底并无占有土地之权能。

总之,在典制中,典主使用土地无须支付地租,可获得最高经营收益;典主可自由转典,并且一般不存在税赋过割的负担,流通性强,在转典或回赎时可兑现典价;典期可以自由约定,且期满之后,除非业主回赎或找绝,典的状态永远持续,即所谓"一典千年活"。因此,典制是一种优质的具有最高经营收益、可自由流通的中长期佃业。

典制在传统社会承担着双重功能:"以业质钱"的信贷融通功能与土地这一经济要素的流通功能,其中信贷融通功能体现了典制的根本价值,管业收益的流通功能是信贷操作的结果。两种功能分别成就了交易两造的动机:[3]田主出典是为了获得长期无息信贷,典主则是为了取得具体的土地管业收益。"以业质钱"成功的关键在于"业"的孳息(地租)与典价的利息对抵,所谓"地不生息,钱不起利"。典制就是发生在土地租金与资本利息之间,或者说土地经营收益与放贷本金之间的交易。虽然,在实践中典价的高低与典期的长短成

[1] 参见郭建:《中国财产法史稿》,中国政法大学出版社 2005 年版,第 155 页。
[2] 参见吴向红、吴向东:《无权所有:集权奴役社会的地权秩序》,法律出版社 2015 年版,第 68—70 页。
[3] 参见吴向红:《典之风俗与典之法律》,法律出版社 2009 年版,第 256 页。

一定正比关系(时间越长,土地收益总额越多),但田宅典制的精髓,在于"息租对抵"这一微妙的平衡,使得典制对时间不敏感,无论出典时间多长,对业主和典主均无大碍,因而典期可自由约定或更改,不必设定特别的限制。在传统民间信贷诸类型中,典制通过"息租相抵"抑制了复利,摆脱了高利贷的危害,这是典制与押、抵等支付利息的借贷类型的本质差异,也使得典制成为民间信贷融通中最为温和与稳健的形式。

现代民法理论将典制重述成一种权利(典权),这是对典制内涵的严重误读。典权属于用益物权抑或担保物权的争论持续至今,根源就在于典制无法被固化为欧陆民法体系中某一权利类型。典制的内涵是多元的,视具体语境而变化:典卖下的典为活卖之萌芽;附期限之典为金融信贷工具,是担保权益的鲜明体现;典主对土地的管业既占有使用,又属于用益权益的范畴;"老典一百年"的状态,可谓介于用益权人和业主之间。[1]

典制的扩散与保存家产一脉相传的民间传统伦理有着内在关联。典制设计为时间维度的弹性结构,目的便在于不改变民间土地归属的前提下,通过新增管业地位满足私人间的融资需求。因此,典制总是倾向于宽松、灵活、允许延长和后滞的回赎期限,这一制度架构不是通常的买卖关系能够解释的。[2] 黄宗智认为,典制一方面体现了前商业逻辑的生存伦理,对那些无法以土地产出糊口的人给予特别照顾,通过出典土地济危解困、度过时艰,并且"不负出卖之名,而有出卖之实",顾全了农人"重孝而好名"的心态,维护了祖产的颜面;另一方面则体现了不断增长的商业化市场逻辑,如允许典主自由转典,以

---

[1] 参见郝维华:《清代财产权利的观念与实践》,法律出版社2011年版,第136页。
[2] 黄宗智和赵晓力都探讨过民间田宅交易的"非完全竞争性质",能够支撑这一习俗的,是典主对此事的观念和态度。黄宗智认为,在田宅交易中,价格只是要素之一,此外,家族关系、互惠原则、礼品道德等因素无不起着重要作用。参见黄宗智:《民事审判与民事调解:清代的表达与实践》,中国社会科学出版社1998年版,第94页。

及允许田主在逾期无力回赎时延典或找价,直至绝卖土地。[1]

(五) 地权的三种交易形态:典卖、活卖与绝卖

明清时期地权交易大致分为绝卖、活卖与典卖三种形态。"绝卖"等同于现代的买卖观念,是地权的最终出让,前业主无权回赎或要求找帖(要求买方支付活卖价与时价的差额);"活卖"也属于有偿转让地权,同时保留前业主回赎或找帖的权利,前业主由此可回复地权或获得收益余绪,[2]卖方找帖或买方"加绝"后,活卖便转为绝卖;"典卖"在名义上不涉及地权转让,但在典期届满且田主无力回赎时,可通过"找价"等程序转为活卖或绝卖。[3] 活卖与典卖有着共同的社会基础,或是为了颜面等人情世故;或是期待日后取赎而存一丝保产之心;或是因无须"过割"而避税。这种拖泥带水的产权交易模式,是乡土社会对权利态度的真实写照。

地权买卖的实质,就是买卖双方对土地经营收益及其正当性的移转。根据是否允许回赎与找帖,分为"活"与"绝"两套程序。"典"与"卖"的关系,与其套用他物权向所有权转换这一物权法框架,毋宁通过由"活"向"绝"逐渐移行的框架来理解。[4] 典卖与活卖保留了返还价款回赎管业的可能性,绝卖则意味着丧失取回管业地位的可能。

典卖与活卖盛行于田土交易,除了保有回赎的可能,另一个重要原因在于,典卖与活卖价格远远低于绝卖价,[5]有效降低了各方购

---

[1] 参见黄宗智:《法典、习俗与司法实践:清代与民国的比较》,上海书店出版社 2007 年版,第 61—63 页。

[2] 回赎或找帖是一种对被迫出卖地权的弱势者维系产权的制度安排。参见龙登高:《地权市场与资源配置》,福建人民出版社 2012 年版,第 69 页。

[3] 用于活卖者称为"找帖",用于出典者称为"找价"。参见郝维华:《清代财产权利的观念与实践》,法律出版社 2011 年版,第 138 页。

[4] [日]寺田浩明:《权利与冤抑——清代听讼和民众的民事法秩序》,载氏著:《权利与冤抑:寺田浩明中国法史论集》,王亚新等译,清华大学出版社 2012 年版,第 218 页。

[5] 典价一般为时价的 40%—70%。参见吴向红:《典之风俗与典之法律》,法律出版社 2009 年版,第 35—37 页。

置田产的成本与门槛。找帖等后续惯习虽然给人情世故的纠葛留下很大空间,但实质上是卖方基于经济上合理的理由(如地价上涨、通货膨胀等)向买方寻求增加授信,通过找帖这一微妙的平衡机制,在更大时间跨度上修正双方利益的不均衡,可视为土地交易分期付款的萌芽。[1]

依严格的法律逻辑,找帖(找价)的前提是卖方放弃回赎。但这一理解并不符合历史实情,找帖不以绝卖为前提,其合理性根植于典价(或者活卖价)与田宅实际市场价格的差额。民间惯习不限找帖次数与时间,仅根据"多次找帖后的总价款不高于绝卖价"这一原则约束卖方。[2] 自乾隆年间以降,"加找"演变成一种契约格式,交易双方在商定交易价格后,以"卖价"和"找价"分别订立契约,"卖契"和"找契"时间或相差数日。[3] 找帖作为分期贴现的手段,控制了民间的高利贷风险,并提供了相对安全的长期信贷,这使得典卖与活卖作为金融工具,发挥了重要的社会保障作用。

三、民间地权秩序的统一理论框架

(一)民间契约:地权分化与交易的实现工具

传统中国没有欧洲中世纪时期复杂的封建土地法的束缚,地主和佃户并非分属特权阶层和隶属阶层,彼此不存在紧密的人身依附关系。[4] 乡土社会中的地权分化与交易,主要经由民间契约这一工

[1] 参见龙登高:《地权市场与资源配置》,福建人民出版社 2012 年版,第 72 页。
[2] 正是基于错误理解,为避免多次找价引起的纠纷,清政府于 1730 年规定,卖方只许找帖一次。但实践中多次找帖的做法并无变化,只是在契约文书形式上有所变通以应付官僚法。
[3] 参见曹树基、刘诗古:《传统中国地权结构及其演变》(修订版),上海交通大学出版社 2015 年版,第 33 页;尤陈俊:《明清中国房地买卖俗例中的习惯权利——以"叹契"为中心的考察》,载《法学家》2012 年第 4 期,第 14—28 页。
[4] 参见[英]理查德·H.托尼:《中国的土地和劳动》,安佳译,商务印书馆 2014 年版,第 62 页。

具展开。[1] 地契的存在和效力并不依赖官府,正所谓"民有私约如律令",无论红契(经官府盖章公证)还是白契(未经官府认证),作为"管业来历"的可信凭据,均得到民间惯习的认同。红契需缴纳交易税即契税,[2] 明中叶开始,由户部印制官印"契尾",作为买卖程序合法的证据。每份契约还须缴纳四十文铜钱作为工本费,并履行"过割"田产与税粮义务。[3] 发生田产纠纷时,双方大都以民间契据来证明自己管业地位的合法性,官府处理田产纠纷时多依据两大要点,一为是否有红契,二为是否交业。南宋时强调卖方必须"离业",即移转土地的占有。但明清时期,法律对离业不再有明确规定,出卖土地后转为佃户的情况比比皆是。[4]

　　交易双方的利益期待都落实在地契上,租佃关系的契约化对佃业分化至关重要。交易的普遍范式为:管业内容=契约名色+契内限定。[5] "契约名色"指契约类型,不同的交易客体(民田、官田、族田、田底、田面等)与不同的交易方式(一般租佃、活、绝、典、押租等)可组合为多种契约类型,以应对实践中复杂多变的交易需求。如果仅仅契约名色还不足以区分或满足特定的交易需求,则在契内再加以文字限定,目的在于精确界定管业的具体内容与双方的权利义务。以地权融通性交易为例:"按"指以土地为担保的资金借贷;"押"与"胎借"指以土地为担保,同时以土地收益来还本付息;"典"

---

[1] 契约制的租佃关系早见于宋元时期,其大规模发展是在明中叶以后。参见傅衣凌:《明清农村社会经济 明清社会经济变迁论》,中华书局 2007 年版,第 71 页。

[2] 明朝契税税率为 2%,清朝契税税率为 3%,"顺治四年定:凡买田地房屋,增用契尾,每两输银三分"。(《清通典》卷八《食货八·赋税》)后光绪年间因财政困难,税率提高到 6%—9%。参见郭建:《中国财产法史稿》,中国政法大学出版社 2005 年版,第 221—228 页。

[3] "过"即过户,"割"即割除原田主的赋税登记。明清律规定,买卖田宅"不过割者,一亩至五亩笞四十,每五亩加一等,罪止杖一百。其田入官"。(《大明令·户令》《明史》卷七十五《职官志四 税课司》)参见蒲坚主编:《中国历代土地资源法制研究》(修订版),北京大学出版社 2011 年版,第 336 页。

[4] "凡典卖田宅,听其离业,毋就租以充客户。"(《宋史》卷一七二《食货志一》)参见郭建:《中国财产法史稿》,中国政法大学出版社 2005 年版,第 221—228 页。

[5] 参见吴向红:《典之风俗与典之法律》,法律出版社 2009 年版,第 213 页。

指转移土地收益占有并收租抵息;"抵"指把田产分割为田面或田底以抵欠旧债。以上各交易类型均能被不同的民间契约严格区分。[1]当然,这些田产交易术语为民间自行创设使用,很少得到官僚法的统一规制,不同地区也会出现一词多义或多词一义的现象。[2]

　　民间契约作为以自由合意为基础的经济工具,使乡土社会以效率为导向,分化出一系列灵活高效的佃业形态。具体做法是以标准租佃契约为原型,围绕田主与佃户两个主体,注入各种社会经济变量,由此生成新形态的租佃契约,如"私田永佃""一田多主"与"押租制"。标准租佃契约向着正反两个方向发展,究其极端:一为佃户仅提供单纯劳力的自立度很低的农奴制;二为佃户全权经营并担受所有风险收益的不在地地主制。

　　本章以"押租制"为例予以说明。为了防止欠租,田主往往要求佃户缴纳大致相当于一年租数的价银(押租),在租佃契约原型中加入了"押租银"这一变量。即使佃户欠租,通常不到押租被扣除完毕,田主很难要求佃户退佃,佃户因而以押租银换得长期耕种的权利或正当性,如同田主以价银为对价赋予佃户某种管业地位,起到稳定租佃关系的效果。同样的事态也出现在"明租暗典"或"半租半当"等类型中。当押租银加码至一定程度,这种"租契"与"典契"结构相通,管业资格渐次浸透于租佃关系,[3]地权经由契约这一工具而分化,同时也体现了一般租佃关系的"管业化"进程。

---

〔1〕　参见龙登高:《地权市场与资源配置》,福建人民出版社 2012 年版,第 85 页。

〔2〕　例如,向债权人提某项财产作为债务的担保,这种行为一般称为"质"或"帖"。"典"原义是对财产正当的占有、掌管和使用,逐渐取代"质"。"当"具有相当、对等的字义,很早用于表示抵押,元代民间已普遍混用"典当"二字,大明律上"典当"连称,作为同义字使用。"抵"有抵偿的字义,唐代以后表示以财产抵偿未清偿的债务,最终与"当"同义并结合使用。"押"原义指签署文件,表示具有处分权,引申出"控制、管理、掌握"的字义,与质、当、典混用,凡是转移担保财物的占有,都可以用"押"。参见郭建:《中国财产法史稿》,中国政法大学出版社 2005 年版,第 76—81 页。

〔3〕　参见[日]寺田浩明:《中国近世土地所有制研究》,载氏著:《权利与冤抑:寺田浩明中国法史论集》,王亚新等译,清华大学出版社 2012 年版,第 79—83 页。

(二)管业层级的影响因子与地权价值

分化而成的各种土地权益被表达为不同的管业层级,对应着不同的权利内容。地权分化并形成交易市场的必要条件是,分化出来的地权(管业层级)的价值高于交易成本。[1] 地权的价值主要取决于四种影响因子的权衡(参见表 2):一为经营收益,二为流通性,三为管业年限,四为税赋风险。经营收益越低、流通性越差、管业年限越短,则地权价值越低,反之越高。权衡结果超过临界点时,地权价值才为正值,才有继续分化和交易的可能。这种地权结构呈现鲜明的"权利束"特征,四种影响因子组合为权利束,对其中一种影响因子的增删或改变,如同从"权利束"中抽取出部分权利,并改变管业内容及管业层级的认定。

表 2 管业层级的影响因子

管业层级	经营收益	流通性	管业年限	税赋风险
一般租佃	低(纯劳动收益)	差(不能转佃)	短(田主有权撤佃)	无
永佃制	在正常至最高区间(由押租金额调节)	差(不能转佃)	无限期(满足不拖欠地租的条件时)	无
田面	高(小租减去大租的剩余部分)	好(自由处分)	永久	无
田底	较高(固定为大租减去赋税的剩余部分)	好(自由处分)	永久	有
典制	最高(无须支付地租)	好(自由转典)	典期灵活(期满后不回赎或找绝,则永久持续)	无

以下对各类别管业层级的权利内容与地权价值进行比较:

一般租佃作为初级水准的地权形态,虽然没有税赋风险,但起耕年限短,田主有权撤佃且佃户无权转佃,因而不具备流通性,经营收

---

[1] 参见吴向红、吴向东:《无权所有:集权奴役社会的地权秩序》,法律出版社 2015 年版,第 204—208 页。

益仅限于"起耕收割"的劳动收益,地权价值偏低。

在一般租佃原型基础上排除年限限制和田主随意撤佃的权利,就发展为永佃制,在押租制这一重要的永佃类别中,押金趋高,租额趋低,佃户可在当前现金流与未来收益之间权衡,因而经营收益在正常至最高区间内灵活浮动,地权价值较一般租佃要高。

在永佃制基础上,再排除流通限制,以及欠租时田主撤佃的权利,就发展为田面。田面无管业年限限制,田面主可自由独立处分转让,流通性和承耕年限皆为最佳。田面主无须同官府打交道,税赋风险规避得最彻底。田面主既可自己耕种,也可将田面租佃出去收取小租,属于地权价值最优质的超级佃业。

田产中分化出田面后,余下的土地权益构成田底。田底也可自由流通,没有年限限制,但田底主承担了全部的税赋风险,且不能占有使用土地,管业范围被极小化为收取大租的权限,经营收益被固化为大租减去税赋的剩余部分,地权价值反映在土地市场上,便是田底价格常常低于田面。

典制是乡土社会中极为重要的一种管业层级。在典制中,地租与典价利息相抵,因而典主占有使用土地却无须缴纳租金,经营收益最高。典主可自由转典,具备高流通性,一般也不存在税赋"过割"的负担。双方可自由约定典期,期满之后除非田主回赎或找绝,典的状态永远持续,管业年限在很长范围内灵活浮动。因此典制是价值极高的优质地权形态。

总之,租佃、永佃、田面、田底及典制等管业层级均为佃业"资本化"与"管业化"的具体表达方式,[1]通过经营收益、流通性、管业年

---

[1]　佃业"资本化"起源于这样的观念:除了佃田收谷这样的自然回报,租佃引起的与土地的关系本身对佃户是有价值的,通过某些方式,这种价值还可以提高和兑现。这种价值称为"佃业附加值",如粪草、工本或上等土地本身的高产。参见吴向红、吴向东:《无权所有:集权奴役社会的地权秩序》,法律出版社2015年版,第62—64页。佃户经营的"管业化"倾向,一定程度上起源于田主采取的押租等措施。另外,佃户们提高地力,即"肥培"投下的工本等也促进了"管业化"倾向。参见[日]寺田浩明:《权利与冤抑——清代听讼和民众的民事法秩序》,载氏著:《权利与冤抑:寺田浩明中国法史论集》,王亚新等译,清华大学出版社2012年版,第221页。

限与税赋风险四种影响因子而内部关联,体现为不同的权利内容与价值,在经历了适应、选择和规范化之后,逐一形成制度上的稳态。

(三)地权交易的理论框架

尽管传统中国不同区域占主导地位的地权类型各不相同,[1]呈现纷繁复杂的结构特征,但地权分化现象普遍存在,总体而言存在一个形式与内容基本统一的乡村土地市场。[2]民间所有的地权交易都是同质的:均为佃业交易的一种形式,其功能无外乎通过租佃关系、买卖关系与雇佣关系完成土地、资本和劳动力三种资源的优化配置,并且以契据等"来历"获得正当性及社会的承认和尊重。各种佃业交易的差别在于转佃的级别与方式,可以得到贯通性解释。笔者为此建构出地权交易的理论框架(参见图5),在该理论框架中,不同地权交易类型的差异,体现为交易双方在"当前收益"与"未来收益"之间的权衡组合。

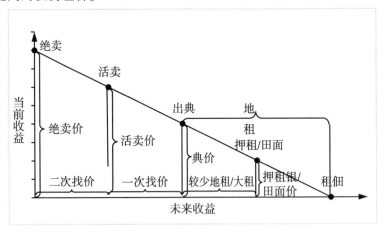

图 5　地权交易的理论框架

---

[1] 华北地区与长江三角洲小农经济的主导模式便截然不同,参见[美]黄宗智:《华北的小农经济与社会变迁》,中华书局 2000 年版;[美]黄宗智:《长江三角洲的小农家庭与乡村发展》,中华书局 2000 年版。

[2] 参见曹树基、刘诗古:《传统中国地权结构及其演变》(修订版),上海交通大学出版社 2015 年版,第 12 页。

以下对该理论框架进行说明:横轴代表"未来收益",从右往左逐渐减少;纵轴代表"当前收益",由下至上逐渐增加。"租佃—押租/田面—出典—活卖—绝卖"这一交易链条,清晰展示出未来收益趋减而当前收益渐增的趋势。

首先,当一无所有的佃户承佃田主土地时,田主出让了土地的占有和使用权能,未获得任何当前收益,换取的是全额地租这一最大化的未来收益。

其次,当佃户逐渐积累了一定资产,便可通过预交押租的方式,换取田主不能随意违约撤佃的承诺,由此,田主获得了押租银这一当前收益,代价是承佃年限和未来收益的折让,押金趋高,租额趋低,双方可在当前收益与未来收益之间磋商权衡。田主出卖田面的理论架构同理,田主从田产中分割出田面给买方,自己保有田底,所获得的当前收益为田面价,未来收益为大租减去税赋的部分,田面价与大租额两者也呈反方向比例浮动,田面价越高,大租额越低。

再次,当押租这一当前收益上涨至一定程度,地租额这一未来收益便降为零,这种绝对的押租与典制完全接轨。出典人的当前收益体现为一笔典价,因典价利息与地租额相抵而无须支付地租,所以,出典人的未来收益仅暗含于典期届满后、绝卖完成前,可向典权人主张的"找价款"。

复次,出典人向典权人找价,意味着转入活卖程序,该程序中田主的当前收益或者体现为"活卖价",或者体现为典价加上找价款,未来收益指日后进一步绝卖时,可再次向买方主张的找价款。

最后,绝卖是唯一导致田产彻底易主的地权交易,卖方能获得最大化的当前收益,即"绝卖价",但随着田产完全过割,卖方不再享有任何的未来收益。

至此,土地之租佃、永佃、出典、活卖与绝卖等多种管业结构与地权交易类型,便在统一的理论框架中得以妥帖的解释。

明清时期正是通过上述"地权分化",而非"地权分配"的方式,形塑了乡土社会的产权结构。地权的渐次分化不仅没有削弱地权秩序的稳定性,相反,明清时期地权市场的发展趋向成熟,甚至朝代鼎革也没影响民间社会的地权运行状况。[1] 多层次的管业层级结构与多元化的交易类型,降低了地权市场的门槛,不仅使佃户可以获取传统的劳动收益,而且在金融工具短缺的农业社会,用分化的地权及其交易,解决了因生产投入与产品收获的季节性不同步而造成的融通性需求,包括时间维度的调剂与各种要素的调配:农户在一无所有时,以未来地租为担保获得土地租佃,逐渐过渡到通过预交押租获得永佃的管业地位,再到进一步投入资金,典田,获得田面或整个田产,并赚取超过劳作的资本性收益。与此对应,如果田主急需现金济危解困,度过时艰,可以先把田土租佃给他人收取租金;也可以在租佃土地时一次性收取不菲的押租;还可以把土地出典获取不菲的典价及随后的找价款;甚至可以把田产分割为田底和田面,活卖或绝卖田面以获得资金,同时因保有田底,仍享有稳定大租,并延续名义田主地位;当然田主也可以活卖或绝卖田底而保留价值更高的田面;如果仍无法维系生存,田主最终只能把残留的田底、田面再活卖或绝卖以换取资金,直至沦为无产者。[2]

总之,在无产和拥有田产之间,存在一般租佃、永佃、田面、田底、典制等多类型的管业层级。出让地权本身又可细化为押租、出典、活卖、绝卖等多样态的交易类型,为在不同情境下的农户提供了多种套餐选择,于现金流与未来土地收益之间寻求适合自己的最佳方案,通过资源的跨期调剂,增强了家庭经济抵御风险的能力,丰富了逐步扩大经营的可能性。

---

[1] 参见龙登高:《地权市场与资源配置》,福建人民出版社 2012 年版,第 130 页。
[2] 同上书,第 154 页。

四、二元地权秩序与地权分化的成因和功用

(一) 地权分化的深层动因:宏观与微观地权秩序的隔离

乡土社会的地权分化受制于"产权结构由政治权力所界定"这一宏观生态,正如诺斯所言,统治阶层会采取使该阶层利益最大化的产权结构,这一选择与降低整个社会的交易费用及促进经济增长的有效率体制之间存在持久的冲突。[1] 在王土意识的绝对权力观念和皇权的政治结构背景下,绝对所有权失去生存空间,官府只聚焦于事关统治存亡的赋役最大化,而对民间保有的土地产出以何种产权结构进行分配,表现出合理的冷漠。基于此,在官僚法所容忍的边缘限度内,作为一种自发的补偿,民间地权结构以惯习和风俗的形式,催生出各种灵活高效的小产权类型。[2]

民间原生的产权结构采取的基本策略,是将土地权益一刀两断为直接暴露官府贪欲、注定会停滞和衰退的部分(田底),以及生产性的部分(田面),生产要素完全转移到田面,以最大限度区隔及降低国家权力导致的负外部性,[3]从而在一个由政治权力主宰的严苛的宏观地权秩序边缘,形成具有本国特色的自由佃业奇观。

田主层分化为一田二主,与明清时期的赋役制度紧密相关。[4]受田者往往惮输赋税,税赋与徭役两方面同时失控。究其原因,一为身份赋役制本身极端严苛,二为征解(征是收,解是运)和杂派过程

---

[1] 这种冲突是社会不能实现持续经济增长的根源。最终是国家要对导致经济增长、停滞和衰退的产权结构效率负责。参见[美]道格拉斯·C.诺思:《经济史上的结构与变革》,厉以平译,商务印书馆1992年版,第17,123页。
[2] 民间小产权最典型的例子是一田多主和小产权房。参见吴向红、吴向东:《无权所有:集权奴役社会的地权秩序》,法律出版社2015年版,第199页。
[3] 同上书,第113—115页。
[4] 参见杨国桢:《明清土地契约文书研究》(修订版),中国人民大学出版社2009年版,第77页。

中,伴随失控的政治权力而来的深度腐败和过重加耗。[1] 民间的应对是逃避,所谓"不如卖田以佃田",自耕农放弃土地转为佃户,把税役之事留给有身份或资源对付官府的"豪猾"处理,并诞生了"地租中间层"。由此道出了佃业兴旺及田底、田面分离的重要动机:逃离官府的搜刮。

自西汉时起在政治生态中起平衡作用的地租中间层,在一田二主制中完成了专业化定位——专务输纳。地租中间层除了豪民即缙绅大贾,更增添了胥吏、里书、粮长等各路豪猾。地租中间层从两条途径提高了输纳效率,一为说服官府足额但不超额征收税赋,二为降低民间用于输纳的总支出成本。输纳效率的突破客观上增加了民间保有的土地产出剩余,促进了地权的继续分化。成熟的地租中间层吸纳缓冲了赋役压力,并通过经营大租进一步专业化。正是地租中间层隔绝了赋役这一最危险、最不可预见的外部性因素,使佃业摆脱了非经济因素的影响,进而演变出田面这种稳定可流通的、佃业资本化最彻底的超级佃业形态。一田二主造就了二元地权秩序中的奇妙景观:一方面为官府的腐败和低效,另一方面为地权作为生产要素以田面形式自由流通。[2]

一田二主以民间惯习为唯一支撑,力求通过权利与责任的精确划分,[3] 把赋役引起的外部性内在化,通过应役形式上的专业分工,达至赋役额度及输纳成本的最小化。向官府承载应役责任的是"官业",而"佃业"(民业)以向官业支付大租为代价,摆脱了赋役这

---

[1]　所谓加耗,源自税粮的运送脚费。《天下郡国利病书》原编第七册《常、镇》中描述:"一切转输诸费,其耗几与正额等,乃独责之贫民。"后改行"漕粮兑运法",民户税粮运至长江以南各仓府交纳,再由官军转运京师,但一石正粮须加征耗米作为运费,运解负担很重。参见葛金芳:《中国近世农村经济制度史论》,商务印书馆2013年版,第403页。

[2]　参见吴向红、吴向东:《无权所有:集权奴役社会的地权秩序》,法律出版社2015年版,第87—90、113—115页。

[3]　权利和责任分别发生在两个维度:权利是应役者四邻等有限范围内,因履行共同认可的义务而享有的原生权益;责任是应役者在授受关系中对奴役者承担的义务。参见吴向红、吴向东:《无权所有:集权奴役社会的地权秩序》,法律出版社2015年版,第204—208页。

一困扰千年的外部性,这类似于不良资产的剥离。官民长期博弈的结果便是"载粮定额制"即定额官租,[1]其特点为官府只管照册收粮,以"永不加税"的承诺方式,退化为土地上的固有负担。随之而来的是明清时期农业的显著成就,与之相伴的人口增长曲线也证明了这一点。

(二)复杂地权的成因与功用:以典制为例

有学者对传统中国的复杂地权结构给予了否定性评价,以典制为例,埃里克森便认为,"在典制下,当前的土地占有者会意识到未来利益的权利人可以在某个时间点让他们离开土地。这种将地权复杂化的法律政策会导致土地利用不合理和减少对土地改良的投资。典这一传统可能是中国在清朝和民国时期经济表现相对糟糕的重要原因"。具体而言,"典权的经济代价体现为:首先,这种允许出典者无限期以原价回赎的交易规则,会打击承典者保养与改善承典土地的热情。其次,绝对典权在交易中注入了许多不确定性与复杂性,因而大大增加了交易成本。这直接导致大量本已稀缺的人力资源浪费在事前的讨价还价及事后的纠纷解决之上。再次,这些交易成本实际上相当于一种交易税,会降低土地交易的总量。最后,会妨碍农村实业者通过购买相邻的农田形成经营农场,妨碍规模农业的出现"[2]。

如前文所言,典制作为一种民间惯习,由于交易的不确定性、权利存续的不公开性等特点,成为官府受理的民间纠纷的主要类型。但是,典制作为一种具有最高经营收益、可自由流通的优质中长期佃业,在乡土社会起到了"以业质钱"的信贷融通功能与土地要素的流通功能,成为民间信贷融通诸形式中最为温和与稳健的类型,这已经远远超出了单纯的用益功能。因此,虽然出典者的回赎权,某种程度上可能抑制了典主对土地的投资,但典期可由双方自由商定,中长期

〔1〕 参见赵冈、陈钟毅:《中国土地制度史》,新星出版社 2006 年版,第 276 页。
〔2〕 [美]罗伯特·C. 埃里克森:《复杂地权的代价:以中国的两个制度为例》,乔仕彤、张泰苏译,载《清华法学》2012 年第 1 期,第 5—17 页。

的典期使得典主对投资土地的回报有确定性预期。何况田主以土地出典正是由于缺乏资金,典主通常比出典者拥有更雄厚的财力,土地由田主换成典主来实际占有使用,总体上只会增加而非减少土地上的资本投入。

对于典制增加交易成本、降低土地交易量和妨碍规模农业出现的指摘,关涉的便是复杂地权的功过问题。新制度经济学的产权理论强调产权因素在经济史上的作用,认为明晰的产权才可能降低交易成本,这乃是市场机制优良运作的关键。而产权结构的简明或复杂,与产权是否明晰,其实是两个问题。后文会指出,英美财产法中产权采线形结构,这增加了时间维度上对地权的分割,因此比大陆法系物权体系更为复杂,但不同产权之间经由"对抗力"的比较确立了"更优的权利",同样达到了产权明晰的效果。因此,地权结构自身的复杂与简单并非重点,关键在于不同产权结构下交易成本的高低。

产权理论的核心概念是外部性(externality),外部性导致资源配置无效率,而产权的确立会激励人们尽量将外部性内在化。[1] 产权的实质是排他的权力,在多种方案中,大陆法系的绝对所有权是确立权利排他性最彻底简单的方案,但并非唯一方案。明清时期的民间地权秩序与英美财产权体系,便是在绝对所有权缺位的前提下,通过民间地权契约等其他策略在一定程度上实现了权利的排他性。这种以契约为工具的民间地权结构,虽然催生了不少民间纠纷,但却以极低的交易成本,灵活而高效地完成了各项资源要素的合理配置。

明清时期的复杂地权结构以经济效率为导向而逐渐生成。民间地权秩序并非由国家直接建构和实施,而是以民间惯习风俗形式存在,体现为哈耶克所谓进化论理性主义下的自生自发秩序。在该秩序中经济因素占据主导地位,这就意味着地权结构虽

---

[1] "外部性"指一种商品的生产使生产者与消费者以外的第三人得到免费使用的利益或受到无补偿的损失。参见[美]哈罗德·德姆塞茨:《关于产权的理论》,载[美]罗纳德·H.科斯等:《财产权利与制度变迁:产权学派与新制度学派译文集》,刘守英等译,格致出版社、上海三联书店、上海人民出版社2014年版,第70—81页。

然复杂,但依旧以经济效率为导向。新制度经济学也承认,产权既是国家设计的有意识的产物,也是"重复的私人互动行为的自发产物"[1]。而历史上产权结构的简化,多体现为自上而下的政治干预。从立法层面对权利结构进行人为的简化,无法应对社会交往实践中复杂多样的需求,降低资源配置效率,并在严格的形式主义管控之下危及交易双方的意思自治,并平添了高昂的政府管理成本。[2]

复杂地权结构的功用还在于其社会经济效应,对制度史评判不应脱离社会经济史的背景。从长期历史来看,地权结构内生于更为根本的经济和社会变量。[3] 人地关系及租税结构,对地权秩序产生了极为深远的影响。

其一,在人地关系方面,何炳棣通过对明清人口变化的估测,证明中国存在马尔萨斯式的人口压力。人口过剩形成了中国近代农村危机的整体图景,[4]并导致农业内卷化,促使地权进一步分化及平均化。在地权自由交易的制度背景下,人口增加造成的强烈竞买力量,使土地归属日趋分散,所以典押之风盛行。当人口达到一定密度时,多子继承制下的小农经济自然会催生出发达的土地市场以求再生,例如,小农继承了不敷家用的土地,便要借助该土地市场买田或租田以求生存。[5] 这些社会性因素进一步推动了佃业交易,使得地权分化的层级不断增加。

〔1〕 [美]曾小萍、[美]欧中坦、[美]加德拉编:《早期近代中国的契约与产权》,李超等译,浙江大学出版社 2011 年版,第 176 页。
〔2〕 参见张淞纶:《财产法哲学:历史、现状与未来》,法律出版社 2016 年版,第 145 页。
〔3〕 参见姚洋:《土地、制度和农业发展》,北京大学出版社 2004 年版,第 1—25 页。
〔4〕 参见[美]何炳棣:《明初以降人口及其相关问题(1368—1953)》,葛剑雄译,生活·读书·新知三联书店 2000 年版,第 117—159 页。
〔5〕 参见[美]黄宗智:《经验与理论:中国社会、经济与法律的实践历史研究》,中国人民大学出版社 2007 年版,第 29—47 页;赵冈、陈钟毅:《中国土地制度史》,新星出版社 2006 年版,第 133—180 页。

其二,在租税结构方面,传统中国经历了从"赋役并征"双轨制向"摊丁入亩"单轨制的演进。[1] 随着地权秩序中佃业的日益发达,赋税和大租作为双轴线,形成官府、田主和佃户三者围绕土地产出与农业利润的竞争关系,[2]这种竞争关系反过来对佃业的制度结构起到了至关重要的作用。另外,民间地权秩序中惯习与官僚法的博弈,也在某种程度上影响到地权结构。[3] 由于本章主题与篇幅所限,对这些论题不再赘述。

五、两大法系财产权的观念和结构:与明清时期地权秩序的比较

(一)大陆法系物权体系与英美财产权体系的基本特征

所有权概念是约定俗成的历史产物,而非先验的、法技术的单纯构建,某种法律地位是否可以被界定为所有权,是时代背景下的术语选择问题而非逻辑问题。在宽泛的意义上,可以将所有权视为法律通过排除第三人的干预而赋予一个主体对特定的、单个的物行使特定权利所具有的具体资格,这一概念就可以包容不同类型的法律架构。从私法史角度观察,作为西方法律传统的源头,罗马法未曾确立单一的所有权概念,而是在不同阶段采用多个术语来表达和界定"物

---

[1] 参见赵俪生:《中国土地制度史》,武汉大学出版社 2013 年版,第 141 页;李龙潜:《明清经济史》,广东高等教育出版社 1988 年版,第 396 页;程念祺:《国家力量与中国经济的历史变迁》,新星出版社 2006 年版,第 41—44 页;葛金芳:《中国近世农村经济制度史论》,商务印书馆 2013 年版,第 418 页。

[2] 参见[美]白凯:《长江下游地区的地租、赋税与农民的反抗斗争(1840—1950)》,林枫译,上海书店出版社 2005 年版。

[3] 参见叶孝信主编:《中国法制史》,复旦大学出版社 2002 年版,第 84—85 页;邓建鹏:《财产权利的贫困:中国传统民事法研究》,法律出版社 2006 年版,第 78—79 页;郭建:《中国财产法史稿》,中国政法大学出版社 2005 年版,第 22 页;[日]森田成满:《清代中国土地法研究》,牛杰译,法律出版社 2012 年版,第 149 页;梁治平:《清代习惯法:社会与国家》,中国政法大学出版社 1996 年版,第 130 页。

的归属"观念,如"氏族集体所有权""市民法所有权"(dominium)、
"所有权"(proprietas)、"裁判官法所有权"(in bonis habere)、"行省
土地所有权"(proprietà provinciale)、"公地占有"等。[1] 上述术语的
内涵与结构迥异,分别被两大法系采用借鉴,并深刻影响了各自财产
法体系的建构。[2]

　　罗马法中的"所有权"概念,强调对物完整、排他、统一、全面且不
可分割的权利,这与近现代西方自由资本主义时期的个人主义精神
相契合,不仅深得 19 世纪注释法学家的推崇,也在欧陆法典化运动
中被各国所继受。《德国民法典》便抛弃了《普鲁士普通邦法》中的
分割所有权,及其所包含的封建和等级义务,转向罗马式的统一所有
权,使所有权成为整个财产法的中心。

　　所有权绝对原则是大陆法系近代民法的三大基本原则之一。尽
管现代财产法对这一原则进行了限制和修正,认可了所有权的社会
义务与一般限制,但所有权作为绝对权的地位仍不可动摇。人们对
物上权利的思考,通常以"所有权"为原型展开,再从中派生出一个个
具体的他物权类型。在大陆法系下,只有所有权人才是财产的唯
一主人,他物权在性质上区别于所有权、在效力上弱于所有权。一个
"他"字,道尽了一切他物权和所有权之间的地位鸿沟。[3]

　　在所有权中心主义观念之下,大陆法系的"所有权—他物权"物
权体系呈现他物权类型与内容法定及权能受限的结构特征。以土地
上的用益物权为例,传统民法仅仅发展出永佃权(农育权)、地上权、
用益权、地役权寥寥数种用益物权类型,除此之外私人无法通过契约
任意创设。此种做法完全区别于明清时期私人可自由通过类型丰富
的民间契约加以契内限定的方式来创设符合交易需求的管业层

---

〔1〕　M.Talamanca, Considerazioni conclusive, in E.Cortese, La proprietà e le proprietà: Pontig-
　　　nano, 30, settembre—3 ottobre 1985, Giuffrè Editore, 1988, p.196.
〔2〕　参见汪洋:《罗马法"所有权"概念的演进及其对两大法系所有权制度的影响》,载
　　　《环球法律评论》2012 年第 4 期,第 144—160 页。
〔3〕　参见冉昊:《论权利的"相对性"及其在当代中国的应用:来自英美财产法的启
　　　示》,载《环球法律评论》2015 年第 2 期,第 43—59 页。

级,在灵活性方面,大陆法系物权体系可谓先天不足。

　　大陆法系物权结构与明清时期地权秩序更本质的区别在于,对物的法律处分权能唯所有权人独有。基于绝对所有权的完全性与弹力性,他物权只能以所有权为权源,将部分权能暂时分离而生,[1]并作为派生之物终将回归所有权人。所有权是对物全面的支配,而用益物权仅得对物进行一定方向的支配,即从所有权的"占有、使用、收益、处分"四项权能中,根据用益物权的具体类型获得"占有、使用、收益"三项权能的部分或全部,且须为定限性和有期性,以保障所有权之永久性特征。[2] 而明清时期的地权结构中,田面主、田底主所享有的权益皆无期限限制,典制中的典期也极为灵活,在不回赎或找绝时可永久持续。田面、田底皆为独立的地权类型,可独立处分流转而非相互隶属,与"所有权—他物权"的关系迥异。

　　英国财产法建构过程中受到罗马法"行省土地所有权"与"裁判官法所有权"两种权利结构的影响。罗马帝国灭亡之后,随着1066年诺曼征服英格兰,在欧陆领主与附庸之间形成的封建性质的"土地保有制"(tenure),被威廉一世带入英国。一方面,国王名义上拥有(own)全部土地,另一方面,通过层层分封,多个级别的封臣们持有(hold)相应土地,产生多层级保有关系。[3] 保有制的权利架构是:把内容空泛的名义所有权留给国王,让土地持有人获得有实际权能的保有权。土地持有人针对土地的"普通法所有权"(legal title)又被

---

〔1〕 以土地物权体系的演化为例,最初的物权框架基于公有与私有土地构建出的"所有权—占有"二分结构;在公地多元化利用中逐渐催生了多种债权保护模式以排除城邦与第三人的侵扰;然后逐步通过令状与诉讼手段等救济途径的完善,将土地上债权性质的权利转变为具有对世效应的物权关系;到了罗马帝国时代,从这些土地权利中逐步析出永佃权、地上权、用益权与地役权等独立的他物权类型,最终生成较为完备的"所有权—他物权"体系。参见汪洋:《土地物权规范体系的历史基础》,载《环球法律评论》2015年第6期,第17—34页。

〔2〕 参见谢在全:《民法物权论》(修订五版),中国政法大学出版社2011年版,第109—112页、第425页。

〔3〕 参见吴一鸣:《英美物权法:一个体系的发现》,上海人民出版社2011年版,第57页。

称为"地产权"（estate），是对保有权的抽象表述，[1]随着 1925 年英国财产法改革，保有权于公法层面的封建义务被荡涤一清，私法层面的各种"地产权"构成英国财产法的权利体系。

在英美法系地产权体系中，主体不直接拥有不动产，而是拥有不动产上的某项权利，title 和 ownership 这两个术语，表示的便是主体与权利之间的归属关系，[2]所有权的标的不是土地这一实物，而是地产权这一权利，从而实现了所有权和土地的分离。地产权有多种类型，可依据存续的时间维度无限分割，多个主体可同时针对同块土地享有内容不同却相互独立的地产权。例如，若甲有权终生占有土地，且死后可指定任何人继承土地，则甲的权利被称为"不限嗣继承地产权"，它是权限范围最大的地产权类型，与大陆法系所有权的法律结构非常相似。甲还可以通过一系列契约，将土地授权于乙，该土地由乙终生使用、乙死后由丙终生使用，丙死后再将该土地交还给甲。这样，在一条时间线上就分割出了一项现实占有的"终生地产权"（estate for life）、一项未来占有的"终生地产权"和一项未来占有的"不限嗣继承地产权"。这三项地产权占有顺序先后相继且同时存在，其中乙的权利状态为"占有中"（in possession）、丙的权利状态为"剩余中"（in remainder）、甲的权利状态为"回复中"（in reversion）。后两者同样为现实既存的权利，仅暂时不具备占有权能而已，可独立处分和再次分割。可见，英美财产法的独特性便在于引入了时间维度。[3]

英美财产法的整体图景，可具象化为一根时间轴上的平滑产权链，依据起始和终止的时间点、保有时间长短的"量"及转让对象是否

---

〔1〕 参见[美]约翰·亨利·梅利曼：《所有权与地产权》，赵萃萃译，载《比较法研究》2011 年第 3 期，第 147—160 页。

〔2〕 ownership 不是一个权利概念，描述的是人与权利之间的归属关系，并不描述人与不动产之间的关系。参见吴一鸣：《英美物权法：一个体系的发展》，上海人民出版社2011 年版，第 69—71 页。

〔3〕 参见陈永强：《英美法上的所有权概念》，载陈小君主编：《私法研究》（第 16 卷），法律出版社 2014 年版，第 193—212 页。

设限等因素,完成精确的权利界定。[1] 英美财产法从不强调所有权的绝对性,秉持权益分割观念,土地权益在不同时间与不同主体之间进行切割,每一部分土地权益都是独立而抽象的存在。某人"拥有土地"(owning land)意为某人拥有"土地上的一项权益"(an interest in land),这种脱离实物的抽象财产权观念,塑造了英美财产法灵活而复杂的风格。

土地权益被分割为不同的权利主张,这些权利的集合构成"权利束"(a bundle of rights)。奥诺雷正是以权利束观念来界定所有权的,他认为所有权是一个成熟法律体系所承认的一物之上最大可能的利益,由一束权利所组成。[2] 从权利束中抽走的内容构成了所有权的负担,如抵押、租赁、留置权、地役权、限制性约款、空间权等。以"不限嗣继承地产权"为例,如果把其中"可继承"的权益内容抽去,"不限嗣继承地产权"就转化为"终生地产权"这一地产权类型。[3] 当不同类型的地产权人发生冲突时,无须探究谁拥有所有权,而是根据现实占有或者未来占有、时间轴的先后等因素比较两种地产权的权利构成,从而确立一个现阶段"更优的权利",以此来判定两造中谁具有"对抗力"的优势。[4] 英美财产权的构造天然地容纳了比较方法的司法应用,原告无须证明其对争议土地享有对抗一切人的绝对权利,仅需证明其享有优先于被告的权利即可,由此奠定了

---

[1] 各种地产权都可以出售、抵押、赠与、出租、回复、入股和证券化,并适用同一救济回复和处分让与形式。参见冉昊:《论权利的"相对性"及其在当代中国的应用:来自英美财产法的启示》,载《环球法律评论》2015 年第 2 期,第 43—59 页。

[2] 所有权这一权利束,包括占有权、使用权、经营管理权、收益权、处分权、安全保障权、权利的可继承性、权利的不定期性、有害使用之禁止、被执行的责任和剩余权。See A. M. Honoré: Ownership, cited from Oxford Essays in Jurisprudence, edited by A.G.Guest, Clarendon Press, 1961, pp.107-147.

[3] 而大陆法所有权可以被想象为一个写有"所有权"标签的盒子,在所有权完全无负担的情况下,盒子里包含了占有、使用、收益、处分等权利,所有权人可以把盒子里的一些权利转让给他人,但只要盒子仍在,即便是空的,他仍然是所有权人。参见[美]约翰·亨利·梅利曼:《所有权与地产权》,赵萃萃译,载《比较法研究》2011 年第 3 期,第 147—160 页。

[4] 参见张淞纶:《财产法哲学:历史、现状与未来》,法律出版社 2016 年版,第 166 页。

英美财产权的相对性观念。[1]

(二) 明清时期地权秩序与英美法系地产权体系的共通逻辑

虽然传统中国社会并不存在西方法律语境中的"主观权利"概念,[2]但生存之本能促使人们要求自身利益得到他人肯定,从而获得正当性与道德上的依据,由此任何社会都会产生权利诉求的意识。[3] 人们期待在田土上获取某种利益并得到官府保护和社会认可,财产权的内涵便在于此。[4] "产权"囊括了进入权利束的各种权利(right)、利益(interest)和请求主张(claim)。[5] 在这个层面上,可以将明清时期的地权秩序理解为一种财产权结构,并将其与两大法系的财产权观念和结构进行比较。土地法作为典型的"地方性知识",体现了一国社会历史传统及民族生活

---

[1] 其实英美财产法将所有权区分为普通法所有权与衡平法所有权两个层次,也体现了权利相对性的观念。前者指的是根据普通法的原则得到确认的产权,产权人对财产的占有在表面上是完整的,但对财产并无受益利益。后者是根据衡平法的原则受衡平法保护的一种财产上的受益利益。这表明在财产法领域,英美法并不承认一种绝对的权利根据,而是承认一系列相对有效的权利,对这些具体权利,个案审判时适用比较的方法来确定其中谁是更好(better)产权,由此给予保护。究其本质,"双重所有权"只是在不同司法体系中得到不同救济的两个法益。例如,在信托关系中,普通法只认可受托人,不认可受益人;而衡平法既认可受托人,也认可受益人,但同时认为受益人对土地拥有实质性的利益,受托人的产权成了一个没有实际利益的"挂名产权"。这一现象也类似于罗马法中"市民法所有权"和"裁判官法所有权"的区分。See Black's Law Dictionary, 7th ed., West Group, 1999, p.1493;冉昊:《"相对"的所有权——双重所有权的英美法系视角与大陆法系绝对所有权的解构》,载《环球法律评论》2004年第4期,第451—459页。

[2] 权利概念具有太多的文化和时代内涵,用它来描述、说明和分析各个文明中的社会关系,不能不特别审慎。参见梁治平:《清代习惯法:社会与国家》,中国政法大学出版社1996年版,第51页。

[3] 李贵连:《话说"权利"》,载北大法律评论编委会编:《北大法律评论》(第1卷·第1辑),法律出版社1998年版,第115—129页。

[4] 我们讨论的财产权只能是在这样的前提下因词穷而不得已借用的概念。参见郝维华:《清代财产权利的观念与实践》,法律出版社2011年版,第10—15页。

[5] 只要某主体对某资源可实施的行为被社会认可,经济学就认为该主体对此资源拥有"产权"。参见冉昊:《法经济学中的"财产权"怎么了?:一个民法学人的困惑》,载《华东政法大学学报》2015年第2期,第61—73页。

习性，[1]但不同社会中功能相似的交易，会呈现一系列普适的"制度性因素"。[2] 两相对比，明清时期的民间地权结构与英美法系地产权体系在结构与观念上存在诸多暗合之处，两者皆处于绝对所有权缺失的宏观背景之下，展现出权利的抽象性与相对性特征、权利束观念，以及权利自时间维度的纵向分割。

其一，从所有权观念角度，明清时期田土上的"业"、英国的"地产权"及罗马法"行省土地所有权"相似，名义上土地皆由统治者（明清皇帝、英国国王、罗马帝国）所有。明清时期管业秩序与英国地权体系，皆于"绝对所有权缺失"的宏观背景下发展而起。"业"与"地产权"摆脱了绝对所有权观念的束缚，关注点从归属移转到利用，权利的享有、体系建构与分化都不再基于土地这一实体，而是基于"土地的经营收益"这一抽象权益。

其二，从权利束观念角度，英美财产法中不同地产权体现为权利束中不同要素的增减。明清时期的地权结构同样呈现鲜明的权利束观念，地权的具体权利内容取决于经营收益、流通性、管业年限及税赋风险四种要素的组合与增减。例如，在一般租佃原型中排除年限要素的限制，便转变为永佃制；在永佃制中加入流通性要素，便发展为田面；田面与田底的区别在于是否附加税赋风险要素；典制与其他地权类型的区别在于，经营收益要素的最大化与管业年限要素的高度灵活。

其三，从权利分割的时间维度来看，明清时期的地权秩序与英美法系的财产权体系均强调现时权益与未来权益的分割，体现为多项权利在时间轴上彼此独立并存的特征。英美普通法上的土地权益有"终生地产权"（estate for life）、"不限嗣继承地产权""限定继承地产权"（fee in tail），等等，这些在同一土地上沿时间轴并存的权利类

---

[1] 参见[美]克利福德·吉尔兹：《地方性知识——阐释人类学论文集》，王海龙、张家瑄译，中央编译出版社 2004 年版，第 273—295 页。转引自陈永强：《英美法上的所有权概念》，载陈小君主编：《私法研究》（第 16 卷），法律出版社 2014 年版，第 193—212 页。

[2] 参见[美]曾小萍、[美]欧中坦、[美]加德拉编：《早期近代中国的契约与产权》，李超等译，浙江大学出版社 2011 年版，第 166 页。

型,以是否现实占有土地可被区分为"现实占有的地产"(estate in possession)与存在复归权或剩余产权的"未来性地产"(estate in expectancy)。[1] 明清时期的典制也属自时间维度分割土地权益的范例,典期由双方自由约定,以典期为界,期满之前典主无条件管业,期满之后业主可回赎或找绝,也可任由典的状态一直持续。如同时间可无限分割,时间维度上的权利亦可层层分割、叠床架屋,且分割后的每项权利皆能独立并存及自由处分,具备大陆法系他物权所无法比拟的柔韧性和灵活性。[2]

其四,从权利的层级结构与流通性角度,英美财产法不具备大陆法系物权法"所有权—他物权"体系下的层级结构,权利相对性观念带来高度流通性。明清时期地权秩序同样如此,在一田二主制中,经营性地权(田面)和资产性地权(田底)独立并存和运行,不存在田面依附于田底的层级结构;典主也可自由处分典权,无须他人同意,能最大限度实现地权的担保价值,借助于金融手段以几何倍数放大财产可能发挥的经济功能。[3] 费孝通注意到,田底和地租金等甚至开始摆脱实体形态,被票据化、证券化为流动性很强的资产。[4]

六、余论:明清地权秩序对我国农地"三权分置"改革的有益启示

《物权法》在体例结构上承继了大陆法系以绝对所有权为核心的物权体系,于不动产领域确立了土地的国家所有权与集体所有

[1] 参见[美]罗杰·H.伯恩哈特、[美]安·M.伯克哈特:《不动产(第4版)》,钟书峰译,法律出版社2005年版,第38—55页。
[2] 参见[英]F. H. 劳森、[英]B. 拉登:《财产法(第二版)》,施天涛等译,中国大百科全书出版社1998年版,第86—87页。
[3] 参见冉昊:《论权利的"相对性"及其在当代中国的应用:来自英美财产法的启示》,载《环球法律评论》2015年第2期,第43—59页。
[4] 参见费孝通:《江村经济》,上海世纪出版集团、上海人民出版社2007年版,第164页。

权体制,[1]在国有土地所有权之下设立了建设用地使用权,集体土地所有权之下设立了土地承包经营权和宅基地使用权两种用益物权。

2014 年 1 月,中共中央、国务院《关于全面深化农村改革加快推进农业现代化的若干意见》中首次提出"在落实农村土地集体所有权的基础上,稳定农户承包权、放活土地经营权,允许承包土地的经营权向金融机构抵押融资"的"两权分离"的政策构想。2014 年 11 月,中共中央办公厅、国务院办公厅《关于引导农村土地经营权有序流转发展农业适度规模经营的意见》中指出:坚持农村土地集体所有,实现所有权、承包权、经营权三权分置,引导土地经营权有序流转。2015 年 2 月,中共中央、国务院《关于加大改革创新力度加快农业现代化建设的若干意见》中要求"抓紧修改农村土地承包方面的法律……界定农村土地集体所有权、农户承包权、土地经营权之间的权利关系"。2015 年 11 月出台的《深化农村改革综合性实施方案》更是对"落实集体所有权,稳定农户承包权,放活土地经营权"的内在意蕴进行了详尽阐释。[2] 2016 年中央一号文件,中共中央、国务院《关于落实发展新理念加快农业现代化实现全面小康目标的若干意见》中再一次强调了"三权分置"的改革方向。这一政策完成了从经济学界主张到政策性文件肯定,并推动了修法的演进、升级。[3]

"三权分置"改革的宏观背景是土地资源的集体所有,与明清地

[1] 依《宪法》第 9、第 10 条,《物权法》第 47 条、第 58、第 59 条的规定,所有城市土地归国家所有;农村和城市郊区的土地,除由法律规定属于国家所有的以外,属于集体所有。

[2] 参见《深化农村改革综合性实施方案》二、"关键领域和重大举措"(一)"深化农村集体产权制度改革"1."深化农村土地制度改革":落实集体所有权,就是落实"农民集体所有的不动产和动产,属于本集体成员集体所有"的法律规定,明确界定农民的集体成员权,明晰集体土地产权归属,实现集体产权主体清晰。稳定农户承包权,就是要依法公正地将集体土地的承包经营权落实到本集体组织的每个农户。放活土地经营权,就是允许承包农户将土地经营权依法自愿配置给有经营意愿和经营能力的主体,发展多种形式的适度规模经营。

[3] 参见高海:《论农用地"三权分置"中经营权的法律性质》,载《法学家》2016 年第 4 期,第 42 页。

权秩序类似,土地的实际利用人并不享有所有权。我国的集体土地所有权与土地承包经营权,糅合了公法层面的治理功能、生存保障功能及私法层面的市场化私权功能。[1] 一方面维系了农民与集体之间的身份关系,把保障集体内部成员的生存作为首要价值目标,并强调土地利用的平等性;另一方面以农业经济效益为出发点,试图通过物权的自由流转来促进资源的合理配置,实现相应的市场机能。而这两种截然不同的价值理念被混同于土地承包经营权中,导致我国农地改革长期裹足不前。"三权分置"改革区分承包权与经营权的规范目的便在于,对农地承载的生存保障机能与市场私权机能进行适当切割,以求实现各自的价值目标。

"三权分置"改革拟实现的制度功能,可分为三个维度。其一为确保农村集体的身份性权益不受外来资本的大规模冲击,以此实现农村的持续性稳定;其二以农户承包权实现对集体土地所有权和土地经营权的权力制衡,一面约束集体土地所有权的权利扩张,一面以回归力保障农民不永久性失地,一面以转让价金实现土地的财产性利益;其三以土地经营权确保土地流入方利益的实现能够有效对抗集体和农户,并能实现有效融资,以吸引外部资本进入农业领域,助推农业适度规模经营蓬勃发展。[2]

在"三权分置"改革的制度实现层面,最具争议的问题为土地经营权是债权型利用权还是新型的用益物权。

有学者支持土地经营权的债权性质,认为把经营权界定为他物权不符合法律逻辑。依据权能分离理论,对土地的直接占有、使用只能集于一人,土地所有权派生出土地承包经营权之后,无法再生发具有他物权性质的"土地经营权";依据一物一权原则,土地承包经营权与"土地经营权"作为性质与内容相冲突的两项他物权,于同一宗土地上既不能同生,也无法并存。"土地所有权—承包经营权—债权"

---

[1]　参见汪洋:《集体土地所有权的三重功能属性——基于罗马氏族与我国农村集体土地的比较分析》,载《比较法研究》2014 年第 2 期,第 1—14 页。

[2]　参见陶钟太朗、杨环:《农地"三权分置"实质探讨——寻求政策在法律上的妥适表达》,载《中国土地科学》2017 年第 1 期,第 66 页。

的权利体系结构符合权利的生成逻辑,无须对现有农地权利体系作较大幅度地改动,具有节约制度变革成本的优势。[1] 在权利设定时可以采取一定的公示方式为第三人所知晓,并参照"买卖不破租赁"规则建立"承包权变更不破经营权"规则,赋予其对抗第三人的效力。[2]

更多学者倾向于将土地经营权物权化,以建立更加稳妥可靠的"三权分置"体制。物权性质的土地经营权对于土地经营者具有期限更长,可以针对第三人主张权利,可以方便流转,以至于可以设置抵押等法律制度上的优点。[3] 土地经营权的生成路径是,由所有权分离出土地承包经营权,再由土地承包经营权分离出土地经营权,并非由所有权直接产生土地经营权。土地经营权是土地承包经营权人行使其权利而设定的次级用益物权,承包权与经营权的法构造为"用益物权—次级用益物权"的多层级用益物权体系。未来我国《民法典》"物权编"应当将土地经营权上升为法定的用益物权,进而实现土地经营权的法定化。[4] 还有学者认为,"三权分置"下的农村土地权利结构,究其根本,实为集体土地所有权、成员权、农地使用权三权并立。[5]

"三权分置"改革在法律逻辑层面出现的解释困境,源头便在于前文所述的大陆法系"所有权—他物权"的物权观念与结构定式。对比明清时期的地权秩序可以发现,"三权分置"的改革思路与一田二主制有异曲同工之妙。从结构上观察,"农户承包权"类似一田二主制中的田底,权利人依"集体成员权"身份而享有"初始分配"得到的土地权益,不能随意流转,通过身份维持、分离对价请

〔1〕 参见单平基:《"三权分置"理论反思与土地承包经营权困境的解决路径》,载《法学》2016年第9期,第54页。

〔2〕 参见温世扬、吴昊:《集体土地"三权分置"的法律意蕴与制度供给》,载《华东政法大学学报》2017年第3期,第78—82页。

〔3〕 参见孙宪忠:《推进农地三权分置经营模式的立法研究》,载《中国社会科学》2016年第7期,第160页。

〔4〕 参见蔡立东、姜楠:《农地三权分置的法实现》,载《中国社会科学》2017年第5期,第102页。

〔5〕 参见高飞:《农村土地"三权分置"的法理阐释与制度意蕴》,载《法学研究》2016年第3期,第3页。

求、征收补偿获取及有偿退出等权利实现相应的生存保障机能，[1]针对经营人的分离对价请求权，功能上等同于田底主向田面主收取的大租；"土地经营权"则起到了一田二主制中田面的作用，隔离了成员权等非私权因素，性质上被界定为纯粹的财产权，可以自由处分和流转。

随着社会经济生活的飞速发展，财产除传统的使用、收益外，通过抵押、出质、证券化、创设衍生产品等多种法律金融工具进行更多维度的分割利用。交易取代生产本身成为人们谋取财富的主要手段，流转越快、证券化层级越多，收益就越大。[2] 在这样的时代环境下，对世性意义上针对物权的绝对保护，让位于比较特定人之间"对抗力"的相对保护。[3] "三权分置"中土地经营权、农户承包权与集体所有权的关系，明显呈现了英美财产法灵活的权利结构，可将土地经营权视为从时间维度裁剪农户承包权而生成的权利，不含有成员权等内容，在权利期限内获得了独立地位，不隶属于承包权或所有权。

如此一来，土地经营权作为一种新型财产权利，如同明清时期田土上"业"及英美财产法中的地产权，可自由流转和处分。在流转方面，可根据农户承包权与土地经营权分别设立流转的初级市场与次级市场。前者因受制于权利主体、权利负载功能及流转受到公权力调整的限制，为"半开放"市场，后者为完全开放的自由流转市场。在自由处分方面，土地经营权人既可以对土地经营权的部分权能进行

---

〔1〕 参见李国强：《论农地流转中"三权分置"的法律关系》，载《法律科学》2015年第6期，第179—188页。

〔2〕 参见冉昊：《论权利的"相对性"及其在当代中国的应用：来自英美财产法的启示》，载《环球法律评论》2015年第2期，第43—59页。

〔3〕 物权的对世性是一个无效的隐喻，往往会造成浪费，因为如果当事人只要权利可以对抗某些人即可，那么构建对世性的权利就会造成立法定价高于内部定价，引发浪费。当事人对权利的对抗力需求不是刚性的，而是取决于具体场景下的风险，即成本与收益的综合判断。参见张淞纶：《财产法哲学：历史、现状与未来》，法律出版社2016年版，第159页。

处分;又可以将土地经营权下的地块进行分割处分;[1]还可以从时间维度对土地经营权进行进一步的分割,在土地经营权所包含的时间范围内,自主裁取部分时段来创设"次级土地经营权",它同样也作为一种独立财产权利,可自由处分如有偿让与他人,原经营权人保有该"次级土地经营权"时段终止时的复归权。如此,方能真正实现土地权益的多层次灵活利用,达到"三权分置"的改革初衷。

---

[1] 因为土地经营权的物权型流转本身就应当是双向的,即具有集约化与分散化的功能,以实现资源的优化配置与控制过度规模化的风险。参见温世扬、吴昊:《集体土地"三权分置"的法律意蕴与制度供给》,载《华东政法大学学报》2017年第3期,第78—82页。

第二卷
城市土地及房产的利用与归属

Tractatus de Iuribus in Agro Aedeque Aliena

第四章
土地空间利用的理论框架与实践运用

一、重构土地空间开发利用的权利体系

(一)土地空间的定义、分类与立法现状

近代工业革命以来,工业化和城市化的快速发展使得农村人口大量向城市转移,人地矛盾日益突出。城市化进程中对土地的需求主要通过外部扩张与内部挖潜两种途径解决,当城市发展到一定规模后,外延式发展受到用地成本与宏观调控等因素的制约,开发用地不足成为普遍而严峻的问题。走内涵式可持续发展道路,大力推进城市土地立体化开发利用,就成为必然选择。[1] 伴随着建筑材料的更新换代和现代建筑技术水平的迅猛发展,人类开始大规模开发利用空间资源。这一发展趋势也促使传统土地权利观念发生转变,突破了土地所有权"上达天宇、下及地心"的绝对观念,从"平面土地立法"迈向分层归属与利用的"立体土地立法"。大陆法系各国在用益物权中增设空间地上权与空间役权;英美法系国家将空间权视为一种可以与土地相分离的新型、独立的财产权利。[2]

---

〔1〕 参见付坚强:《土地空间权制度研究》,东南大学出版社 2014 年版,第 58—59 页;陈祥建:《空间地上权研究》,法律出版社 2009 年版,第 37 页。

〔2〕 参见[美]罗杰·H. 伯恩哈特、[美]安·M. 伯克哈特:《不动产(第 4 版)》,钟书峰译,法律出版社 2005 年版,第 305 页;王利明:《空间权:一种新型的财产权利》,载《法律科学》2007 年第 2 期,第 117—128 页。

土地空间分为地上、地表与地下空间三个部分,关注点多聚焦于地下空间。根据住房和城乡建设部发布的《城市地下空间利用基本术语标准》,"地下空间"(underground space)指"地表以下,自然形成或人工开发的空间"[1]。依结构,可分为结建地下工程和单建地下工程,前者为同一主体结合地面建筑一并开发建设的地下工程,后者为独立开发建设的地下工程。[2] 结建地下工程设施与地面建筑连为一体、一并开发建设,地表建设用地使用权人被视为已经取得建设工程规划许可明确的结建地下建(构)筑物外围所及空间,无须另行设立地下建设用地使用权。[3] 单建地下工程设施则应独立办理地下建设用地使用权初始登记和地下建筑物所有权初始登记。本章的论述对象针对的是单建地下工程。

地下工程设施的用途广泛,从使用功能角度分为七大类:一为地下交通设施,包括地铁、地下道路、地下人行通道、地下停车库、地下综合交通枢纽;二为地下市政公用设施,包括地下公用管线、综合管廊、地下能源与环卫设施;三为地下公共服务设施,包括地下商业、餐饮、娱乐、文化、体育、办公、医疗卫生及城市配套设备、地下商业街;四为地下仓储设施,包括地下粮库、冷库、油气库、物资储备库、水库;五为地下物流设施,包括各种管道与隧道式物流系统;六为地下防灾减灾设施,包括人防工程、防洪防震消防设施;七为交通、商业、文化娱乐服务等功能有机结合形成的大型多功能地下综合体。[4] 针对不同功能的地下工程设施,应采取不同的权利类型与利用模式。

地下空间还可以按开发利用深度区分为浅层、中层与深层地下空间。浅层地下空间(地表往下30米)和地表直接连接,直接为地表

[1] 《城市地下空间利用基本术语标准》(JGJ/T 335—2014),中国建筑工业出版社2015年版,第2页。
[2] 《上海市城市地下空间建设用地审批和房地产登记规定》第2条。
[3] 因此,结建地下空间设施与地表建设用地及建筑物合并办理建设用地使用权初始登记和建筑物所有权初始登记,未计入容积率的城市地下空间建筑物无须登记。
[4] 参见《城市地下空间利用基本术语标准》(JGJ/T 335—2014),中国建筑工业出版社2015年版,第59—72页。

空间扩展服务,主要用于商业、文娱及部分水电气通信等公用设施,开发利用的内容和规模与地面关系密切,地质条件一般不对该层空间的开发起决定性影响。中层地下空间(地表往下 30—50 米)主要包括大型城市基础设施、地下交通、城市污水处理等设施,影响开发的要素包括工程土壤条件、水文地质条件等。深层地下空间(地表往下 50 米以下)包括地下交通、物流通道、危险品仓库、冷库油库等,开发也受限于工程和水文地质条件,且需满足高层建筑的地基稳定要求。[1] 深度不同会影响地下建设用地使用权出让或划拨方式的选择、出让价格、补偿额度及役权的对价条件。例如,《日本大深度地下公共使用特别措施法》认为,因为高技术、高成本等原因,私人所有权人一般不会利用大深度地下空间,国家为了公共利益可以对大深度地下空间进行无偿开发。[2]

　　地下空间开发不同于地表空间开发,存在不可逆性、整体性、投资效益差、公益设施优先等特点,构建科学的土地空间规范体系,有利于提高土地集约化利用的效率,提升城市的综合开发水平,保护空间立体化利用中各方的合法权利,并且增加国家的土地收入。改革开放以来,我国开始关注土地立体空间开发,建成大量规模化的地下空间工程项目,但规范供给层面尚处于探索阶段。1997 年建设部(已撤销)出台了《城市地下空间开发利用管理规定》,这标志着地下空间开发利用规范化的开始,随后各地陆续出台二十余部地下空间规划管理条例和开发利用管理办法,积累了宝贵的实践经验。[3]

---

〔1〕　参见童林旭、祝文君:《城市地下空间资源评估与开发利用规划》,中国建筑工业出版
　　　社 2009 年版,第 11—12 页;王旭典 等:《城市土地立体化开发利用法律调控规
　　　制——结合深圳前海综合交通枢纽建设之探索》,法律出版社 2017 年版,第 24 页。
〔2〕　参见肖军:《城市地下空间利用法律制度研究》,知识产权出版社 2008 年版,第 37—
　　　38 页。
〔3〕　2005 年深圳市首次对地下空间开发地块土地进行了拍卖,深圳福田区车公庙两宗地
　　　下空间项目用地被深圳市仁贵投资发展有限公司以 1680 万元成功竞得,这是中国
　　　有史以来以经营性土地方式首次出让的地下空间使用权。2006 年 8 月,南京市发布
　　　国有土地使用权出让公告,对湖南路地下商业街及金陵中学东侧地下空间土地使用
　　　权进行挂牌出让。参见魏秀玲:《中国地下空间使用权法律问题研究》,厦门大学出
　　　版社 2011 年版,第 27 页。

《物权法》第 136 条首次在基本法律层面确认了建设用地使用权可在地上、地表和地下空间分层设立,《民法典》第 345 条沿袭该条文,使空间开发有了法律依据,但无法解决农村集体土地上下空间内建设高铁、电网管线与油气管道所面临的法律问题。总体而言,我国土地空间研究的薄弱状况与立法的滞后,严重制约了空间资源的可持续开发与合理利用。

(二)土地空间开发利用的影响因素与权利类型

土地空间开发利用本质上是空间利益的正当分配问题,影响因素包括权利人是否需要独占排他地利用土地空间、开发利用的权利内容是依当事人约定还是由法律直接设立、开发利用土地空间是有偿的还是无偿的。这几组影响因素组合排列形成空间建设用地使用权、空间役权与空间相邻关系等私法工具和权利类型,三者实质意义上皆为土地空间的开发与利用方式,呈现光谱式演进关系,体现了空间利用人对于土地空间的不同需求与排他性程度。由此重构的土地空间开发利用权利体系如下(参见表3):

表 3 土地空间开发利用的影响因素与权利类型

	意定	有偿	法定	无偿
独占利用	出让的空间建设用地使用权		划拨的空间建设用地使用权	
非独占利用与协调	地役权/人役权(也可意定无偿)		空间相邻关系	
		公共役权		

首先,如果利用人对土地空间仅存在最低限度需求,他可通过法定的空间相邻关系从事某些行为或阻止权利人的某些行为,以维护社会基本生活秩序,理论基础为所有权的社会义务与一般内容限制,利用人无须支付对价,但造成实际损失的,应予赔偿。其次,如果利用人为公共利益需要进一步非独占地利用土地空间,可依法律或行政许可设立公共役权。权利人为公共利益作出特别牺牲,利用人因此需要向权利人支付对价或补偿。相邻关系与公共役权作为法定

的空间利用方式,也起到在私法体系内转介公法管制性规范的作用。再次,利用人也可与空间权利人约定设立地役权与人役权,以满足役权人对相应土地空间的高阶需求。最后,如果利用人需要独占利用相应土地空间,则依据用途目的,以有偿出让或无偿划拨形式设立空间建设用地使用权。

空间建设用地使用权、空间役权、公共役权与空间相邻关系四类工具,作为利益冲突的不同调节方式,泾渭并非绝对分明,存在强弱程度的差别:建设用地使用权虽完全排他地独占使用土地空间,但仍受相邻关系及大量公法制约,也阻止不了公共役权的设立;公共役权若对土地空间权利人造成根本性影响,导致建设用地使用权的虚化,与征收的效果并无二异,权利人可要求解除建设用地使用权合同或请求征收补偿;空间役权与相邻关系两者的边界此消彼长,何为法律最低限度的需求,并非法律术语或逻辑所能精准界定,比如,意大利法中的一些强制地役权在德国法中均被作为相邻关系处理。相邻关系又称为法定的不动产役权,而役权也被称为意定的相邻关系。公共役权的对象系不特定之公众,亦不以需役地之存在为必要。[1]

土地空间开发利用过程中,如何明确各空间范围的权属关系,完善冲突、协调、优先与补偿规则,平衡公共利益与各权利人利益,是我国未来土地空间立法过程中亟须解决的问题。本章第二至第四部分依次论述空间建设用地使用权、空间相邻关系、空间役权及公共役权等私法工具和权利类型;第五部分将各类私法工具综合运用于实践中的地下轨道交通设施、油气管道设施、电网工程、城市地下综合管廊及矿业用地等问题;第六部分以法经济学中的"卡-梅框架"即财产规则与责任规则作为理论依托,阐释各类私法工具之间的关联与异同。

---

[1]　参见郑冠宇:《不动产役权之修正与适用》,载《月旦民商法杂志》2010 年第 28 期,第 92—94 页。

二、空间建设用地使用权:独占利用模式

(一)地表建设用地使用权的空间范围

从《物权法》第 136 条到《民法典》第 345 条,我国立法都没有为独占利用地下空间设计新的用益物权种类,而是将建设用地使用权的客体范围从地表扩展至地上与地下空间。地表设立普通建设用地使用权后,仍可以在同一块土地的上下空间范围内设立空间建设用地使用权,[1]传统民法称之为"区分地上权",区别于以土地之整体(包括地面及其全部上空与地下)为标的的普通地上权。1911 年制定的《德国地上权条例》第 1 条规定,"权利人享有在土地表面或地下拥有建筑物的权利"[2]。《意大利民法典》第 955 条将地上权各条规定准用于地下建造建筑物等情况。[3] 日本在 1966 年修订民法典时于第 269 条之 2 追加区分地上权制度,2000 年颁布《日本大深度地下公共使用特别措施法》以规范深层地下空间的合理使用。[4]

空间建设用地使用权的运用需要一系列配套规范。《民法典》第 348 条第 2 款第 3 项明确了建设用地使用权出让合同中应写明"建筑物、构筑物及其附属设施占用的空间"。国土资源部(已撤销)和国家工商行政管理总局(已撤销)联合发布的《国有建设用地使用权出让合同》示范文本第 4 条也规定,出让合同应当载明建设用地使用权的"宗地的竖向界限""出让宗地空间范围是以上述界

---

[1] 参见陈华彬:《空间建设用地使用权探微》,载《法学》2015 年第 7 期,第 22—24 页。

[2] 《地上权条例》,李静译,载王洪亮等主编:《中德私法研究》(第 1 卷),北京大学出版社 2006 年版,第 259 页。

[3] Cfr. L. Bigliazzi Geri, U. Breccia, F. D. Busnelli, U. Natoli, Diritto Civile, 2, Dritti Reali, UTET, 2007, p.161.

[4] 参见付坚强:《土地空间权制度研究》,东南大学出版社 2014 年版,第 100—107 页。

址点所构成的垂直面和上、下界限高程平面封闭形成的空间范围"。[1]《不动产登记暂行条例实施细则》第 5 条把《不动产登记暂行条例》第 8 条认定的登记基本单位即"不动产单元"界定为"权属界线封闭且具有独立使用价值的空间",不动产登记簿必须记载的事项包含"空间界限"。各地也相继出台了一系列规定,对空间建设用地使用权进行具体界定。[2]

若要实现建设用地使用权的分层设立,首要问题是明确地表建设用地使用权覆盖的空间范围,《民法典》第 348 条所指的空间对地表建设用地而言就是附属空间。目前通行的实践做法是,地下空间深度以建筑物最深基础平面即基底位置为限,由主管部门在建设设计报建审查时确定;地上空间高度以建设用地使用权出让合同中的约定及建筑规划限高为准。[3] 地表用途若为种植或养殖,空间范围包括地表以上植物、动物生长所需空间及地表以下植物根系生长、凿井汲水等所需空间。[4] 然而问题在于,依《城乡规划法》与《土地管理法》,建设用地使用权出让在先,建设用地规划许可证与建设工程

---

〔1〕 但是目前各地实际签订出让合同时,该栏目均作空白处理。而且根据示范文本第 8 条的规定,土地出让金的收取标准按建设用地使用权的横向范围计算(单价为每平方米人民币××元),使得约定纵向范围的意义大大降低。参见张鹏、史浩明:《论中国空间建设用地使用权的设立》,载《中国土地科学》2012 年第 1 期,第 50—54 页;薄燕娜、刘植:《建设用地分层使用的空间权利探讨》,载《福建论坛(人文社会科学版)》2012 年第 3 期,第 172 页。

〔2〕《杭州市区地下空间建设用地管理和土地登记暂行规定》第 1 条第 1 款规定:"本规定所称的地下空间建设用地使用权,是指经依法批准建设,净高度大于 2.2 米(含,地下停车库净高度可适当放宽)的地下建筑物所占封闭空间及其外围水平投影占地范围的建设用地使用权。地下资源、埋藏物不属于地下空间建设用地使用权范围,起止深度以规划行政主管部门审批文件为准。"还可参见《武汉市地下空间开发利用管理暂行规定》《上海市城市地下空间建设用地审批和房地产登记试行规定》《深圳市地下空间开发利用管理办法》《天津市地下空间规划管理条例》《广州市地下空间开发利用管理办法》。

〔3〕 参见全国人民代表大会常务委员会法制工作委员会编:《中华人民共和国物权法释义》,法律出版社 2007 年版,第 308—310 页;全国人民代表大会常务委员会法制工作委员会民法室编著:《物权法:立法背景与观点全集》,法律出版社 2007 年版,第 506—507 页。

〔4〕 参见陈耀东、罗瑞芳:《我国空间权制度法治化历程与问题探究》,载《南开学报(哲学社会科学版)》2009 年第 6 期,第 97、201 页。

规划许可证办理在后,根据相应城市规划具体设计建筑图纸,并结合土地地质勘探情况预测建筑物桩基的深度。[1] 确定空间范围的工作在建设用地使用权出让时远未完成,如何明确标示于建设用地使用权出让合同中?

笔者认为,地表建设用地使用权的空间范围应当依据城市建设规划间接确定。城市规划本质上是一项界定和配置土地产权的制度,具有城市空间利益分配和产权配置的功能。[2]《城市规划强制性内容暂行规定》(已失效)第7条第3项将"特定地区地段规划允许的建设高度"作为城市详细规划的必备内容。以规划所允许的建设高度作为地表建设用地使用权的高度上限,然后结合相应地块的地质情况,估算出地表以下可能利用的桩基深度作为空间深度的上限,便可得出空间权属范围并记载于建设用地使用权出让合同中。但这一解决方案要求规划前置于建设用地使用权出让,城市建设规划部门或土地管理部门系统开展城市各地块的地质环境调查、测算评估等作业。而实践中除了深圳等地开始发挥城市规划的先导统筹作用,多数地区仍为空白。若强制要求把地下空间的层数、面积等"规划条件"写入出让合同,不仅可以促进城市地下空间的开发与利用,[3]还可以推广

---

〔1〕 目前建设用地使用权出让程序大致为:根据控制性详细规划拟定土地使用权出让合同→订立土地使用权出让合同→办理建设用地规划许可证→办理土地使用权权属登记→办理建设工程规划许可证→颁发建设工程施工许可证。参见史浩明、张鹏:《海峡两岸空间权利设计思路之比较:以"区分地上权"和"空间建设用地使用权"为中心》,载《苏州大学学报(哲学社会科学版)》2010年第1期,第21—25页。

〔2〕 参见辛巧巧、李永军:《城市规划与不动产的役权性利用》,载《国家行政学院学报》2018年第2期,第110页。

〔3〕 如《济宁市地下空间国有建设用地使用权管理办法》第5条第2款、第3款规定:"地下空间国有建设用地使用权设立前,城乡规划部门应当明确地下空间在地表水平面上垂直投影占地范围、起止深度、规划用途、建筑面积等规划设计条件。在规划设计条件允许的情况下,商服、住宅、公共管理与公共服务工程建设应当一并结建地下工程。住宅用地地下空间利用一般不少于一层,商服、公共管理与公共服务工程用地地下空间利用一般不少于二层。结建地下工程平均每层建筑面积一般不少于整宗地地上建设用地使用权面积的50%。单建地下工程地下空间利用一般不少于三层。"参见罗秀兰:《高层建筑之地下空间权利冲突探析——兼论对结建地下空间开发的规制与激励》,载《中国土地科学》2015年第5期,第75页。

规划前置做法在各地的实施和落实。

(二) 空间建设用地使用权的出让方、设立程序与设立方式

《民法典》第 345 条没有明确有权设立地下建设用地使用权的主体,争议在于,除了作为城市土地所有权人的国家,建设用地使用权人能否在其空间权属范围内为第三人设立次级建设用地使用权? 肯定论者认为,[1]他物权人该举止并未违反"任何人不得处分大于自己的权利"的原则,只要权利行使不冲突,则无禁止之必要。否定论者认为,[2]依物权排他性特征,一个物上不能同时存在两个权利内容相同的用益物权,只有所有权人有权设立用益物权。

笔者基于政策衡量赞同否定论者的结论,但理由并非法律概念和逻辑的形式推演。鉴于地下空间的特殊性质,相关设施的改、扩建难度远大于地表,设立地表建设用地使用权尚且需要严格的规划审批,如若建设用地使用权人有权自行设立次级建设用地使用权,是否需要另行规划审批? 从规范目的来看,地表建设用地使用权的规划初衷,以满足权利人设置建筑物或工作物需求为限,不包括为他人设立次级建设用地使用权。同一地块空间若同时存在国家设立的地表建设用地使用权、地下建设用地使用权及使用权人设立的次级建设用地使用权,过于复杂的法律关系极易在权利行使过程中催生矛盾,并诱发囤积建设用地使用权等投机行为。[3] 综上所述,将建设用地使用权的设立主体限定为国家更为妥当。

集体经济组织作为农村集体土地的所有权人,是否有权在农村集体土地上下空间设立建设用地使用权?《民法典》第 344 条明确了建设用地使用权只能在国家所有的土地上设立,因此不存在集体经

〔1〕 参见付坚强:《土地空间权制度研究》,东南大学出版社 2014 年版,第 125 页。

〔2〕 参见最高人民法院物权法研究小组编著:《〈中华人民共和国物权法〉条文理解与适用》,人民法院出版社 2007 年版,第 412—414 页。

〔3〕 参见张鹏、史浩明:《论中国空间建设用地使用权的设立》,载《中国土地科学》2012年第 1 期,第 50—54 页;史浩明、张鹏:《海峡两岸空间权利设计思路之比较:以"区分地上权"和"空间建设用地使用权"为中心》,载《苏州大学学报(哲学社会科学版)》2010 年第 1 期,第 21—25 页。

济组织直接设立建设用地使用权的法律空间。一种观点认为,征收制度不应局限于对土地平面的征收,也包括对土地纵向分层后特定空间的征收。于国家而言,单独征收特定空间比征收整块土地的补偿成本要低廉,保留地表农业用途不变,省去了重新安排土地利用的成本;于农民集体而言,因自身开发能力有限,通过特定空间的征收可获得补偿收益,因此这是一剂双赢良方。[1] 另一种观点认为,集体土地所有权制度的设立初衷是满足农民生产生活的需求,仅包括地表及使用地表必需的空间范围,该范围以外的空间仍为国有,国家有权直接设立空间建设用地使用权。目前实践中电力走廊、地下输油、输气管线等设施铺设未受集体土地所有权的制约,[2] 笔者认为,改采空间役权处理集体土地上下空间的利用问题更为妥适,留待后文详述。

上海、深圳、山东等地针对地下建设用地使用权设立和审批规定了特别程序,将传统建设用地使用权设立时,先出让建设用地使用权再办理建设用地规划许可证的通常顺序颠倒过来。[3] 一方面,通过事先的地质勘测,得以前瞻性评估拟建造的地下设施实际需要的空间界限,为拟出让的地下建设用地使用权的空间范围提供依据;另一方面,保证了地下建设规划的全面性和周严性。依据《深圳市地下空间开发利用管理办法》第 19 条的规定,规划部门所制订的"建设用地供应方案"应当明确用地的位置、面积、使用性质、开发强度、开发期限、连通要求等规划条件。这种"供应方案"和传统的控制性城市规划区别甚大,实质内容上类似于"建设用地规划许可证"要求的各项指标。[4]

地下轨道交通设施、仓储设施、公共服务设施、防灾减灾设施及

---

〔1〕 参见陈耀东、罗瑞芳:《我国空间权制度法治化历程与问题探究》,载《南开学报(哲学社会科学版)》2009 年第 6 期,第 97、201 页。

〔2〕 参见南京地铁用地物权研究课题组:《空间建设用地物权研究——南京地铁建用地物权权属调查与土地登记》,江苏人民出版社 2015 年版,第 30 页。

〔3〕 《上海市城市地下空间建设用地审批和房地产登记试行规定》的程序是:申请获得项目批准文件→申请获得建设用地规划许可证→申请获得建设工程规划许可证→签订地下空间建设用地使用权出让合同→办理地下空间建设用地使用权权属登记。《深圳市地下空间开发利用管理办法》也作了类似规定。

〔4〕 张鹏、史浩明:《论中国空间建设用地使用权的设立》,载《中国土地科学》2012 年第 1 期,第 50—54 页。

大型多功能地下综合体实践中多采取分层设立空间建设用地使用权的模式,同样分为出让与划拨两种方式。依《土地管理法》第 54 条,用于国家机关与军事部门、城市基础设施和公益事业用地及国家重点扶持的能源、交通、水利等地下基础设施以无偿划拨方式取得,除此之外皆通过出让方式设立。地下工程的施工难度和成本远远高于地表工程,为促进地下空间开发,各地往往通过出让金的差异化设定,鼓励社会资本更多进入地下空间开发领域,调节不同用途项目和不同深度空间的开发进度。深度越深,出让金越低,以匹配各地层的效用比率,大致计算公式为:空间建设用地使用权出让金 = (参考基准地价 - 地下设施增加的建造成本) × 地下空间利用效能递减比例。[1] 实践中还会以地下设施的用途为区分标准,商业用途的出让价格最高,办公用途次之,停车库、工业仓储更低,公共事业等特定用途免除出让金。[2] 除通常的招拍挂方式之外,工业仓储、市政设施、公益事业项目、非营利项目及政府为调整经济结构、实施产业政策而需要给予优惠、扶持的建设项目常采取协议方式设立。[3]

---

〔1〕 目前全国 98% 以上城市均制定了基准地价。各地基准地价多以一定容积率下的商业、住宅、工业为类别的区域平均价格表示。这种方法实质是通过参考地表土地价格的方式来评估相应地下空间土地价格。地下空间开发利用效能递减比例大致为,地下一层利用效能是地表的 30%—20%,地下二层利用效能是地表的 20%—10%,地下三层利用效能是地表的 5%—0%。参见史浩明、张鹏:《关于我国地下空间建设用地使用权土地出让金估价模式的设想》,载《南昌高专学报》2011 年第 5 期,第 9—10 页。

〔2〕 《上海市地下建设用地使用权出让规定》第 9 条规定:地下建设用地使用权出让价款,根据"分层利用、区分用途、鼓励开发"的原则,按照地上建设用地使用权出让价款标准的一定比例收取。用途为住宅配套类停车库的,暂免收取地下建设用地使用权出让价款。第 8 条规定了出让金定价的方式:地下一层基本价格以基准地价为依据,区分不同用途和相应级别,按照与基准地价的比例关系确定;地下二层按照地下一层的 50% 确定,地下三层及以下按照上一层的 60% 确定。地下经营性建筑范围内的民防工程部分,其地下建设用地使用权基本价格,按上述规定的 50% 确定。亦可参见《苏州市地下(地上)空间建设用地使用权利用和登记暂行办法》第 11 条、《青岛市地下空间国有建设用地使用权管理办法》第 8 条。引自郭庆珠:《城市地下空间规划法治研究:基于生态城市的面向》,中国法制出版社 2016 年版,第 138—140 页。

〔3〕 参见魏秀玲:《中国地下空间使用权法律问题研究》,厦门大学出版社 2011 年版,第 67 页。

三、空间相邻关系:法定无偿的利用协调模式

(一)仅满足利用人的初阶需求

《民法典》中适用于横向不动产权利人之间的相邻关系和地役权规范,同样适用于纵向空间权利人之间。[1] 相邻关系与地役权本质上是通过转介公法规范或者约定,协调各方权利人利用土地空间的权益,可概括准用于债权利用人等所有现实土地利用人,两者分别满足相邻一方对他方土地空间的初阶需求与进阶需求。空间相邻关系的种类与内容基于法律规定,性质上属于对于土地空间权利的"一般内容限制",体现了财产权的社会义务。对相邻他方的限制属于财产权承载的社会义务抑或构成特别牺牲,本质上属于立法决断的范畴。例如,《民法典》第292条把铺设电线、水管、燃气管线等活动纳入相邻他方依法提供必要便利的社会义务范畴。空间相邻关系的内容,或为排除他方空间权利人有害于公共利益或他人权益的行为,表现为不作为;或为相邻一方得对他方土地空间行使一定权利,使他方权利人权利缩减,相当于特定情形下对他方权利人的物上请求权的排除。[2]

由于权利客体即空间范围并不重叠,因此后设立建设用地使用权时无须征得既存建设用地使用权人同意,遵循"在先权利优先于在后权利"原则保护先权利人利益。[3]《民法典》第346条规定,"设

─────────

[1] 参见全国人民代表大会常务委员会法制工作委员会编:《中华人民共和国物权法释义》,法律出版社2007年版,第308—310页;全国人民代表大会常务委员会法制工作委员会民法室编著:《物权法:立法背景与观点全集》,法律出版社2007年版,第506—507页。

[2] 参见苏永钦:《私法自治中的经济理性》,中国人民大学出版社2004年版,第218—223页。

[3] 我国台湾地区"民法典"第794条也规定,"土地所有人开掘土地或为建筑时,不得因此使邻地之地基动摇或发生危险,或使邻地之工作物受其损害"。参见王泽鉴:《民法物权》(第二版),北京大学出版社2010年版,第306—309页。

立建设用地使用权……不得损害已经设立的用益物权"。"不得损害"包括"客体范围不冲突"和"权利行使范围不冲突"两方面。[1]实践中涉及告知及异议程序,权利人有义务将拟设立建设用地使用权的性质、范围、用途、对相邻土地的影响、拟采取的防范措施等予以公示,并允许既存建设用地使用权人一定期限内提出异议。[2] 解决纠纷时应根据权利种类、土地用途、利用方式、约定内容等判断先后权利间是否相容,界定权利范围时,以保障既存建设用地使用权的正常使用为判断标准。[3]

　　我国司法实践也倾向于权利取得的先后顺序及公共利益两项判定标准。一起地下输油管道纠纷中,某航油公司在原属农民集体土地下方铺设输油管道,该土地被征收后出让给某公司,在出让前明确告知土地下方铺设输油管道的情况,并在《出让合同》中载明了"地下空间的深度开发应遵循国家的有关规定""由政府批准的公用事业性各项管线等工程,受让方应允许在其受让的土地范围内的规划位置建造或通过"。由此法院认为,"航油管道铺设属于公用事业工程,地表建设用地使用权受到的限制应以权利人取得权利时的约定为准。土地出让合同的约定表明该土地权利人对输油管道通过持许可态度,并同意因输油管道的特殊性而为土地使用权受让方设定权利限制"[4]。

　　另一起电线杆引发的纠纷中,法院认为原告于 2015 年 8 月取得了涉案电线杆所在土地的使用权,而电线杆线路系 2004 年依政府规划建设而投入使用至今。电线杆对盖楼房有直接影响,但《电力法》

---

〔1〕　参见朱岩、王亦白:《分层建设用地使用权的权利冲突及其解决》,载《中国土地科学》2017 年第 10 期,第 82 页。

〔2〕　参见张鹏、史浩明:《论中国空间建设用地使用权的设立》,载《中国土地科学》2012年第 1 期,第 50—54 页。

〔3〕　参见最高人民法院物权法研究小组编著:《〈中华人民共和国物权法〉条文理解与适用》,人民法院出版社 2007 年版,第 412—414 页。

〔4〕　"重庆兆隆食品有限公司与中国航空油料有限责任公司重庆分公司排除妨害纠纷申诉民事裁定书",重庆市高级人民法院(2015)渝高法民申字第 01974 号,法宝引证码:CLI.C.15590955;相似案件参见"阳江市金海龙涛房地产开发有限公司与中国石化销售有限公司华南分公司财产损害赔偿纠纷上诉案",广东省阳江市中级人民法院(2017)粤 17 民终 205 号,法宝引证码:CLI.C.9665333。

第53条第2款规定,任何单位和个人不得在依法划定的电力设施保护区内修建可能危及电力设施安全的建筑物,因此原告不能移除电线杆。[1] 类似案件中,法院判定,供电局依照建设规划部门核准的路径架设输电线路,只要输电导线与公司厂房及宿舍最小垂直距离超出安全距离,便视为已采取适当安全措施,不违反相邻关系,某公司不得以土地使用权对抗供电局的空间利用权。[2]

(二)自然支撑利益与非自然支撑利益

地下空间各类设施之间的相邻关系,其内容与形态较之平面更为复杂,内容包括地下建筑物引向地面的通气与排污装置、设施之间的空间走廊、空间界标的设置与确认,等等;形态表现为前后、左右、上下三维的立体关系,其中最重要的是空间支撑利益。支撑与被支撑是空间物理边界对抗性达到平衡的表现,以保持空间边界的刚性。立体利用土地要求通过相邻空间的相互支撑保持其登记簿上的位置与三维范围,因此空间获得支撑的权利和支撑相邻空间及地表的义务,是土地立体利用的前置要求。[3]《德国民法典》第909条规定,"不得以会使邻地失去必要支撑的方法开掘土地,但已充分作出其他巩固措施的除外"。《民法典》第295条也规定,"不动产权利人挖掘土地、建造建筑物、铺设管线以及安装设备等,不得危及相邻不动产的安全"。

空间支撑利益又分为自然支撑利益与非自然支撑利益,后建设施对先存设施的支撑需要属于"自然支撑利益",依"支撑方向标准"包括垂直方向上支撑地的纵向支撑义务及水平方向上支撑地的侧面

---

[1] 参见"国网河北省电力公司孟村回族自治县供电分公司与孟村回族自治县润元法兰厂排除妨害纠纷上诉案",河北省沧州市中级人民法院(2017)冀09民终1733号,法宝引证码:CLI.C.9275157。

[2] 参见"广州市文路皮具有限公司与广东电网公司等财产损害赔偿纠纷上诉案",广东省广州市中级人民法院(2009)穗中法民一终字第3014号,法宝引证码:CLI.C.272088。

[3] 参见陈祥健:《空间地上权研究》,法律出版社2009年版,第10页;杨立新、王竹:《不动产支撑利益及其法律规则》,载《法学研究》2008年第3期,第53—61页。

支撑义务。[1] 例如,地下街先行建造完毕后,地下街权利人可以限制地表权利人建造高楼的楼层数,以防止街顶陷落;也可以要求更深度空间的权利人开发空间时建造足以支撑地下街安全的支撑设施;同时地下街权利人有义务按照规划,为潜在的地表建筑物保留足够的支撑力。尚未开发的土地及旧城改造的土地适用"房地产规划标准",[2] 根据土地下方和周围土壤质量及建筑结构,由城市房地产规划部门确定地上、地下建筑设施的高度和承重并公示,作为判断是否为自然支撑利益的标准。

"非自然支撑利益"指纵向设施之间的横向支撑与横向设施之间的纵向支撑,前者如建设斜拉大桥时,大桥在土地上的着力点与土地在相对位置是纵向的,但受力是横向的;后者如两栋高楼之间新设空中走廊,走廊与高楼的相对位置是横向的,但必须通过两栋高楼的侧面提供向上的支撑力。为平衡已有设施权利人和未来设施权利人的利益,自然支撑利益适用空间相邻关系,而非自然支撑利益本质上是为相关权利人的设施利益而利用他人空间设施,应当允许权利人之间以空间役权合同约定使用方式与对价收益。[3]

四、空间役权与公共役权:有偿、非独占的利用模式

(一)空间役权相较于建设用地使用权的制度优势

伴随理论层面绝对所有权向所有权社会化的转变,实践中油气管道铺设、电力网线架设、南水北调、西气东输等公共工程越来越普

---

[1] 参见[美]约翰·G. 斯普兰克林:《美国财产法精解(第二版)》,钟书峰译,北京大学出版社 2009 年版,第 500 页;Joseph William Singer, Property Law: Rules, Policies and Practices, 6th ed., Wolters Kluwer, 2014, p. 400.

[2] 参见杨立新、王竹:《不动产支撑利益及其法律规则》,载《法学研究》2008 年第 3 期,第 53—61 页。

[3] 参见陈祥健:《空间地上权研究》,法律出版社 2009 年版,第 10 页;杨立新、王竹:《不动产支撑利益及其法律规则》,载《法学研究》2008 年第 3 期,第 53—61 页。

遍地利用土地空间。供气、水、电等公共事业及市政公用设施占用沿线土地空间多呈点线状分布,设施运营者无须取得对土地空间独占的使用权,建造构筑物及附属设施常常只是辅助或次要目的。[1] 设立独占利用模式的建设用地使用权,其主要目的在于建造建筑物、构筑物及其附属设施并保有所有权;而设立非独占性的役权的目的则更为多元,因而这一私法工具发挥着越来越重要的作用。[2]

若采建设用地使用权,就必须征收集体土地。征收的审批程序复杂,需要足额补偿因集体土地所有权、土地承包经营权或宅基地使用权、农田水利设施所有权、住宅及其附属设施所有权、青苗和树木等所有权灭失给相应权利人造成的损失,成本十分高昂。实践中有的电力企业通过征地取得塔基占地,改变了土地所有权的性质,造成了在集体土地中存在的一系列小块国有"飞地"现象,遇线路废弃或更改,造成抛弃国有土地的事实。[3] 工程设施占地以外的被征收的耕地常被闲置,也不符合我国保护耕地、严格限制农用地转为建设用地、控制建设用地总量的政策。[4]

若改采役权,既无须改变沿途供役地的权属,也无须发起征收程序,亦无须进行足额补偿,只须按照电线杆、管道等设施占地的具体情形向供役地权利人支付对价即可,极大降低土地空间的利用成本。承包经营户仍然可以继续从事农业生产,符合农地保护的国家政策。[5] 役权人对供役地的使用方式与目的复杂多样,通常难以通过

---

[1] 参见崔建远:《地役权的解释论》,载《法学杂志》2009年第2期,第44—45页;李延荣:《土地管理视角下的法定地役权研究》,载《中国土地科学》2012年第6期,第4—9页。

[2] The American Law Institute, Restatement of the Law, Third, Property (Servitudes) (2000), §1.2.

[3] 参见靳媛:《从电网建设看公共地役权设定之现实意义》,载《社科纵横(新理论版)》2009年第4期,第43—44页。

[4] 参见张铃:《浅议"公共地役权"制度缺位——从架空线建设角度探讨》,载《黑龙江省政法管理干部学院学报》2009年第4期,第100—102页。

[5] 参见崔建远:《地役权的解释论》,载《法学杂志》2009年第2期,第44—45页;赵自轩:《公共地役权在我国街区制改革中的运用及其实现路径探究》,载《政治与法律》2016年第8期,第95—96页;徐涤宇等:《物权法领域公私法接轨问题研究》,北京大学出版社2016年版,第150页。

土地空间的占有状态来判断役权的主体及存在与否,因此应以登记公示作为役权的生效要件。[1] 与土地租赁、借用等债权性质的空间利用方式相比,役权通过登记赋予对世效力,满足了权利人长期稳定利用土地空间的需求。

役权根据是否存在需役地,可分为地役权与人役权,实质区别体现在主体与客体两方面。人役权主体属人,是为特定人的利益而利用他人之物的权利;地役权主体属物,反映了不动产之间的关系。客体方面,人役权的法律结构中只有供役地,而无需役地的存在,地役权则要求两者同时存在。[2] 为特定空间利益而设立的人役权或地役权皆称为"空间役权"。例如,高压电线权利人可以限制电线沿途空间内搭建高层建筑的行为,这一权利设定是为了特定人即电力公司之利益,属于空间人役权。[3] 人役权之设定也可服务于公共利益,《德国民法典》第1092条第3款允许就供应管道设施、电信设备、交通设施等设立限制性人役权,并且允许单独转让。[4]《意大利民法典》第1057条关于电缆通过的规定也属于没有需役地的人役权。日本早期司法实践中,电力行业为铺设输电线路而建设发电所及电线支撑物,须取得占用土地的所有权,并以之为需役地,再在输电线路沿途土地设立地役权。随后日本农地法改变此种烦琐的处理方式,规定为安设输电线路之目的,即使不存在需役地,也可在供役地上成立地役权,认可了人役权的存在。[5]

――――――――――

[1] 参见李延荣:《土地管理视角下的法定地役权研究》,载《中国土地科学》2012年第6期,第4—9页。
[2] 人役权指为特定人的利益而利用他人不动产的权利,包括用益权、使用权、居住权等。Cfr. Mario Talamanca, Istituzioni di Diritto Romano, Ⅰ, Giuffrè Editore, 1990;参见汪洋:《从用益权到居住权:罗马法人役权的流变史》,载《学术月刊》2019年第7期,第101页。
[3] 参见陈祥健:《空间地上权研究》,法律出版社2009年版,第10页。
[4] 参见[德]鲍尔、[德]施蒂尔纳:《德国物权法》(上册),张双根译,法律出版社2004年版,第728—729页。
[5] 参见[日]我妻荣:《我妻荣民法讲义Ⅱ:新订物权法》,[日]有泉亨补订,罗丽译,中国法制出版社2008年版,第396、431页。

(二)公共役权:设立方式法定、类型法定、补偿法定?

空间役权可依约定或法定设立,后者被称为公共役权,指为了公益事业、公产安全与公众便利等公共利益的需要,当供役地权利人不愿意以合理条件协商达成设立役权的安排时,根据利用人的请求在供役地上强制设立役权,使供役地权利人容忍某种不利益或负担。公共役权基于法律规定或行政许可设立,一般没有期限限制,不可随意转让,本质上是政府强塞给供役地权利人的限制,其中的强制性不言而喻。比较法上的公共役权包括《法国民法典》第 650 条与《法国城乡规划法典》中的行政役权、《意大利民法典》第 1032 条以下规定的以契约、判决及行政行为三种方式设立的强制地役权(servitù coattive)[1]、英美法中基于制定法与判决产生的法定地役权(statutory easement)[2]。《民法典》第 372 条只承认了意定地役权,但《城乡规划法》与《电力法》等规范已经体现了公共役权的内容,只是没有明确采用这一称谓。[3]

公共役权因涉及公共利益而被强制设立,为了避免对相关土地空间权利人合法权益的不当侵害,多采取“类型法定”方式。意大利最高法院的判例禁止对强制地役权作类推适用,[4]意大利学界与司法界认为,虽然强制地役权的设立是一项法定义务,但强制地役权一般仍通过契约方式设立,强制性特征与相关条款内容的可协商性

[1] cfr. L. Bigliazzi Geri, U. Breccia, F. D. Busnelli, U. Natoli, Diritto Civile, 2, Diritti Reali, UTET, 2007, p.276; Massimo Bianca, Diritto Civile, La proprietà, Giuffrè Editore, 1999, p. 673; Enrico Gabrielli, Commentario del Codice Civile, Libro III, art.1032, a cura di Roberto Triola, UTET, pp.781-782.
[2] 对公共役权更多比较法经验的介绍与分析,参见汪洋:《公共役权在我国土地空间开发中的运用:理论与实践》,载《江汉论坛》2019 年第 2 期,第 123—126 页。
[3] 例如,《石油天然气管道保护法》第 14 条第 2 款规定,“依法建设的管道通过集体所有的土地或者他人取得使用权的国有土地,影响土地使用的,管道企业应当按照管道建设时土地的用途给予补偿”。
[4] Cfr. Cass.13 ottobre 1992, n.11130, rv.478877, in Codice civile annotato con la giurisprudenza, 10ª ed., a cura di L. Ciafardini e F. Izzo, Simone, 2007, p. 891.

之间并非不可相容,同时合同需要满足法律规定的各种要求。[1] 我国在集体土地与国有土地上下空间设立公共役权,可以采用行政合同模式,政府通过协议收购、以地易地或者现金补偿,从而限制土地权利人在土地空间开展违背役权利用目的的活动。

公共役权对供役地权利人的财产价值产生经济影响,权利人不能从不动产中获取合理回报,增加了不公平的负担,严重打乱了供役地的明确投资回报预期、剥夺了供役地的经济获利性或生产性用途。这种真正征收之外的征收性质侵害,已逾越权利人社会责任所应忍受之范围,形成个人之特别牺牲,虽未完全消灭其所有权,但所有权人对土地权能之减损,与征收只有程度上的差别,故性质上构成准征收,包含在征收概念之内,由国家始负赔偿责任。[2] 因公共役权导致的准征收可分为"占有准征收"(possessory takings)和"管制性征收"(regulatory takings)。前者可表现为政府在物理上侵入且占有私人不动产;后者表现为土地使用分区管制及其他在土地使用的限制,如道路的公共役权。占有准征收理论保护财产的占有,管制性征收理论保护财产的价值。准征收与征收或征用的区别仅仅在于,役权人并未独占取得供役地所有权或使用权,[3] 同时免于征收的繁杂程序。

财产因已供公共使用,形同于政府征收私人财产不付补偿费,其

〔1〕 Enrico Gabrielli, Commentario del Codice Civile, Libro Ⅲ, art.1032, a cura di Roberto Triola, UTET, p.778.《法国城乡规划法典》第 L.126—1 条往下规定了行政役权中的公用地役权,涵盖保护文化遗产(如国家公园)、保障某些资源和设备正常使用(如水管、电网的铺设)、国防公用及公共安全与卫生公用(如射击场边界隔离带)四种类型。参见李世刚:《论架空输电线路途经他人土地的合法性与补偿问题——兼谈中国公用地役权的法律基础》,载《南阳师范学院学报》2012 年第 10 期,第 28—29 页;赵自轩:《公共地役权在我国街区制改革中的运用及其实现路径探究》,载《政治与法律》2016 年第 8 期,第 95—96 页。
〔2〕 参见刘连泰、刘玉姿等:《美国法上的管制性征收》,清华大学出版社 2017 年版,第 42—44 页;[美]约翰·G.斯普兰克林:《美国财产法精解(第二版)》,钟书峰译,北京大学出版社 2009 年版,第 662 页;See Edward H. Rabin, Roberta Rosenthal Kwall etl., Fundamentals of Modern Property Law, 7th ed., Foundation Press, 2017, p.714.
〔3〕 参见孙鹏、徐银波:《社会变迁与地役权的现代化》,载《现代法学》2013 年第 3 期,第 76—80 页。

不妥当不言而喻。公用企业建设基础设施虽然承载了公共利益,但同时也具备企业营利属性,因此供役地权利人的正当利益不能被完全剥夺,从利益均衡考量,供役地权利人依"特别牺牲理论"可以获得合理对价或补偿。[1] 这既实现了土地空间资源的有效利用和整体经济效益的提高,又保障了供役地权利人的合法利益,不要求其作出过分牺牲。[2]

对供役地权利人的补偿标准既不能简单地采取法定主义,也不能奉行绝对的当事人协商主义。一方面,公共役权的强制设立已经对供役地权利人的自由造成极大限制,补偿法定将进一步限缩供役地权利人仅存的自由意志;另一方面,补偿标准若完全交由当事人协商,则可能引发补偿僵局,最终妨碍公共役权的设立,削弱公共役权降低交易成本的优势。[3] 在意大利,法院判决直接设立强制地役权时,需要详细规定地役权的内容、行使方式,设定一系列条件并且确定应当向供役地一方支付的补偿金的数额。[4] 美国会根据公平市场价值对财产权利人进行充分补偿,并允许在使用范围和补偿数额等方面有较大的协商自由度。[5] 我国实践中,由于地下空间建设的市场化程度较低,对公共役权造成的价值减损通常难以评估,因此可参照建设用地使用权的出让价格或者地下设施的投资费用等因素,根据土地立体利用阻碍率估算出相应数值,作为对价

---

[1] 参见王泽鉴:《民法物权》(第二版),北京大学出版社 2010 年版,第 325 页。

[2] Cfr. M. Comporti, Servitù in Diritto Privato, Voce in Enciclopedia del Diritto, Vol. 42, Giuffrè Editore, 1990, p. 296. 参见薛军:《地役权与居住权问题——评〈物权法草案〉第十四、十五章》,载《中外法学》2006 年第 1 期,第 93 页。

[3] 参见孙鹏、徐银波:《社会变迁与地役权的现代化》,载《现代法学》2013 年第 3 期,第 76—80 页。

[4] L. Bigliazzi Geri, U. Breccia, F. D. Busnelli, U. Natoli, Diritto Civile, 2, Diritti Reali, UTET, 2007, p.283; Massimo Bianca, Diritto Civile, La proprietà, Giuffrè Editore, 1999, p.676.

[5] 参见王明远:《天然气开发与土地利用:法律权利的冲突和协调》,载《清华法学》2010 年第 1 期,第 146—148 页;汪洋:《公共役权在我国土地空间开发中的运用:理论与实践》,载《江汉论坛》2019 年第 2 期,第 123—126 页。

或补偿基准。[1]

五、"卡-梅框架"下空间役权、公共役权与相邻关系的体系再造

在财产法领域,权利保护规则无不打上经济理性的烙印。[2] 民事立法的任务无非两个轴心:确认主体的自由权利和构建有效的竞争秩序。前者是对主体赋权,后者则是对行为规制。[3] 卡拉布雷西和梅拉米德为此创设了"卡-梅框架",该框架对于一项"法授权利或曰法益",[4] 区分了"财产规则""责任规则"及"禁易规则"三种保护方式。

禁易规则的要点在于,法律禁止以任何方式转移法益,实质含义是不得进行自愿的私人交易;财产规则的要点在于,法律禁止私人之间非自愿地转移法益,只允许自愿交易,因此它是一种事前防

---

〔1〕 土地立体利用阻碍率,指在土地之上空或地下一定空间,设定以建筑物或工作物为目的之地上权时,该土地之利用受妨碍的程度所应用的比例。若土地用于农地或林地,应考虑农业设施所需之高度、林木成长之最高值、地区之发展状况,从而决定土地利用的高度及立体利用率。我国台湾地区"大众捷运系统路线使用土地上空或地下处理及审核办法"第 11 条规定,"地上权之补偿依下列规定办理:于穿越依法得建筑使用之土地,其补偿标准计算公式如下:公告土地现值×因穿越所减少之楼地板面积/法定最高楼地板面积=地上权补偿费"。参见赵秀梅:《土地空间征收补偿问题研究》,载《北京理工大学学报(社会科学版)》2011 年第 5 期,第 100—104 页;郭庆珠、杨福忠:《城市地下开发中的公共地役权与市场化补偿》,载《理论导刊》2014 年第 1 期,第 106—110 页。

〔2〕 参见[美]理查德·A.波斯纳:《法律的经济分析(上)》,蒋兆康译,中国大百科全书出版社 1997 年版,第 27 页。

〔3〕 参见郭洁、姚宇:《卡-梅框架下我国物权保护规则的配置研究》,载《政法论丛》2017 年第 6 期,第 13—14 页。

〔4〕 Entitlement 一词在学界有多种译法,其含义不同于 right(权利),作为法律现实主义者,卡梅二氏将纷争解决界定为国家对利益的分配而非(个人与个人间或个人与国家间)权利之厘定,并将法律视为法官(国家之代表)之政策工具,简资修从该角度将 Entlement 译为"应配分"。参见简资修:《背光下的大教堂:找寻失落的交易规则》,载解亘主编:《南京大学法律评论》2018 年春季卷,南京大学出版社 2019 年版,第 2 页。

范的产权保护规范,旨在依照权利人自己的意志保障其利益不受损;责任规则的要点在于,法律禁止私人之间非补偿地转移法益,法益依据集体分配决策的定价进行强制转移,内容包括法益拥有者的求偿权及法益相对人的征用权。强制转移的法定情形不仅包括意外事故或紧急状况,也包括保护公共利益的常规情况。责任规则是一种"向后看"的规范,旨在依照法定客观标准进行事后补偿。[1]

"卡-梅框架"综合考量正义、效率、道德风险及司法成本等因素,通过三种不同规则的设定在达到最优效率的同时解决外部性问题,包括事前效率与事后效率。事前效率的比较涉及相应规则对主体未来行为模式的可能影响;事后效率的衡量主要通过对比相应规则的交易成本和估价成本,交易成本较高时,责任规则更有效率。但责任规则仅能体现法益的原初价值,无法反映其潜在或长远价值,不能促进资源流向效率最大化的使用者,除节约谈判成本外,对法益交易没有任何效率保障。[2] 因此,在通过市场交易分配法益成本很低但估价成本较高时,财产规则更有效率。

下文运用"卡-梅框架"分析公共役权、建设用地使用权和地役权、相邻关系四种类型。首先分析公共役权,从事后效率角度来看,如果只能以意思自治的协议方式设立公共役权,一方退出磋商或单方提升价格,会导致市场估价要么无处可找,要么与公共估价相比太过昂贵,由此增加的交易费用降低了物权重新配置的效率,最终自由交易不必要或不可能。如果采用责任规则,无须供役地权利人同

---

[1] "卡-梅框架"的具体内容, See Guido Calabresi, A. Douglas Melamed, Property Rules, Liability Rules and Inalienability: One View of the Cathedral, 85 Harvard Law Review, p. 1089; Joseph William Singer, Property Law: Rules, Policies and Practices, 6th ed., Wolters Kluwer, 2014, p. 353. 中译本参见[美]吉多·卡拉布雷西、[美]道格拉斯·梅拉米德:《财产规则、责任规则与不可让渡性:"大教堂"的一幅景观》,凌斌译,载[美]唐纳德·A. 威特曼编:《法律经济学文献精选》,苏力等译,法律出版社 2006 年版,第 29—50 页。另参见凌斌:《法律救济的规则选择:财产规则、责任规则与卡梅框架的法律经济学重构》,载《中国法学》2012 年第 6 期,第 8—14 页。

[2] 参见曹博:《论个人信息保护中责任规则与财产规则的竞争及协调》,载《环球法律评论》2018 年第 5 期,第 98—99 页。

意,而是通过由集体分配决策客观定价的补偿方式强制促成物权的重新配置,虽然有损物权人的意愿和私益,却能增进物权配置的整体效率,[1]且预先化解了潜在纠纷。当然,为了保护供役地权利人的法益,在权利剥夺和补偿的顺序上,将不当得利和过失侵权中"先剥夺后补偿型"的责任规则优化为"先补偿后剥夺型"的责任规则,允许双方事后围绕基准价格再行谈判,[2]通过意思自治约定预期的损害赔偿额的价格。

从事前效率角度来看公共役权,以通过供役地铺设电线、水管为例,需役地权利人身处袋地,若无法由供役地接入管线,需役地价格必然大幅下跌,而供役地牺牲小部分空间铺设管线,损失通常很小,一般低于需役地下跌的地价。若采纳财产规则,定价权人为供役地权利人,其必然会想尽办法抬高价格,这种策略性谈判会导致交易成本上升,有效率的管线铺设目的就无法达成。若直接赋予需役地权利人铺设管线的公共役权,可消除供役地权利人作策略行为的诱因。双方若要进一步协商超出公共役权管制范围的更大规模的管线铺设或通行权,就不会产生高额交易成本,符合规范面的科斯定理。此外,将在供役地一定空间铺设管线的权利分配给需役地权利人,属于把资源分配给最有效率的利用者,亦符合规范面的霍布斯定理。[3]

纵使公共役权符合效率,也不可能授权需役地权利人随心所欲利用供役地,否则利用的边际社会成本可能高于边际社会福利,甚至

---

[1] 参见郭洁、姚宇:《卡-梅框架下我国物权保护规则的配置研究》,载《政法论丛》2017年第6期,第13—14页。

[2] 参见凌斌:《法律救济的规则选择:财产规则、责任规则与卡梅框架的法律经济学重构》,载《中国法学》2012年第6期,第8—14页。

[3] 在物权法经济分析中,两项重要的规范判断标准:一为规范面的科斯定理(normative Coase theorem),法律应致力于降低交易成本与信息成本,以促进交易;二为规范面的霍布斯定理(normative Hobbes theorem),为使交易不成时资源仍能被最妥善运用,法律应将财产权分配给最能有效率利用该资源者,使财产权不用通过后续交易而是通过法律规定即实现资源的配置效率。

可能使总社会成本高于总社会利益。[1] 而地役权作为约定且有偿的土地空间利用方式,存在较为成熟完善的交易市场,并且土地空间在不同主体手中的潜在价值存在巨大差别,符合交易成本较低、估价成本较高的预设。因此地役权适用财产规则,将定价权人界定为供役地权利人,这一安排更有效率。出让方式的建设用地使用权同理,不再赘述。

最具争议的是法定无偿的相邻关系。传统理论把地役权定性为用益物权,而相邻关系从属于所有权权能的扩张与限制,事实上这种概念化的区分并无实益。相邻关系属于强制性规范吗?谢哲胜认为,将相邻关系解释为强制性规定只会疏离社会生活常情,邻地利用方式千变万化且与时俱进,内容宜由当事人依意思自治自行订立。[2] 苏永钦则肯定相邻关系所作的物权调整皆为强制性规范,但除少数构成禁止性规范外,可以由当事人在私法层面再调整,包括设定地役权或约定债之关系。双方并非以特约排除强制性规范,而是在强制性规范效力基础上另为地役权或债权安排而已。[3] 笔者赞同该观点,若利益冲突发生在邻地权利人与己地权利人之间而不损及公共利益,不构成禁止性规范,无须动用禁易规则。如果己地权利人希望在邻地获得相邻关系范围之外的法益,设立地役权即可;如果邻地权利人希望排除或限缩己地权利人在相邻关系范围内的法益,定价权人为己地权利人,邻地权利人必须经己地权利人同意,行为模式仍为财产规则,若邻地权利人未经同意而排除己地权利人的法益,无法通过损害赔偿而正当化其后果,己地权利人有权主张恢复其在邻地享有的相邻关系法益(参见图6):

---

[1] 社会利益体现为需役地权利人的利益,该利益通常反映在需役地地价中,表现为土地可利用与不可利用时的差价;社会成本即供役地除需役地权利人利用之外的最高价值用途。参见张永健:《物权法之经济分析:所有权》(第一册),元照出版有限公司 2015 年版,第 48 页、第 188—191 页。

[2] 参见谢哲胜:《财产法专题研究(二)》,中国人民大学出版社 2004 年版,第 132 页。

[3] 德国学说及实务对于邻地权利人约定不行使相邻关系的权利或邻地权利人容忍己地权利人为一定行为的情形,都肯定其债权效力,不认为与相邻关系规定的强制性有何抵触。参见苏永钦:《私法自治中的经济理性》,中国人民大学出版社 2004 年版,第 239 页。

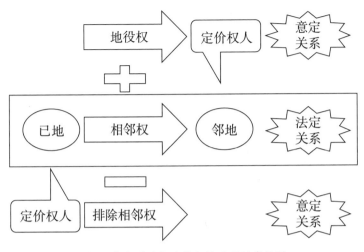

图 6　相邻关系与地役权均适用财产规则

　　传统理论区分相邻关系中的损害赔偿与公共役权中的对价补偿。相邻关系通常为无偿,依照已失效的《物权法》第 92 条的规定,只有当具体损害实际发生时才涉及损害赔偿。如《石油天然气管道保护法》第 27 条规定,"管道企业对管道进行巡护、检测、维修等作业,管道沿线的有关单位、个人应当给予必要的便利。因管道巡护、检测、维修等作业给土地使用权人或者其他单位、个人造成损失的,管道企业应当依法给予赔偿"。笔者认为,相邻关系范围内的赋权主体为己地权利人,行为规范模式仍为财产规则。这一模式意味着己地权利人在邻地上正常行使相邻权不会产成规范意义上的特别牺牲或对价,否则进入公共役权或地役权的规制范围。若因己地权利人的不当行为造成损害,不再属于相邻关系涵摄范围,而是构成侵权,适用"先剥夺后补偿型"的责任规则来填补损害。《民法典》第296 条则删除了《物权法》第 92 条"造成损害应当予以赔偿"的规定,将损害赔偿问题交由"侵权责任编"调整。[1]

　　大陆法系民法理论中的他人对财产权利人的侵害,在法经济学

---

[1]　参见黄薇主编:《中华人民共和国民法典物权编解读》,中国法制出版社 2020 年版,第 313 页。

"相互性"视角下成为双方彼此强加于对方的外部性,[1]为了实现土地利益最大化的目标,可以通过立法所确立的产权结构调整双方的利益关系,通过公共役权赋予一方更大的行为权限。物权扩张一方基于使用者承担的法理负担费用,即以债权的调整来补偿物权调整的损失,应当把偿金债权解释为物上负担,[2]旨在使权利扩张者对权利限缩者的特别牺牲有所补偿,要求需役地权利人内部化其强加于供役地权利人的外部性。这种责任规则下的法定偿金实际上与利用土地空间的代价无异,而非适用损害赔偿的规定。偿金实现两个目标,一是在分配面上填补了供役地权利人的损失,二是确保权利配置效率。

传统的"卡-梅框架"把责任规则当成改进型市场处理,一个未曾言明的假设是,为确保财产权利之强迫移转或使用有效率,强制性的权属转移的价格应当模仿或接近市场价格。用"价格"而非"罚金",在征收过程中参照市场价格补偿,都体现了模仿市场的潜在预设。但卡拉布雷西新近认为,[3]很难界定责任规则到底体现了"价格""处罚"或"评价"中的哪种情况,责任规则可以作为执行集体分配决策或是实现某些社会—民主目标的独立工具,被用来模仿规制性法律的结果。[4] 比如,巨额的惩罚性赔偿金体现了一种接近不可

---

〔1〕 参见冉昊:《财产权的历史变迁》,载《中外法学》2018 年第 2 期,第 385 页。

〔2〕 参见苏永钦:《私法自治中的经济理性》,中国人民大学出版社 2004 年版,第 227 页、第 235 页。

〔3〕 参见[美]奎多·卡拉布雷西:《法和经济学的未来》,郑戈译,中国政法大学出版社 2019 年版,第 146—149 页、第 159—160 页。

〔4〕 科斯在《企业的性质》中将市场成本与企业所代表的非市场的指令结构(nonmarket command structures)的运作成本进行比较,并在《社会成本问题》中从更广阔的视野去理解市场和指令结构的成本所蕴含的意义。参见[美]奎多·卡拉布雷西:《法和经济学的未来》,郑戈译,中国政法大学出版社 2019 年版,第 152—157 页。当然,简资修对此提出了批评,认为"卡-梅框架"的最大问题是将此三类交易规则价值化了。财产规则成为市场体制(market),补偿规则成为补偿体制(the liability rule),而禁易规则成为命令体制(command),其框架建构是(价值)规范的或政策的,而非(法律)实证的,因此不但无助益我们了解作为交易规则之法律规范,反而助长了价值混乱与模型灌水,比如,政治分配被引进了补偿规则。在无法挑战的社会民主价值下,补偿规则的结构,是无足轻重的。参见简资修:《背光下的大教堂:找寻失落的交易规则》,载解亘主编:《南京大学法律评论》2018 年春季卷,南京大学出版社 2019 年版,第 12 页。

让渡性的集体决策,相反,不足以弥补损失的低额赔偿金则体现了鼓励某些导致权属改变的行为的集体决策。正如霍维茨所言,19 世纪的侵权法实际上是一种支持工业化的补贴。许多发展中国家常采用低定价的责任规则,以刺激工业化和经济竞争力。"卡-梅框架"的规则分类,实质上是对国家权力介入程度的区分。[1] 一项法益受到财产规则保护的意义在于带来最小数量的国家干预,责任规则会涉及额外的国家干预以及集体分配决策。

"卡-梅框架"下各种权利类型的定价权人与保护模式可总结如下(参见表4):

表4　"卡-梅框架"下各种权利类型的定价权人与保护模式

	对邻地的相邻权	公共役权	地役权	建设用地使用权
定价权人	己地权利人	集体分配决策 供役地权利人	所有权人	
保护模式	财产规则	责任规则	财产规则	财产规则
具体表现	己地权利人有权与邻地权利人约定而放弃或限缩相邻关系对邻地的限制	役权人根据集体分配决策的条件与价格强行设立公共役权,先补偿后剥夺	供役地权利人通过地役权合同自愿设立地役权	所有权人通过出让合同自愿出让建设用地使用权
关系性质	法定关系	法定关系	意定关系	意定关系

六、结论

土地空间分为地上、地表与地下空间三个部分,关注点聚焦于地下空间,依结构可分为结建地下空间和单建地下空间;依设施功能可

---

[1] 参见凌斌:《法律救济的规则选择:财产规则、责任规则与卡梅框架的法律经济学重构》,载《中国法学》2012 年第 6 期,第 20 页。

分为地下交通、市政公用、公共服务、仓储、物流、大型多功能地下综合体等七大类,并采取不同的权利类型与利用模式;依开发利用深度可分为浅层、中层与深层空间,影响到地下建设用地使用权出让或划拨方式的选择、出让价格、补偿额度及役权的对价条件。

土地空间开发利用,依据有偿或无偿、法定或约定、权利行使为独占或非独占三组影响因素,组合排列出有偿出让的空间建设用地使用权、无偿划拨的空间建设用地使用权、约定有偿的空间役权、法定有偿的公共役权及法定无偿的空间相邻关系等私法工具,呈现光谱式的递进关系,体现了空间利用人对于土地空间的不同需求与排他性程度,各种权利类型之间只存在强弱程度的差别。

在公共轨道交通、矿业用地、地下油气管网、电网工程及城市地下综合管廊等土地空间的开发利用实践中,针对交通设施用地、配套商服用地、油气电网工程的永久性设施、交通设施特别保护区和控制保护区、各种市政管线、油气电网管道、线路走廊和保护带、施工或探矿等临时用地,需综合运用空间建设用地使用权、空间役权、公共役权及空间相邻关系等私法工具,构建起一整套土地空间开发利用的权利体系。

在"卡-梅框架"视角下,出让方式的建设用地使用权与地役权符合交易成本较低、估价成本较高的预设,定价权人为土地所有权人与供役地权利人,权利保护模式适用财产规则。公共役权从事前效率角度消除了供役地权利人作策略行为之诱因,从事后效率角度采用无需供役地权利人同意的"先补偿后剥夺型"责任规则,通过集体分配决策客观定价的补偿方式强制促成物权的重新配置。相邻关系所作的物权调整皆为强制性规范,但除少数构成禁止性规范外,可由当事人在此基础上另为地役权或债权安排。若邻地权利人希望排除或限缩己地权利人在邻地的法益,定价权人为己地权利人,保护模式仍为财产规则而非责任规则,即未经己地权利人同意不得排除后者在邻地上的相邻关系法益。责任规则在不同场合通过模仿价格、处罚或评价,或者模仿市场,或者作为一种执行集体分配决策的独立工具,实现规制性法律结果的模仿。不同保护模式实质上体现了国家权力的不同介入程度。

由本章结论可以看出,国家通过私法与公法两种途径,对土地空间资源的分配与利用进行了多重控制:首先,作为城市土地空间的所有权人,通过设立建设用地使用权进行城市治理;其次,作为土地一级市场垄断性的供给方,通过征收程序控制集体土地空间资源的分配和利用;再次,作为公共利益的界定和评判者,为征收决定及公共役权的设立提供合法性和正当性支持;最后,作为城市规划的主导者和相邻关系等技术标准的制定者,分配和规制各方空间利益的内容及范围。征收与规划可通约的前提皆为公共利益,规划决定征收范围并证成征收的公用性。[1]

因此,城市规划在当代土地空间利用的链条中起到关键作用。[2] 土地利用越来越被视为公共事务而非私人事务。[3] 相邻关系规定中的行为规范,是行政国家出现前公共秩序依赖民法来协助维系之例,直到大量行政法规出现,因其内容更具体且有主管机关以一定行政处罚为手段,从而导致相邻关系规范渐渐失去了意义。[4] 国家以规划预防建设行为的恣意,建设行为不再仅仅是行使土地所有权的结果,行政以许可的方式提前介入其中。一旦新开发者获得规划行政许可,相邻关系方面的影响就转化为行政许可决定对第三人的影响,私法上的相邻关系问题就转化为公法上的行政许可第三人效力问题。审判实践甚至认为"规划许可合规即合法,从而不侵权",相邻关系人对邻人在技术标准之内的建设行为负有忍受义

---

〔1〕　参见刘连泰、刘玉姿等:《美国法上的管制性征收》,清华大学出版社 2017 年版,第211 页。

〔2〕　常见的城市地下空间规划许可主要包括建设选址意见书、建设用地规划许可证及建设工程规划许可证三类。参见《城乡规划法》第36—40 条。

〔3〕　美国几乎所有土地都受到分区规划(zoning)及各类制定法、条例和规章的约束。分区规划的核心内容包括利用、高度和容积管理规定等。See Edward H. Rabin, Roberta Rosenthal Kwall, Fundamentals of Modern Property Law, 7th ed., Foundation Press, 2017, p.669–674; Joseph William Singer, Property Law: Rules, Policies and Practices, 6th ed., Wolters Kluwer, 2014, p.422.

〔4〕　参见苏永钦:《私法自治中的经济理性》,中国人民大学出版社 2004 年版,第219 页。

务,从而将一个主观权利保护诉求处理成了客观合法性监督,技术标准成为空间利益分配的依据,复杂的法律关系和多元利益诉求被简单化处理,实质性权衡的法律通道被关闭了。[1] 行政法上如何保证作为利益分配机制的城市规划与技术标准的公共性和正当性,使私人合法权益通过行政复议与行政诉讼获得救济,是本章未涉及,但不可忽略的重要议题。

---

〔1〕 参见陈越峰:《城市空间利益的正当分配:从规划行政许可侵犯相邻权益案切入》,载《法学研究》2015 年第 1 期,第 41—42 页。

第五章
公共役权在我国土地空间开发中的运用

一、引言

伴随着工业化和城市化的快速发展,人地矛盾日益突出,大力推进土地立体化开发利用就成为必然选择。建筑材料的更新换代和现代建筑技术水平的迅猛发展,使人类有能力开始对空间资源进行大规模开发利用。空间资源包括地上与地下空间,其中地下空间的用途非常广泛,包括地下交通设施、地下市政公用设施与综合管廊、地下公共服务设施、地下仓储设施、地下物流设施、地下防灾减灾设施及大型多功能地下综合体。[1] 地下空间开发不同于地表,具有不可逆性、整体性、投资效益差、公益设施优先等特点,构建科学的土地空间规范体系,则有利于提高土地集约化利用的效率,提升城市的综合开发水平,保护空间立体化利用中各方的合法权利,并且增加国家的土地收入。改革开放以来,我国逐渐关注土地立体空间开发,建成大量规模化的土地空间工程项目。

我国地下空间开发利用方面的立法尚处于探索阶段,1997年建设部(已撤销)出台《城市地下空间开发利用管理规定》,这标志地下空间开发利用规范化的开始,随后各地陆续出台二十余部地下空间

---

[1] 参见《城市地下空间利用基本术语标准》(JGJ/T 335—2014),中国建筑工业出版社2015年版,第59—72页;仇文革主编:《地下空间利用》,西南交通大学出版社2011年版,第105页。

规划管理条例和开发利用管理办法,深圳、南京等地也积累了宝贵的实践经验。[1] 在民事基础法律方面,仅有《民法典》第 345 条规定了建设用地使用权的分层设立,但无法解决农村集体土地上下空间内建设高铁、电网管线与油气管道所面临的法律问题。[2] 我国土地空间研究的薄弱性与立法的滞后,严重制约了空间资源的可持续开发与合理利用。[3] 空间开发利用本质上是空间利益的正当分配问题,需要明确土地空间范围的权属关系,完善空间利用的权利类型及协调规则,平衡公共利益与各权利人利益。

土地空间的开发利用涉及建设用地使用权、相邻关系及地役权等私法工具,针对不同功能的地下空间设施,应采取不同的私法工具与利用模式。地下空间还可以按开发利用深度区分为浅层、中层和深层空间。[4] 深度不同也会影响地下建设用地使用权出让或划拨方式的选择、出让价格、补偿额度及空间役权的对价条件,等等。例如,《日本大深度地下公共使用特别措施法》认为,大深度地下空间由于高技术、高成本等原因,一般不会被私人所有权人利用,国家为了公共利益可以进行无偿开发。[5] 空间役权作为一种有偿且非独占利用土地空间的私法工具,是土地空间开发利用的法律制度体系中的重要一环,空间役权中的公共役权,在法国、意大利、美国等多个国家地下空间开发利用中都起到了卓有成效的作用。

---

〔1〕 参见魏秀玲:《中国地下空间使用权法律问题研究》,厦门大学出版社 2011 年版,第 27 页。

〔2〕 参见陈耀东、罗瑞芳:《我国空间权制度法治化历程与问题探究》,载《南开学报(哲学社会科学版)》2009 年第 6 期,第 97,201 页。

〔3〕 参见邓少海、陈志龙、王玉北:《城市地下空间法律政策与实践探索》,东南大学出版社 2010 年版,第 3—4 页;王万茂、王群:《城市土地空间权制度的构建与运行》,载《中国土地》2015 年第 1 期。

〔4〕 参见童林旭、祝文君:《城市地下空间资源评估与开发利用规划》,中国建筑工业出版社 2009 年版,第 11—12 页;王权典等:《城市土地立体化开发利用法律调控规制——结合深圳前海综合交通枢纽建设之探索》,法律出版社 2017 年版,第 24 页。

〔5〕 参见肖军:《城市地下空间利用法律制度研究》,知识产权出版社 2008 年版,第 37—38 页。

二、空间役权的制度优势

《民法典》适用于横向不动产权利人之间的相邻关系和地役权规范,同样适用于纵向不动产权利人之间。[1] 相邻关系与地役权本质上是通过约定或者转介公法规范,协调相邻各方权利人利用土地空间的权益,可概括准用于债权利用人等所有现实土地利用人,两者分别满足相邻一方对相邻他方土地空间的基本需求与进阶需求。随着传统绝对所有权理论向所有权社会化理论变迁,油气管道铺设、电力网线架设、南水北调、西气东输等公共工程对土地空间的利用和限制行为越来越普遍。独占土地的建设用地使用权无法满足实践需求,地役权作为可以进入并使用他人占有的土地的非独占性权利,发挥着越来越重要的作用。[2] 作为地役权的特殊类型,空间役权与建设用地使用权都有在他人土地空间上建造设施并保有所有权的目的和功能。设立建设用地使用权的主要目的在于,建造建筑物、构筑物及其附属设施并保有所有权;而设立空间役权的目的更为多元,供气、水、电等公共事业及市政公用设施占用沿线土地空间多呈点线状分布,设施运营者无须取得对土地空间独占的使用权,即使建造构筑物及附属设施,也只是辅助或次要目的。[3]

若采建设用地使用权作为公用基础设施建设利用沿线土地空间的法律工具,就必须征收集体土地。征收的审批程序复杂,需要足额

---

[1] 参见全国人民代表大会常务委员会法制工作委员会编:《中华人民共和国物权法释义》,法律出版社 2007 年版,第 308—310 页;全国人民代表大会常务委员会法制工作委员会民法室编著:《物权法:立法背景与观点全集》,法律出版社 2007 年版,第506—507 页。

[2] The American Law Institute, Restatement of the Law, Third, Property (Servitudes) (2000), §1.2.

[3] 参见崔建远:《地役权的解释论》,载《法学杂志》2009 年第 2 期,第 44—45 页;李延荣:《土地管理视角下的法定地役权研究》,载《中国土地科学》2012 年第 6 期,第 4—9 页。

补偿因集体土地所有权、土地承包经营权或宅基地使用权、农田水利设施所有权、住宅及其附属设施所有权、青苗和树木等所有权灭失给相应权利人造成的损失,成本十分高昂。实践中有的电力企业通过征地取得塔基占地,改变了土地所有权的性质,造成了在集体土地中存在的一系列小块国有"飞地"现象,若遇线路废弃或更改,就会造成抛弃国有土地的事实。[1] 征收之后,工程设施占地以外的耕地只能闲置,这也不符合我国对耕地实行特殊保护、严格限制农用地转为建设用地、控制建设用地总量的政策。[2] 如若借助土地租赁、借用等制度解决上述问题,则徒增交易成本。

采用空间役权则无须改变沿途供役地的权属,无须征收与足额补偿,只需按照电线杆、管道等设施占地的具体情形向供役地权利人支付对价即可,成本低廉。承包经营户有权继续从事农业生产,符合保护农地的国家政策,减少了土地空间资源的闲置浪费。[3] 役权人对供役地的使用方式与目的多样复杂,通常难以通过土地空间的占有状态来判断役权的存在,因此对空间役权应以登记公示作为生效条件。[4] 与债权性质的土地空间租赁关系相比,空间役权通过登记赋予对世效力,满足了权利人长期稳定利用土地空间的需求。

役权根据是否存在需役地,可分为地役权与人役权。[5] 人役权是主体属人、客体属物而其目的有待确定的役权。[6] 例如,高压电

---

[1] 参见靳媛:《从电网建设看公共地役权设定之现实意义》,载《社科纵横(新理论版)》2009年第4期,第43—44页。

[2] 参见张铃:《浅议公共地役权制度缺位——从架空线建设角度探讨》,载《黑龙江省政法管理干部学院学报》2009年第4期,第100—102页。

[3] 参见崔建远:《地役权的解释论》,载《法学杂志》2009年第2期,第44—45页;赵自轩:《公共地役权在我国街区制改革中的运用及其实现路径探究》,载《政治与法律》2008年第8期,第95—96页;徐涤宇等:《物权法领域公私法接轨问题研究》,北京大学出版社2016年版,第150页。

[4] 参见李延荣:《土地管理视角下的法定地役权研究》,载《中国土地科学》2012年第6期,第4—9页。

[5] 人役权与地役权在罗马法中一并构成役权,人役权指为特定人利益而利用他人不动产的权利,包括用益权、使用权、居住权等。Cfr. Mario Talamanca, Istituzioni di Diritto Romano, Ⅰ, Giuffrè Editore, 1990.

[6] 参见苏永钦:《寻找新民法》(增订版),北京大学出版社2012年版,第494页。

线权利人可以限制电线沿途空间内搭建高层建筑,这一权利设定是为了特定人即电力公司之利益,属于空间人役权。[1] 人役权之设定也可服务于公共利益,《德国民法典》第 1092 条第 3 款允许就管道设施、电信设备、交通设施等设立限制性人役权,并且允许单独转让。[2]《意大利民法典》第 1057 条关于电缆通过的规定也属于没有需役地的人役权。日本早期司法实践中,电力行业为铺设输电线路而建设发电所及电线支撑物,须取得占用土地的使用权,并以之为需役地,再在输电线路沿途土地设立地役权。随后《日本农地法》改变此种烦琐的处理方式,规定为安设输电线路之目的,即使不存在需役地,也可在供役地上成立地役权,承认了人役权的存在。[3]

三、公共役权的理论基础与制度设计

(一)公共役权的设立方式

空间役权可以约定或法定设立,法定设立的空间役权为公共役权。公共役权是空间役权的特殊类型,指为了公益事业、公产安全与公众便利等公共利益的需要,当供役地权利人不愿意以合理条件协商达成设立役权的安排时,根据利用人的请求在供役地上强制设立役权,使供役地权利人容忍某种不利益或负担。公共役权为社会提供了一种契约化的公共产品,可预先减少众多利益纠纷,降低交易费用,是一种有效率的制度安排。[4] 公共役权依托于法经济学提出的

---

[1] 参见陈祥健:《空间地上权研究》,法律出版社 2009 年版,第 10 页。

[2] 参见[德]鲍尔、[德]施蒂尔纳:《德国物权法》(上册),张双根译,法律出版社 2004 年版,第 728—729 页。

[3] 参见[日]我妻荣:《我妻荣民法讲义Ⅱ:新订物权法》,[日]有泉亨补订,罗丽译,中国法制出版社 2008 年版,第 396、431 页。

[4] 产权经济学的分析表明,地役权是一种典型的产权分割,将一部分产权通过合同的形式"交易"给需要这部分利益的个体,是一种对交易行为的预先替代,也是一种比较有效率的合同替代。参见耿卓:《我国地役权现代发展的体系解读》,载《中国法学》2013 年第 3 期,第 87—97 页。

"相互性"(reciprocal)问题,原本被认为是一方对另一方财产权的单向度损害,被理解成双方给彼此带来外部性的妨害,[1]这意味着可以借助公权力管制来人为调整财产权结构,将权利配置给能创造出最大收益的一方,即赋予一方公共役权来实现土地空间收益的最大化,同时给予另一方一定补偿。

公共役权基于法律规定或行政许可产生,一般没有期限限制,不可随意转让,本质上是政府强加给供役地权利人的限制,其中的强制性不言而喻。《法国民法典》第650条与《法国城乡规划法典》中的行政役权便是为了公众利益而非特定不动产权利人利益而设立。供役地上的源于城市规划的负担或限制被称为城市规划地役权,体现为强制不动产权利人负担某种不作为的义务,如禁止建设,或者要求建设施工的高度、密集度、建筑面积和非建筑面积比例等达到一定条件。[2]英美法中也存在基于制定法与判决产生的法定地役权(statutory easement)。当法官拒绝颁布禁令禁止对他人土地的妨害但要求妨害人补偿时,结果就是通过这样一个非法定的征用(non-statutory eminent domain)方式为使用他人土地的人创设了一个地役权。[3]

1942年《意大利民法典》废除了1865年旧民法典中的法定地役权(servitù legali)制度,代之以强制地役权(servitù coattive),清除了法定地役权中大量涉及共有和限制所有权的内容,对供役地权利人课以强制设立地役权的义务。《意大利民法典》第1032条第1款规定,法律有规定的,土地的所有人有权在他人所有的土地上设立地役权;没有契约的,该地役权由判决设立。有法律特别规定的,行政机关也可以实施这一设立。该条承认了契约、判决及行政行为三种强制地役权的设立方式。通过强制地役权转介特别法与行政法规,借

---

[1] 参见冉昊:《财产权的历史变迁》,载《中外法学》2018年第2期,第385页。

[2] 参见李世刚:《论架空输电线路途经他人土地的合法性与补偿问题——兼谈中国公用地役权的法律基础》,载《南阳师范学院学报》2012年第10期,第28—29页;赵自轩:《公共地役权在我国街区制改革中的运用及其实现路径探究》,载《政治与法律》2008年第8期,第95—96页。

[3] 参见吴一鸣:《英美物权法——一个体系的发现》,上海人民出版社2011年版,第273页。

此打通公法进入私法的管道,为所有权的公法限制提供了可资借用的私法工具。[1] 强制地役权不同于对所有权的法律限制,后者直接由法律规定且在要件符合时直接产生相关效力,前者仍然需要相应的设立行为。[2] 强制地役权除了为需役地利益,更多涉及值得通过强制设立而实现的公共利益。如果当事人没有通过合同方式设立强制地役权,可由法院判决直接设立,判决的相关费用由败诉的不当阻止设立强制地役权的一方承担。[3] 强制地役权还可以由行政机关直接设立,但需要有法律的特别规定和授权,[4] 而且必须满足公共利益的目的[5]。

(二)公共役权的类型法定

公共役权涉及公共利益而被强制设立,因此为了避免对相关土地空间权利人合法权益的不当侵害,公共役权在各国多通过"类型法定"的方式而设立。《法国城乡规划法典》第 L.126-1 条往下规定了行政役权中的公用地役权,涵盖保护文化遗产(如国家公园)、保障某些资源和设备正常使用(如水管、电网的铺设)、国防公用及公共安全与卫生公用(如射击场边界隔离带)四种类型,[6] 具有非典型用益物权孵化器功能,不仅囊括了典型用益物权之外的物之利用形式,还糅合了对所有权的各种限制,外延极尽膨胀。[7]

---

[1]　参见徐涤宇等:《物权法领域公私法接轨问题研究》,北京大学出版社 2016 年版,第 165—166 页。

[2]　See L. Bigliazzi Geri, U. Breccia, F. D. Busnelli, U. Natoli, Diritto Civile, 2, Diritti Reali, UTET, 2007, p.276; Massimo Bianca, Diritto Civile, La proprietà, Giuffrè Editore, 1999, p.673.

[3]　Cass., 16.10.1999, n. 11125.

[4]　See Enrico Gabrielli, Commentario del Codice Civile, Libro III, art.1032, a cura di Roberto Triola, UTET, pp.781—782.

[5]　See Massimo Bianca, Diritto Civile, La proprietà, Giuffrè Editore, 1999, p.677.

[6]　参见李世刚:《论架空输电线路途经他人土地的合法性与补偿问题——兼谈中国公用地役权的法律基础》,载《南阳师范学院学报》2012 年第 10 期,第 28—29 页;赵自轩:《公共地役权在我国街区制改革中的运用及其实现路径探究》,载《政治与法律》2008 年第 8 期,第 95—96 页。

[7]　胡东海:《地役权制度对所有权公法限制的规制——以意大利强制地役权制度为例》,载陈小君主编:《私法研究》(第 13 卷),法律出版社 2012 年版,第 394—404 页。

意大利学界与司法界认为,虽然强制地役权的设立是一项法定义务,但强制地役权一般仍通过契约方式设立,地役权的强制性特征与地役权设立时相关条款的可协商性之间并非不可相容。通过合同方式设立强制地役权并未改变这种地役权的强制性特征,合同需要满足法律规定的各种要求。[1] 强制地役权与意定地役权的实质区分在于,意定地役权种类非法定,当事人之间可以为了满足任何需求而自由设立任何内容的地役权,但强制地役权类型法定,仅为了满足法律所明确规定的特定需求而设立。[2] 强制地役权是"有名"的地役权,[3]《意大利民法典》第 1033—1057 条,分为五小节,分别规定了"水道和强制排水""水闸的设置""对建筑物和土地的强制供水""强制通行""强制送电和电缆的强制通行"等类型的强制地役权。鉴于此种典型性特征,意大利最高法院的判例禁止对强制地役权作类推适用,[4]此外,还有一些特别法规定的强制地役权类型。

强制地役权还可以由行政机关直接设立,但需要有法律的特别规定和授权,[5]而且必须满足公共利益的目的,[6]比如,行政机关经常基于《意大利民法典》第 1056、1057 条关于土地上下铺设电缆的规定而设立强制地役权,[7]任一土地所有人都应当按照有关法律的规定允许通过自己的土地铺设农业或者工业用电所需的电缆,并且容忍在自己的土地上进行必要的施工、安放必要的设备及为此必须占用的土地。这一条文中涉及的法律规定是 1907 年通过的,1933 年

---

〔1〕 Cass., 18.2.1972, n. 482, in Giur.it., 1972, Ⅰ, 1, 1305.

〔2〕 Enrico Gabrielli, Commentario del Codice Civile, Libro Ⅲ, art.1032, a cura di Roberto Triola, UTET, p.778.

〔3〕 M. Comporti, Le servitù prediaii, in Trattato di diritto privato, proprietà Ⅱ, diretto da Rescigno, Torino, 2002, p. 254.

〔4〕 Cfr. Cass.13 ottobre 1992, n.11130, rv.478877, in Codice civile annotato con la giurisprudenza, 10ᵃ ed., a cura di L. Ciafardini e F. Izzo, Simone, 2007, p. 891.

〔5〕 Enrico Gabrielli, Commentario del Codice Civile, Libro Ⅲ, art.1032, a cura di Roberto Triola, UTET, pp.781-782.

〔6〕 Massimo Bianca, Diritto Civile, La proprietà, Giuffrè Editore, 1999, p.677.

〔7〕 Francesco Gazzoni, Manuale di Diritto Privato, Napoli, 2009, p.268.

与 1955 年又颁布了对这一问题的特别法。[1] 行政行为设立强制地役权是为了实现公共利益,以该方式取代征收,无须排除私人所有权的存在。一旦设立强制地役权的公共利益或相关事由不复存在,地役权即告消灭。[2]

(三) 公共役权中对供役地人的补偿

公共役权对供役地权利人的财产价值产生经济影响,权利人不能从不动产中获取合理回报,公共役权增加了不公平的负担,严重干预了供役地的明确投资回报预期、剥夺了供役地的经济获利性或生产性用途,性质上构成管制性征收。[3] 与征收或征用的区别仅仅在于,役权人并未独占取得供役地所有权或使用权,[4]同时免于经历征收的繁杂程序。供役地权利人的正当利益不能完全被公共利益消解,公用企业建设基础设施虽然承载了公共利益,但也具备企业营利属性,基于利益均衡考量,供役地权利人可以依"特别牺牲理论"获得合理对价或补偿。[5]

---

〔1〕 L'art. 1 del L. 13.6.1907, n. 403; L'art. 107s del R. D. 11.11.1933, n. 1775, D. L. 28.6. 1955, n. 771. Cfr. L. Bigliazzi Geri, U. Breccia, F. D. Busnelli, U. Natoli, Diritto Civile, 2, Diritti Reali, UTET, 2007, p.279.

〔2〕 See Massimo Bianca, Diritto Civile, La proprietà, Giuffrè Editore, 1999, p.674.

〔3〕 参见雷秋玉:《地役权的功能泛化与本质复归》,载《中南大学学报(社会科学版)》2015 年第 2 期,第 83—84 页;邓乐、李文婷:《关于公共地役权相关问题的思考》,载《黑龙江省政法管理干部学院学报》2011 年第 5 期,第 77—79 页;刘连泰、刘玉姿等:《美国法上的管制性征收》,清华大学出版社 2017 年版,第 42—44 页;[美]约翰·G. 斯普兰克林:《美国财产法精解(第二版)》,钟书峰译,北京大学出版社 2009 年版,第 662 页;See Edward H. Rabin, Roberta Rosenthal Kwall, Fundamentals of Modern Property Law, 7th ed., Foundation Press, 2017, p.714.

〔4〕 参见孙鹏、徐银波:《社会变迁与地役权的现代化》,载《现代法学》2013 年第 3 期,第 76—80 页。

〔5〕 特别牺牲补偿由德国联邦普通法院于 1952 年提出,该理论认为国家对于人民财产权之干预,无论其形态是财产权之剥夺,还是财产权利用之限制,只要财产权人之牺牲程度与他人所受限制相比显失公平且无期待可能性,即构成公用征收,国家应予补偿。如未达到特别牺牲之程度,则属于财产权之社会义务,不予补偿。但法院在认定是否属于特别牺牲损失补偿时,仍应考虑是否对财产之本质有所侵害,侵害之强度是否为财产权人所能忍受,侵害之财产是否可供财产权人利用等因素进行综合判断。参见赵秀梅:《土地空间征收补偿问题研究》,载《北京理工大学学报(社会科学版)》2011 年第 5 期,第 100—104 页;王泽鉴:《民法物权》(第二版),北京大学出版社 2010 年版,第 325 页。

如此既实现了土地空间资源的有效利用和整体经济效益的提高,又保障了供役地权利人的合法利益,不要求其作出过分牺牲。[1]

在意大利由法院判决直接设立强制地役权时,判决需要详细规定地役权的内容、行使方式,设定一系列条件并且确定应当向供役地一方支付的补偿金的数额。根据《意大利民法典》第 1032 条第 3 款规定,在支付补偿金之前,供役地所有人可以阻止役权人行使役权,这一权利相当于第 1460 条所规定的不履行的抗辩。通过判决确定地役权的内容与行使方式时,应适用第 1065 条规定,对役权的范围和行使方式采用最小化增加供役地的负担或者给供役地造成损害的方式。[2]

在美国,政府和公用事业企业出于公共利益的目的都可以创设公共地役权(public easement),[3]涵盖电力、石油天然气、通讯、自来水、下水道等建设需求,程序是首先进行善意收购,一旦善意收购落空便通过政府启动征收程序,并且根据公平市场价值对财产权利人进行充分补偿。如果天然气管道是跨州的项目,还须得到美国联邦能源管理委员会许可,联邦许可相当于公共使用(public use)的证明。在公共役权设立过程中,管道铺设的地点和时限等方面不存在太大协商空间,而使用范围和补偿数额等仍有较大的协商自由度。[4]

对供役地权利人的补偿标准既不能简单地采取法定主义,也不能奉行绝对的当事人协商主义。一方面,公共役权的强制设立已经对供役地权利人的自由造成极大贬损,补偿法定将进一步限缩供役地权利人仅存的自由意志;另一方面,补偿标准完全交由当事人协

[1] M. Comporti, Servitù in Diritto Privato, Voce in Enciclopedia del Diritto, Vol.42, Giuffrè Editore, 1990, p.296. 薛军:《地役权与居住权问题——评〈物权法草案〉第十四、十五章》,载《中外法学》2006 年第 1 期,第 93 页。
[2] See L. Bigliazzi Geri, U. Breccia, F. D. Busnelli, U. Natoli, Diritto Civile, 2, Diritti Reali, UTET, 2007, p. 283; Massimo Bianca, Diritto Civile, La proprietà, Giuffrè Editore, 1999, p. 676.
[3] The American Law Institute, Restatement of the Law, Third, Property (Servitudes) (2000), §2.18.
[4] 参见王明远:《天然气开发与土地利用:法律权利的冲突和协调》,载《清华法学》2010 年第 1 期,第 146—148 页。

商,则可能引发补偿僵局,最终妨碍公共役权的设立,抵减公共役权降低交易成本的优势。[1] 实践中,由于地下空间建设的市场化程度较低,对公共役权造成的价值减损通常难以评估。可参照建设用地使用权的出让价格或者地下设施的投资费用等因素,根据土地立体利用阻碍率估算出相应数值,作为对价或补偿基准。[2]

虽然我国《民法典》第 372 条只承认了合意设立的意定地役权,但《城乡规划法》与《电力法》等规范已经体现了公共役权的内容,只是没有明确采用这一称谓。例如,《石油天然气管道保护法》第 14 条第 2 款规定,依法建设的管道通过集体所有的土地或者他人取得使用权的国有土地,影响土地使用的,管道企业应当按照管道建设时土地的用途给予补偿。在集体土地与国有土地上下空间设立公共役权,可以采用行政合同模式,政府通过协议收购、以地易地或者现金补偿,限制土地权利人在土地空间开展违背役权利用目的的活动。[3]

四、我国公共役权运用的实践经验

(一)公共轨道交通设施

高铁、地铁、轻轨等公共轨道交通设施的建设与运营,占用地上、地表和地下空间,涵盖线路用地、站台用地、配套服务用地等功能,空间层次极其复杂。针对轨道用地通常设立建设用地使用权,受地质条件与已建成设施的影响,地铁建设工程很难在施工前准确划定用地范围,因此多采取先期规划预供地,建成后按实测状

〔1〕 参见孙鹏、徐银波:《社会变迁与地役权的现代化》,载《现代法学》2013 年第 3 期,第76—80 页。
〔2〕 参见赵秀梅:《土地空间征收补偿问题研究》,载《北京理工大学学报(社会科学版)》2011 年第 5 期,第 100—104 页;郭庆珠、杨福忠:《城市地下开发中的公共地役权与市场化补偿》,载《理论导刊》2014 年第 1 期,第 106—110 页。
〔3〕 参见邓乐、李文婷:《关于公共地役权相关问题的思考》,载《黑龙江省政法管理干部学院学报》2011 年第 5 期,第 77—79 页。

况供地的做法。[1] 理论上,一条地铁线路及其配套车站等设施构成一个有机整体,可以设立一个宗地,但登记与管理皆十分不便,因此实践中多将其分割成若干宗地,依用途区分交通设施用地与配套的商服用地,[2]交通设施用地由政府无偿划拨,商服的经营性用地由政府有偿出让,但不采取招、拍、挂方式,而是在建设前预协议出让,建成后确认实际用地范围,以协议方式办理有偿出让手续。[3]

公共役权与相邻关系分别被运用于轨道交通的特别保护区和控制保护区。[4] 特别保护区范围为地下工程设施结构外边线外 3—5 米,特殊地段如过江、过河隧道为结构外边线外 50 米。特别保护区内,除必要的市政、园林、环卫和人防工程,已经规划批准或对现有建筑进行改建扩建并依法办理许可手续的建设工程外,土地空间权利人通常不得进行建设活动,限制程度超出正常范围,应由役权人支付对价或补偿。在他人土地上建设地铁附属设备、用电箱、通风井、出入口等,通常也需要与权利人签订用地协议设定地役权。[5] 控制保护区范围为特别保护区边线外 10—100 米不等,该区域内可能影响

〔1〕 参见南京地铁用地物权研究课题组:《空间建设用地物权研究——南京地铁建设用地物权权属调查与土地登记》,江苏人民出版社 2015 年版,第 57 页。

〔2〕 《南京市人民政府关于推进南京市轨道交通场站及周边土地综合开发利用的实施意见》四、轨道交通场站及周边土地综合开发利用的机制(二)综合开发利用方式规定:核心区内用于车站、轨道、车辆段部分的土地按照划拨方式管理;核心区内不具备单独规划建设条件或适宜与地铁相关设施同步实施的经营性土地,由国土部门报经市人民政府同意后,按协议方式办理出让手续,协议出让的土地使用权及建筑物不得转让……土地使用权以招拍挂或股权转让方式公开出让……鼓励地铁集团直接开发核心区土地和持有(或部分持有)上盖物业。参见施建辉:《建设用地分层使用权的实践考察及立法完善——以南京地铁建设为例》,载《法商研究》2016 年第 3 期,第 40—44 页。

〔3〕 如南京地铁 2 号线地下设 15 个宗地,地上高架轨道设 4 个宗地,地表设 4 个宗地。其中地下建设用地暂未到国土部门办理供地手续,但对涉及地面的地铁出入口按建设用地审批程序,办理征供地手续。2 号线约 16.5 万平方米的地铁商铺取得所有权。参见南京地铁用地物权研究课题组:《空间建设用地物权研究——南京地铁建设用地物权权属调查与土地登记》,江苏人民出版社 2015 年版,第 38—48 页、第 57—60 页、第 72—73 页、第 105 页。

〔4〕 参见《南京市轨道交通管理条例》(已失效)第 18—20 条。

〔5〕 参见南京地铁用地物权研究课题组:《空间建设用地物权研究——南京地铁建设用地物权权属调查与土地登记》,江苏人民出版社 2015 年版,第 38—48 页。

轨道交通设施安全的施工作业,施工单位皆须得到建设行政主管部门的行政许可,并书面告知轨道交通设施经营单位。[1] 控制保护区对土地空间权利人的限制弱于特别保护区,以相邻关系规制更为妥当。轨道交通若已竣工并投入运营多年,尔后因妨害地表建设用地使用权而被要求恢复地下空间原状,破坏城市轨道交通网络,并造成社会资源极大浪费的,[2] 若超出相邻关系合理范围,由轨道交通设施经营单位赔偿损失即可。

(二)地下油气管网、电网工程以及城市地下综合管廊

国土资源部(已撤销)《关于西气东输管道工程用地有关问题的复函》(已失效)区分了施工过程中临时占用的土地空间、管道附属设施建成后永久使用的土地空间以及地下管道占用的地下空间三种类型。尽管此复函已经失效,但此种分类仍然具有一定的理论价值。第一种类型主要指油气管道铺设过程中因施工需要而短期占用规划范围以外的土地空间,包括管道工程铺设作业带、设备堆放场地、取弃土场地等,管道权利人仅需与土地行政主管部门或农村集体经济组织等签订临时用地协议,约定补偿费,建设完成后恢复原状并交还权利人。第二种类型包括油气管道的压气站、阀室、清管站、分输站等附属设施,因需要长期独占使用土地空间,适合征收后以划拨方式为管道权利人设立建设用地使用权。管道企业可以允许有关单位、个人在相关地表种植浅根农作物,对因管道巡护、检测、维修造成的农作物损失,除另有约定外不予赔偿。第三种类型实质上就是依行政许可设立的公共役权,实践中也称为管道地下通过权,由取得管道地下通过权的权利人与县、市人民政府土地行政主管部门签订地下通过权合

---

〔1〕 参见《深圳市地下铁道建设管理暂行规定》第18条第2款规定:"在地铁建设规划控制区内,非地铁建设的勘察、钻探,以及新建、改建、扩建的建筑物和管线及其他设施需跨越或横穿地铁的,有关单位应事先征得地铁公司的同意后,再按有关基建报建批准程序报市规划国土部门审核。"
〔2〕 参见"长沙福容置业有限公司与长沙市轨道交通集团有限公司排除妨害纠纷上诉案",湖南省长沙市中级人民法院(2017)湘01民终1744号,法宝引证码:CLI.C. 10123233。

同。[1] 依据《石油天然气管道保护法》第14、15条的规定,批准施工的管道涉及公众利益,土地权利人不得阻碍,在管道铺设影响土地使用时有权要求补偿。[2] 为了保障地下油气管道的运行安全,《石油天然气管道保护法》第27—35条还对管道及其附属设施上方、管道中心线两侧5米至1000米范围内的各种土地使用行为进行了限定,性质上属于空间相邻关系规范,以协调管道企业与沿线相邻土地空间权利人的权益。[3] 例如,管道企业对管道进行巡护、检测、维修等作业,沿线的有关单位、个人应给予必要便利,由此造成的损失,管道企业应依法给予赔偿。

与油气管网原理相似,电网工程占地也包括发电变电设施、电力线路设施走廊及电力线路保护区。发电站、变电站等设施建设需设立建设用地使用权;电力线路走廊是架空电力线路架设后在地面投影而形成的带状地带,包括杆塔本身的占地及地面上投影部分占地,可依公共役权设立,而我国绝大多数架空电力线路归国家电网公司或南方电网公司所有;电力线路保护区包括架空电压导线的边线延伸5—20米区域,或者地下电缆线路地面标桩两侧各0.75米区域,任何单位或个人不得在保护区内兴建建筑物和构筑物,不得种植可能危及电力设施安全的植物等,电力企业可依法修剪或砍伐保护区内可能危及电力设施安全的植物。[4] 若这些限制严重贬损土地的利用价值,应由电网公司比照公共役权支付相应补偿。

传统市政管线一般采取直埋或架空方式铺设,易造成地下管线通道之间及与其他地下设施建设相互冲突,不利于识别且后续建设时容易破坏,为城市后续发展埋下隐患。地下管线分别填埋铺设,低

---

[1] 参见李延荣:《土地管理视角下的法定地役权研究》,载《中国土地科学》2012年第6期,第4—9页;孙宇:《油气管道地下通过权的法律属性探析》,载《吉首大学学报(社会科学版)》2016年第6期,第124—127页。

[2] 参见"山东众成服饰有限公司与郯城奥德燃气有限公司排除妨害纠纷上诉案",山东省临沂市中级人民法院(2014)临民一终字第16号,法宝引证码:CLI.C.16655154。

[3] 参见王明远:《天然气开发与土地利用:法律权利的冲突和协调》,载《清华法学》2010年第1期,第146—148页;邓乐、李文婷:《关于公共地役权相关问题的思考》,载《黑龙江省政法管理干部学院学报》2011年第5期,第77—79页。

[4] 参见《电力设施保护条例》第8—10条、第15—16条、第24条。

效占用了宝贵的城市地下空间这一公共资源,扩容和检修时开挖道路产生大量"马路拉链"[1]。目前世界上的先进做法是建设地下综合管廊即共同沟,将其设置于城市道路或其他建筑设施下,用于容纳通讯、电力、煤气、上水管、工业用水、下水道、供热管、废物输送管等多种公用市政管线,设有专门的检修口、吊装口和监测系统。[2] 与现有直埋方式相比,地下综合管廊具备综合、长效、低成本、环保、高科技、易维护、抗震防灾等优势。出于经济成本需要,美国很多新增地役权都设立在既有的供役地沿线,逐渐形成了公用事业走廊(Utility corridors)。例如,一块地下空间最初供电力传输线路使用,随后天然气管道、供水管道、有线电管线等都沿同一供役地建设。[3]

2015 年国务院常务会议专门讨论了城市地下综合管廊的建设问题,[4]我国城市地下综合管廊承载着水、电、热、气、通讯等各项基本公共服务,依托公共道路下部空间,向城市其他地下空间铺开。公共道路归属国家所有,国家为综合管廊运营单位设立空间役权,且基于综合管廊的重大公共利益属性减免使用空间的对价。在公共道路以外的建设用地地下空间建设综合管廊,应采取公共役权方式设立,考虑到综合管廊对该建设用地建筑物的正常使用不可或缺,更多情形下是由建设用地使用权人向综合管廊运营单位支付一定建造费用。管廊建设运营单位与各管线公司签订租赁合同,以传统直埋方式下管线的全生命周期成本作为参考标准收取入廊费与日常维护费。入廊费标准以管线单次、单独直埋成本为基准,结合在传统方式下更换、扩建需反复开挖的次数进行测定;日常维护费以估算的实际成本为基准,按入廊费投资比例、占用管廊空间比例、对附属设施使

〔1〕 郭庆珠:《城市地下空间规划法治研究:基于生态城市的面向》,中国法制出版社2016年版,第46—48页。
〔2〕 1963年,《日本共同沟法》制定以后,日本地下综合管廊作为道路合法的附属物开始大量被建造。参见邓少海、陈志龙、王玉北:《城市地下空间法律政策与实践探索》,东南大学出版社2010年版,第23页。
〔3〕 参见王明远:《天然气开发与土地利用:法律权利的冲突和协调》,载《清华法学》2010年第1期,第146—148页。
〔4〕 参见《李克强主持召开国务院常务会议》,载《人民日报》2015年7月30日,第1版。

用强度等因素进行分摊。[1]

(三) 矿业用地

矿业权的客体包括特定矿区土地空间及赋存其中的矿产资源,内容包括勘探开采权与矿业用地使用权两部分。矿业权的取得是矿业用地使用权产生与变动的前提,矿业用地分为探矿用地、工业广场用地、采矿区用地和尾矿库用地。探矿活动一般需要两年左右,探矿权人根据工程需要通过租赁等债权方式取得对探矿用地的短期使用权即可。探矿权人因勘查活动、铺设供电、水、通讯管线及通行而与相邻土地空间的关系,通常通过相邻关系原则协调,若因探矿给相邻土地带来的负担超出必要标准,则应设立地役权。[2]

采矿所涉土地,物资暂时堆放等用地时间在一年以内的临时用地及可复垦土地采取租赁等方式,避免现行矿业用地征地制度导致耕地减少、农民永久性失去土地的弊端。[3] 直接用于开采的井巷用地、排土石场、选矿场,尾矿库用地及矿区建设等大量用地,均属于长期用地甚至永久用地,通常由国家征收集体土地后为采矿权人设立建设用地使用权。[4] 计划经济时代所有的矿业用地使用权都采用

---

[1] 参见刘斐然:《北京城市地下综合管廊投融资机制需深入研究》,载《中国投资》2016年第8期,第75页。

[2] 《土地管理法》第57条第3款规定,"临时使用土地期限一般不超过二年"。参见《矿产资源法实施细则》第16条;中国土地矿产法律事务中心,国土资源部土地争议调处事务中心编著:《矿业用地管理制度改革与创新》,中国法制出版社2013年版,第7页;康纪田、刘卫红:《探索多元的农村矿业用地方式》,载《华中农业大学学报(社会科学版)》2015年第1期,第125页;李锴:《矿业用地使用权取得方式的改革》,载《湖南社会科学》2011年第3期,第95页;崔建远:《物权:规范与学说——以中国物权法的解释论为中心》(下册),清华大学出版社2011年版,第684页。

[3] 参见李锴:《矿业用地使用权取得方式的改革》,载《湖南社会科学》2011年第3期,第95页。

[4] 矿业开发的经济利益与征收的公共利益目的存在冲突,这就导致除了大型矿山开发能够通过征收获得矿业用地,其余项目基本采用私自租赁集体土地的方式,非法用地成为矿业开发中的普遍现象。参见康纪田:《中国现代矿业制度研究——基于〈矿产资源法〉修改的框架性建议》,载《时代法学》2014年第1期,第49页;康纪田、刘卫兰:《地下矿业空间使用权制度研究》,载《甘肃政法学院学报》2015年第4期,第60—69页。

无偿划拨方式,市场化的今天除了石油、天然气等国家重点扶持的能源产业的矿业用地,多通过有偿出让方式取得。传统矿业用地模式将矿业开发的所有场所笼统归于一个矿区,既没有按用地功能划定不同矿区,也没有建设用地使用权的空间立体分层设立,致使地下矿业开发项目需花费成本获取并无实际需求的地表建设用地使用权,且由于矿业用地缺乏退出机制,闲置在企业中的地表土地越来越多。

对于开设出入口、通风和采光、向地表排水、采掘时的爆破震动等一系列附属行为,地表及相邻土地权利人依相邻关系承担合理范围的容忍义务,矿业权人承担针对地表的自然支撑义务,若因矿产开发导致地表塌陷、房屋裂缝、水利设施破坏、农田不能耕种等严重后果,矿业权人应赔偿损失。双方也可设立空间役权来处理开设出入口、取土与移石、为巷道安全将地下巷道及其工程迂回或延伸到他人矿区的必要越界等行为,约定补偿方式与额度。

土地空间权利体系的实践运用可总结如下(参见表5):

表5　土地空间权利体系的实践运用

	建设用地使用权	公共役权	相邻关系	债权利用关系
公共轨道交通	交通设施用地(划拨)配套商服用地(出让)	特别保护区	控制保护区	施工临时用地
油气管网	永久性附属设施	地上或地下管道	管道保护带	
电网工程	发电站、变电站等设施	电力线路走廊	电力线路保护区	
矿业用地	分层探矿采矿权等准物权类似于建设用地使用权	在他人土地上设出入口、取土移石、钻口、越界等行为	自然支撑、通风采光、爆破震动	探矿等临时用地
地下综合管廊		各市政管线		

五、结语

我国土地空间开发利用过程中往往会涉及并存性的公私利益冲突,如果利用人基于公共利益目的需非独占地利用土地空间,且因此使得土地空间所有权人或使用权人作出了特别牺牲,可依法律直接规定或行政许可设立公共役权,空间利用人要支付相应对价或补偿。公共役权作为法定的空间利用方式,也起到了在私法体系内转介公法管制性规范的功能。公共役权如果对土地空间权利人造成了根本性影响,使得权利人的建设用地使用权完全虚化,则该权利人也可以要求国家征收或解除建设用地使用权合同。在地下油气管道设施、地下轨道交通设施、矿业用地、电网工程及城市地下综合管廊等实践中的重要的地下空间利用问题上,需要综合运用各种权利类型与私法工具,以平衡公共利益与各方利益并提升空间开发利用的效益。未来,应当结合公共役权在当前土地空间开发利用中的丰富实践经验,在《民法典》"物权编"地役权章节中增设公共役权制度。

公共役权并非单纯的私法工具,而是与城市规划等公法上的空间配置紧密相连。国家对地下空间资源的分配与利用进行多重控制。国家作为公共利益的代表与评判者,为征收决定及设立公共役权提供合法性与正当性支持;国家又作为城市规划的设计方,以行政许可等措施推行城市土地规划,通过立法确定公共役权类型及规范各种技术标准,分配和规制空间利益的内容及范围。在公共役权的设立与行使过程中,如何保证作为利益分配机制的城市规划与技术标准的公共性和正当性,以及保护私人合法权益,使其通过行政复议与行政诉讼获得救济,是本章无力涉及但却不可忽略的重要议题。

第六章
婚姻关系中房产归属与份额的理论重构

一、问题现状与成因

夫妻于结婚前后按揭贷款购房,一方或双方父母为全部或部分首付款出资,夫妻婚后共同还贷,这种情况成为近二十年来我国城市房价高企现状下的普遍现象。父母出资的性质和归属如何认定? 房屋所有权属于合同订立方、产权登记方、首付款支付方还是还贷方? 登记产权人单方处分夫妻共同所有的房屋是否有效? 夫妻内部如何计算各自份额? 离婚时如何确定房产最终归属及计算补偿价值? 上述问题关涉夫妻双方、各自父母及外部第三人权益,从婚姻法时代到民法典时代都是理论研究和司法实践的热点和焦点问题。

在 1980 年制定《婚姻法》(已失效,下同)及 2001 年颁布修正案之际,婚姻关系中的房产问题尚未凸显,立法对此未作明确规定。2003 年最高人民法院《关于适用〈中华人民共和国婚姻法〉若干问题的解释(二)》(以下简称为《婚释二》,已失效,下同)第 22 条规定了父母为子女购房出资性质的推定规则,[1]第 20 条规定了离婚时针

---

[1]《婚释二》第 22 条规定:当事人结婚前,父母为双方购置房屋出资的,该出资应当认定为对自己子女的个人赠与,但父母明确表示赠与双方的除外。当事人结婚后,父母为双方购置房屋出资的,该出资应当认定为对夫妻双方的赠与,但父母明确表示赠与一方的除外。

对婚内房产的三种处理方式。[1] 经历21世纪第一个十年的房价飙升,2011年最高人民法院《关于适用〈中华人民共和国婚姻法〉若干问题的解释(三)》(以下简称为《婚释三》,已失效,下同)进一步完善了相关规范,其第6条为夫妻间赠与房产的裁判规则,[2] 第7条对父母出资行为采取了不同于《婚释二》第22条的处理方案并引发巨大争议,[3] 第11条规定了夫妻一方擅自处分共同所有的房屋的效力和救济问题,[4] 第10条规定了离婚时房产最终归属、分割和补偿问题。[5]

《民法典》对婚姻关系中的房产纠纷依旧未置一词。最高人民法院系统清理整合《民法典》施行前的司法解释,于2020年底颁布《关于适用〈中华人民共和国民法典〉婚姻家庭编的解释(一)》(以下简称为《新婚释一》),实质变化是删除了《婚释三》第7条。《新婚释

---

[1] 《婚释二》第20条规定:双方对夫妻共同财产中的房屋价值及归属无法达成协议时,人民法院按以下情形分别处理:(一)双方均主张房屋所有权并且同意竞价取得的,应当准许;(二)一方主张房屋所有权的,由评估机构按市场价格对房屋作出评估,取得房屋所有权的一方应当给予另一方相应的补偿;(三)双方均不主张房屋所有权的,根据当事人的申请拍卖房屋,就所得价款进行分割。

[2] 《婚释三》第6条规定:婚前或者婚姻关系存续期间,当事人约定将一方所有的房产赠与另一方,赠与方在赠与房产变更登记之前撤销赠与,另一方请求判令继续履行的,人民法院可以按照合同法第一百八十六条的规定处理。

[3] 《婚释三》第7条规定:婚后由一方父母出资为子女购买的不动产,产权登记在出资人子女名下的,可按照婚姻法第十八条第(三)项的规定,视为只对自己子女一方的赠与,该不动产应认定为夫妻一方的个人财产。由双方父母出资购买的不动产,产权登记在一方子女名下的,该不动产可认定为双方按照各自父母的出资份额按份共有,但当事人另有约定的除外。

[4] 《婚释三》第11条规定:一方未经另一方同意出售夫妻共同共有的房屋,第三人善意购买、支付合理对价并办理产权登记手续,另一方主张追回该房屋的,人民法院不予支持。夫妻一方擅自处分共同所有的房屋造成另一方损失,离婚时另一方请求赔偿损失的,人民法院应予支持。

[5] 《婚释三》第10条规定:夫妻一方婚前签订不动产买卖合同,以个人财产支付首付款并在银行贷款,婚后用夫妻共同财产还贷,不动产登记于首付款支付方名下的,离婚时该不动产由双方协议处理。依前款规定不能达成协议的,人民法院可以判决该不动产归产权登记一方,尚未归还的贷款为产权登记一方的个人债务。双方婚后共同还贷支付的款项及其相对应财产增值部分,离婚时应根据婚姻法第三十九条第一款规定的原则,由产权登记一方对另一方进行补偿。

一》第29条对《婚释二》第22条进行了重新表述,[1]其他条文内容基本沿用《婚释二》和《婚释三》的规定,仅作些许修改。《新婚释一》构建起民法典时代处理婚姻关系中房产纠纷的外部规则体系:第29条规范父母为购房出资的性质认定,第28条和第32条分别规范夫妻一方对婚外交易相对人及婚内另一方的房产处分行为,第76条和第78条共同规范离婚时房产的处理方式、最终归属及补偿数额的计算。

各地高级人民法院近些年来也纷纷颁布各类涉及婚姻关系中的房产纠纷的指导意见、审理指南及会议纪要,规范内容相较于《婚释二》和《婚释三》更为具体庞杂。例如,江苏省高级人民法院仅针对父母为子女出全资购置不动产,就区分了五种情形,分别认定赠与对象及房产归属。[2] 上海市、河南省、广东省、江苏省等地高级人民法院对于婚内按揭房的归属问题,采用产权登记人、产权登记时间、婚前婚后付款时间、资金来源及其比例等截然不同的判定标准,[3]标准不一,无所适从。笔者整理了各地规范和司法实务中涉及婚内房产归属与份额的影响因素和具体情形,如表6所示:

表6　婚内房产归属与份额的影响因素和具体情形

	影响因素	具体情形	
1	合同订立时间	婚前	婚后
2	房产登记时间	婚前	婚后

----

[1]《新婚释一》第29条规定:当事人结婚前,父母为双方购置房屋出资的,该出资应当认定为对自己子女个人的赠与,但父母明确表示赠与双方的除外。当事人结婚后,父母为双方购置房屋出资的,依照约定处理;没有约定或者约定不明确的,按照民法典第一千零六十二条第一款第四项规定的原则处理。

[2] 参见江苏省高级人民法院民事审判第一庭制定的《家事纠纷案件审理指南(婚姻家庭部分)》。

[3] 参见上海市高级人民法院《关于适用最高人民法院婚姻法司法解释(二)若干问题的解答(一)》、河南省高级人民法院民事审判第一庭《关于当前民事审判若干法律问题的指导意见》、广东省高级人民法院《关于审理婚姻纠纷案件若干问题的指导意见》、江苏省高级人民法院《关于适用〈中华人民共和国婚姻法〉及司法解释若干问题的讨论纪要》。

（续表）

	影响因素	具体情形					
3	产权登记方	夫		妻		双方	
4	首付出资方	夫父母	妻父母	双方父母	夫	妻	双方
5	偿还贷款方	夫		妻		双方	

　　影响因素大致有五类,每类又细化为几种情形,如购房合同在婚前还是婚后订立,房产登记时间在婚前还是婚后,产权登记在丈夫、妻子还是夫妻双方名下,首付款是丈夫的父母、妻子的父母、双方父母还是丈夫、妻子或夫妻双方出资,由丈夫、妻子还是夫妻双方还贷。五类影响因素可细化为多种情形,在复杂的生活实践中随机组合的具体场景在理论上多达上百种! 个案裁判时需要首先定位到具体场景,然后选择适配的规范内容。各条规范撷取的影响因素和具体情形不尽相同。《婚释二》第 22 条通过婚前、婚后及首付出资方推定赠与相对方;《婚释三》第 7 条根据出资方及产权登记方认定赠与相对方和房产归属;《婚释三》第 10 条糅合了合同订立时间、首付出资方、还贷方、产权登记方等影响因素,规范复杂性陡增。

　　这种立法模式存在严重问题:首先,规范内容覆盖的影响因素及具体情形并不周延,"头痛医头、脚痛医脚"的短视做法催生出更多场景下的法律漏洞。例如,《婚释三》第 7 条第 1 款仅适用于父母全额出资为子女购买不动产且登记于自己子女名下的情形,未涵盖一方父母婚前全资购房、婚后登记在夫妻双方名下的情形,导致不同裁判观点的争议。[1] 其次,由于不同规范撷取的影响因素和具体情形不一致,优先适用哪一类影响因素并不明朗,极容易引发法律评价矛盾,直接导致裁判观点无法统一的混乱现状。最后,司法解释欠缺整体视角下解决婚姻关系中房产纠纷的理论构架,具体条文各自陷入、

〔1〕　参见最高人民法院民事审判第一庭编:《民事审判指导与参考》2013 年第 4 辑(总第 56 辑),人民法院出版社 2014 年版,第 226 页;杜万华、程新文、吴晓芳:《〈关于适用婚姻法若干问题的解释(三)〉的理解与适用》,载《人民司法·应用》2011 年第 17 期,第 25 页。

迷失到首付出资、婚前婚后等过于具体和零碎化的细节中,多项法律行为和法律关系被无益地纠缠、混同一处,该脱钩的不脱钩,未能清晰展示出论证逻辑和路径。遗憾的是,上述问题在《新婚释一》中未有丝毫改善迹象。

本章尝试区分、拆解婚内房产纠纷涉及的多项法律行为和法律关系,使之相互脱钩但不区隔,便于厘清各自效力及法域维度,探究前列各影响因素和具体情形分别附丽并作用于哪项法律行为和法律关系,哪些影响因素和具体情形是冗余无意义的,在此基础上重构解决婚内房产纠纷的逻辑链条和理论框架。本章结构和分析思路如下:首先,表明法教义学论证的价值立场,应从国家治理层面消除婚姻房产规范中抑制结婚率的制度性因素(第二部分);其次,阐释父母为子女购房出资的行为性质与出资归属,使父母出资与房产归属脱钩(第三部分);再次,区分物权与婚姻两个维度的归属概念,使产权登记与婚姻内部房产归属脱钩(第四部分);复次,厘清影响婚姻内部房产归属及其具体份额的因素,房产份额仅与资金来源挂钩(第五部分);最后,明确离婚时房产的处理方式、最终归属及补偿数额计算规则(第六部分)。

二、价值立场:国家治理视角下的婚姻、人口与住房问题

婚姻关系中的房产问题之所以引发社会关注和热议,与近二十年来我国婚姻状况、人口状况及住房问题的急剧变化密切相关。婚姻状况的变化主要体现为结婚率断崖式下跌和离婚率持续攀升。数据显示[1],2013 年至 2020 年,我国结婚登记对数从历史高点

---

[1]　本节所列所有数据均来自:《中国统计年鉴 2021》,载国家统计局官网 http://www.stats.gov.cn/jsj/ndsj/2021/indexch.htm;《中国婚姻报告 2021》,载微信公众号 https://mp.weixin.qq.com/s/2DtAqp3UNxp POJiAs1H4aw;《中国 2020 年人口出生率为 8.50‰ 创有统计以来新低》,载凤凰网 https://news.ifeng.com/c/869gamJi57f;《2020 年全国 50 城房价收入比报告》,载中房网 http://m.fangchan.com/data/13/2021-03-30/6782505295425114376.html。上述网址访问时间:2025 年 3 月 1 日。

1347 万对下滑至 814 万对,粗结婚率由 9.9‰降至 5.8‰,初结婚人数从 2386 万人降至 1228 万人。与此相反,1985 年至 2020 年,离婚登记对数从 45 万对攀升至 433 万对,粗离婚率由 0.44‰增至 3.09‰。

婚姻状况关联着人口问题。二十世纪七八十年代的计划生育政策导致出生率持续下滑,"80 后""90 后"和"00 后"出生人口分别为 2.19 亿、1.88 亿和 1.47 亿,适婚年龄人口不断减少。2015 年末"全面二孩"政策实施,2016 年出生人口升至 1786 万人,但好景不长,2019 年就降到 1465 万人,2020 年进一步滑落到 1200 万人。出生率从 1979 年的 17.80‰降至 2020 年的 8.50‰,首次跌破 1%,创下 1978 年来新低。考虑到出生人口中"二孩"占比自 2017 年开始基本保持在 50% 左右,人口形势业已相当严峻。人口问题关联着社会老龄化等结构性问题。2020 年劳动年龄人口总量仍在下跌,60 周岁及以上人口占总人口的比例上升至 18.70%。社会老龄化趋势影响显著,养老负担严重拖累国家财政、制约经济活力。

一方面,就住房领域而言,从 1998 年商品房市场化开始,我国城镇住房制度改革全面停止了福利性的住房分配,改为住房分配货币化,住房问题成为最受关切的民生问题之一。各地城市房价大幅上涨,1998 年至 2020 年,全国新建商品住宅均价从 1854 元/m² 上涨至 9980 元/m²。2020 年 35 个大中城市住宅商品房平均销售价格为 15192 元/m²。2004 年至 2018 年,全国个人购房贷款余额从 1.6 万亿元增至 25.8 万亿元,增长 15.1 倍,占居民贷款余额比例 50% 以上,2018 年高达 54%。房贷收入比(个人购房贷款余额/可支配收入)从 16.2% 增至 47.6%,年轻人面临买婚房、还房贷的双重压力。由于房价畸高,且工作、结婚之初经济收入有限,年轻人无力独立购房,于是父母花费毕生积蓄,甚至举债为子女购房的现象十分普遍。另一方面,房产构成家庭核心财产之后,高离婚率给人们带来财产层面的失控感和不安全感,[1]引发大量离婚时针对父母出资或夫妻双方按揭

---

[1] 参见金眉:《婚姻家庭立法的同一性原理——以婚姻家庭理念、形态与财产法律结构为中心》,载《法学研究》2017 年第 4 期,第 37—55 页。

购房的纠纷。房产纠纷推高了离婚成本,彰显了现行婚姻制度均平夫妻双方财产和经济差距的强效力,对部分潜在适婚人群的结婚意愿起到吓阻作用,成为导致结婚率下滑的元凶之一,连锁促成出生率的下跌及人口老龄化趋势加剧。

因此,婚姻关系中的房产问题不单纯是法教义学层面的法律适用和解释路径选择问题,而应当在国家治理视角下通过立法决断提供解决方案。其价值立场除了维护传统民法意思自治原则与婚姻家庭法的保护价值,还应当契合我国的家庭及人口政策,即通过保障父母出资利益、适度限缩夫妻共同财产范围等正向激励机制,确保以夫妻财产制为代表的婚姻制度不会成为抑制结婚率和生育率的负面因素,助力保障社会经济正常发展所需的劳动力规模。上述价值立场构成本章于法教义学层面分析论证的前见。

三、父母为子女购房出资的性质与归属

(一) 父母出资与房产归属脱钩

《婚释三》第 7 条第 1 款将父母赠与意图与产权登记挂钩,产权登记在一方名下的,推定为对出资人子女一方的赠与;同时将产权登记与房产归属的认定挂钩,产权登记在一方名下的,认定为该方的个人财产。第 2 款又反过来弱化了产权登记的效力,在双方父母皆为购房出资的场景下,注重出资的构成,将房产归属认定为按出资份额共有。该条虽便于司法认定及统一裁量尺度,但在教义学和价值伦理层面遭受学界诟病。[1]《新婚释一》保留了《婚释二》第 22 条的同时删除了《婚释三》第 7 条,为区分"父母出资的归属"与"子女所购房产的归属"提供了解释空间。

父母出资虽然为子女购房提供了金钱资助,但出资事实不应成

---

[1] 参见薛宁兰、谢鸿飞主编:《民法典评注:婚姻家庭编》,中国法制出版社 2020 年版,第 188—192 页。

为决定子女所购房产归属及共有关系性质的依据。[1] "父母把钱给子女"的"出资行为"及"子女拿着父母给的钱买房"的"购房行为"属于两项独立的法律行为,应当分别认定其性质和所涉财物的归属。《婚释二》已经意识到这一区分,官方释义将《婚释二》"要解决的目标确定为父母为子女购置房屋的出资问题,而不再是房屋"[2]。

父母出资与房产归属脱钩的步骤是:第一步,解决父母出资的归属,出资属于子女一方还是夫妻双方,涉及将父母出资的意思表示解释为赠与或借贷,合同相对方是子女一方或夫妻双方;还涉及法定财产制中夫妻共同财产与个人财产的界限。[3] 这一步完成之后,父母的出资转变为子女的个人财产或夫妻共同财产。第二步,解决子女所购房产的归属和份额,该步骤仍需考虑购房资金来源,但仅限于夫妻共同财产或某一方个人财产,不再溯源至双方父母的出资。

如果父母以子女名义购房,子女才是购房合同的买方,仍应区分出资归属与房屋归属;如果父母以自己名义全款购房,随后过户到自己子女或夫妻双方名下,赠与的客体是房产而非出资,依本章结论,推定为对自己子女的赠与,该房产成为子女个人财产;如果父母以自己名义按揭贷款购房并支付首付款,随后过户到自己子女或夫妻双方名下,赠与的客体也是房产而非首付款,推定为对自己子女的赠与,若由夫妻共同还贷,在婚姻内部关系中再行计算个人所有及共同所有的份额。

(二) 父母出资行为的性质:借贷抑或赠与

现实生活中,由于父母与子女不和或者子女离婚时父母希望保

---

[1] 参见王丽:《婚后父母为子女出资购房的夫妻财产性质认定——兼评〈婚姻法司法解释二〉第二十二条与〈婚姻法司法解释三〉第七条之适用》,载《中国律师》2019年第3期,第62—63页。

[2] 最高人民法院民事审判第一庭编著:《最高人民法院婚姻法司法解释(二)的理解与适用》(重印本),人民法院出版社2015年版,第238—245页。

[3] 参见于程远:《论离婚时对父母出资所购房产的分割——基于出资归属与产权归属分离的视角》,中国政法大学民商经济法学院"学术成长沙龙"第20期,2021年11月9日。

全自己的购房出资等原因,父母会主张返还购房出资款,理由是出资的基础法律关系为借贷而非赠与。对出资行为的性质认定应当尊重当事人的意思自治,这是《新婚释一》第 29 条在《婚释二》第 22 条基础上增加"依照约定处理"的用意所在。《新婚释一》第 29 条第 1 款并未排除父母出资被认定为借贷的可能性,该条并非针对赠与或是借贷的推定规则,其隐含的适用前提恰恰是出资行为业已被认定为赠与。《民法典》与《新婚释一》尚未解决的难题是:对出资性质没有约定或者约定不明确时,推定为借贷还是赠与。这表面上涉及父母意思表示的解释问题,实质上仍是政策决断和价值判断问题。

受父母子女间密切的人身关系和中国传统家庭文化的影响,实践中父母出资时一般都不会跟子女签署正式的书面赠与或借贷合同,离婚时是否存在口头合同及内容往往成为争议焦点。[1] 最高人民法院的立场为"推定为赠与":如果子女主张赠与而父母主张借贷,或者离婚时子女一方主张是借贷从而构成夫妻共同债务,对借贷关系是否成立需严格遵循"谁主张谁举证"原则,理由是主张借贷关系的一方比主张赠与关系的一方更接近且更容易保留证据,[2] 将出资为借贷的证明责任分配给父母比将出资为赠与的证明责任分配给子女更符合证明责任分配原则。[3] 有的法院因为无法排除倒签借据的可能性,以产权登记作为优势证据否定借据的效力。[4] 最高人民法院强调,在相关证据的认定和采信上,应适用《最高人民法院关于适用〈中华人民共和国民事诉讼法〉的解释》第 105 条的规定,运用逻辑推理和日常生活经验法则,对证据有无证明力和证明力大小进行判断,准确认定法律关系的性质。

---

[1]　参见郑学林、刘敏、王丹:《〈关于适用民法典婚姻家庭编的解释(一)〉若干重点问题的理解与适用》,载《人民司法》2021 年第 13 期,第 44 页。

[2]　最高人民法院民事审判第一庭编著:《最高人民法院民法典婚姻家庭编司法解释(一)理解与适用》,人民法院出版社 2021 年版,第 283—288 页。

[3]　参见最高人民法院民事审判第一庭编著:《民事审判前沿》(第 1 辑),人民法院出版社 2014 年版,第 241—244 页。

[4]　参见薛宁兰、谢鸿飞主编:《民法典评注:婚姻家庭编》,中国法制出版社 2020 年版,第 188—192 页。

推定为赠与的实质性理由是:父母子女间的亲缘关系决定了赠与的可能性大于借贷。[1] 从中国现实国情看,子女刚参加工作缺乏经济能力,无力独自负担买房费用,父母基于对子女的亲情,往往自愿出资为子女购置房屋。从日常生活经验看,大多数父母出资的目的是希望改善子女的居住条件,而非日后收回这笔出资。[2] 从传统观念的延续看,传统家庭历来选择子女结婚的当口作为两代之间"分家"传递家业的契机,将分家实践表述成赠与虽然别扭,结果上并无太大差别,[3]若表述为借贷则与分家观念完全相悖。

推定为借贷的实质性理由则是:一方面,父母对成年子女原则上不承担抚养义务,对子女购房当然没有法定出资义务;另一方面,鉴于父母将多年积攒的全部或大部分养老积蓄用于子女购房,若子女对父母不尽赡养义务且出资被视为赠与,现实中父母可能会陷入"人财两空"的困境。[4] 为了在制度层面避免上述风险,不妨推定为借贷,保留父母的出资返还请求权。若子女仅为一人且不考虑时效,父母对子女享有的借款债权最终经由子女继承导致债权人与债务人身份混同而消灭,保障父母权益的同时并不影响子女的实际权益。有裁判观点支持将父母出资推定为以帮助为目的的临时性资金出借,子女负有偿还义务。[5] 有观点从举证责任角度展开,认为赠与是无偿、单务的法律行为,对受赠人而言纯获利益,而对于赠与人影响极大,因此举证责任由主张赠与的一方承担,不能依据父母子女关系自然推定为赠与。[6]

---

[1] 参见最高人民法院民事审判第一庭编著:《最高人民法院民法典婚姻家庭编司法解释(一)理解与适用》,人民法院出版社 2021 年版,第283—288页。

[2] 参见郑学林、刘敏、王丹:《〈关于适用民法典婚姻家庭编的解释(一)〉若干重点问题的理解与适用》,载《人民司法》2021 年第 13 期,第45页。

[3] 参见赵晓力:《中国家庭资本主义化的号角》,载《文化纵横》2011 年第 1 期,第32页。

[4] 王丽:《婚后父母为子女出资购房的夫妻财产性质认定——兼评〈婚姻法司法解释二〉第二十二条与〈婚姻法司法解释三〉第七条之适用》,载《中国律师》2019 年第 3 期,第62—63页。

[5] 《婚后子女购房父母出资性质的认定——四川高院裁定余某、毛某诉黄某、余某莎民间借贷纠纷案》,载《人民法院报》2018 年 6 月 14 日,第 6 版。

[6] 参见张振华:《〈民法典〉视阈下婚后父母出资购房性质研究》,载《中共郑州市委党校学报》2021 年第 3 期,第67—68页。

采取何种推定规则,很大程度上取决于合同相对方是子女一方还是夫妻双方,即出资资金归属。出资性质认定与资金归属两个问题环环相扣,如果推定为父母仅赠与自己子女,则在房产内部份额取决于资金来源的前提下,父母的出资不会因离婚而被另一方获取,这一结果反过来会最大程度减少将出资认定为赠与的顾虑,因此没有必要认定为借贷。鉴于本章结论是推定为仅对自己子女出资,视为赠与不会导致对父母不公的社会效果,还可避免借贷引发的返还关系,降低规范适用的复杂度。

(三)父母出资资金的归属:赠与子女一方抑或夫妻双方

《婚释二》第 22 条根据夫妻财产制规则,以结婚时间为标准采取截然相反的推定规则。双方结婚前,父母出资推定为对自己子女的赠与;结婚后推定为对夫妻双方的赠与,成为夫妻共同财产。[1]《婚释三》第 7 条采取将赠与一方还是双方的意思推定与产权登记主体挂钩的思路。实践中许多父母倾尽毕生积蓄为子女购房,透支日后的养老费用,又不想因为离婚导致子女丧失财产,于是父母通过登记一方名字这种含蓄的方式表示赠与一方的意思。[2] 彼时,最高人民法院认为,《物权法》已经实施多年,普通民众对不动产登记的意义有了较为充分的认识,将不动产登记在自己子女名下认定为父母将出资赠与自己子女,符合当事人本意。[3] 如果一方父母出资却将房产登记在子女配偶一方名下,除非有明确约定或证明父母仅向子女配偶一方赠与,按照日常经验法则仍应认定为赠与夫妻双方。[4]

---

[1]　参见最高人民法院民事审判第一庭编著:《最高人民法院婚姻法司法解释(二)的理解与适用》(重印本),人民法院出版社 2015 年版,第 238—245 页;刘银春:《解读〈关于适用中华人民共和国婚姻法若干问题的解释(二)〉》,载杜万华主编:《解读最高人民法院司法解释、指导性案例·民事卷》,人民法院出版社 2016 年版,第 159 页。

[2]　参见薛宁兰、谢鸿飞主编:《民法典评注:婚姻家庭编》,中国法制出版社 2020 年版,第 188—192 页。

[3]　参见最高人民法院民事审判第一庭编著:《最高人民法院婚姻法司法解释(三)理解与适用》,人民法院出版社 2011 年版,第 28 页。

[4]　参见吴晓芳:《〈婚姻法〉司法解释(三)适用中的疑难问题探析》,载《法律适用》2014 年第 1 期,第 71 页。

《婚释三》第 7 条被删除意味着意思推定与产权登记脱钩,且双方父母出资时房产不再为按份共有。官方的删除理由是:按份共有与家庭伦理性特征不相符,也与《民法典》第 1062 条"在没有明确表示赠与一方的情况下,应当归夫妻共同所有"的规定相冲突。依据《民法典》第 308 条的规定,在双方没有明确约定的情况下,基于家庭关系的特殊属性,亦不宜认定为按份共有。[1] 理论上,不动产登记簿的推定效力是对权利人和权利内容的推定,而非对导致物权变动的意思表示内容的推定,后者属于负担行为的任务。因此产权登记本身无法推出登记权利人通过何种途径获得房产,更无法推导意图赠与一方还是双方。[2] 实践中,购房环节包含诸多复杂情形,因为政策、贷款等原因,房产登记在一人名下的客观事实同夫妻内部对房产归属的意思可能并不一致,更无法通过登记推定父母的意思,[3] 删除《婚释三》第 7 条具有合理性。

《新婚释一》第 29 条回到《婚释二》第 22 条的传统立场。推定规则是否具有实质合理性,需要从三个方面依次验证:首先,是否符合现实社会中父母出资时的真实意愿;其次,是否有利于保障出资方父母因预支养老费用而换取的期待利益;最后,依据出资时间采取截然相反的推定规则的理由是否成立。

首先,须探究父母出资时的真实意愿。父母的真实意愿为何重要?因为法定财产制下有必要区分交换所得和非交换所得。基于买卖、租赁等自愿有偿交易及侵权、不当得利等非自愿行为的交换所得均具有对价性,相对方的意思和利益止于交换,并不关心作为对价的财产在所有权移转之后是否成为夫妻共同财产;即便相对方关心财产内部归属并与夫妻一方作出约定,基于合同相对性也只能约束交

---

[1] 参见郑学林、刘敏、王丹:《〈关于适用民法典婚姻家庭编的解释(一)〉若干重点问题的理解与适用》,载《人民司法》2021 年第 13 期,第 45 页。

[2] 参见王丽:《婚后父母为子女出资购房的夫妻财产性质认定——兼评〈婚姻法司法解释二〉第二十二条与〈婚姻法司法解释三〉第七条之适用》,载《中国律师》2019 年第 3 期,第 62—63 页。

[3] 参见康娜:《论婚后父母出资为子女购房的产权归属及离婚分割》,载《浙江工商大学学报》2015 年第 1 期,第 53 页。

易双方，[1]无法约束交易方的配偶，换言之，不能对抗法定财产制的效力。但在基于赠与、继承的无偿所得关系中，赠与财产的归属对基于身份关系或个人情感而作出的赠与行为具有决定性影响，赠与人通常不希望所赠财产由第三人分享。[2]即便是同居共财的传统中国大家庭也区分劳动所得与无偿所得，家族中某人"白白"从别人那儿得到的东西属于他的特有财产。[3]因此，无偿所得的归属可转化为对赠与人真实意思的解释问题，关系到赠与人同夫妻双方的情感及利益关联、赠与的具体场景等社会生活事实。

父母为子女购房出资的主要目的是满足子女的婚姻生活所需，出资时父母都希望子女婚姻幸福稳定，不愿设想子女婚姻解体的可能。表达祝福时为了避免引起儿媳或女婿的不快和误会，父母一般不愿意明确出资性质和出资对象，也不会与子女签署书面协议，国人相对隐晦的行事风格导致事后父母通常无法提供明确赠与子女一方的证据。正因如此，《婚释三》第 7 条才把房产登记在自己子女名下的含蓄方式推定为父母只对自己子女赠与的意思。血亲与姻亲的天然差异，决定了为自己子女提供婚后居住条件，才是促使父母出资的本意。[4]鉴于子女在未来可能面临的离婚风险，无论是婚前还是婚后，父母大额出资的真实意思表示都是对自己子女一方的赠与，该出资属于子女的个人财产。如果一概将出资认定为父母对夫妻双方的赠与，势必违背父母为子女购房出资的初衷，缺乏社会认同。[5]法律本质是不保护不劳而获的，若因子女离婚让父母承担包

---

〔1〕　参见贺剑：《夫妻财产法的精神——民法典夫妻共同债务和财产规则释论》，载《法学》2020 年第 7 期，第 28—30 页。

〔2〕　参见张振华：《〈民法典〉视阈下婚后父母出资购房性质研究》，载《中共郑州市委党校学报》2021 年第 3 期，第 67—68 页。

〔3〕　参见[日]滋贺秀三：《中国家族法原理》，张建国、李力译，商务印书馆 2013 年版，第 519 页、第 551 页。

〔4〕　参见最高人民法院民事审判第一庭编著：《最高人民法院民法典婚姻家庭编司法解释（一）理解与适用》，人民法院出版社 2021 年版，第 283—288 页。

〔5〕　参见张振华：《〈民法典〉视阈下婚后父母出资购房性质研究》，载《中共郑州市委党校学报》2021 年第 3 期，第 67—68 页。

括养老费用在内的家庭财产流失一半的严重后果,绝大多数出资的父母将无法接受。于是在实践中出现伪造债务、虚假诉讼,甚至父母与自己子女倒签赠与合同等种种乱象,无非体现了父母希望在子女离婚时保住自己毕生辛苦积蓄的诉求。[1]

其次,须探究父母出资后养老等期待利益的保护。父母为子女购房出资凝结着浓厚的伦理和亲情因素,既是家庭财产基于血亲关系传续的需要,也是子女更好履行赡养义务的物质保障。父母为子女结婚购房往往预支了未来的养老费用,甚至向亲朋好友举债,出资很大程度上蕴含着对子女未来履行赡养义务的期待。《老年人权益保障法》第14条第3款规定,"赡养人的配偶应当协助赡养人履行赡养义务"。在当前闪婚、闪离现象增多和老龄化问题加剧的背景下,一旦夫妻离婚,原配偶连"协助"赡养义务都没有了,[2]从《婚释三》公开征求意见反馈的情况来看,这已经引起父母的普遍担忧。[3] 法院系统从社会效果出发,明确提出离婚诉讼中不仅要保护婚姻双方当事人利益,也要保护双方父母的合法权益。[4] 因此,从保护父母养老等期待利益的角度,不宜将父母出资认定为对夫妻双方的赠与。

最后,须探究以结婚时点为区分标准是否合理。夫妻关系不同于"一时性"债的关系,结婚这一法律行为生效,仅意味着一段可能漫长的婚姻存续关系的开始。各方行为都围绕服务婚姻生活这一"继续性"关系而展开,结婚的具体时点反而不具备重要性和敏感性。父母于子女"新婚之际"出资购房便可满足子女婚姻生活的

---

〔1〕 参见吴晓芳:《〈婚姻法〉司法解释(三)适用中的疑难问题探析》,载《法律适用》2014年第1期,第70页。

〔2〕 同上注。

〔3〕 参见《总结审判实践经验 凝聚社会各界智慧 正确合法及时审理婚姻家庭纠纷案件——最高人民法院民一庭负责人就〈关于适用中华人民共和国婚姻法若干问题的解释(三)〉答记者问》,载杜万华主编:《解读最高人民法院司法解释、指导性案例·民事卷》,人民法院出版社2016年版,第190页。

〔4〕 参见《把握总基调 找准结合点 最大限度发挥民事审判在促进经济稳中求进和社会和谐稳定中的积极作用——在全国高级法院民一庭庭长座谈会上的讲话(节选)》,载最高人民法院民事审判第一庭编:《民事审判指导与参考》2012年第1辑(总第49辑),人民法院出版社2012年版,第7页。

居住需求,"新婚之际"体现为结婚登记前后的整个时间段而非某一特殊时点,实际出资在这一时点之前或之后具有偶然性,也完全不影响出资目的实现。传统社会同样存在类似观念,父母赠与女儿的嫁资未必在出嫁时交付,待出嫁后经过一段时间,确定夫妇和睦之后再交付的也不少。[1] 因此,《新婚释一》第 29 条的区分标准是一种没有实质合理性的形式化逻辑推演,父母婚前或婚后出资都仅被视为对自己子女的赠与。同理,房产登记时间及登记方也具有偶然性,例如,实践中常见因开发商的原因导致购房人未能于婚前取得房屋产权证书。[2] 因此,《婚释三》第 7 条没有留存的必要。

综上所述,父母为子女购房出资的理想规则是,无论出资发生在婚前还是婚后、部分出资还是全额出资、登记权利人为一方还是双方,都推定为对自己子女的赠与,成为自己子女的个人财产。通过保障父母出资利益不因子女离婚而受损,打消父母的担心,有利于将父母的意图统一推定为赠与而非借贷,同时避免了赠与夫妻双方的前提下迂回适用赠与所附条件不成就、所附义务未履行、因主观交易基础丧失的情事变更主张酌情返还[3]等救济手段,简化规范体系的复杂性。解释论层面为了达到赠与自己子女的法律效果,对《民法典》界定个人财产的第 1063 条第 3 项"遗嘱或赠与合同中确定只归一方的财产"中"确定"一词,宜作扩大解释。

---

[1]　参见[日]滋贺秀三:《中国家族法原理》,张建国、李力译,商务印书馆 2013 年版,第519 页、第 451 页。

[2]　参见《准确适用婚姻法　维护婚姻当事人的合法权益——最高人民法院民一庭庭长杜万华就〈最高人民法院关于适用《中华人民共和国婚姻法》若干问题的解释(三)〉答记者问》,载最高人民法院民事审判第一庭编著:《最高人民法院婚姻法司法解释(三)理解与适用》,人民法院出版社 2011 年版,第 12—13 页。

[3]　参见于程远:《论离婚时对父母出资所购房产的分割——基于出资归属与产权归属分离的视角》,中国政法大学民商经济法学院"学术成长沙龙"第 20 期,2021 年 11月 9 日。

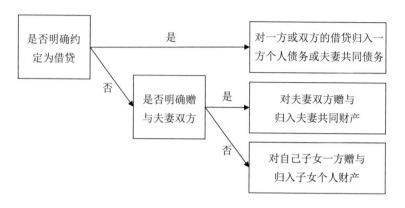

图 7　父母出资行为的性质认定与资金归属

四、房屋产权登记与婚姻内部房产归属脱钩

(一) 房产归属应区分物权与婚姻两个维度

具有公示效力的产权登记与无须公示的结婚登记之间的关系长期困扰着夫妻财产法研究,依据"物权方案",婚姻关系直接发生财产物权归属层面的效力,由此法定财产制对物权公示系统构成极大挑战,不动产登记簿的绝对公信力随着已婚人士取得物权比重的增加而大范围失灵。[1] 与之相反,"潜在共有方案"与"债权方案"认为财产归属应当区分物权与婚姻两个维度。物权维度上以房产登记状态为准,婚姻关系中任何财产的物权变动仍应遵循物权法规则;婚姻维度上财产属于一方个人财产还是夫妻共同财产,仅依据法定财产制在夫妻内部发生效力,不波及婚姻关系之外的交易第三人,[2] 以

〔1〕　参见冉克平:《夫妻财产制度的双重结构及其体系化释论》,载《中国法学》2020 年第 6 期,第 74 页。
〔2〕　参见贺剑:《夫妻财产法的精神——民法典夫妻共同债务和财产规则释论》,载《法学》2020 年第 7 期,第 31 页;贺剑:《论婚姻法回归民法的基本思路——以法定夫妻财产制为重点》,载《中外法学》2014 年第 6 期,第 1502—1505 页。

实现交易安全与婚姻保护两全。换言之,共同财产制限于夫妻关系,对外依照物权公示原则实行分别财产制。

很多裁判意见已经开始区分物权和婚姻两个维度,"因房屋权属发生争议,在确认房屋产权所有人时,应以查明的出资购房事实为依据,而不应以房屋权属登记为准"[1]。"家庭成员在家庭共同生活关系存续期间共同创造、共同所得财产,虽登记在一人名下,仍应属家庭成员共同共有。"[2]"登记在户主名下家庭共有财产,家庭成员请求确认共有权的,法院不应依物权登记推定效力否定真正物权人权利。"[3]"婚后一方父母部分出资购房,夫妻共同还贷,产权登记在出资人子女名下,离婚时应作为夫妻共同财产予以分割。"[4]"登记在夫妻一方名下的房产,在另一方主张系其婚前个人财产并提供充分的相反证据情况下,应据实确定物权人。"[5]以上裁判意见虽然在术语使用上未厘清共有与共同所有、物权人与共同财产权利人之间的差异,但至少不再仅以产权登记状态决定财产的婚内归属状态。

另有司法观点从区分登记权利人与真实权利人角度着手,"不动产登记簿作为不动产物权公示手段所具有的公信力,主要是针对不特定的第三人而言,但不适用于登记名义人与真实权利人之间的关系,他们之间的关系仍按照实事求是的原则处理。双方婚姻存续期间购买的公改房属于夫妻共同共有,虽然翁某为登记名义人,但在花某举证证明该房产为双方婚姻存续期间购买的情况下,应认定真实权利人为花某和翁某。人民法院在离婚析产确认夫妻共同财产范围

────────────

〔1〕　国家法官学院、中国人民大学法学院编:《中国审判案例要览》(2011年民事审判案例卷),中国人民大学出版社2013年版,第431页。

〔2〕　最高人民法院中国应用法学研究所编著:《人民法院案例选·月版》2009年第5辑(总第5辑),中国法制出版社2009年版,第41页。

〔3〕　最高人民法院民事审判监督庭编:《审判监督指导》2015年第4辑(总第54辑),人民法院出版社2016年版,第163页。

〔4〕　最高人民法院民事审判第一庭编:《民事审判指导与参考》2013年第2辑(总第54辑),人民法院出版社2013年版,第240页。

〔5〕　最高人民法院中国应用法学研究所编:《人民法院案例选》2014年第3辑(总第89辑),人民法院出版社2015年版,第124页。

时,可直接进行确权认定,同时对该财产予以分割"[1]。这一观点被《最高人民法院关于适用〈中华人民共和国物权法〉若干问题的解释(一)》(以下简称为《物释一》,已失效,下同)第2条采纳。[2]

"真实权利状态与登记状态不一致"的制度根源在于不动产登记仅具有权利推定效力,是对证明责任的分配,而登记的权属状态并不总是与真实物权状态相一致。法院可以根据当事人提交的证据推翻登记物权状态,确认不动产物权的真实权属。但是需要特别强调,不动产登记的权利状态是物权法层面的物权状态,"真实权利状态"与"不动产登记簿的记载"相对应,指的也是与登记相对应的物权状态。[3] 换言之,《物释一》第2条处理的是不动产物权权属争议,并非婚姻家庭层面的财产内部归属争议,不能把"真实权利人"理解为夫妻财产制下的权利主体,上述司法观点对此有混淆之嫌。

夫妻之间也存在适用《物释一》第2条的场景,例如,夫妻共同出资签订房屋买卖合同,约定房产仅登记在夫或妻一方名下,但排除婚内赠与的意思。此时登记物权人是夫或妻一方,而物权层面的真实权利人是夫妻双方,婚姻家庭层面该房产也属于夫妻共同财产。该场景下真实物权人被界定为夫妻双方,并非因为夫妻共同财产制的效力,而是因为房屋买卖合同加上夫妻之间的约定。

(二)例证:夫妻间赠与房产的效力认定

区分两个维度的观念还体现在夫妻之间赠与房产的效力设定上。《新婚释一》第32条在原《婚释三》第6条基础上增加了实践中

---

[1] 本刊研究组:《人民法院能否在民事诉讼中直接判决已登记的个人房屋为夫妻共同财产?》,载《人民司法·应用》2013年第19期,第109页。

[2] 《物释一》第2条规定:当事人有证据证明不动产登记簿的记载与真实权利状态不符,其为该不动产物权的真实权利人,请求确认其享有物权的,应予支持。

[3] 参见司伟:《论不动产登记与权属确认——兼论对〈物权法司法解释一〉第2条的理解》,载《法律适用》2016年第5期,第18页。

更普遍的将部分房产份额赠与另一方的"加名"情形,[1]并且明确了赠与合同任意撤销权并未将夫妻间赠与排除在外,契合了很多裁判观点。[2] 物权归属层面,本条贯彻不动产登记公示公信原则,夫妻间赠与房产不直接发生物权效力,房产权属的变化需通过登记体现。[3] 加名之后,受赠方离婚时对房产有权主张相应份额。[4]

直接套用赠与合同任意撤销权饱受争议。有学者建议新设夫妻特殊赠与制度。赠与方通常希望赠与配偶的财产仍为双方共同财产而非配偶的个人财产,其真实意思表示与普通赠与明显有别。内部效力层面,赠与方在给付前不享有任意撤销权;给付后短期内若因受赠方重大过错导致离婚,赠与方可行使法定撤销权;若无过错的受赠方提出离婚,赠与方可通过情势变更请求全部或部分返还赠与房产。[5] 外部效力层面,无差别适用《民法典》"合同编""物权编"的相关规范,房产变更登记完成前,受赠方不得对抗第三人。即便完成变更登记,赠与方的债权人仍然可以行使债权人撤销权以保全债权。

笔者认为,在认定夫妻间赠与不直接发生物权效力之后,需要进一步探究夫妻间赠与是否直接产生婚姻维度的内部归属效力。《民法典》第658条第1款规定"赠与人在赠与财产的权利转移之前可以撤销赠与","权利转移"是否包括在夫妻关系内部由一方个人财产转变为夫妻共同财产? 鉴于赠与的物权效力仅针对夫妻关系之外的第三人,因此夫妻关系内部的权利转移及归属效力与外部公示方式

---

〔1〕 《新婚释一》第32条规定:婚前或者婚姻关系存续期间,当事人约定将一方所有的房产赠与另一方或者共有,赠与方在赠与房产变更登记之前撤销赠与,另一方请求判令继续履行的,法院可以按照民法典第六百五十八条规定处理。

〔2〕 参见最高人民法院民事审判第一庭编:《民事审判指导与参考》2016年第1辑(总第65辑),人民法院出版社2016年版,第251页。

〔3〕 参见最高人民法院民事审判第一庭编著:《最高人民法院民法典婚姻家庭编司法解释(一)理解与适用》,人民法院出版社2021年版,第303页。

〔4〕 参见"金静诉殷伟建离婚纠纷案",上海市第二中级人民法院(2008)沪二中民一(民)终字第3010号民事判决书。

〔5〕 参见叶名怡:《夫妻间房产给予约定的性质与效力》,载《法学》2021年第3期,第149页;姚邢、龙翼飞:《〈民法典〉关于夫妻间财产协议的法律适用》,载《法律适用》2021年第2期,第157页。

无关,夫妻间赠与合意达成,内部归属层面直接发生效力,权利视为已经转移为夫妻共同财产,不存在适用赠与人任意撤销权的空间。

若夫妻双方将共同所有房屋的产权登记在未成年子女名下,离婚时不能仅按照产权登记情况将房屋一概认定为未成年人的财产,还应审查夫妻双方的真实意思表示。如果真实意思确实是将房屋赠与未成年子女,离婚时该房屋为未成年子女的财产,由直接抚养未成年子女的一方暂时管理;反之,将该房屋作为夫妻共同财产处理比较适宜。[1]

(三)产权登记方处分夫妻共同所有房屋的效力及其救济

在区分婚姻财产内外归属效力的大前提下,"潜在共有方案"于内部关系中考虑夫妻对于某项婚内财产取得及其增值的实质贡献,判定某项财产是否属于夫妻共有。为了避免夫妻财产关系的复杂化危害交易安全,这种共有只有在离婚或者夫妻一方死亡时才显化为物权法层面的共同共有,用以清算分割。[2] 但潜在共有一旦转变为物权法层面的共有,仍会产生外部效力从而波及第三人。比如,夫妻一方尚未完成的对共同财产的有权处分会降格为无权处分,夫妻一方个人债务的普通债权人无法对抗配偶在离婚时针对共有财产的分割请求权。[3]

与之相对,"债权方案"下的夫妻共同财产在任何情况下都不会转变为共有,仅在夫妻间产生债之关系,从而最大限度抑制共同财产对婚姻关系外部产生的影响。术语选择上,立法者也有意识地区分了物权与婚姻两个维度。《民法典》第 1062 条并未照搬"物权编"第八章"共有"相关概念,而是保留了《婚姻法》中"夫妻的共同财产""夫妻共同所有"的表述。《新婚释一》第 28 条更是主动将《婚释三》第 11 条"夫妻共同共有的房屋"修改为"夫妻共同所有的房屋"。

---

[1] 参见中华人民共和国最高人民法院民事审判第一庭编:《民事审判指导与参考》2010 年第 3 集(总第 43 集),法律出版社 2011 年版,第 237 页。

[2] 参见龙俊:《夫妻共同财产的潜在共有》,载《法学研究》2017 年第 4 期,第 28 页。

[3] 参见贺剑:《夫妻财产法的精神——民法典夫妻共同债务和财产规则释论》,载《法学》2020 年第 7 期,第 31 页。

"债权方案"以登记状态推定物权归属并产生公信力,登记权利人的单独处分行为在物权法层面是有权处分,即便处分客体为夫妻共同财产,在有偿交易场景下,共同财产仅发生形态上的变化,共同财产整体并未受损,配偶利益无须救济,[1]因而没有必要限制登记权利人一方对共同财产的单独处分,最大限度保障交易安全。《新婚释一》第 28 条第 1 款可以涵盖三种情形[2]:第一种,登记权利人为夫妻双方时,其中一方与第三人买卖房屋;第二种,登记权利人仅为夫妻一方时,配偶与第三人买卖房屋;第三种,登记权利人仅为夫妻一方时,登记权利人与第三人买卖房屋。[3] 该款中的"善意"应解释为交易相对方对登记的信赖,第三人无须进一步核实登记事项与婚姻状况,因此该款仅适用于第三种有权处分,该情形下无须配偶同意或第三人善意要件即可发生效力。有的裁判观点作了正确表述,[4]有的裁判观点混淆了三种情形下无权处分与有权处分的区分。[5]

"潜在共有方案"对此提出"基于婚姻关系的财产处分限制",不论夫妻某方是否有权处分,只要该处分可能导致婚姻生活无法正常延续,例如,将婚姻家庭唯一住所转让给第三人,无论该房产是否属于共同财产、登记权利人是哪一方,都必须得到配偶同意或追认,以

---

[1] 参见贺剑:《夫妻财产法的精神——民法典夫妻共同债务和财产规则释论》,载《法学》2020 年第 7 期,第 31 页。

[2] 《新婚释一》第 28 条第 1 款规定:一方未经另一方同意出售夫妻共同所有的房屋,第三人善意购买、支付合理对价并已办理不动产登记,另一方主张追回该房屋的,人民法院不予支持。

[3] 最高人民法院民事审判第一庭编著:《最高人民法院民法典婚姻家庭编司法解释(一)理解与适用》,人民法院出版社 2021 年版,第 265 页。

[4] "夫妻一方处分登记在自己名下夫妻共同房产,相对人基于对不动产登记信赖而交易,其交易安全应受公信力保护。"参见国家法官学院、中国人民大学法学院编:《中国审判案例要览》(2007 年民事审判案例卷),中国人民大学出版社、人民法院出版社 2008 年版,第 1 页。

[5] "夫妻一方将登记在自己名下的夫妻共有房产单方处分给第三人并办理过户手续,构成表见代理的,买卖协议有效。""夫妻一方处分其名下房产,他人有理由相信系夫妻共同意思表示的,另一方不得以不同意或不知道为由主张无效。"参见国家法官学院、中国人民大学法学院编:《中国审判案例要览》(2007 年民事审判案例卷),中国人民大学出版社、人民法院出版社 2008 年版,第 469 页。

限制该处分行为效力,阻却第三人取得房屋,达到优先保护配偶利益和维持正常家庭生活的需要。[1] 有学者提出"婚姻住宅"概念,当住宅作为家庭住所,无论所有权人是谁,对住宅的处分都要避免一方配偶陷入无房居住的困境。[2] 但是在有偿交易下,一方处分房产的对价是相应价值的货币或者其他财产,仅导致共同财产形态发生变化,通常不会威胁到婚姻生活的正常维系,没有必要以共同财产制为由限制登记权利人的处分权。最高人民法院进一步认为,对用于家庭生活的房屋作出例外规定在实践中很难操作,如果第三人耗尽财产仍无法取得房屋,却放任配偶以家庭生活用房为由追回别墅、公寓等豪华住宅,明显与社会一般观念不符。特殊情形下保护生存配偶的居住权,可以通过民事执行程序中对唯一住房不予执行来实现。[3]

真正的疑难问题在于,当登记权利人无偿或低价转让夫妻共同财产,对配偶利益如何救济?有的裁判观点简单粗暴地认定无偿处分行为无效。[4] "潜在共有方案"基于婚姻关系的财产处分限制固然可以作为救济理由,但在我国实证法中并无这一概念,且背后逻辑仍然属于试图将婚姻家庭层面的价值穿透影响物权层面的处分效力。"债权方案"则利用财产法规则解决这一难题,《新婚释一》第 28 条第 2 款[5]的适用前提包含有权处分和无权处分夫妻共同财产的各

---

[1] 参见黄诗怡:《婚前按揭房的所有权归属及其离婚时的分割》,载《东南大学学报(哲学社会科学版)》2019 年第 S1 期,第 51 页;龙俊:《夫妻共同财产的潜在共有》,载《法学研究》2017 年第 4 期,第 30 页。

[2] 参见田韶华:《婚姻住宅上非产权方配偶利益的法律保护:兼评〈婚姻法司法解释(三)〉中的涉房条款》,载《法学》2011 年第 12 期,第 124—131 页。

[3] 参见《总结审判实践经验 凝聚社会各界智慧 正确合法及时审理婚姻家庭纠纷案件——最高人民法院民一庭负责人就〈关于适用中华人民共和国婚姻法若干问题的解释(三)〉答记者问》,载杜万华主编:《解读最高人民法院司法解释、指导性案例·民事卷》,人民法院出版社 2016 年版,第 190—191 页;最高人民法院民事审判第一庭编著:《最高人民法院民法典婚姻家庭编司法解释(一)理解与适用》,人民法院出版社 2021 年版,第 278 页。

[4] 参见"金某诉冯某等夫妻共同财产确认纠纷案",河南省洛阳市涧西区人民法院(2003)涧民一初字第 604 号民事判决书,法宝引证码 CLI.C.10952。

[5] 《新婚释一》第 28 条第 2 款规定:夫妻一方擅自处分共同所有的房屋造成另一方损失,离婚时另一方请求赔偿损失的,人民法院应予支持。

种情形,无须考虑财产的物权登记状态。配偶受到的损失除了离婚时请求另一方损害赔偿,还可以通过主张另一方不分或少分共同财产而得到救济,并且不会影响交易相对方利益。夫妻财产制预设夫妻双方对共同财产各自享有一半的潜在份额,因此不超过一半份额的小额赠与或低价转让原则上都有效,只有当赠与或低价转让的财产价值超过共同财产一半份额时,才会实质性危及配偶的利益,配偶可类推适用合同法债权人撤销权制度,[1]撤销相应的赠与或低价转让行为。相较于无偿或低价取得财产的相对方,优先保护利益严重受损的配偶具有实质正当性。

五、婚姻关系内部房产的归属与份额

(一) 婚姻关系内部房产的份额计算比归属认定更重要

房产在婚姻关系内部的归属与物权法层面的归属无关,因此内部归属与作为负担行为的房屋买卖合同及作为处分行为的产权变更登记都完全脱钩。购房合同由哪方在婚前或婚后订立、变更登记于婚前或婚后、登记权利人是哪方,这些影响因素都与内部归属无涉。对于婚姻内部的归属认定及份额计算,唯一的影响因素是资金来源。

有学者质疑以资金来源精确界定房产归属是资本主义对中国家庭的入侵,"在房产上按照资本主义意识形态建立个人所有制,基本就等于在家庭中建立资本主义式的个人财产制"[2]。事实上资金来源不意味着个人所有,鉴于婚姻存续期间的还贷都被推定为共同还贷,并且共同还贷所占份额及其增值都被认定为夫妻共同所有,这一结果已经体现了共同财产制下的婚姻保护与家庭伦理观念,而且计算房产份额在婚姻存续期间没有实际用处,其功能旨在平衡离婚

---

〔1〕　参见贺剑:《夫妻财产法的精神——民法典夫妻共同债务和财产规则释论》,载《法学》2020 年第 7 期,第 32 页。

〔2〕　赵晓力:《中国家庭资本主义化的号角》,载《文化纵横》2011 年第 1 期,第 31 页。

之际双方的利益,而离婚意味着婚姻共同体濒临解体,因此份额计算与家庭保护无关,与离婚时对弱势一方的保护有关。

房产出资大致分为两种情形,第一种为夫妻一方全额出资购买房产,既包括一次性全额支付房价,也包括全额首付并以个人财产还贷。依照"不转化规则"或"代位规则",房产在夫妻内部属于买方个人财产,离婚时不涉及分割问题。第二种为夫妻双方出资购房,依据资金来源进一步分为三类场景:其一,一方用个人财产于婚前或婚后支付首付,婚后双方共同还贷;其二,双方用各自的个人财产于婚前或婚后共同支付首付,婚后共同还贷;其三,双方婚后用共同财产支付首付并还贷。理论上还存在婚后双方以各自的个人财产共同还贷,但以婚后收入还贷通常推定为共同还贷,以个人财产共同还贷甚为罕见,无须赘述。

上述三类场景下,购房资金来源包含一方或双方的个人财产及夫妻共同财产,房屋实质上成为个人财产与夫妻共同财产的混合体。[1] 有观点认为,应当对比婚后共同还贷与婚前首付及还贷的金额比例,如果共同还贷金额在房产总价款中占比很大[2]或者超过一方婚前首付及还贷额,房产应被认定为夫妻共同财产[3]。笔者认为,笼统地将房产认定为个人所有或共同所有,既不科学亦无必要,重要的并非房产归属,而是精确地计算夫妻各自的份额(参见图8)。《新婚释一》第78条第1款也未聚焦于房产在夫妻内部的归属,仅授权双方离婚时协议解决。[4] 若达不成协议,第2款只是

---

[1] 参见最高人民法院民事审判第一庭编著:《最高人民法院民法典婚姻家庭编司法解释(一)理解与适用》,人民法院出版社2021年版,第664—669页。

[2] 参见蒋月:《论夫妻一方婚前借款购置不动产的利益归属——对〈婚姻法〉司法解释(三)征求意见稿"第11条的商榷》,载《西南政法大学学报》2011年第2期,第103—104页。

[3] 参见张晓远:《论婚前按揭房屋的产权归属与分割——以〈民法典婚姻家庭编司法解释(一)〉第78条为中心》,载《西南民族大学学报(人文社会科学版)》2021年第5期,第123—128页。

[4] 《新婚释一》第78条第1款规定:夫妻一方婚前签订不动产买卖合同,以个人财产支付首付款并在银行贷款,婚后用夫妻共同财产还贷,不动产登记于首付款支付方名下的,离婚时该不动产由双方协议处理。

规定法院"可以"而非"应当"判决该不动产归登记一方,留下自由裁量空间的同时,将重点转移到第 3 款规定的份额认定与补偿问题。

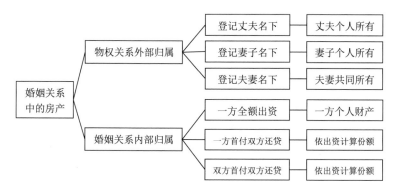

图 8　物权关系与婚姻关系两个维度的房产归属

(二)房产份额与资金来源挂钩

房产份额取决于资金来源,具体包括丈夫的个人财产、妻子的个人财产及夫妻共同财产三处来源,表现为首付款和按揭还贷两种形式。婚后共同支付的首付款和还贷部分及其增值,被归入夫妻共同所有的份额。何为"共同还贷"需结合法定财产制理解,即便夫妻一方婚后以自己的工资收入还贷也被视为共同还贷,因为婚姻关系存续期间双方所得工资、奖金及劳务报酬都属于夫妻共同财产,否认共同还贷的一方须承担举证责任。[1] 对夫妻关系中收入弱势一方的保护,通过共同还贷的认定得到充分体现。

一方个人财产在婚前或婚后支付的首付和贷款被归入个人所有的份额。争议是个人财产支付的首付和贷款在婚后的增值部分,归入个人所有还是共同所有? 依据《新婚释一》第 25 条第 1 项与第 26

---

〔1〕　参见最高人民法院民事审判第一庭编:《民事审判指导与参考》2014 年第 4 辑(总第 60 辑),人民法院出版社 2015 年版,第 257 页。

条的规定,[1]需要界定婚后房产增值属于主动增值的投资收益还是因市场价值变化而导致的被动自然增值。夫妻协力理论认为夫妻一方婚后财产所得包含配偶的付出、贡献或协力,主要聚焦于劳动所得。[2] 有学者认为夫妻协力理论推定夫妻对家庭贡献相等,作为共同财产的价值基础令人质疑,婚后劳动所得的归属与配偶的协力无关,旨在创造适当的行为激励从而有利于家庭利益最大化。婚后资本所得被归入夫妻共同财产同样是为了鼓励夫妻以家庭利益最大化管理和处分双方所有财产。[3] 其要义是把婚姻看成命运共同体,夫妻婚后应分享彼此的劳动及经济上的幸运或不幸,主张"婚后劳动和运气所得共同制"[4]。依据该理论,个人财产支付的首付和贷款在婚后的增值应被归入共同所有的份额。

有裁判观点认为,一方婚后用个人财产购买房屋,离婚时该房屋及其增值都属于个人财产。[5] 另有裁判观点区分是否为投资性购房,如果用个人财产购房的用途为安置父母,属于非经营性购房,自然增值不属于生产经营性收益和夫妻共同财产。[6] 但并非为了家居需要而购买商铺,则被认定为投资行为,[7]优先适用《新婚释一》第 25 条的规定,并对《新婚释一》第 78 条的"不动产"作限缩

---

[1] 《新婚释一》第 25 条规定:婚姻关系存续期间,下列财产属于民法典第一千零六十二条规定的"其他应当归共同所有的财产":(一)一方以个人财产投资取得的收益……《新婚释一》第 26 条规定:夫妻一方个人财产在婚后产生的收益,除孳息和自然增值外,应认定为夫妻共同财产。

[2] 参见薛宁兰、许莉:《我国夫妻财产制立法若干问题探讨》,载《法学论坛》2011 年第 2 期,第 23 页。

[3] 参见贺剑:《夫妻财产法的精神——民法典夫妻共同债务和财产规则释论》,载《法学》2020 年第 7 期,第 23—24 页。

[4] 贺剑:《夫妻个人财产的婚后增值归属——兼论我国婚后所得共同制的精神》,载《法学家》2015 年第 4 期,第 107 页。

[5] 参见最高人民法院民事审判第一庭编:《民事审判指导与参考》2013 年第 4 辑(总第 56 辑),人民法院出版社 2014 年版,第 118 页。

[6] 参见最高人民法院民一庭:《婚前个人财产在婚后发生形态变化不导致所有权发生变化》,载最高人民法院民事审判第一庭编:《民事审判指导与参考》2013 年第 1 辑(总第 53 辑),人民法院出版社 2013 年版,第 142 页。

[7] 参见"李某甲与李某乙离婚纠纷案",江西省宜春市中级人民法院(2013)宜中民一终字第 157 号民事判决书。

解释。[1] 部分学者也认为,婚后房产增值主要是由通货膨胀、市场行情等因素导致,婚后共同还贷行为纵然为取得完整的房产作出积极贡献,但性质仅是协助购房一方偿还银行贷款这一合同债务的履行行为,与房价上涨没有直接因果关系。[2]

分歧实质仍在于夫妻法定财产制下共同财产的范围,而范围大小归根结底取决于价值判断而非逻辑推演。依夫妻协力理论,如果宽泛认定共同还贷时已经考虑到夫妻家务劳动价值等贡献因素,那么认定个人财产婚后增值性质时为何还要重复计算另一方的协力和贡献?依婚姻命运共同体理念,将个人财产婚后增值作为共同财产提高了离婚的经济成本,因此有可能维护婚姻稳定。[3] 但是提高离婚成本若通过强化法定财产制对夫妻财产状况"均贫富"来实现,同时可能意味着降低潜在高收入群体的结婚意愿。当婚姻预期存续期限不长时,具有财产优势的一方必然不愿意为了短期婚姻付出巨额财产代价。[4] 如果仍然将个人财产婚后增值界定为个人财产,适度限缩夫妻共同财产的范围,使夫妻财产制"均贫富"的效力不波及婚前个人财产,或许有利于正向激励结婚率的提升,并间接影响生育率。

六、离婚时房产归属及补偿数额计算

(一) 离婚时房产归属的确定

离婚时对婚姻财产进行清算,需要确定房产的最终归属。《新婚

---

[1] 参见薛宁兰、谢鸿飞主编:《民法典评注:婚姻家庭编》,中国法制出版社 2020 年版,第 201—202 页。

[2] 参见张晓远:《论婚前按揭房屋的产权归属与分割——以〈民法典婚姻家庭编司法解释(一)〉第 78 条为中心》,载《西南民族大学学报(人文社会科学版)》2021 年第 5 期,第 123—128 页。

[3] 参见贺剑:《夫妻个人财产的婚后增值归属——兼论我国婚后所得共同制的精神》,载《法学家》2015 年第 4 期,第 111 页。

[4] 参见冉克平:《夫妻财产制度的双重结构及其体系化释论》,载《中国法学》2020 年第 6 期,第 70 页。

释一》第 76 条改自《婚释二》第 20 条,列举了三种处理方式:双方均主张房屋产权的,竞价取得;只有一方主张的,评估后该方取得产权并补偿另一方;双方均不主张的,拍卖、变卖房产后双方分割价款。该条排除了离婚后双方按份共有房产的处理方式。最高人民法院认为,按份共有并不能解决双方离婚后实际面临的居住问题,在当事人明显失去共有基础时,强行判决按份共有只可能造成新的矛盾。[1]北京法院第 17 号参阅案例却认为,若离婚双方只有一套共有住房、均主张所有权但均无力补偿对方时,法院应当判决双方按份共有房产,并结合当事人生活需要、房屋结构等因素就房屋使用问题作出处理。[2] 若强行拍卖、变卖房产后分割价款,使双方都损失了未来房产继续增值的可能收益,不符合双方真实意思和利益。

离婚时房产最终归属哪方,实质意义在于:其一,获得产权一方享受离婚以后房产未来增值收益,同时承担房产未来贬值风险;其二,依据《新婚释一》第 78 条第 2 款的规定,尚未归还的贷款为不动产登记一方的个人债务,由其承担继续还贷义务。[3] 原则上,由购房决策方承受房产未来增值或贬值更符合意思自治下的风险归责原则,婚前购房首付一方优先获得房产。[4] 另一个重要因素是房款中双方出资所占比例,出资份额多的一方优先获得房产。如果共同还贷款项远远高于一方首付,或者购房一方因经济状况不具备继续还贷能力,而另一方有还贷能力,为了避免案涉房屋被银行行使抵押

[1] 参见本书研究组:《离婚诉讼的当事人只有一套性质为夫妻共同财产的房屋居住,又均无力补偿对方,法院能否判令双方离婚后对该房屋各占二分之一产权》,载最高人民法院民事审判第一庭编:《民事审判指导与参考》2012 年第 4 辑(总第 52辑),人民法院出版社 2013 年版,第 248 页。
[2] 参见"高某诉罗某离婚纠纷案",北京市第一中级人民法院(2012)一中民终字第12203 号民事判决书,法宝引证码:CLI.C.4304186。
[3] 《重庆市高级人民法院关于当前民事审判若干法律问题的指导意见》第 30 条规定:离婚案件中对按揭房的分割。婚姻存续期间夫妻一方或双方按贷款购买的商品房,一般应当认定为夫妻共同财产,双方另有约定或者以一方婚前个人财产购买的除外。诉讼中不需将贷款银行列为第三人,可采取协商或者竞价的方式确定房屋归属,但应明确分得房屋的一方承担偿还按揭贷款义务。
[4] 参见"王明坤诉庄佃芝离婚纠纷案",山东省日照市中级人民法院(2012)日民一终字第 104 号民事判决书。

权,法院认为也可以判决房屋归非购房一方所有,并由其承担继续还款义务并向对方补偿。[1]

在一方首付及双方出资份额悬殊两种情形下,可否适用《新婚释一》第 76 条第 1 项规定的竞价规则来决定房产最终归属?竞价规则的实质是由偏好该财产的人最终取得产权以达到物尽其用。双方均主张产权时并非自动适用竞价规则,法院还应遵循照顾子女、女方和无过错方权益的原则,存在将房屋判给直接抚养子女的一方、女方或无过错方的可能。最高人民法院认为适用竞价的前提还包括双方财产水平大致相当及均同意采取竞价方式,[2]否则财产弱势一方无力在竞价过程中反映自己的真实偏好价格,竞价是不充分的。强势一方以不充分的竞价价格为基础给予补偿,另一方损失了充分的补偿收益及可能的未来增值收益。若双方未达成竞价合意,则优先考虑婚前购房首付一方或者出资份额多的一方获得房产。在一方首付、双方还贷的典型场景下,通常首付方所占份额更多。

(二)未获房产一方补偿数额的计算

依据《新婚释一》第 78 条第 3 款的规定,需要对未获得产权一方进行补偿。离婚分割房产涉及多方权益,既要保护个人婚前财产部分对应的权益,又要厘清"双方婚后共同还贷支付的款项及其相对应财产增值部分",还要契合"照顾子女、女方和无过错方权益的原则",同时不能损害作为债权人的银行的合法利益。因此个案中不能把明晰财产关系与分割共同财产两者等同,[3]分割共同财产并不以计算的补偿数额为绝对标准,法官可根据实际情况行使自由裁

---

〔1〕　参见最高人民法院民事审判第一庭编著:《最高人民法院民法典婚姻家庭编司法解释(一)理解与适用》,人民法院出版社 2021 年版,第 664 页。

〔2〕　同上书,第 653 页。

〔3〕　参见杜万华:《在全国高级人民法院民一庭庭长座谈会上的总结讲话(节选)》,载最高人民法院民事审判第一庭编:《民事审判指导与参考》2012 年第 1 辑(总第 49辑),人民法院出版社 2012 年版,第 15 页。

量权。[1]

　　共同还贷的补偿数额有多套计算公式,江苏省高级人民法院印发的《家事纠纷案件审理指南(婚姻家庭部分)》中规定,补偿数额可分为两步计算,第一步,不动产升值率=离婚时不动产价格÷不动产成本×100%,不动产成本=购置时不动产价格+共同已还贷利息+其他费用。其他费用指购房的必要支出,如契税、印花税、营业税、评估费、中介费等,但不包括公共维修基金和物业费,后者产生的基础并非交易,而是不动产长期使用中产生的费用。第二步,补偿数额=共同还贷部分×不动产升值率÷2。[2] 最高人民法院民一庭的计算公式为:补偿数额=房屋现值×[已共同还贷部分/(房屋本金价格+所需偿还的利息费用+其他费用)×100%]/2。两套公式只是计算参照物不同,第一套以房屋增值为比率计算共同还贷部分的增值,第二套以共同还贷部分所占比率计算该不动产中归属共同财产的部分。[3]

　　鉴于离婚时贷款可能尚未清偿完毕,只能将夫妻共同偿还的利息计入不动产成本,不能将未来尚未还贷的利息都纳入成本,否则未获得产权一方既未分享后续可能的升值收益,却要现实承担因计入所有利息导致补偿额降低的不利后果。另外,如果一方婚前首付,且购房后经过一段时间才结婚,不动产升值率应以结婚时而非购置时的不动产价格作为计算依据,因为房产的婚前增值属于首付方个人财产,[4]这种情况下需要将计算公式修正为:补偿数额=共同还贷部分×[离婚时不动产价格÷(结婚时不动产价格+共同已还贷利息+其他费用)×100%]÷2。

---

[1]　参见最高人民法院民事审判第一庭编:《民事审判指导与参考》2016年第1辑(总第65辑),人民法院出版社2016年版,第164页。

[2]　同上书。

[3]　参见薛宁兰、谢鸿飞主编:《民法典评注:婚姻家庭编》,中国法制出版社2020年版,第201—202页;张晓远:《论婚前按揭房屋的产权归属与分割——以〈民法典婚姻家庭编司法解释(一)〉第78条为中心》,载《西南民族大学学报(人文社会科学版)》2021年第5期,第123—128页。

[4]　参见最高人民法院民事审判第一庭编著:《最高人民法院民法典婚姻家庭编司法解释(一)理解与适用》,人民法院出版社2021年版,第283—288页。

　　一方婚前首付,双方共同还贷,若离婚时房屋贬值该如何处理?其一,首付方独立作出购房决策,由决策方承担贬值风险更符合风险归责;其二,双方婚后收入属于共同财产,无论用哪方收入还贷都属于共同还贷,因此非决策方共同还贷行为具有被动性;其三,房产增值或贬值是动态过程,离婚时贬值不意味着未来没有升值空间,获得产权一方只要不在贬值期间抛售房屋,实际利益并未蒙受损失;其四,配偶因另一方婚前已购房,可能导致在婚姻存续期间错过独资购房的时机。[1] 考虑上述因素,离婚时补偿另一方共同还贷数额的一半比较合理。

七、结论

　　婚姻关系中房产归属与份额的认定并非单纯的法教义学问题,无法回避国家治理视角下的立法决断。价值立场除了维护意思自治及婚姻保护,还应当契合家庭与人口政策,通过保障父母出资利益及适度限缩夫妻共同财产范围等正向激励机制,确保婚姻制度不会成为抑制结婚率和生育率的负面因素。

　　父母出资的资金归属与子女购房的房产归属完全脱钩。出资性质与资金归属环环相扣,各种出资方式都被推定为父母仅针对自己子女的赠与,更符合父母真实意愿、有利于保障父母养老等期待利益、避免认定为借贷引发后续的返还关系。父母实际出资时间具有偶然性且不影响出资目的,《新婚释一》第 29 条与《婚释三》第 7 条采用的影响因素都不具有合理性。

　　产权登记与夫妻内部房产归属完全脱钩。夫妻内部财产归属与外部物权归属关系依夫妻财产制和物权变动规则各自发生内外效力,兼顾婚姻保护与交易安全。《物释一》第 2 条规定处理的物权权

---

[1]　参见杜万华、程新文、吴晓芳:《〈关于适用婚姻法若干问题的解释(三)〉的理解与适用》,载《人民司法·应用》2011 年第 17 期,第 25 页。

属争议,并非夫妻内部财产归属争议,不能把"真实权利人"理解为夫妻财产制下的权利主体。夫妻间赠与不直接发生物权效力,但直接发生夫妻内部归属效力,赠与方不享有任意撤销权,《新婚释一》第32条的规定不妥当。"债权方案"下离婚时共同财产未转变为共同共有,仅在夫妻之间产生债权。登记权利人对共同财产的单独处分在财产法上是有权处分,有偿交易场景下共同财产仅发生形态变化,无须救济。《新婚释一》第28条第1款的适用范围仅限于登记方有权处分情形,第2款的适用范围包含有权处分和无权处分各种情形,登记权利人无偿或低价转让共同财产时,通过损害赔偿及离婚时少分或不分共同财产予以救济,仅当赠与或低价转让的财产价值超过共同财产一半份额时,配偶才可类推债权人撤销权制度进行救济。

夫妻内部房产归属与份额计算的唯一重要影响因素是资金来源。当购房资金包含个人财产与共同财产时,笼统认定房产归属没有意义,应当精确计算夫妻各自份额。婚后共同支付的首付款、贷款及其增值归入夫妻共同所有,对共同还贷作宽泛认定。一方个人财产支付的首付、贷款及婚后增值部分归入个人所有。

《新婚释一》第76条排除了离婚后双方按份共有房屋,这不妥当。最终获得产权一方应继续还贷且承受房产未来增值收益或贬值风险。竞价规则的适用前提是双方均主张产权、财产状况水平大致相当及达成竞价合意,且不与照顾子女、女方和无过错方权益原则相抵触。不能通过竞价决定房产归属时,优先考虑由婚前购房出首付的一方或者出资份额多的一方获得房产,并对另一方进行价值补偿。

第三卷
农村土地的制度变革与规范重塑

Tractatus de Iuribus in Agro Aedeque Aliena

第七章
集体土地所有权的三重功能属性

一、导言

党的第十八届三中全会通过的《中共中央关于全面深化改革若干重大问题的决定》中提出,加快构建新型农业经营体系,坚持农村土地集体所有权,依法维护农民土地承包经营权,发展壮大集体经济。赋予农民更多财产权利,保障农民集体经济组织成员权利,积极发展农民股份合作,赋予农民对集体资产股份占有、收益、有偿退出及抵押、担保、继承权。建立农村产权流转交易市场,推动农村产权流转交易公开、公正、规范运行。这无疑再次明确了"集体土地所有权"在我国农地制度中的基础性地位,同时为改革现行农村土地立法提供了绝佳的契机,并且指明了正确的方向。

在理论层面,一直以来,我国农村集体土地所有权与传统大陆法系民法的所有权理论格格不入,同时自身又残存着一丝挥之不去的意识形态色彩,[1]因此,如何将集体土地所有权完美地契合到传统

---

[1] 现代各国民法体系中并没有"集体所有权"的提法。最相近的概念是"共有"和"公司所有权"。如果将"农民集体所有"理解为"社区农民共同共有",在农民集体所有这种共有关系消灭时,就要确定农民各自应得的份额。毫无疑问,这种土地所有权份额的确定是对农民个人拥有土地所有权的肯定,也就是承认了土地所有权的私人所有,这是与公有制理论相冲突的。而如果集体所有权隶属于公司所有权范畴,农民们享有的只能是股权,而没有公司财产的所有权,它也不属于民法所有权的概念,况且股份公司所有制是在个体绝对自愿的基础上成立的。因此有学者将"集体所有权"比喻为是一个产权怪胎。参见于建嵘:《农村集体土地所有权虚 (转下页)

物权的体系框架中,就成为我国法律学者热衷于挑战并勤于耕耘的一个课题。然而其中的症结与难点在于,集体土地所有权并非单纯的私法层面上的一种私权架构,而是糅合了国家治理工具及生存保障工具等多重政治与公法层面的政策考量,并意图通过"集体所有权"这一制度设计一举实现上述三重功效。因此,区分和厘清"集体土地所有权"所承载的这三重功能属性,是落实《中国共产党十八届中央委员会第三次全体会议公报》精神,解决现今农村土地问题的理论前提。

另一方面,集体土地制度所呈现的本土化特色,使之很难在近现代比较法上寻得可资借鉴的样本。回溯到罗马法,学者们的目光多聚焦在与西方法典化运动中确立的与绝对所有权有着承继关系的"市民法所有权"(dominium)或"所有权"(proprietas)概念上,[2]或者流连于颇具特色的公有土地(ager publicus)制度之上,[3]而几乎遗忘了罗马法前期最为重要的土地归属类型——氏族集体所有土地制度,[4]本章意图通过简要介绍罗马氏族集体土地制度的产生、分化与衰亡的历史图景,使之成为比较法意义上研究我国农村集体土

(接上页) 置的制度分析》,载蔡继明、邝梅主编:《论中国土地制度改革——中国土地制度改革国际研讨会论文集》,中国财政经济出版社 2009 年版;刘承韪:《产权与政治:中国农村土地制度变迁研究》,法律出版社 2012 年版,第41 页。

[2] 参见汪洋:《罗马法"所有权"概念的演进及其对两大法系所有权制度的影响》,载《环球法律评论》2012 年第 4 期。

[3] 参见汪洋:《罗马法上的公有土地制度》,载《比较法研究》2009 年第 4 期。

[4] "氏族集体土地"是罗马法上最为古老的一种土地所有形式,它始于罗马建城之前,跨越整个王政时期和共和国前半期而趋于衰亡,在共和国后期依然有其他形式的存在。由于集体土地制度没有在古典法及优士丁尼法的《学说汇纂》中留下太多痕迹,因此这种土地所有类型并不为现代法律学者所熟知,大多数留存至今的古典文献的作家,譬如李维(Livius)、阿庇安(Appianus)、普鲁塔克(Plutarch)、狄奥尼修斯(Dionisio)及西塞罗(Cicero)等,都生活在公元前 1 世纪到 2 世纪之间,这一时期氏族集体土地也基本消亡,因此素材的匮乏大大增加了古典作家论述的难度,也导致了其不确定性。幸而从尼布尔(Niebuhr)、摩尔根(Morgan)、蒙森(Mommsen)到德·马尔蒂诺(De Martino)、塞劳(Serrao)、卡博格罗西(Capogrossi)等一批近现代学者,以还原罗马早期的经济发展水平和社会政治制度作为研究基础和背景,对氏族集体土地制度进行研究,得出了一些有价值的成果。但终因年代过于久远及第一手资料的匮乏,该论题存在着太多的空白有待填补。

地所有权的一个制度范本。移情与理解这一远古且消亡的集体土地类型,并非沉湎于对历史的"温情与敬意",[1]而是从彼时彼刻的历史中,求解集体所有这一归属类型存在的"实质性缘由",通过审视罗马氏族"集体所有"模式遭市民法弃用而逐渐衰亡的嬗变历程,对比氏族集体土地与我国农村集体土地所有权趋同的多重功能面向,为探寻和变革我国农村集体土地制度提供些许有益的启示。

二、氏族集体土地的历史图景

(一)建城之初占据统治地位的氏族集体土地

土地的归属问题,必须在耕种农业和定居生活成为古代民族的常态生活方式之后,才具备探讨的可能性和现实性。在罗马建城以前的很长一段历史岁月,畜牧业和粗放式耕作农业构成拉丁世界基础的经济形态,在这种经济形态中,土地归各"氏族"这种具备主权特征的组织集合体掌控,被称为"氏族集体土地"(ager gentilicius),[2]它们由氏族全体成员(gentiles)所有,体现出"集体性"的特征,[3]并主要表现为"公共牧地"(ager compascuus)这种利用模式。[4]

一方面,随着精细化耕作农业比重的增加,以及一夫一妻制度的确立,在氏族内部逐渐诞生了"自有法家庭"这一社会单位,氏族集体

---

[1] 参见谢鸿飞:《法律与历史:体系化法史学与法律历史社会学》,北京大学出版社2012年版,第10章。

[2] 本章在论述罗马土地制度时所采用的"私有""集体所有"等术语,与近现代同称谓的术语的内涵有一定区别。罗马王政和共和国时期只是一个制度起源的时代,在这个阶段罗马法学还没有形成完善的表达归属的概念,而只有这样一种观念:对特定的、单个的物行使特定权力所具有的非常具体的资格。本章虽然采用"集体土地"等表述方式,但只是为了方便表述在土地和使用人之间建立起来的一种事实性关系。

[3] Francesco de Martino, Storia economica di Roma antica, La nuova Italia, 1979, p.7.

[4] Feliciano Serrao, Diritto privato, economia e società nella storia di roma, Prima parte, Jovene Editore, 1984, pp.44-47.

土地上开始出现了为单个家庭的利益而占有和使用土地的事例,并由此开始区分氏族集体占有的土地和单个家庭占有的土地。换言之,氏族集体土地的使用权开始分散。那么可否将单个家庭占有的土地定性为"私有土地"?传统主流观点认为,真正意义上的私有土地起始于罗马建城后第一位国王罗穆路斯(Romulus)向每位市民分配的 2 尤杰里土地,即"世袭地产"(heredium)。[1] 而彼时氏族内的"自有法家庭"对一定份额的氏族集体土地仅构成利用关系,而非排他的归属关系。

另一方面,"门客"(clientela)逐渐成为氏族内部的一个附属阶层。[2] 最初每个氏族内部的门客人数不多,可能只有几百到上千人,他们并不能完全替代氏族成员自身在集体土地上的劳作,充其量只是起到协助作用。[3] 然而随着门客数量的增多,大部分氏族将集体土地交由门客代为耕种,同时作为对门客的劳作、忠诚及依附的回报,氏族会授予门客部分氏族集体土地的利用权限,这些土地归门客个人利用和支配。这种模式被 19 世纪的学者们称为氏族集体土地上建立的"封建"体制。在早期,门客的忠诚针对的是整个氏族组织,而非氏族内单个家父。[4]

罗马自氏族联盟过渡到城邦(Civitas)之后,在土地领域发生了两个历史性的事件:其一,部分氏族土地在名义上划归城邦即"罗马人民"(Populus Romanus)所有,这些土地与罗马在扩张战争中从拉丁人、埃特鲁斯人那里夺取的土地一起,构成了最初的"罗马公地"(ager publicus);其二,从罗马第一位国王罗穆路斯分配给每位市民 2 尤杰里土地作为"世袭地产"开始,出现了"私有土地"的概念。不过在整个王政前期,大部分土地依旧掌控在氏族这个集体

---

〔1〕 Varro, De Re Rustica, 1.10.2, 中译本参见[古罗马]M.T.瓦罗:《论农业》,王家绶译,商务印书馆 1981 年版,第 40 页。

〔2〕 贵族的氏族组织形式建立在两个基础,即对大片氏族土地的控制及对大量门客的控制之上,这两者之间有着紧密的联系。

〔3〕 Francesco de Martino, Storia economica di Roma antica, La nuova Italia, 1979, p. 20.

〔4〕 Luigi Capogrossi Colognesi, Proprietà e signoria in Roma antica, La Sapienza, 1994, p.4.

共同体手中。[1] 因此,罗马建城初期的土地状况为,同时存在"氏族集体土地""公有土地"和"私有土地"三种土地类型,它们之间发生了复杂而有趣的互动,但氏族集体土地依旧构成了王政时期罗马土地的主要部分。[2]

虽然在建城之初,每个氏族各自让渡给城邦的部分集体土地构成了公有土地,但这种让渡仅仅是名义上对土地归属的让渡,事实上绝大多数这类公地仍然掌握在各氏族贵族手中,与集体土地并无不同。德国法学家耶林便认为,早期罗马公地的实际主人并非属于罗马人民,而是属于各个氏族;[3] 罗马征服外族时获得的土地,除了小部分分配给平民成为私有土地,根据古老的习俗(mores)大部分也都交由氏族贵族占有利用。[4] 因此从占有与利用土地的实际效果来看,公地与氏族集体土地都被控制在氏族贵族手中。换句话说,截至公元前5世纪,公地和氏族集体土地并非两种能区分清楚且表现形式迥异的土地类型,它们的区分是历史的,而非逻辑的。[5]

氏族集体土地与公地之间的转化也是双向进行的:一方面,氏族让渡给城邦的集体土地被转化为公地;另一方面,也存在许多公地转变为氏族集体土地的情形。例如,把战争夺取的部分公地补充给氏族,作为集体土地;氏族贵族长期占有使用某些公地并且将其与氏族集体土地

〔1〕 氏族联盟建立城邦,并不意味着氏族的所有土地都变成了公地,虽然城邦是各个氏族的联盟体,但是这不代表氏族放弃了其所有土地的归属,它们依旧为了城邦的利益占据和利用土地。Cfr. Feliciano Serrao, Diritto privato, economia e società nella storia di roma, Prima parte, Jovene Editore, 1984, p. 285.
〔2〕 Giovanni Pugliese, Istituzioni di Diritto Romano, Giappichelli Editore, 1991, p.121.
〔3〕 Luigi Capogrossi Colognesi, Proprietà e signoria in Roma antica, La Sapienza, 1994, pp.116-117.
〔4〕 对于为什么只允许贵族占有公地,一种解释认为,这种排他建立在法律基础上,即平民最初不属于城邦(civitas)和库里亚(curiae)成员;另一种解释认为,并不是因为平民的地位较贵族低下,而是因为他们贫穷——占有公地需要大量耕种工具,才能够保证公地得到经济的利用,而只有贵族和平民的富裕家庭才有经济实力提供大量土地所需要的耕种工具。Cfr. Feliciano Serra, Diritto privato, economia e società nella storia di roma, Prima parte, Jovene Editone, 1984, p. 300; Alberto Burdese, Studi sull'ager publicus, Giappichelli Editore, 1952, p. 22.
〔5〕 Luigi Capogrossi Colognesi, Proprietà e signoria in Roma antica, La Sapienza, 1994, p.49.

相混同;以及城邦划拨出部分公地并分配给投奔罗马城邦的外来氏族,作为其集体土地。[1] 这些形式都构成了氏族集体土地的来源。

(二)市民法体系对氏族土地"集体所有"模式的摈弃

自王政中后期开始,曾经盛极一时的氏族集体土地开始走向衰亡。究其根本原因在于,古老的氏族组织在城邦自上而下及氏族内的"自有法家庭"自下而上的夹击下,逐步丧失了独立自主的政治权力而走向消解。[2] 这一变迁体现在土地上,就是氏族集体土地被罗马公地与私有土地瓜分瓦解的过程。

这一过程自罗穆卢斯进行公地的私人分配开始,同时氏族集体土地的内部分配也是早期私有土地的重要来源;[3]到了公元前6世

[1] 根据古代作家的叙述,克劳迪氏族(Attius Clausus)携带其亲人、朋友及门客迁到罗马,罗马城邦将阿尼奥河(Aniene)外的公地分配给该氏族作为氏族土地。在普鲁塔克版本的叙述中,克劳迪氏族的5000名成员各分得2尤杰里私有土地及一定数量的氏族集体土地,同时单独分配给克劳迪本人25尤杰里土地。而在狄奥尼修斯版本的表述中,罗马分配的土地不属于私有土地,全都归于克劳迪氏族的集体土地。Cfr. Liv. 2.16.5; Plut. Publ. 21.10; 中译本参见[古罗马]普鲁塔克:《希腊罗马名人传》(第二册),席代岳译,吉林出版集团有限责任公司2009年版,第199页;App. Hist, 1.12;中译本参见[古罗马]阿庇安:《罗马史(修订第2版)》(上卷),谢德风译,商务印书馆1979年版,第27页;D.H. 5.40.3, anche vede Luigi Capogrossi Colognesi, Proprietà e signoria in Roma antica, La Sapienza, 1994, pp.33-34.
[2] 参见[意]弗朗切斯科·德·马尔蒂诺:《罗马政制史》(第一卷),薛军译,北京大学出版社2009年版,第20页。
[3] 这两种土地授予行为都大致始于建城之时,并延绵于整个王政时期和共和国前期。除了罗穆卢斯的首次分配,狄奥尼修斯和普鲁塔克还记载了第二位国王努玛(Numa)把罗穆卢斯在战争中征服的土地分给无地的平民,在公地和私有土地边界设立界石并且制作地籍册;第三位王图留斯·奥斯蒂里(Tullo Ostilio)也向无地市民按人头分配公地;西塞罗记载了第四位王安科·马尔兹(Anco Marcio)将其征服的土地分配给市民;李维记载了第六位王塞尔维乌斯·图留斯(Servius Tullius)将"从敌方夺取的土地"(agrum captum ex hostibus)以"按丁分配"(viritim)的方式分给平民以博得拥护。Cfr. D.H. 2.62.3-4, 2.74.24; Plut. Numa, 2.16. 中译本参见[古罗马]普鲁塔克:《希腊罗马名人传》(第二册),席代岳译,吉林出版集团有限责任公司2009年版,第133页;Cic. De Rep. 2.18.33, 中译本参见[古罗马]西塞罗:《国家篇 法律篇》,沈叔平、苏力译,商务印书馆1999年版,第69页;Liv. 1.46.1, 中译本参见[古罗马]提图斯·李维:《自罗马建城以来》(第一至十卷选段),[意]桑德罗·斯奇巴尼选编,王焕生译,中国政法大学出版社2009年版,第53页。

纪,塞尔维乌斯改革中进行财产普查,并在此基础上将公民划分五个
等级。[1] 因为铸币出现在公元前 3 世纪以后,所以大多数学者认
为,塞尔维乌斯的财产普查是按照私有土地面积的多寡来划分公民
等级的,塞尔维乌斯政治体制建立在私有土地所有权的基础上,并通
过将门客纳入市民阶层,构建起一统的"贵族—平民"国家。由此,私
人土地所有权作为一个中心要素,不仅开始出现在罗马市民法体系
中,还成为城邦政治规范的一种宪制性要素。

随后在公元前 456 年,城邦制定《关于分配阿文蒂诺山公有土地
的伊其利乌斯法》(Lex Icilia de Aventino publicando),将阿文蒂诺山
的土地分配给平民以供建造住房,[2]使得平民阶层的私有土地形成
规模;在公元前 396 年,城邦又将通过战争获得的维爱(Veio)地区土
地以每人 7 尤杰里的面积平均分配给每个罗马市民,[3]作为一个阶
段性的事实,它标志着市民法所有权的私有土地模式已经成为罗马
土地利用和组织的主要模式;[4]最终在公元前 367 年,城邦颁布了
《李其尼乌斯和塞提乌斯法》(Leges Liciniae Sextiae),通过直接限制
个人占有公地的面积的方式,[5]间接承认了私人在土地利用上的中
心地位。氏族内部的"自有法家庭"(familia proprio iure)已经取代了

---

[1] D.H. 4.15.6;Liv. 1.43.1-8,中译本参见[古罗马]提图斯·李维:《自罗马建城以来》
(第一至十卷选段),[意]桑德罗·斯奇巴尼选编,王焕生译,中国政法大学出版社
2009 年版,第 49 页。

[2] D.H. 10.32.2; Liv. 3.31.1,中译本参见[古罗马]提图斯·李维:《自罗马建城以来》
(第一至十卷选段),[意]桑德罗·斯奇巴尼选编,王焕生译,中国政法大学出版社
2009 年版,第 111 页。

[3] Liv. 5. 30. 8,中译本参见[古罗马]提图斯·李维:《自罗马建城以来》(第一至十
选段),[意]桑德罗·斯奇巴尼选编,王焕生译,中国政法大学出版社 2009 年版,第
189 页。

[4] Luigi Capogrossi Colognesi, Proprietà e signoria in Roma antica, La Sapienza, 1994,
pp.136-137.

[5] App. Bell. Civ. 1.8. 中译本参见[古罗马]阿庇安:《罗马史(修订第 2 版)》(下卷),谢
德风译,商务印书馆 1979 年版,第 8 页;Plut. Ti. Gr. 8. 1-4,中译本参见[古罗马]普
鲁塔克:《希腊罗马名人传》(第一册),席代岳译,吉林出版集团有限责任公司 2009
年版,第 1477 页;Liv. 6.35.5,中译本参见[古罗马]提图斯·李维:《自罗马建城以
来》(第一至十卷选段),[意]桑德罗·斯奇巴尼选编,王焕生译,中国政法大学出版
社 2009 年版,第 249 页。

氏族本身,成为财产的归属主体和公地利用中的主角,如组建百人团所进行的财产调查,针对的对象是家父,而非氏族。氏族土地除了"公共牧地"(ager compascuus)未被分配给氏族内的"自有法家庭",其他用于耕种的氏族土地完全归属于单个"自有法家庭"的家父,而与氏族组织之间断除了直接联系,丧失了原本的"集体性"特质。[1]

"自有法家庭"的完全扩展与氏族体制中的集体性特征之间无法调和。在法律意义上确立了"自有法家庭"而非"氏族集体组织"在公地占有和利用中的主角和权利人地位,这是《李其尼乌斯和塞提乌斯法》的真正革新之处,从这之后氏族组织基本淡出了罗马政治经济体系,在叙述公元前4世纪历史的古典文献中氏族集体土地已经基本消失。残留的氏族集体土地面临两种结局,或者被分配给氏族内家庭;或者被纳入公地的管理体制。在后者,原先的"氏族首领"(princeps gentis)对集体土地的管辖支配权,转变成为对公地的占有和利用权,在实质上同占有其他公地并无二异,但在形式上反而丧失了原本保障力度更强的"所有"名分,而被纳入稍逊一筹的占有规则下进行保护。在此政治经济背景下,尼布尔否认了《李其尼乌斯和塞提乌斯法》所呈现的"人民性"(popolare),他认为这部法律是对所有权实质意义上的侵犯。[2]

在共和国中后期开始构建"市民法所有权"规范时,鉴于氏族自身的衰亡,法学家们并没有采纳"氏族集体土地"所呈现的"集体所有"模式,而是果决采用了"个体所有权"这一法律模型,可以说市民法体系完全排斥了氏族这个古老的角色,从法律层面切断了氏族与土地之间的最后一丝联系。此后,无论是公地的利用,还是分配给私人的土地(ager divisus et adsignatus),涉及的所有权主体都是"家父"(pater familias)或者单个的市民,而不论他们是否隶属于某个氏族。[3] 至共和国中期以后,古老的氏族集体土地已经了无踪迹,仅

---

[1] Luigi Capogrossi Colognesi, Proprietà e signoria in Roma antica, La Sapienza, 1994, p. 20.

[2] 同上注,p. 52, 109.

[3] 同上注,p. 21.

残存一部分"公共牧地"。

在共和国中后期氏族集体土地逐渐淡出世人的视野之后,"集体土地"作为一种区别于公有和市民私有的归属类型,随着罗马的殖民历程,又有了新的发展,表现为"殖民地分配"[1]而形成的"殖民地市镇集体土地"。根据土地用途的不同,市镇集体耕地多采用"赋税田"(ager vectigalis)这一形式;而非耕地则采用"公共牧地"或"公共林地"的形式。[2] 此外,许多罗马眼中的"蛮族"在被征服之前,也存在一定面积与罗马氏族集体土地类似的集体土地供共同体内部成员共同使用,[3]这些土地在被罗马征服并殖民以后,依旧保留原有的集体土地用途和性质。

三、集体土地所有权的三重功能属性

(一)作为治理工具的集体土地:政治性的渐退

无论是我国农村集体土地所有权还是罗马氏族集体土地所有权,其产生的实质性缘由,都在于所有权一种公法领域的政治性安排,而非意思自治基础上的自发产物。[4] 在"氏族"成为罗马政治生活基本单元的很长一段时期,氏族集体土地作为氏族这一政治单元

[1] See Frontinus 4.34-5; Agennius Urbicus 36.6-8; Commentum 62.30-1.
[2] Feliciano Serra, Diritto privato, economia e società nella storia di roma, Prima parte, Jovene Editere, 1984, p.304.
[3] Alberto Burdese, Le vicende delle forme di appartenenza e sfruttamento della terra nelle loro implicazioni politiche tra IV e III secolo a.C., BIDR27, p.56.
[4] 《物权法》第五章标题把所有权分为国家所有权、集体所有权与私人所有权三大类别。可"集体"(Collective)与"私有"(Private)从来都不是一组对立的范畴。与"集体"相对立的是"个体"(Individual);与"私有"相对立的是"国有"(State)。从来不存在非公非私的"集体":一个人所有是私有,如果一万个人自由结成民间性集体,例如,农会、民间合作社和股份公司,也属私有(西语private原本就有"民间的""非官方的"之意,并不仅指个人或自然人所有),或者更准确地称之为"民间集体"(Private Collective)。参见秦晖:《集体地权应增加退出和加入机制》,载《国土资源导刊》2009年第11期,第51页。

的主要治理工具,一直服务于政治性目的,这一特征在法学层面上被古典法学家表述为"支配权"与"要式物"等概念。"支配权"是罗马法最早表达"所有权"权利内涵的概念之一,罗马法学家彭梵得在此概念基础上创设了"所有权的集体性与政治性理论",根据该理论的阐释,氏族集体土地的归属关系类似于后世的日耳曼所有权,体现为以"氏族"或父系家族为中心的集体所有特征,是针对土地而产生的、封闭而独立的、不受限制的、永久性的"主宰"(signoria),它排斥任何限制与外来的影响,吸收一切添加进来的东西,有着神圣的边界(limites),就像城邦有自己的城墙一样,[1]所以在这个层面上具有一定的"主权"(sovranità)特性,土地所有与"地域主权"等量齐观,土地即为主权性的领地,以及氏族治理权力之所在。可以说在"支配权"上体现出了公法上的权力(主权)与私法上的权利(所有权)的平行关系。

集体土地的治理特性也在罗马共和国时期的"市民法所有权"等概念中留下了些许踪迹。罗马市民法上建构的私人所有权制度,保留了早期氏族集体土地所有权中"主权"特性的痕迹,[2]它所具备的诸多特征,如绝对的内部独立性、添附理论、免征土地税等,恰恰是早期土地归属具有政治性结构的难以辩驳的证据,即氏族集体土地的制度安排不是为了纯粹的个体和经济目的,而是更多的与氏族组织的自治与存亡相关,是通过土地对整个团体内部进行治理,所以它不可能体现为一种个体私有性质的归属关系。[3]

我国农村的集体土地所有权,与罗马氏族集体土地所有权相

---

[1] 参见[意]彼德罗·彭梵得:《罗马法教科书》,黄风译,中国政法大学出版社1992年版,第149页。

[2] 参见[意]弗朗切斯科·德·马尔蒂诺:《罗马政制史》(第一卷),薛军译,北京大学出版社2009年版,第20页。

[3] 如果不接受关于所有权的政治性解释的观点,就很难理解为什么在相当晚近的时期,当社会性的需要不仅仅本身变得很显著,而且这些需要还从习俗和监察官的干预中获得保障时,所有权的严厉的个人主义的特征仍然得到维持。如果没有早期社会历史中根深蒂固的结构上的理由,要改变所有权的法律体制,使之适应为法律意识所承认的需求,应该不是很难。参见[意]弗朗切斯科·德·马尔蒂诺:《罗马政制史》(第一卷),薛军译,北京大学出版社2009年版,第19—22页。

同,最初也是服务于政治层面,是政治体制中的集体公有制在法律层面制度化的结果,因此,它首先从《宪法》第 10 条关于所有制的规定中得以确认与合法化。但是罗马氏族集体土地所有权的政治性含义侧重的是独立于城邦的氏族集体的公法权力,强调氏族集体的"自治"与"自卫"能力。而我国的集体所有截然相反,就其实质来说,集体经济从来不只是农村社区内农户之间的权利合作关系,它的制度基础最初不是私人之间的一种合约,而只是国家控制农村社会与经济的一种形式。土地的集体所有并不仅仅反映一种单纯的经济关系,作为一种地权划分方式,它是种种复杂的权力关系的集结,反映了国家对于农村启动全面治理的过程。[1] 而且从制度变迁的角度看,虽然以生产队、大队和公社三者为土地所有者的集体组织形式在经济层面的表现不尽如人意,而且因为由国家强制推动而缺乏灵活性和多样性,但它确实在中国农村中创造了一种全新的超越家庭亲属关系的基础组织结构及治理模式。[2]

事实上,集体所有并不注定意味着是一种较为宽松的国家控制形式。集体所有与国家所有的真正区别,在于国家支配和控制前者但并不对其控制后果负直接的财务责任。概言之,集体所有权既不是"共有的、合作的私有产权",也不是纯粹的国家所有权,它是由国家控制但由集体来承受其控制结果的一种农村社会制度安排和治理模式,此种制度安排的基础不是拥有所有权的私人之间的一种合约。[3]

在罗马,集体土地所有权政治性的渐退与私权内涵的增强,是伴随着整个社会的政治经济重心从氏族向城邦转移而实现的,在这一过程中氏族集体自身被逐渐耗尽瓦解,氏族作为一个治理的基本

---

〔1〕　参见赵晓力:《通过合同的治理——80 年代以来中国基层法院对农村承包合同的处理》,载《中国社会科学》2000 年第 2 期,第 120—133 页。

〔2〕　参见[英]罗纳德·哈里·科斯、王宁:《变革中国——市场经济的中国之路》,徐尧、李哲民译,中信出版社 2013 年版,第 76 页。

〔3〕　参见周其仁:《中国农村改革:国家和所有权关系的变化——一个经济制度变迁史的回顾》,载《管理世界》1995 年第 3、4 期,第 178 页以下。

单元不复存在,伴随而来的是氏族对集体土地控制力的降低,以及城邦控制土地力量的日益强大。我国的情形则恰恰相反:农村土地集体所有从一种政治安排和治理模式,转变为具备实体权利义务关系的法律规范与经济制度,是伴随着国家权力在乡村的逐步退却,以及农村集体组织自身的实体化而得以实现的。从治理的角度观察,新中国成立后中央政府权力通过"科层制化"或"官僚化"(bureaucratization)进程而极度扩张,在县以下设立更加复杂的乡镇一级行政机构,国家权力比过去任何朝代都更加深入乡村。[1]

而随着我国工业化与市场经济的发展,农业在国民经济中的比重大大下降,国家控制乡村的欲望减弱。自 20 世纪 80 年代末推行"村民自治"后,我国初步确立了乡村社会"乡政村治"的二元管理体制,即乡镇按照国家行政权力的运作方式组成基层政权,在乡镇以下设立村民委员会实行"村民自治",乡村之间不是行政上下级和直接的领导关系,而是指导关系,由此重新定位了国家权力与社会权力的边界,农村基层组织由"行政细胞化"向"法律细胞化"转变,由准行政组织向自治组织转变。[2] 从利益分配的角度来看,为了缓解基层政权与村社共同体之间的利益冲突,国家通过"村民自治"手段寻求在基层政权和村社共同体之间建立共同的利益关联结构。[3] 这种利益关联结构的重建,对集体土地制度背后的治理策略及具体规则的设计产生了重要的影响:基层政权的角色定位已经发生变化,国家在通过各种社会保障方式增强对村社共同体成员保障的基础上,将

---

[1] 参见黄宗智:《集权的简约治理:中国以准官员和纠纷解决为主的半正式基层行政》,载《中国乡村研究》2007 年,第 1—23 页。

[2] 参见刘金海:《产权与政治——国家、集体、农民关系视角下的村庄经验》,中国社会科学出版社 2006 年版,第 179 页。

[3] 如此一来,基层政权治理权力的授权来源就又转移到村社共同体成员之上,这有利于扭转基层组织管理者与村社共同体成员的结构性利益分离,甚至冲突状况,重建它们的利益关联结构。同时,基层政权对集体土地的控制意味着享有对于村社共同体的治理权力,这样国家对于村社共同体的一系列政策才能贯彻下去。因而必须保留作为发包方的乡村基层政权对集体土地的一定控制权,使基层政权享有治理权力,辅助国家对村社共同体的治理。参见朱虎:《土地承包经营权流转中的发包方同意——一种治理的视角》,载《中国法学》2010 年第 2 期,第 70—80 页。

基层政权的功能限制在公共服务功能的范围内,它只能在村社共同体成员自愿的基础上进行集体利益的维护。

与治理结构的转变相匹配的,便是在集体所有的土地上进行具体的法律规范制度的构建,尤其土地承包经营权等一系列集体土地利用制度的完善,在事实上弱化和"剥夺"了基层政权对土地资源的控制权,它使得土地集体所有制——实际上是土地的基层控制——进一步虚化。各种承包合同制约了基层政权利用土地获利的能力,这一变化触及基层政权存在的基础——集体对于资源的控制权与分配权,而这是基层财政备有周转余地的重要条件。[1]

(二) 作为生存保障工具的集体土地:成员身份为预设前提

除了作为国家的治理工具,我国农村集体土地所有权与罗马氏族集体土地所有权上共存的一个预设前提就是,集体土地之"集体"内部成员身份的固定化,以及集体土地自身所承载的生存保障功能。

罗马氏族集体土地所有权的主要成因就在于,氏族并非单纯的以经济为目的而形成的共同体,而是一个由"身份固定"的成员组成的集合体,这种集合体中"土地"与"成员"两大要素都是相对固化的——氏族土地由氏族共同体成员集体所有,氏族成员一般情况下无法在氏族之间自由流动——这是氏族集体土地制度的两个预设前提。

与氏族集体土地制度的保障功能相匹配,在法律层面上罗马法也区分出两种基本的"物"的类型——代表社会团体利益的物和代表个体利益的物,即"要式物"与"略式物"。氏族集体土地就是早期"要式物"中最重要的一种类型。这是整个罗马古典法时期最为基础的一种物的划分,直到拉丁世界发生危机为止。[2] 两者的区分标准是,在当时的经济社会秩序下物所具备的社会功能:"要式物"关系到

〔1〕 参见张静:《基层政权:乡村制度诸问题》(增订本),上海人民出版社2007年版,第275页。
〔2〕 参见[意]彼德罗·彭梵得:《罗马法教科书》,黄风译,中国政法大学出版社1992年版,第146页。

一个社会组织体及其自身内部成员的存续需求,表现为氏族土地这种集体和社会性的财产,对其归属的定义就是"支配权";[1]而"略式物"最初仅限于家庭内部成员所有的动产,它的功能与成员的生存保障无涉。[2] 因此这种区分与对立,并不是法技术层面的,而是经济和历史层面的。[3] 在罗马社会早期以农耕为主的经济模式下,将集体土地确定为"要式物",是因为这些土地在每一个以农业为生存之道的团体的存续中最不可或缺,而非简单地依据物的市场价格。[4]

我国与罗马的情形大致相似。集体土地所有权及户籍制度的存在,在很长时间内强化了农民与集体基于土地的身份关系。虽然通过法律推进落实了土地权利的物权化,促进了农民从身份到契约关系的转变,导致集体土地身份权属性的逐渐剥离和式微,但在我国现行立法上,这种身份属性依然随处可见,尤其体现在对于集体土地的利用方面,兹列举于下:(1)只有农村集体经济组织内部的家庭成员,方可在宜采取家庭方式承包的集体土地上设立土地承包经营权。[5] (2)农村集体以外的单位或个人,承包农村集体土地需要经过集体组织成员同意。[6] (3)承包方转为非农业户口的,应当将承包的集体土地交还给发包方。[7] (4)土地承包经营权的转包,只限于转给同一集体经济组织的其他农户从事农业生产经营。[8] (5)农村宅基地只能分配给本村村民,城市居民不得到农村

---

[1] Pietro Bonfante, Forme primitive ed evoluzione della proprietà romana, in Scritti giuridici varii, II, UTET, 1918, p. 22.

[2] Pietro Bonfante, Corso di diritto romano, II, La proprietà 1, Giuffrè Editore, 1963, p. 211.

[3] "略式物"的范畴在帝国初期也扩展到行省土地之上。

[4] Luigi Capogrossi Colognesi, La struttura della proprietà e la formazione dei „iura praediorum" nell'età repubblicana, Giuffrè Editore, 1969, pp. 350–370.

[5] 参见《土地管理法》第14条;《农村土地承包法》第3条、第15条。

[6] 参见《物权法》第59条;《土地管理法》第15条;《农村土地承包法》第48条。

[7] 参见《农村土地承包法》第26条。

[8] 参见2005年农业部(已撤销)公布的《农村土地承包经营权流转管理办法》(已失效,下同)第35条。

购买宅基地。[1] (6)土地承包经营权的流转,在同等条件下,本集体经济组织成员享有优先权。[2] (7)以非家庭承包方式承包农村土地,在同等条件下,本集体经济组织成员享有优先权。[3] 集体土地所有权上表现出的这些身份属性被学者概括为"成员权",包含自益权和共益权,集体成员通过自益权实现其收益,通过共益权来行使集体所有权,使得集体所有权的运行机制表现出民主性特征。[4]

与上述的身份属性相对应,我国农村集体土地所有权作为集体内部成员生存保障的一个重要体现和首要价值目标,就是土地利用的平等性及实践中均分的倾向。[5] 这也是"成员权"的应有之义:土地集体制度赋予村庄内部每个合法成员平等地拥有村属土地的权利,而集体组织及其成员身份存在的一个主要目的,就是保证这些公共福利的均等性。[6] 这一保障功能在具体立法上体现为:《农村土地承包法》规定任何集体经济组织成员都有权承包本集体土地,任何组织和个人不得剥夺和非法限制组织成员承包土地的权利,即发包人负有强制缔约的义务;农村土地承包应坚持公开、公平、公正的原则;集体经济组织成员依法平等地行使承包土地的权利;在承包期内特殊情形下,发包方可以调整承包地;集体将可用于调整承包的土地承包给集体的新增人口。[7]

---

[1] 参见 1999 年国务院办公厅《关于加强土地转让管理严禁炒卖土地的通知》第 2 条;2007 年国务院办公厅《关于严格执行有关农村集体建设用地法律和政策的通知》第 2 条。

[2] 参见《农村土地承包法》第 33 条;最高人民法院 2020 年修正的《关于审理涉及农村土地承包纠纷案件适用法律问题的解释》第 11 条、第 19 条。

[3] 参见《农村土地承包法》第 47 条。

[4] 参见崔建远:《物权:规范与学说——以中国物权法的解释论为中心》(上册),清华大学出版社 2011 版,第 394 页。

[5] 参见刘俊:《中国农村土地承包经营法律制度研究——以土地承包经营权为中心》,载蔡继明、邝梅主编:《论中国土地制度改革——中国土地制度改革国际研讨会论文集》,中国财政经济出版社 2009 年版,第 87—114 页。

[6] 参见张静:《基层政权:乡村制度诸问题》(增订本),上海人民出版社 2007 年版,第 102 页。

[7] 参见《农村土地承包法》第 5 条、第 7 条、第 18 条、第 27 条、第 28 条。

(三)作为市场化私权工具的集体土地

虽然集体土地在名义上的归属主体是某一集合体,但对于土地的经济利用终究要落实到每一个具体的土地耕种者。因此,集体土地的个体利用者必然会对土地本身享有某种实质性的权利,无论这种权利的称谓为何。以罗马为例,氏族集体土地制度所具有的政治性归属与分散于内部成员的经济利用一起,在集体土地之上构建出一套"多重权力支配体系"——一方面,承认氏族集体组织依旧对内部分配的土地享有政治意义上的"管辖支配权"(signoria),由氏族首领(princeps)及氏族元老来控制,这是一种主体与土地之间的"事实"(fattuale)关系;另一方面,承认集体土地在经济和私法意义上的占有与利用已经被分配给氏族内"自有法家庭"和门客,体现出个体性特征,即土地的占有和利用是建立在"自有法家庭"体系之下,而非氏族集体体系之下。[1]

伴随着政治重心从氏族转向城邦、个人主义的兴起及法学家对所有权的主观权利改造,在土地所有领域,法技术层面产生了强调私权内涵、更为抽象化的土地归属术语——"市民法所有权"(dominium ex iure Quiritium),以及更晚期的"所有权"(proprietas)。[2] "市民法所有权"这一概念中包含的"根据奎里蒂法"(ex iure Quiritium)这一限定语表明,到了"市民法所有权"阶段,归属的认定从公法政治性宣示转向一种私法层面的"合法性"的评判。随着氏族这一组织体的衰落,对个人价值而非氏族利益的保护,使得归属模式中的经济性内容日益凸显。"市民法所有权"这一术语最初就是对应地役权(iura praediorum)与用益权(usus fructus)等他物权性质的土地权利而被使

---

[1] Luigi Capogrossi Colognesi, Proprietà e signoria in Roma antica, La Sapienza, 1994, p. 40.

[2] Luigi Capogrossi Colognesi, La struttura della proprietà e la formazione dei „ iura praediorum" nell'età repubblicana, Giuffrè Editore, 1969, pp. 124,186.

用的。[1] 近代法典化运动继受的另一表达归属的术语 proprietas,在《学说汇纂》中也多与用益权或占有等术语相对应出现,构成一种"用益物所有权—用益权"(propietas-ususfructus)的对立结构。[2]至此,土地所有权中的公法色彩基本消失殆尽,成为一个纯粹私权的概念。

我国的现实情况是,农村的集体土地已经从解决农民吃饭生存问题的保障工具,逐渐转向农村扩大经济产出最为重要的市场要素。在国家财政建立的农村社会保障体系逐步完善的背景下,集体土地的生存保障功能正在逐步弱化乃至消解。2006 年中共中央《关于构建社会主义和谐社会若干重大问题的决定》明确提出,逐步建立农村最低生活保障制度,有条件的地方探索建立多种形式的农村养老保险制度。到 2020 年基本建立覆盖城乡居民的社会保障体系。目前,农村新型合作医疗和最低生活保障制度已经在全国范围内广泛建立并实施。[3] 可以预见到,未来随着农村社会保障体系的建立完善,集体土地上承载的保障功能终将消解,集体土地所有权会向着完全的财产性权利演化。[4] 党的第十八届三中全会通过的《中共中央关于全面深化改革若干重大问题的决定》已经提出,赋予农民更多财产权利。积极发展农民股份合作制,赋予农民对集体资产股份的占有权、收益权、有偿退出权及抵押权、担保权、继承权。建立农村产权

〔1〕 Luigi Capogrossi Colognesi, La struttura della proprietàe la formazione dei „ iura praediovum" nell'efà repubblicana, Giuffrè Editore, 1969, pp. 494-497.

〔2〕 Stefania Romeo, L'appartenenza e l'alienazione in diritto romano: tra giurisprudenza e prassi, Giuffrè Editore, 2010, p.74.

〔3〕 在试点五年内,将新型农村合作医疗制度实现全面覆盖,各级财政对参合农民的补助由 2003 年 20 元/人·年提高到 2012 年 240 元/人·年。截至 2011 年底,参合人数达到 8.32 亿人,政策范围内住院费用报销比例达到 70% 左右。新型农村社会养老保险经过 3 年试点,与城镇居民社会养老保险同时在全国范围内启动制度全覆盖,1亿多城乡老人按月领取国家发放的基础养老金。参见《中央财政"三农"投入稳定增长保障机制逐步形成完善》,载中华人民共和国财政部网站 www.mof.gov.cn/zhengwuxinxi/caizhengxinwen/201210/t20121025_689781.htm,最后访问日期:2025 年 3月 2 日。

〔4〕 参见王菊英:《土地家庭承包经营权继承问题论析》,载《肇庆学院学报》2010 年第1 期。

流转交易市场,推动农村产权流转交易公开、公正、规范发展。这些都预示着土地权利市场化是下一步的改革方向,与此相对应,该决定还把"建立城乡统一的建设用地市场"这一政策导向放在了"加快完善现代市场体系"章目之下。

在集体土地所有权私权化的过程中,除通过出台一系列法律规范,将农民在农村集体土地上享有的一系列经济权益物权化之外,对于集体所有这个概念本身,立法上也有意识地进行了微妙而重要的修正:与《宪法》第 10 条、《民法通则》第 74 条及《土地管理法》第 8 条把我国农村集体土地的所有权人限定为"集体"或"农民集体"不同,2007 年实施的《物权法》第 59 条第 1 款第一次明确了"集体成员"亦为集体所有权的主体,由此被学者解读为我国立法上确认了"集体所有权主体的复合结构":集体+集体成员。[1] 如此一来,集体土地所有权的政治意义或公法上的主体依旧为"集体"自身,而私法上的主体则明确为"集体成员",以便从法技术上解决集体所有权的主体虚化问题。

不过仅就法律逻辑推理而言,"集体"毕竟不同于"集体成员",二者是不同的民事主体。"集体"作为所有权的主体,该所有权的主体是单一的,即个体所有权;而"集体成员"作为所有权的主体,该所有权的主体是复数的,在民法上隶属于"共有"的概念。在通说将集体所有权作为单独所有权看待的背景下,称"集体"和"集体成员"一起作为集体所有权的主体,在逻辑上存在障碍。[2]

(四)"成员权"与"公民权":保障功能与市场机能的冲突和协调

在我国农村集体所有土地与罗马氏族集体土地的制度结构中,都隐含着一个双重身份问题——之于罗马,是氏族成员与城邦市

---

[1] 参见崔建远:《物权:规范与学说——以中国物权法的解释论为中心》(上册),清华大学出版社 2011 年版,第 392 页。

[2] 同上书,第 393 页。

民身份的重叠;之于我国,则是成员权(membership)与公民权(citizenship)的重叠。这一双重身份造成的抵牾状态,实际上反映了两种身份背后集体土地上的保障功能与市场机能之间的冲突。

在这个层面上,对于氏族集体土地制度兴衰的评判与反思,可以放在罗马彼时的历史背景之下展开:伟大的罗马,正是通过土地制度的逐步构建,以及氏族集体土地的瓦解与土地私人所有和利用的完善,促使这个原本以人身血缘关系为基础的氏族联盟体制,过渡到以土地和财产为基础的城邦政治体制,并为罗马下一步从城邦到帝国的扩张历程,打下了坚实的制度基础。

在罗马建城之初,城邦的社会性特征大于政治性特征,城邦的治是以人身关系为基础,而不是以地域为基础。氏族、库里亚和部落之间的关系,统统都是人身关系,我们所见到的只是一系列由个人、氏族、库里亚和部落所组成的层层集体,城邦需要通过这些组织来间接地实施治理。但是城邦以氏族组织为根基无力建立起一个强大的国家基础,需要一个以土地和财产而非人身关系为基础的组织形式,为下一步扩张铺平道路,城邦应该成为市民的共同体,而非氏族的联合体。[1] 这一进程中必须付出的代价就是取消氏族、库里亚和部落的统治权,把氏族成员身份改造为市民身份,这就是王政时期第六位王赛尔维乌斯改革的初衷。[2] 这一进程体现了所谓"社会"与"城邦国家"的对峙,以及氏族成员与城邦市民身份的抵牾,其中"社会"(societas)以氏族和集体土地为基础,而"城邦"(Civitas)以公有土地和私有土地所有权为基础,后者正在逐渐取代前者。这种变化不是剧烈的,而是逐渐的,从罗穆卢斯开始,迄至赛尔维乌斯时代大体完成,期间历经大约二百年。[3] 百人团大会和市民军队的形成,是古罗马政制发展中的一个重要时刻,两者都揭示了这个统一的城邦结

〔1〕　参见[德]特奥多尔·蒙森:《罗马史》(第一卷),李稼年译,李澍泖校,商务印书馆1994年版,第23页。

〔2〕　参见[美]路易斯·亨利·摩尔根:《古代社会》(上册),杨东莼等译,商务印书馆1977年版,第319页。

〔3〕　同上书,第300页。

构正在超越古代的氏族联盟体制。[1] 私人土地所有权与市民身份,作为中心要素,不仅开始出现在市民法体系中,还成为城邦政治规范的一种宪制性要素。

我国的农村集体土地制度中,同样存在成员权与公民权两种身份的重叠与抵牾。以"外嫁女在原集体土地上权利是否收回"为例,[2]一方面,《农村土地承包法》第31条、《妇女权益保障法》第56条及中共中央办公厅、国务院办公厅《关于切实维护农村妇女土地承包权益的通知》等明确规定,外嫁女在原集体土地上的权利属于正当权利,应当予以保护;另一方面,《村民委员会组织法》《土地管理法》又赋予村民委员会集体土地及其衍生利益的管理权。村民委员会控制经济资源分配,它根据惯例将外嫁女的资格排除在福利分享之外,符合全体村民的利益,因而得到村民代表和村民大会的支持。村民委员会认为,法律对外嫁女权利的承认完全是虚置的,没有什么实际意义。是故,当村民委员会对此不办理也不承认的时候,上级组织并没有实际的机制、行动、安排和动力强制之,只能"敦促"乡政府"责令"村民委员会执行法律,至于对方是否执行则无法控制。对于外嫁女及类似境遇的很多农民来说,他们的成员权与公民权并非互相支持,而是相互矛盾和抵牾的。对此,行政级别高于村民委员会的县级行政机构的介入也无济于事,它无法因为行政级别和地位影响村中福利资源的实际分配。这种情况将外嫁女置于这样的境地:她们被法律认可具有自由选择居住地的公民权利,但这一权利仅仅是象征性的,无法体现为实际的权益。[3] 许多学者建言的农村集体土地国有化或土地私有化方案,试图通过消除集体这一中介,使农民直接与国家形成土地上的权利义务关系,解除农民与集体之间的身份关系,而仅留存农民针对国家的公民身份。在这一问题上,我国与罗

---

[1] 参见[意]弗朗切斯科·德·马尔蒂诺:《罗马政制史》(第一卷),薛军译,北京大学出版社2009年版,第95页。

[2] 具体内容参见张静:《基层政权:乡村制度诸问题》(增订本),上海人民出版社2007年版,第296—301页。

[3] 同上书,第300页。

马没有差别,土地国有化主张和私有化主张本身也没有差别。[1] 集体成员身份的消除,意味着农民由"身份"向"职业"的转变。[2]

实质上,强调集体成员身份性的独立,是为了实现其背后代表的保障和福利功能,如果保障功能不必要,则固定成员身份的意义也会消解大半。集体土地上的保障功能与市场机能是基于完全不同的价值理念和制度基础构建的,因此如何平衡两者就成为难点。在现阶段财政转移支付有限、农村社会保障体系尚未健全的背景下,集体土地上体现的生存和发展之间的矛盾仍未消除,立法者认为,我国在短时间内既不可能由其他制度取代土地保障功能以实现最基本的社会公平,又不能完全不顾及土地制度的利用效率。这种矛盾心态在立法上就表现为,力图在确保农村土地保障目标的基础上,实现土地的市场效益,把两大价值目标的实现放在同一个制度之中。例如,《农村土地承包法》的立法目的是强调农村的保障与稳定,[3] 而已失效的《物权法》则是以促进土地经济效益的发挥为出发点,以物权的自由流转为手段促进资源的合理配置,实现作为财产权的集体土地所有权及土地承包经营权所具备的市场机能。[4]

为了消解集体土地上的保障功能与市场机能之间的矛盾,本章认为有两个重要因素:首先,按照生存保障的需要,在集体经济组织内部平等分配集体土地所有权的私人利用,通过这种具有身份性的初始分配处理好起点公平问题,发挥政治保障功能,着眼于解决农民

---

[1] 参见刘俊:《中国农村土地承包经营法律制度研究——以土地承包经营权为中心》,载蔡继明、邝梅主编:《论中国土地制度改革——中国土地制度改革国际研讨会论文集》,中国财政经济出版社 2009 年版,第 87—114 页。

[2] 参见陈小君:《农地法律制度在后农业税时代的挑战与回应》,载《月旦民商法杂志》2007 年第 16 期。

[3] 参见 2002 年《农村土地承包法》第 1 条【立法目的】规定:为稳定和完善以家庭承包经营为基础、统分结合的双层经营体制,赋予农民长期而有保障的土地使用权,维护农村土地承包当事人的合法权益,促进农业、农村经济发展和农村社会稳定,根据宪法,制定本法。

[4] 参见《物权法》第 1 条【立法目的及依据】规定:为了维护国家基本经济制度,维护社会主义市场经济秩序,明确物的归属,发挥物的效用,保护权利人的物权,根据宪法,制定本法。

的生存问题;其次,在初始分配之后,农民支配保障性土地权利时,除以土地用途管制为中心内容的公共利益限制之外,应完全依照市场规则进行资源配置,促进物权化的土地承包经营权最大限度地自由流转和继承。因为根据科斯定理,在不存在交易成本的前提下,无论如何进行初始分配,都不会影响到最终的资源配置结果。[1] 或者说土地的均分在不排斥事后的自由交易时,并不影响资源配置效率。[2] 因此在自由流转阶段应强调效率取向与市场功能,着眼于解决农民的发展问题,并尽可能排除公权力的掣肘和管制。土地利用具有很强的外部性,它不只是生产者个人的事,在任何阶段若一律片面强调个人公平,会损害土地的有效利用,对社会而言绝非公平。土地只有流转起来,才能使生产者的能力与其拥有的土地相匹配,才能真正实现公平与效率的统一。[3]

就二者关系而言,"初始分配"与"自由流转"两阶段的区分与结合,恰恰使得生存保障和私权发展两大目标功能结合在一起。这体现了土地对农民的保障和土地作为资本的双重性,[4]使得生存保障和经济发展两大目标分阶段完成,而不是将两种截然不同的价值理念与具体规则同时混同在一套农地制度之中。如此一来,可以将现有的农村集体经济组织改造成为具有合作性质的农民自愿型的松散结合体,即私权范畴内自由结合而成的"民间集体"(Private Collective),消除集体所有土地上的身份性质。

---

[1] 参见[美]罗纳德·哈里·科斯:《企业、市场与法律》,盛洪、陈郁译校,格致出版社、上海三联书店、上海人民出版社2009年版,第96页以下。

[2] 参见姚洋:《土地、制度和农业发展》,北京大学出版社2004年版,第1—25页。

[3] 可流转的土地产权能产生两种效应:边际产出拉平效应与交易收益效应。一方面,土地产权的自由流转能促使土地边际产出较小的农户将土地出租给边际产出较高的农户;另一方面,土地产权的自由交易能增加土地拥有者找到土地需求者的概率,增加土地投资实现其价值的概率,进而提高农民进行土地投资的积极性,形成交易收益效应。因此应当尽可能降低农地产权的交易费用,取消对土地使用权流转的不当限制。参见钱忠好:《中国农村土地制度变迁和创新研究(续)》,社会科学文献出版社2005年版,第260—264页。

[4] 参见刘俊:《中国农村土地承包经营法律制度研究——以土地承包经营经营权为中心》,载蔡继明、邝梅主编:《论中国土地制度改革——中国土地制度改革国际研讨会论文集》,中国财政经济出版社2009年版。

四、结论

集体土地所有权糅合了公法层面的治理功能、生存保障功能及私法层面的市场化私权功能,是具备三重功能属性的集合体,因此,分析集体土地所有权并对其进行改革的理论前提是,厘清"集体土地所有权"所承载的三重功能属性。

罗马氏族集体土地制度,是比较法上观察集体土地三重功能属性的绝佳样本。在罗马城邦建立初期,以氏族成员集体作为归属主体的氏族集体土地构成了罗马土地的主要部分,氏族集体土地作为氏族这一政治单元的主要治理工具,一直服务于政治性目的,体现了公法上的权力(主权)与私法上的权利(所有权)的平行关系。氏族并非单纯的由经济目的形成的共同体,而是一个"身份固定"的成员组成的集合体,对这一集合体的存续保障起到关键作用的氏族集体土地,被划归为早期"要式物"中最重要的一种类型。伴随着政治重心从氏族转向城邦、氏族这一治理单元的瓦解及个人主义的兴起,氏族集体土地被罗马公地与私有土地瓜分殆尽,这种偏重公法政治性的集体所有模式被市民法体系摒弃而衰亡,私权层面的凸显经济内涵的个体所有模式取而代之。

我国的农村集体土地所有权也是三重功能属性混合的产物。集体土地是政治体制中的集体公有制在法律层面制度化的体现,是国家控制农村社会与经济的一种政治性安排的法律治理结构。它在很长时间内强化了农民与集体基于土地上的身份关系,以及把保障集体内部成员的生存作为首要价值目标,并强调土地利用的平等性。由集体所有模式带来的双重身份的重叠,在罗马表现为氏族成员与罗马市民、氏族社会与城邦国家的对峙,在我国则表现为作为村民身份的"成员权"与作为国家公民身份的"公民权"之间存在的事实性的抵牾。集体土地从治理和生存保障工具逐渐转变为具备实体权利义务关系的私权规范,是伴随着国家公权力在乡村的逐步退却,以及农村集体组织自身的实体化而得以实现的。立法上通过区分以社会保障为主要功能的地权初始分配与以市场化功能为主的自由流转两个阶段,将现有的农村集体经济组织改造成为具有合作性质的私权范畴内自由结合而成的"民间集体"。

《民法典》在《物权法》基础上,进一步深化了集体所有的私权与经济内涵,对于集体所有概念本身也有意识地进行了微妙而重要的修正,明确了除"集体"外,"集体成员"亦为集体所有权的私法主体,但这种处理在民法体系的逻辑推理上存在障碍。

第八章
集体建设用地使用权的再体系化

改革开放以来,我国的城市发展以经济建设为中心,因此城市地区获得了绝大多数新增的建设用地指标。[1] 但是近年来国家治理体系现代化要求国土空间规划"多规合一",2020 年中央一号文件明确要求"通过村庄整治、土地整理等方式节余的农村集体建设用地优先用于发展乡村产业项目",最终目标是建立国有和集体建设用地一体化的用途管制,将国土空间规划体系及年度建设用地计划统一纳入集体建设用地。2021 年中央一号文件继续要求,"积极探索实施农村集体经营性建设用地入市制度。完善盘活农村存量建设用地政策,实行负面清单管理,优先保障乡村产业发展、乡村建设用地"。可以说,包含"宅基地制度""集体经营性建设用地入市制度"及"征地制度"的"三块地"改革是我国当前土地改革的重要部署,在此背景下,需要统合集体建设用地的入市、征收及"三权分置"视野下宅基地的改革与转化等问题,在理论层面对集体建设用地使用权制度再体系化。

集体建设用地制度伴随着我国四十年来的改革历程,在法源层面涉及大量国家政策文件、立法及行政法规规章,堪称修改最为频繁及活跃的规范领域,亟需对立法沿革进行梳理呈现(第一部分);并在此基础上厘清集体建设用地的基本类型(第二部分);针对集体经营性建设用地的入市客体、实施主体、决议程序及规划控制,以及集体经营性建设用地使用权的设立与流转方式等内容进行教义学层面的

---

〔1〕 参见耿卓、孙聪聪:《乡村振兴用地难的理论表达与法治破解之道》,载《求是学刊》2020 年第 5 期,第 2—11 页。

制度构建(第三部分);围绕不同类型的集体建设用地,国家、农村集体组织、集体内部成员、非集体成员四者之间产生复杂的法律关系和利益纠葛,集体建设用地制度改革面临的两大难题,一为集体建设用地的供应,需要协调公益征收和集体经营性建设用地入市的关系,主要涉及国家与集体的利益权衡(第四部分);二为宅基地与其他类型集体建设用地的相互转化、退出、再分配及补偿问题,主要涉及农民与集体之间的利益权衡(第五部分)。

一、集体建设用地的法源与政策沿革

改革开放以来,农村集体建设用地的治理问题逐渐被纳入法治轨道。1986 年发布的《中共中央、国务院关于加强土地管理、制止乱占耕地的通知》,认定"乡镇企业和农村建房乱占耕地、滥用土地的现象极为突出",为了保护耕地,必须严格限制耕地转化为非农业用地。1987 年中共十三大提出"积极推行住宅商品化"和建立"社会主义房地产市场",引发很多地区兴起"开发区热"和"房地产热"现象,导致了大量闲置土地。因此 1992 年国务院接连发布《关于发展房地产业若干问题的通知》(已失效)、《关于严格制止乱占、滥用耕地的紧急通知》,试图通过禁止集体土地入市来减少潜在的闲置土地,指出集体所有土地出让前必须先通过征收转化为国有土地。

1998 年修订的《土地管理法》第 2 条删除了 1988 年《土地管理法》第 2 条中"国有土地和集体所有的土地的使用权可以依法转让"的规定,取而代之的是"土地使用权可以依法转让"的模糊表述。第 43 条首次规定,"任何单位和个人进行建设,需要使用土地的,必须依法申请使用国有土地……前款所称依法申请使用的国有土地包括国家所有的土地和国家征用的原属于农民集体所有的土地"。第 63 条规定,"农民集体所有的土地的使用权不得出让、转让或者出租用于非农业建设……"据此,除了乡镇企业、乡(镇)村公共设施和公益事业及村民住宅,其他类型的农村集体土地进入建设用地一级市场以征收为国有为前提。该模式在 2004 年修正《土地管理法》时被沿用。

　　2007 年《物权法》舍弃了 1995 年《城市房地产管理法》(于 2019 年第三次修正)采用的"国有土地使用权"称谓,采用了足以涵盖集体土地上建设行为的"建设用地使用权"这一术语。多部由学者编纂的"民法典草案建议稿"未区分集体建设用地使用权与国有建设用地使用权。[1] 考虑到我国土地改革正在试点和深化,各地情况差异较大,尚待总结实践经验,需要通过修改《土地管理法》来从根本上解决集体建设用地制度改革中的问题,作为民事基本法律的《物权法》留下了原则且灵活的规定,为今后改革留下空间。[2]《物权法》确定的方案是,第 135 条将建设用地使用权限定为在国有土地上设定,同时第 151 条作为转介条款,明确"集体所有的土地作为建设用地的,应当按照土地管理法等法律规定办理"。至此,只要目的是建造并保有建筑物所有权,不论是位于农村的集体所有土地还是位于城市的国家所有土地,该土地上的权利都被称为建设用地使用权。[3] 只以《物权法》第 183 条为代表,对集体建设用地使用权抵押等流转方式依旧采取了"一般性禁止"的立场。立法层面直至 2016 年《慈善法》第 85 条的公布,才首次使用"农村集体建设用地"这一法律术语。

　　近年来,中共中央和国务院先后出台了一系列涉及集体建设用地的政策文件。[4] 在国家政策的不断推动及改革试点成功经验的

---

〔1〕　参见梁慧星主编:《中国民法典草案建议稿附理由·物权编》,法律出版社 2004 年版,第 341—344 页;王利明主编:《中国民法典草案建议稿及说明》,中国法制出版社 2004 年版,第 122—124 页;陈甦主编:《中国社会科学院民法典分则草案建议稿》,法律出版社 2019 年版,第 42—46 页。

〔2〕　参见全国人民代表大会常务委员会法制工作委员会编:《中华人民共和国物权法释义》,法律出版社 2007 年版,第 335 页。

〔3〕　参见崔建远:《物权:规范与学说——以中国物权法的解释论为中心》(下册),清华大学出版社 2011 年版,第 534 页。

〔4〕　2013 年《中共中央关于全面深化改革若干重大问题的决定》与 2014 年中央一号文件明确提出:建立城乡统一的建设用地市场。在符合规划和用途管制前提下,允许农村集体经营性建设用地出让、租赁、入股,实行与国有土地同等入市、同权同价。加快建立农村集体经营性建设用地产权流转和增值收益分配制度。建立兼顾国家、集体、个人的土地增值收益分配机制,合理提高个人收益。完善土地租赁、(转下页)

基础上,立法开始跟进。2019 年《土地管理法》正式对集体建设用地及集体经营性建设用地进行了规范,允许集体经济组织以外的单位和个人在符合法定条件和程序时,取得、互换、转让,甚至抵押集体经营性建设用地使用权,制度上阻碍城乡一体化发展的二元体制被终结,集体建设用地终于可以和国有建设用地同等入市、同权同价。2020 年《民法典》第 361 条沿用《物权法》第 151 条转介条款模式,将"应当依照土地管理法等法律规定办理"修改为"应当依照土地管理的法律规定办理",拓宽了涉及集体建设用地的规范来源,而且该条指向的 2019 年《土地管理法》与 2004 年《土地管理法》相比,法律效果已是天壤之别。2021 年最高人民法院与国务院又相继出台《最高人民法院关于为全面推进乡村振兴加快农业农村现代化提供司法服务和保障的意见》、新修订的《土地管理法实施条例》,全面细化了集体建设用地的相关规范。

法源层面的潜在问题是,《民法典》第 361 条转介的"土地管理的法律规定"是否包括《民法典》第十二章中国有土地"建设用地使用权"的内容? 有观点认为,集体所有权仅惠及小范围封闭群体,在所有权的行使机制如设权程序、提前收回、自动续期等方面,与国家所有权存在诸多差异,不适合直接套用国有建设用地的规定,因此《民法典》第十二章不适用于集体建设用地。[1] 笔者则认为,国有建设用地使用权与集体建设用地使用权在具体权能和土地用途上具有一致

<hr>

(接上页) 转让、抵押二级市场。2014 年《关于农村土地征收、集体经营性建设用地入市、宅基地制度改革试点工作的意见》提出,农村集体经营性建设用地入市改革的任务是"完善农村集体经营性建设用地产权制度,赋予农村集体经营性建设用地出让、租赁、入股权能;明确农村集体经营性建设用地入市范围和途径;建立健全市场交易规则和服务监管制度"。2015 年《全国人民代表大会常务委员会关于授权国务院在北京市大兴区等三十三个试点县(市、区)行政区域暂时调整实施有关法律规定的决定》授权国务院在特定地区具体暂时调整实施《土地管理法》第 43 条第 1 款、第 63 条和《城市房地产管理法》第 9 条关于集体建设用地使用权不得出让等的规定。"在符合规划、用途管制和依法取得的前提下,允许存量农村集体经营性建设用地使用权出让、租赁、入股,实行与国有建设用地使用权同等入市、同权同价。"

[1] 参见宋志红:《集体建设用地使用权设立的难点问题探讨——兼析〈民法典〉和〈土地管理法〉有关规则的理解与适用》,载《中外法学》2020 年第 4 期,第 1043—1060 页。

性,《土地管理法》修订目标之一便是希望推动实现同地同权,可以把《民法典》涉及国有建设用地使用权的内容作为一般规则,《土地管理法》及配套规范中关于集体建设用地使用权的内容作为特殊规则优先适用,在不存在特殊规则时,如权利内容和行使要求、空间建设用地使用权、出让方式、出让金缴纳、权利登记的效力等方面,准用《民法典》中规定的国有建设用地使用权一般规则。[1] 2019 年《土地管理法》第 63 条第 4 款便规定,集体建设用地使用权的出让及其最高年限、转让、互换、出资、赠与、抵押等,参照同类用途的国有建设用地执行。

二、集体建设用地的基本类型

依据《民法典》第 249 条与第 260 条,土地所有制分为国家所有和农民集体所有。《民法典》"用益物权分编"按照土地用途划分为土地承包经营权、建设用地使用权和宅基地使用权三章内容。依据 2019 年《土地管理法》第 4 条,土地按照用途管制区分为农用地、建设用地和未利用地,[2]"建设用地"章节依行政管制的逻辑区分各种建设用地权利类型,目的在于通过土地规划等用途管制途径限制财产权来实现耕地保护以确保粮食安全。[3] 综上,建设用地在立法层面被划分为国有建设用地和集体建设用地。

反推 2004 年《土地管理法》第 43 条文义,集体建设用地可进一步细分为村民建设住宅用地即宅基地、乡镇企业用地、乡村公共设

---

〔1〕 参见最高人民法院民法典贯彻实施工作领导小组主编:《中华人民共和国民法典物权编理解与适用》(下),人民法院出版社 2020 年版,第 835 页;高圣平:《论集体建设用地使用权的法律构造》,载《法学杂志》2019 年第 4 期,第 14—26 页。

〔2〕 农用地是指直接用于农业生产的土地,包括耕地、林地、草地、农田水利用地、养殖水面等;建设用地指建造建筑物、构筑物的土地,包括城乡住宅和公共设施用地、工矿用地、交通水利设施用地、旅游用地、军事设施用地等;未利用地指农用地和建设用地以外的土地。

〔3〕 参见韩松:《论农村集体经营性建设用地使用权》,载《苏州大学学报(哲学社会科学版)》2014 年第 3 期。

施和公益事业建设用地三大类。2019 年《土地管理法》则把集体建设用地分为两大类：第 59 条规定了用于乡（镇）村公共设施、公益事业、乡镇企业、农村村民住宅等乡村建设的集体建设用地；第 63 条创设了为工业、商业等经营性用途并经依法登记的集体经营性建设用地。集体经营性建设用地与集体建设用地之间是何种关系？这一问题涉及集体建设用地的基本类型。

第一种类型为集体公益性建设用地，用于乡（镇）村公共设施和公益事业，包括乡（镇）村行政办公、文化科学、医疗卫生、教育设施、生产服务和公用事业，等等。[1] 2019 年《土地管理法》第 61 条对乡（镇）村公共设施、公益事业建设用地审批进行了规定。在集体土地上建设乡（镇）村公共设施和公益事业，虽然农民集体无须另行为自己设立建设用地使用权，但是鉴于实践中集体财力和人力羸弱，为了激励其他市场主体对公共设施和公益事业的建设投资，需要为投资主体设立集体公益性建设用地使用权。可借鉴行政审批后无偿划拨方式设立的非营利性的国有建设用地使用权，由集体经济组织划拨给投资主体，而不采取市场化配置逻辑下出让方式有偿设立。[2]

第二种类型为宅基地，关乎集体内部成员的住房福利保障。《民法典》中宅基地使用权是一种独立类型的用益物权，与建设用地使用权是并列关系，但 2019 年《土地管理法》将规定宅基地的第 62 条放置在"建设用地"章节，宅基地上的权利未体现为独立的权利类型。鉴于宅基地的福利保障属性，其规划与管制相比其他集体建设用地更为严苛，财产价值和市场功能严重受限，用途上虽隶属于建设用地，但设立和管理一直单独规定并自成体系。例如，《土地登记办法》

---

[1] 例如，乡（镇）政府、村民委员会办公、公安、税务、邮电所、学校、幼儿园、托儿所、医院、农技推广站、敬老院及乡村级道路、供水、排水、电力、电讯、公共厕所等。参见杨合庆主编：《中华人民共和国土地管理法释义》，法律出版社 2020 年版，第 107—111 页。

[2] 参见宋志红：《集体建设用地使用权设立的难点问题探讨——兼析〈民法典〉和〈土地管理法〉有关规则的理解与适用》，载《中外法学》2020 年第 4 期，第 1043—1060 页；高圣平：《论集体建设用地使用权的法律构造》，载《法学杂志》2019 年第 4 期，第 14—26 页。

(已失效,下同)将集体建设用地使用权和宅基地使用权都归在集体土地使用权概念之内。随着宅基地"三权分置"改革逐步推开,宅基地有可能同其他集体建设用地类型相互转化,应被视为集体建设用地的一种类型。2021年《土地管理法实施条例》第33条明确规定宅基地需求通过"建设用地指标"进行保障。

第三种类型为集体经营性建设用地,早在2002年,原国土资源部《招标拍卖挂牌出让国有土地使用权规定》第4条以列举的方式将"经营性用地"定义为商业、旅游、娱乐和商品住宅等用地,2007年《招标拍卖挂牌出让国有建设用地使用权规定》新增工业用地,2008年《中共中央关于推进农村改革发展若干重大问题的决定》首次出现"集体经营性建设用地"的称谓。[1] 2014年《关于农村土地征收、集体经营性建设用地入市、宅基地制度改革试点工作的意见》将农村集体经营性建设用地界定为"存量农村集体经营性建设用地中,土地利用总体规划和城乡规划确定为工矿仓储、商服等经营性用途的土地"。2019年《土地管理法》第63条则作了正式定义,"土地利用总体规划、城乡规划确定为工业、商业等经营性用途,并经依法登记的集体经营性建设用地"。2021年《土地管理法实施条例》第四章新增第五节规定"集体经营性建设用地管理"的内容。

集体经营性建设用地是否包含乡镇企业用地?依据2004年《土地管理法》第43条,除宅基地和集体公益性建设用地外,唯一可以不经征收保留集体所有性质进行利用的建设用地只有乡镇企业用地。然而2019年《土地管理法》并未将乡镇企业用地放置在规定集体经营性建设用地的第63条,而是将其同宅基地及集体公益性建设用地一并置于需要履行严格审批手续的第59条。官方释义书更明确区分了两者,"集体建设用地的概念与集体经营性建设用地有所不同,一是使用主体有特殊限制,是本集体所属乡镇企业和村民个人

---

〔1〕 表述为"逐步建立城乡统一的建设用地市场,对依法取得的农村集体经营性建设用地,必须通过统一有形的土地市场、以公开规范的方式转让土地使用权,在符合规划的前提下与国有土地享有平等权益"。

等,属于农村集体经济组织及其成员自行使用,而集体经营性建设用地的使用主体包括本集体组织之外所有的自然人和法人。二是用途不同,前者只能用于乡镇企业、乡村公共设施、公益事业和村民建住宅等情形,而后者则可用于工业、商业等经营性用途,范围更为广泛"[1]。

笔者认为,一方面,乡镇企业用地符合集体经营性建设用地的内涵。"集体"强调土地的所有权归属于农民集体所有;"建设用地"区别于农业生产经营用地;"经营性"排除了非经营性质的公共设施、公益事业用地及宅基地。[2] 区分实益在于能否直接入市及实现市场化有偿使用。乡镇企业用地在功能上迥异于福利保障性质的宅基地和集体公益性建设用地,更接近于2019年《土地管理法》第63条表述的"工业、商业等经营性用途"。2021年《土地管理法实施条例》第37条第2款规定"鼓励乡村重点产业和项目使用集体经营性建设用地",其中乡村重点产业和项目可以解释为涵盖了乡镇企业。另一方面,集体经营性建设用地不等同于乡镇企业用地。《乡镇企业法》第2条第1款将乡镇企业定义为"农村集体经济组织或者农民投资为主,在乡镇(包括所辖村)举办的承担支援农业义务的各类企业"。第1款所称投资为主是指"农村集体经济组织或者农民投资超过百分之五十,或者虽不足百分之五十,但能起到控股或者实际支配作用"。2019年《土地管理法》第60条区分了农村集体经济组织与其他主体以使用权入股、联营等形式共同兴办企业,以及农村集体经济组织独自兴办两种方式。由于股权冲突、市场压力及企业改制等方面原因,现阶段我国,尤其在中西部地区符合法律定义的乡镇企业数量非常有限。[3] 如果仅把集体经营性建设用地局限于乡镇企业用地,无疑会极大削弱集体经营性建设用地入市改革的适用空间及其价值。

---

[1] 杨合庆主编:《中华人民共和国土地管理法释义》,法律出版社2020年版,第107—111页。

[2] 参见韩松:《论农村集体经营性建设用地使用权》,载《苏州大学学报(哲学社会科学版)》2014年第3期。

[3] 参见肖顺武:《从管制到规制:集体经营性建设用地入市的理念转变与制度构造》,载《现代法学》2018年第3期,第95—108页。

解释论上,可以将乡镇企业用地定性为"存量集体经营性建设用地",[1]审批手续等问题适用 2019 年《土地管理法》第 59 条与第 60 条;将新增的工业、商业等经营性用地定性为"增量集体经营性建设用地",出让及流转等问题适用 2019 年《土地管理法》第 63 条。后者是未来拓展集体经营性建设用地的主要方向,通过规划调整、土地整理等方式,把农用地、宅基地或者公益性建设用地合法调整为集体经营性建设用地。[2] 2019 年《土地管理法》第 63 条中的"工业、商业等"应解释为开放式的非完全列举,可以囊括其他政策文件和部门规章中"工矿仓储、商服"等土地用途。[3] 实质性的判断基准是:土地建设用途是经营性而非公益性的,商服、工矿仓储也可能用于公益性用途,而非当然属于经营性用途。[4]

经营性建设用地能否用于商品住宅开发？官方释义书认为"集体经营性建设用地入市后不能违规用于商品房开发,将来是否允许用于商品房开发,应当根据实践发展需要由党中央作出决策部署"[5]。鉴于我国现阶段的房地产问题极为敏感,暴露出一系列痼疾,相关管制和调控措施触及经济生活的方方面面,并且城市房地产开发和农村住房的背景完全不同,因此《土地管理法》没有在用途中标明"住宅"这一类型,尚未放宽集体土地上的住宅开发。另一方面,考虑到党的十九大提出"加快建立多主体供应、多渠道保障、租购并举的住房制度",以及现代土地复合利用形态下,工商业和居住等

---

〔1〕 参见陈小君:《我国农村土地法律制度变革的思路与框架——十八届三中全会〈决定〉相关内容解读》,载《法学研究》2014 年第 4 期。

〔2〕 参见李国强:《〈土地管理法〉修正后集体建设用地使用权的制度构造》,载《云南社会科学》2020 年第 2 期,第 112—120 页。

〔3〕 参见高圣平:《论集体建设用地使用权的法律构造》,载《法学杂志》2019 年第 4 期,第 14—26 页。

〔4〕 《土地利用现状分类》(GB/T 21010—2017)将土地分为 12 个一级类,73 个二级类,均按照具体用途进行区分,例如,一级类里面的"工矿仓储用地",二级类里面的"工业用地""采矿用地"等,并没有"经营性"与"非经营性"之分。

〔5〕 杨合庆主编:《中华人民共和国土地管理法释义》,法律出版社 2020 年版,第 107—111 页。

用途聚合于不动产更有利于土地价值的充分发挥,[1]可以预见到未来会逐渐放开集体土地上的住宅开发。笔者认为,集体经营性建设用地入市须符合土地规划和用途管制的前提,因而是否用于商品住宅开发,可以通过土地利用总体规划及城乡规划进行更精细化管控,无须"一刀切"地予以禁止。

综上所述,土地根据用途管制分为农用地、建设用地和未利用地,建设用地依所有制分为国有建设用地和集体建设用地。集体建设用地使用权是农民集体所有土地上设立的以建设为用途的使用权,依据设立目的和用途可类型化为宅基地使用权、集体公益性建设用地使用权与集体经营性建设用地使用权。集体经营性建设用地又可细化为存量的乡镇企业用地和增量的工业、商业等经营性用地。(参见图9)

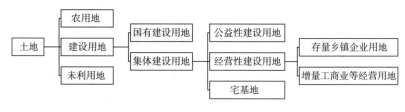

图9 建设用地的基本类型

三、集体经营性建设用地入市的制度构造

(一)入市客体:限于集体经营性建设用地

通过立法沿革可知,导致集体建设用地入市立法迟滞的原因包括严峻的耕地保护形势和国家垄断土地经营模式。[2] 在 2004 年

---

[1] 参见宋志红:《集体建设用地使用权设立的难点问题探讨——兼析〈民法典〉和〈土地管理法〉有关规则的理解与适用》,载《中外法学》2020 年第 4 期,第 1043—1060 页。

[2] 参见方涧:《修法背景下集体经营性建设用地入市改革的困境与出路》,载《河北法学》2020 年第 3 期,第 151—162 页。

《土地管理法》"先征收、再出让"的城乡二分模式下,国家垄断了建设用地的供给,虽有利于集中、集约利用土地,但农村集体建设用地不能与国有建设用地同权同价、同等入市,无法用于商业化开发,限制了市场化配置的功能。应然层面,集体土地权益得不到充分保障;实然层面,大量城乡结合部的集体建设用地违法进入市场。2019 年《土地管理法》承认了集体经营性建设用地入市资格,被誉为"继农村土地承包、国有建设用地使用权有偿使用、农村土地三权分置改革之后,我国土地制度的一次重大调整和与时俱进,有利于进一步盘活农村建设用地,提高农村集体经济组织及其成员的收入,有利于促进乡村振兴和城乡融合发展"[1]。

入市客体仅限于集体经营性建设用地是一种稳妥的土地改革方案。根据《土地管理法》第 61 条,集体公益性建设用地使用权仍以行政审批的方式设立,无偿取得或仅需支付适当的土地取得成本,一般不预先设定期限限制,参照国有土地划拨的相关规定。[2] 实践中通常使用"拨用"一词指代集体公益性建设用地使用权的无偿设立行为,[3]无法再流转且用途限定。集体在实际用途溢出限定的公益性用途时,应当收回建设用地使用权,以防私益假借公益之名无偿使用集体建设用地。2019 年《中共中央、国务院关于建立健全城乡融合发展体制机制和政策体系的意见》[4]并未放开集体公益性建设用地流转,而是对公益性建设用地转变为经营性建设用地严格限

---

〔1〕　杨合庆主编:《中华人民共和国土地管理法释义》,法律出版社 2020 年版,第 117—121 页。

〔2〕　参见最高人民法院民法典贯彻实施工作领导小组主编:《中华人民共和国民法典物权编理解与适用》(下),人民法院出版社 2020 年版,第 831—835 页。

〔3〕　参见宋志红:《集体建设用地使用权设立的难点问题探讨——兼析〈民法典〉和〈土地管理法〉有关规则的理解与适用》,载《中外法学》2020 年第 4 期,第 1043—1060 页。

〔4〕　该意见规定:在符合国土空间规划、用途管制和依法取得前提下……允许村集体在农民自愿前提下,依法把有偿收回的闲置宅基地、废弃的集体公益性建设用地转变为集体经营性建设用地入市;推动城中村、城边村、村级工业园等可连片开发区域土地依法合规整治入市;推进集体经营性建设用地使用权和地上建筑物所有权房地一体、分割转让。

定条件。[1] 在是否允许农用地转变为集体经营性建设用地入市的问题上,官方释义书明确持否定立场。[2]

(二)入市实施主体、决议程序及规划控制

集体经营性建设用地入市涉及建设用地一级市场和二级市场。一级市场指集体土地所有者以市场化方式为其他主体设立有偿的建设用地使用权;二级市场指土地使用者再次流转已经取得的建设用地使用权,流转方式包括赠与、继承、出资、抵押及转让、互换等。经营性建设用地使用权人的资格未被设置准入门槛。2019 年《土地管理法》第63 条第 1 款主要处理一级市场上建设用地使用权的设立,其规定,农村集体经济组织作为土地所有权人,可通过出让、出租等方式将符合规划和特定用途的土地交由单位或个人,用于建设建筑物、构筑物及附属设施。针对存量集体经营性建设用地的乡镇企业用地,集体经济组织已经以出让方式为他人设立了集体建设用地使用权的,理论上仅存在二级市场流转问题,但不排除一些闲置的乡镇企业用地已被集体经济组织收回,此情况下仍然存在进入一级市场的可能。[3]

依据《民法典》第 262 条和 2019 年《土地管理法》第 11 条的规定,通过法定代表行使机制,由集体土地所有权确权登记确定的农民集体对应的乡镇集体经济组织、村集体经济组织或村民委员会、村民小组等代表成为集体建设用地使用权设立合同的甲方;也可以通过意定代理机制,委托上一级农村集体经济组织或者村民委员会代为入市,或者由经市场监管机关登记注册具有法人资格的组织代理担

---

[1] 包括符合规划和用途管制、农民自愿、程序合法、须为闲置的宅基地或废弃的集体公益性建设用地等条件。参见陈耀东:《集体经营性建设用地入市流转的法律进路与规则设计》,载《东岳论丛》2019 年第 10 期,第 120—125 页。

[2] 因我国耕地资源十分有限,同时城乡建设用地数量庞大但利用效率较低,城乡建设用地应主要在提高利用效率上下功夫。中央没有允许这种做法,地方在实践中应严格按照党中央决策部署开展入市工作,不能随意将耕地转变为集体经营性建设用地入市。参见杨合庆主编:《中华人民共和国土地管理法释义》,法律出版社 2020 年版,第 117—121 页。

[3] 参见黄发儒:《集体经营性建设用地入市路径思考》,载《中国土地》2015 年第 2 期。

任入市实施主体,以弥补集体经济组织或村民委员会专业能力的不足。[1] 2015 年《农村土地征收、集体经营性建设用地入市和宅基地制度改革试点实施细则》规定,"可以探索由代表其所有权的农民集体委托授权的具有市场法人资格的土地股份合作社、土地专营公司等作为入市实施主体,代表集体行使所有权"。考虑到农村社会治理的现状,有学者认为,由法定代表主体再行对外委托导致代理链条延长,增加了代理人偏离农民集体利益的风险,由此主张限制委托入市实施主体的适用范围。如果存在对应级别的农村集体经济组织且无市场主体资格方面的障碍,由其直接担任入市主体及合同甲方,通过引入第三方服务的方式弥补专业能力的不足。[2]

无论法定代表抑或意定委托,权利设立必须通过农民集体决议程序以体现土地所有权人的真实意思。2019 年《土地管理法》第 63 条第 2 款对入市采取了多数决的方式,"应当经本集体经济组织成员的村民会议三分之二以上成员或者三分之二以上村民代表的同意"。鉴于《村民委员会组织法》对参会人数依据不同情形要求二分之一以上或三分之二以上组成人员参加方能召开;所作会议决议需到会人员过半数同意。因此 2019 年《土地管理法》条文中的"三分之二"指表决同意人数占到会人数三分之二以上,高于《村民委员会组织法》"过半数同意"的一般性规定。[3] 决议事项包括 2019 年《土地管理法》第 63 条

[1]　参见岳永兵:《集体经营性建设用地入市实施主体对比分析》,载《中国国土资源经济》2019 年第 6 期。

[2]　乡镇政府、街道办事处等作为监管者,也不宜成为入市实施主体。以广东南海为代表的土地整备入市和以北京大兴为代表的联营公司统筹入市,主要适用于需要对存量建设用地进行整理并重新规划后入市的情形,顺应了一定区域内土地综合开发利用的需要,在委托之时土地使用权已经从原土地所有者转移至土地整备中心或联营公司,入市时由整备中心或联营公司以自己名义与土地使用者签订合同,因此其法律关系之本质并不是入市事项的委托代理,而是合作关系。参见宋志红:《集体建设用地使用权设立的难点问题探讨——兼析〈民法典〉和〈土地管理法〉有关规则的理解与适用》,载《中外法学》2020 年第 4 期,第 1043—1060 页。

[3]　对此,存在不同解读,例如,自然资源部法规司魏莉华司长将其解读为"经本集体经济组织三分之二以上成员或村民代表同意"。参见乔思伟:《农村土地制度实现重大突破——自然资源部法规司司长魏莉华解读新土地管理法》,载《中国自然资源报》2019 年 8 月 27 日,第 001 版。

第 1 款列举的书面出让合同应当载明的"土地界址、面积、动工期限、使用期限、土地用途、规划条件和双方其他权利义务"等核心内容,还包括对入市实施主体的委托授权、入市成本、价格形成机制及收益分配方案等关乎集体及其成员重要利益的事项内容。[1] 对于交易方式和程序是以招标、拍卖、挂牌等公开竞价方式还是协议形式,现行法只规定参照同类用途的国有建设用地执行,尚需制定配套法规予以明确。

集体经营性建设用地入市的前提和依据是土地规划,但不同于集体公益性建设用地、宅基地及农用地转为建设用地的审核、申请及审批手续。2019 年《土地管理法》第 23 条第 2 款和第 63 条第 1 款规定,只有土地利用总体规划、城乡规划确定为工业、商业等经营性用途,并且被纳入土地利用年度计划的建设用地,才能设立经营性建设用地使用权。第 64 条规定,"集体建设用地的使用者应当严格按照土地利用总体规划、城乡规划确定的用途使用土地"。这一规定体现了用途管制的基本思想,明确了入市后的管理措施。[2] 2021 年《土地管理法实施条例》第 37 条以下更是要求集体经营性建设用地布局和用途须符合国土空间规划。[3]

《民法典》第 350 条规定土地用途不得随意改变,依第 361 条转介规范,同样适用于集体经营性建设用地使用权。但是规划编制程序不应将农村集体完全排除在外,而应落实《城乡规划法》第 18 条与第 22 条"乡规划、村庄规划……尊重村民意愿""乡、镇人民政府组织编制乡规划、村庄规划……报送审批前,应当经村民会议或者村民代

---

[1] 参见宋志红:《集体建设用地使用权设立的难点问题探讨——兼析〈民法典〉和〈土地管理法〉有关规则的理解与适用》,载《中外法学》2020 年第 4 期,第 1043—1060 页。

[2] 参见 2018 年 12 月 23 日,第十三届全国人民代表大会常务委员会第七次会议所作的关于《〈中华人民共和国土地管理法〉〈中华人民共和国城市房地产管理法〉修正案(草案)》说明。

[3] 《土地管理法实施条例》第 40 条第 1 款规定:……编制集体经营性建设用地出让、出租等方案,由本集体经济组织形成书面意见,在出让、出租前不少于十个工作日报市、县人民政府。市、县人民政府认为该方案不符合规划条件或者产业准入和生态环境保护要求等的,应当在收到方案后五个工作日内提出修改意见。土地所有权人应当按照市、县人民政府的意见进行修改。第 41 条规定:……未依法将规划条件、产业准入和生态环境保护要求纳入合同的,合同无效……

表会议讨论同意"等程序要求。依《行政诉讼法》第 70 条,"明显不当"的集体土地规划作为"抽象行政行为"具有可诉性。[1]

(三) 集体经营性建设用地使用权的设立与流转方式

2019 年《土地管理法》第 63 条第 1 款规定了"出让、出租等"集体经营性建设用地的方式。《民法典》第 347 条第 2、第 3 款强调经营性建设用地应采取公开竞价方式出让,严格限制以划拨方式设立建设用地使用权。因此集体经营性建设用地使用权不能划拨设立。"入股"是"出让"的一种形式,土地所有者以使用权作价入股的行为内含了将该权利让渡给被入股的企业的出让行为,接受入股的受让人无须给付出让金,而是给付股权或者出资份额。应当鼓励采用入股方式入市,通过股份的捆绑构建起农民集体与土地使用人的利益共同体,农民集体收益源于是土地股份,本质上是农民集体对土地级差地租 I(自然属性差异) 的公平分享。[2]

对于"出租",1999 年《规范国有土地租赁若干意见》第 6 条赋予了出租物权效力,[3] 使其成为一种分期支付出让金的变相出让行为。[4] 出租供地模式是我国经济体制改革及国有土地有偿使用实践中,为了应对国企改革这一阶段性任务而采取的无奈之举,有规避土地出让规则的嫌疑。[5] 2019 年《土地管理法》第 63 条第 3 款的表述为"通过出让等方式取得的集体经营性建设用地使用权",第 4

---

[1] 参见温世扬:《集体经营性建设用地"同等入市"的法制革新》,载《中国法学》2015 年第 4 期,第 67—83 页。

[2] 参见高圣平:《论集体建设用地使用权的法律构造》,载《法学杂志》2019 年第 4 期,第 14—26 页;肖顺武:《从管制到规制:集体经营性建设用地入市的理念转变与制度构造》,载《现代法学》2018 年第 3 期,第 95—108 页。

[3] 《规范国有土地租赁若干意见》第 6 条第 1 款规定:……承租人在按规定支付土地租金并完成开发建设后,经土地行政主管部门同意或根据租赁合同约定,可将承租土地使用权转租、转让或抵押……

[4] 参见宋志红:《集体建设用地使用权设立的难点问题探讨——兼析〈民法典〉和〈土地管理法〉有关规则的理解与适用》,载《中外法学》2020 年第 4 期,第 1043—1060 页。

[5] 参见刘璐、高圣平:《土地一级市场上租赁供地模式的法律表达——以〈土地管理法〉的修改为中心》,载《上海财经大学学报(哲学社会科学版)》2012 年第 2 期。

款的表述为"集体经营性建设用地的出租,集体建设用地使用权的出让",明确了"出租"并非集体经营性建设用地使用权的设立方式,仅保留"出让"这一设立方式即可。

2019 年《土地管理法》第 63 条第 3 款规定的"抵押",本属于二级市场的交易行为。但在一级市场上,土地所有者也可以为自己设定建设用地使用权并将其抵押融资,所得资金用于开展配套基础设施建设、补偿原权利人等土地整理工作。代表国有土地所有者的土地储备中心在出让土地之前经常用国有建设用地使用权抵押融资开展土地整理储备活动,针对集体建设用地也应同理予以允许。鉴于抵押物处置时会发生集体建设用地使用权出让的法律效果,设定抵押应参照出让的条件和程序进行。[1]

若在未来修法时删除出租方式,《土地管理法》第 63 条第 1 款"经依法登记的集体经营性建设用地"可被理解为建设用地使用权的首次登记。2015 年国土资源部(已撤销)《关于启用不动产登记簿证样式(试行)的通知》[2]所附不动产登记簿样式中,"土地所有权登记信息"只要求登载农用地、建设用地、未利用地的分类面积,并不登记集体建设用地地块。这意味着集体土地所有权并非按宗地登记,而是按一定区域整体登记,而集体建设用地只是该区域中的一部分面积,尚未在登记簿上被特定化。通过首次登记,不仅建设用地的四至、用途、期限等得以明确,而且有利于促使集体组织在设权之前按照法定程序清除土地上的负担,保障"净地"交易,避免设权纠纷、遗留的拆迁安置补偿与进场开发建设冲突导致的强拆现象。这是2012 年开始禁止国有建设用地使用权"毛地"出让的重要原因。[3]

2004 年《土地管理法》第 63 条将集体建设用地二级市场局限在

---

[1] 参见宋志红:《集体建设用地使用权设立的难点问题探讨——兼析〈民法典〉和〈土地管理法〉有关规则的理解与适用》,载《中外法学》2020 年第 4 期,第 1043—1060 页。

[2] 已被自然资源部《关于修改印发〈林权类不动产登记簿样式〉的通知》修改,"林权登记信息页"不再适用。

[3] 参见宋志红:《集体建设用地使用权设立的难点问题探讨——兼析〈民法典〉和〈土地管理法〉有关规则的理解与适用》,载《中外法学》2020 年第 4 期,第 1043—1060 页。

破产、兼并等场合,2019 年《土地管理法》第 63 条第 3、第 4 款对此作了重大革新:集体经营性建设用地使用权可通过转让、互换、出资、赠与或抵押等方式进入二级市场,供地渠道和价格形成机制与同类用途的国有建设用地保持一致,出让年限也参照《城镇国有土地使用权出让和转让暂行条例》执行。

2019 年《土地管理法》第 63 条第 3 款[1]与《民法典》第 353 条对国有建设用地使用权流转的限制相比,多了行政法规另有规定及合同另有约定除外的内容。"法律、行政法规另有规定"如《民法典》第 243 条、第 327 条的建设用地征收,第 358 条的建设用地因公共利益需要提前收回,2019 年《土地管理法》第 66 条的集体经济组织提前收回,这些情况下建设用地使用权无法再行流转。《民法典》第 398 条规定乡镇、村企业建设使用权不得单独抵押,但承认依据"地随房走"原则,在建筑物设定抵押时一并抵押。"书面合同另有约定"奉行意思自治原则,约定内容未登记的不得对抗善意交易第三人,使用权人违反此约定时只承担违约责任。[2]

四、入市与征收的体系分工及利益协调

(一)入市与征收的收益分配格局

集体经营性建设用地入市打破了政府对土地一级市场的垄断,将"集体土地用途管制+土地征收"一元化土地供应模式转变为"公益性建设用地征收+非公益性建设用地入市"双轨制土地供应模式。这一改革把"征收"与"用途转变"两个性质迥异的行为从捆绑状态分离开来。理想方案是将征地范围严格限制在公共利益目

---

[1] 《土地管理法》第 63 条第 3 款但书规定:但法律、行政法规另有规定或者土地所有权人、土地使用权人签订的书面合同另有约定的除外。

[2] 参见崔建远:《中国民法典释评·物权编》(下卷),中国人民大学出版社 2020 年版,第 225—229 页;最高人民法院民法典贯彻实施工作领导小组主编:《中华人民共和国民法典物权编理解与适用》(下),人民法院出版社 2020 年版,第 831—835 页。

的,公益性范围之外的用地需求通过入市实现。[1] 入市与征收是联动与分工的关系,唯有通过严格界定公共利益进而从技术层面缩减征收的适用场景,[2]方能为入市开辟空间;只有开通入市这一新的供地途径,才能达到降低征地需求的作用。

征收与入市的区别除了公权力强制与否,还体现为"转权获利"和"保权获利"的不同。征地使集体所有变成国家所有,征地补偿是一次性买断的,而入市并未改变集体所有权,使用权期限届至后消灭,集体还保有未来再次通过设立使用权的方式获得可期待的财产收益。为了平衡征收与入市不同的收益分配格局,立法应当对因"保权获利"而产生的二次土地增值收益比例进行严格的公共利益保留约束,确保绝大部分二次土地增值收益被用于公共设施的改善、公共产品的供给及集体成员的福利保障安排。[3] 2016 年《农村集体经营性建设用地土地增值收益调节金征收使用管理暂行办法》(已失效,下同)将"土地增值收益"定义为"入市环节入市收入扣除取得成本和土地开发支出后的净收益,以及再转让环节的再转让收入扣除取得成本和土地开发支出后的净收益",且由政府"分别按入市或再转让农村集体经营性建设用地土地增值收益的 20%—50% 征收"调节金[4]。

---

[1] 参见方涧:《修法背景下集体经营性建设用地入市改革的困境与出路》,载《河北法学》2020 年第 3 期,第 151—162 页;温世扬:《集体经营性建设用地"同等入市"的法制革新》,载《中国法学》2015 年第 4 期,第 67—83 页。

[2] 公共利益的界定方面,2011 年国务院发布的《国有土地上房屋征收与补偿条例》采用列举兼概括式的界定方法,比较严格地限制了公共利益的范围。判定程序方面,对一些重要的、关系到人民群众重大利益的财产实行征收的,应当由县级以上人民代表大会决定是否符合公共利益。至于具体由哪一级人民代表大会决定,则根据建设项目涉及的利益范围来确定。为确保被征土地确实被用于核准的公共利益项目,还须对公共利益进行事后控制,一方面规划的制定和变更程序须严格,另一方面建立对违反公共利益用途的行为进行惩罚的机制。参见宋志红:《集体建设用地使用权流转法律制度研究》,中国人民大学出版社 2009 年版,第 210—214 页。

[3] 参见胡大伟:《土地征收与集体经营性建设用地入市利益协调的平衡法理与制度设计》,载《中国土地科学》2020 年第 9 期,第 11—19 页。

[4] 调节金是指按照建立同权同价、流转顺畅、收益共享的农村集体经营性建设用地入市制度的目标,在农村集体经营性建设用地入市及再转让环节,对土地增值收益收取的资金。

　　国家参与集体土地入市收益分配具有正当性。首先从增值贡献层面，[1]土地产生增值收益主要源于国家对基础设施的配套完善和规划引领，改变了建设用地的开发利用条件，"生地"变成了"熟地"。其次从地租形态角度，[2]建设用地的价值主要由所处地区的经济条件和特定区位决定，需要通过税收和转移支付等手段实现土地财富在全社会的平均分配，平衡不同群体之间的利益关系。[3]最后在用途效果方面，政府通过对增值收益的提取和调节，履行地方基础设施及公共服务的职能，[4]符合土地资源社会性和公共性的特点。考虑到社会现实情况，地方政府已经形成对土地财政的依赖，财政收入的重要来源之一便是土地出让金。放开入市意味着打破地方政府对土地一级市场的垄断，政府无法继续大规模低征高卖集体土地。[5]如果可以通过土地增值收益调节金或土地增值税的形式继续参与入市收益分配，可以减少地方政府的顾虑及改革阻力。

　　若要保证入市与征收在收益分配格局上不存在太大差别，则应当要求出让金数额或土地增值收益调节金缴纳比例与征地补偿标准之间保持一个恒定比例，以利于构建未来统一的增值收益分配体系。若调

〔1〕　参见赵振宇、陈红霞、赵繁蓉：《论集体经营性建设用地增值收益分配——基于博弈论的视角》，载《经济体制改革》2017 年第 4 期；靳相木、陈阳：《土地增值收益分配研究路线及其比较》，载《经济问题探索》2017 年第 10 期。

〔2〕　地租形态分析路径将土地增值收益依照绝对地租、级差地租 I 和级差地租 II 进行分配。参见杨雅婷：《农村集体经营性建设用地流转收益分配机制的法经济学分析》，载《西北农林科技大学学报（社会科学版）》2015 年第 2 期。

〔3〕　集体建设用地入市的多数试点地区的做法是政府直接参与分配，例如，安徽省芜湖市规定，县级人民政府获得 10% 的出让收益，乡级人民政府获得 40% 的出让收益，农民集体获得 50% 的出让收益；浙江省湖州市的地方政府土地管理部门只收取 5% 的手续费，乡镇人民政府收取 15% 的出让收益用于乡镇基础设施建设，剩余的出让收益由农民集体分给集体成员；广东省佛山市顺德区规定出让收益的 50% 作为集体成员社会保障金，剩余的 50% 则将其中的 20% 留存给集体，80% 分配给集体成员。参见李国强：《〈土地管理法〉修正后集体建设用地使用权的制度构造》，载《云南社会科学》2020 年第 2 期，第 112—120 页。

〔4〕　参见吴昭军：《集体经营性建设用地土地增值收益分配：试点总结与制度设计》，载《法学杂志》2019 年第 4 期，第 46—56 页。

〔5〕　参见方涧：《修法背景下集体经营性建设用地入市改革的困境与出路》，载《河北法学》2020 年第 3 期，第 151—162 页。

节金缴纳比例过高,集体及农民的利益和入市动力会大受减损;若调节金缴纳比例过低,导致集体的入市收益远高于征收补偿,容易引起农民对征收的抵制,地方政府也无力负担入市后基础设施建设等财政需求,无法实现再分配的调节作用和地区间的统筹平衡。由于征收的被动性,集体土地资源的市场化交易价格一直很难形成,入市价格成为征地补偿标准市场化的客观参照依据。2021年《土地管理法实施条例》第32条要求"制定公布区片综合地价,确定征收农用地的土地补偿费、安置补助费标准",目标导向是建立"同等入市、同权同价"的城乡统一的建设用地市场,赋予城乡不同所有权的建设用地统一且平等的权能、价格形成的公平市场环境支撑及平等的监管机制保障。同权同价便意味着同责,国有或集体土地都具有公共资源属性,必须承担同等公共责任,[1] 由此也构成了国家参与集体土地入市收益分配的正当性。

试点地区多对集体提留的入市收益设置比例,一般不低于40%,计算时或以土地增值收益为基数,或以成交价款为基数,或采复合基数。在改革试点初期,囿于相关参照系的不足,以成交价为基础计算土地增值收益调节金是不得已的替代性选择,简单明确易于操作,但成交价款并非增值收益,已偏离土地增值收益调节金的概念本意。[2] 甚至,大多数试点地区用于教育、医疗及道路等公共产品的基建成本都高于调节金,共享地利之说无从谈起。[3] 随着城乡统一建设用地市场逐渐成熟,应改以土地增值收益价为基数,化解因入市价格过低产生的收益调节失灵。[4]

综上所述,在征收模式下,集体的收益体现为"公平、合理的征收补偿",国家的收益体现为征地变为国有后出让获得的出让金减去征收补偿款的剩余部分;入市模式下,国家所得收益体现为集体交纳的

---

〔1〕 参见胡大伟:《土地征收与集体经营性建设用地入市利益协调的平衡法理与制度设计》,载《中国土地科学》2020年第9期,第11—19页。

〔2〕 参见吴昭军:《集体经营性建设用地土地增值收益分配:试点总结与制度设计》,载《法学杂志》2019年第4期,第46—56页。

〔3〕 参见黄忠:《成片开发与土地征收》,载《法学研究》2020年第5期,第73—88页。

〔4〕 参见胡大伟:《土地征收与集体经营性建设用地入市利益协调的平衡法理与制度设计》,载《中国土地科学》2020年第9期,第11—19页。

"土地增值收益调节金",集体所得收益为入市的土地增值收益减去调节金的剩余部分。在出让金数额或调节金缴纳比例与征地补偿标准之间保持适当平衡的前提下,征收与入市模式在经济效果层面的差异并不大,土地增值收益调节金或土地增值税实质上也可以被视为国家对私人财产的一种征收方式。[1] (参见表7)

表7 土地增值收益的分配格局

	国家所得收益	集体所得收益
入市	土地增值收益调节金/ 土地增值税	土地增值收益减去调节金 (土地增值税)
征收	出让金减去征收补偿款	征收补偿款

(二) 土地增值收益调节金的性质及土地增值收益的内部分配

《农村集体经营性建设用地土地增值收益调节金征收使用管理暂行办法》第15条规定调节金按照"非税收入"收缴管理,未将调节金定性为税收,同时政府征收该调节金但未提供对应的公共服务,故也不属于有偿交换的"费"的范畴,2019年修正《土地管理法》时最终未采用"第二次征求意见稿"中"向县级人民政府缴纳土地增值收益调节金"的建议。鉴于调节金实际上具备税收的强制性、无偿性及收入二次分配和宏观调控的功能,有必要将其升级为相应税种,以化解征地和入市的增值收益失衡,解决因地块位置、用途管制、耕地保护等导致不同集体经济组织利益不平衡的问题。[2] 虽然现行《土地增值税暂行条例》不涉及集体土地,对象为国有土地使用权及其地上建筑,但2019年7月财政部、国家税务总局发布的《土地增值税法(征求意见稿)》中已将土地增值收益调节金纳入土地增值税范畴统一规

---

〔1〕 参见黄忠:《成片开发与土地征收》,载《法学研究》2020年第5期,第73—88页。
〔2〕 参见陈耀东:《集体经营性建设用地入市流转的法律进路与规则设计》,载《东岳论丛》2019年第10期,第120—125页;吴昭军:《集体经营性建设用地土地增值收益分配:试点总结与制度设计》,载《法学杂志》2019年第4期,第46—56页;陆剑:《集体经营性建设用地入市的实证解析与立法回应》,载《法商研究》2015年第3期。

定,允许省级人民政府决定是否减征或免征土地增值税,同时拟取消土地增值收益调节金。依据该征求意见稿第 4 条到第 8 条规定,纳税基准为增值额,囊括一级市场的设立与二级市场的转让行为,以收入扣除取得土地使用权支付的金额及开发土地的成本、费用等,然后采用税率为 30%—60% 的四级累进税率。若以 60% 累进税率计算,征税与征收两者实质上非常趋近。[1] 依据税收法定原则,除了土地增值税等税收收益,应严格规范地方政府在集体土地入市中的收益,建构以土地增值税为基础工具,以留地安置、产业安置、留物业安置等方式为补充的收益平衡调节机制。[2]

入市的土地增值收益抑或征收补偿的土地补偿费和安置补助费,都需要在集体内部成员之间分配,涉及集体所有权的实现方式。2004 年国务院《关于深化改革严格土地管理的决定》明确要求各省级人民政府制定的土地补偿费分配办法应依循"主要用于被征地人"原则。2016 年《农村集体经营性建设用地土地增值收益调节金征收使用管理暂行办法》更是要求公平分配增值收益并公示。[3] 然而立法无法越俎代庖地包办解决分配问题,更应发挥集体灵活安置的优势,保障原农户选择安置或补偿方式的权利。[4]

入市意味着做实了农民集体土地所有权,但凸显了目前农村集体经济组织制度建构不完善的现实背景,很多地区依赖村民委员会代行职能,缺乏集体意志形成机制,没有集体土地出让整体规划,更别提通过执行机关落实提留收益的使用和管理。现阶段,对于是否

---

[1] 参见黄忠:《成片开发与土地征收》,载《法学研究》2020 年第 5 期,第 73—88 页。

[2] 参见肖顺武:《从管制到规制:集体经营性建设用地入市的理念转变与制度构造》,载《现代法学》2018 年第 3 期,第 95—108 页;胡大伟:《土地征收与集体经营性建设用地入市利益协调的平衡法理与制度设计》,载《中国土地科学》2020 年第 9 期,第 11—19 页。

[3] 《农村集体经营性建设用地土地增值收益调节金征收使用管理暂行办法》第 16 条第 1 款规定:农村集体经济组织以现金形式取得的土地增值收益,按照壮大集体经济的原则留足集体后,在农村集体经济组织成员之间公平分配。对以非现金形式取得的土地增值收益应加强管理,并及时在农村集体经济组织内部进行公示。

[4] 例如,宅基地被征收的集体成员可以选择要求集体将补偿款直接分配给他,也可以选择集体为其重分宅基地。参见肖新喜:《"利益兼顾"机制下我国农地征收补偿制度的改进》,载《暨南学报》2020 年第 8 期,第 76—84 页。

分配、分配对象及标准等问题,应采"法定+意定"相结合模式,"法定"体现为由立法规定集体提留比例和主要用途。正当性理由有三:一是保证代际公平,集体土地归成员集体所有,集体不能仅仅以某个时间点的成员为限,考虑到未来集体的可持续发展,收益不能全部分配给现有成员;[1]二是承担农村的公共服务职能和福利保障功能,用于集体公共设施建设及扶助弱势成员;三是用以发展壮大集体经济。"意定"体现为赋予集体自治空间,哪些人有权获得分配收益、按人头均分还是按贡献分配、如何照顾弱势成员或失地农户,由集体经济组织通过决议程序决定并履行。[2]

(三) 集体土地入市与成片开发型征收的协调

集体经营性建设用地的利用在实践中存在"点状供地"的碎片化征收模式,具体指乡村产业通常配套的经营性粮食存储、加工和农机农资存放、餐饮住宿会议、停车场、工厂化农产品加工、展销、休闲观光度假场所、各类庄园农家乐等用地,项目开发主体不愿意为整个开发项目用地支付土地出让金,于是将项目分为永久性建设用地和生态保留用地,前者通过征收后出让取得使用权,后者采取租赁、托管等方式,带来生态保留用地租赁期限与建设用地出让年限不一致、项目周边环境难提升、用地效率低下等问题,加剧了乡村振兴供地的碎片化。[3]为了减少这种现象,2019 年《土地管理法》第 45 条第 1 款第 5 项规定,"在土地利用总体规划确定的城镇建设用地范围内,经省级以上人民政府批准由县级以上地方人民政府组织实施的成片开发建设需要用地的"属于征地范围,"成片开发"在本条列举的可以

---

[1] 参见吴昭军:《集体经营性建设用地土地增值收益分配:试点总结与制度设计》,载《法学杂志》2019 年第 4 期,第 46—56 页。

[2] 目前实践中普遍的做法是集体经济组织先按一定比例提取集体发展基金,将收益纳入集体财产统一管理,专款用于集体事业再发展和集体成员的福利保障,再将剩余收益在集体成员之间进行分配。参见李国强:《〈土地管理法〉修正后集体建设用地使用权的制度构造》,载《云南社会科学》2020 年第 2 期,第 112—120 页。

[3] 参见耿卓、孙聪聪:《乡村振兴用地难的理论表达与法治破解之道》,载《求是学刊》2020 年第 5 期,第 2—11 页。

依法实施征收的公共利益类型中,是唯一兼具商业开发性质的土地征收类型。这就把传统的征收与城市规划纠缠一处,统一认定土地征收和城市规划的公共性问题。[1]

成片开发由政府统一实施规划和开发,主要涉及危房集中、基础设施落后等地段的旧城区改建及开发区、新区的规模化开发。成片开发通常涉及多块集体土地,存在多个集体协商不一致的难题从而减损开发效率。[2] 虽然成片开发有利于统筹城市建设、提高资金使用效率、降低社会运营成本,[3]但是为了防止成片开发偏离征收的公共利益属性,应当对2019年《土地管理法》第45条予以整体解释,即征收"成片开发建设需要用地"必须"为公共利益需要",而非商业需要。在实践操作层面需要甄别在何种情况下可被认定为"为公共利益需要"。[4] 最高人民法院的裁判意见也对甄别标准进行了尝试性说明。[5]

征收范围扩大至成片开发土地之后,成片开发型征收与经营性建设用地入市的制度竞争关系更为明显。为了协调两者关系,可以针对成片开发型征收设置国家议价购买的前置程序。依据2019年《土地管理法》第45条的规定,在满足公共利益需求的前提下,针对集体土地只是"可以",而非"必须"征收,为国家议价购买集体经营性建设用地预留了制度空间。[6]

---

〔1〕 参见屠帆、胡思闻、赵国超:《荷兰工业用地利用政策演变与对中国的启示:公共土地开发模式与可持续的土地开发利用》,载《国际城市规划》2020年第1期,第112页。
〔2〕 征地改革试点中,有地方明确要求将城市规划区范围内未满足成片规划建设要求的用地纳入征收范围。参见朱道林:《禹城农村土地制度改革试点创新之处》,载《中国国土资源报》2017年8月31日,第004版。
〔3〕 参见杨合庆主编:《中华人民共和国土地管理法释义》,法律出版社2020年版,第82页。
〔4〕 参见崔建远:《中国民法典释评·物权编》(下卷),中国人民大学出版社2020年版,第225—229页。
〔5〕 "为了完善城市基础设施,改善当地居民居住环境的城中村改造项目……虽包含商务建筑,但同时配建保障性住房、公共设施配套建筑等,并不影响其作为城中村改造的整体认定……应认定该征收决定符合公共利益的需要。"参见最高人民法院(2017)最高法行申2927号行政裁定书。
〔6〕 参见黄忠:《成片开发与土地征收》,载《法学研究》2020年第5期,第73—88页。

五、"三权分置"视野下宅基地向集体建设用地的转化

(一) 宅基地使用权应坚持特殊主体居住保障的功能定位

宅基地是农村村民用于建造住宅及其附属设施的集体建设用地,包括住房、附属用房和庭院等用地。[1]《土地管理法》第 62 条将宅基地的规定置于第五章"建设用地",在土地用途上将宅基地视为集体建设用地的类型之一。在《物权法》起草过程中对于传统民法的地上权采取何种立法体例,学界存在"统一说"[2]和"分立说"[3]两种主张。最终《物权法》采取了"分立说",通过"建设用地使用权"调整国有土地的物权性利用关系,通过"宅基地使用权"调整集体住宅建设用地的物权性利用关系,宅基地使用权成为一种独立的用益物权。

有的观点倾向于将宅基地使用权与建设用地使用权合并为地上权,[4]但是鉴于宅基地使用权具有保障农民基本居住需求和维护农村社会稳定的特定功能目的,与集体建设用地使用权相比,宅基地使用权的内容及其行使多有限制,例如,限于本集体经济组织成员作为权利主体的身份性、申请与审批取得及利用的无偿性、存续上不受个别成员死亡或退出影响的无期限性、一户一宅的唯一性,等等,体现了明显的人役权属性。[5] 而通过出让设立的国有建设用地使用权

---

〔1〕　参见《中央农村工作领导小组办公室、农业农村部关于进一步加强农村宅基地管理的通知》(中农发〔2019〕11 号)。

〔2〕　由"基地所有权"统一调整,在国家所有和集体所有土地上设置建筑物、其他工作物的权利。参见梁慧星主编:《中国民法典草案建议稿附理由·物权编》,法律出版社 2004 年版,第 19—20 页。

〔3〕　由"土地使用权"和"宅基地使用权"分别调整,在国家所有和集体所有土地上设置建筑物、其他工作物的权利。参见王利明主编:《中国物权法草案建议稿及说明》,中国法制出版社 2004 年版,第 75—77 页。

〔4〕　参见崔建远:《中国民法典释评·物权编》(下卷),中国人民大学出版社 2020 年版,第 233—235 页。

〔5〕　参见温世扬、梅维佳:《宅基地"三权分置"的法律意蕴与制度实现》,载《法学》2018 年第 9 期,第 54—62 页。

作为涤除了身份属性和管制目的的用益物权,在设立有偿、主体开放、转让自由、期限固定等具体制度设计上,与宅基地使用权存在天壤之别,所以《民法典》在体例上仍然将宅基地使用权和建设用地使用权分别规定,实现不同的规范目的和管制目标。

若严守宅基地的生存保障功能和福利属性,遵循身份特定、分配无偿、一户一宅及无期限性的制度构造,则不存在宅基地使用权的流转问题。首先,针对无宅基地的本集体成员,集体经济组织有义务无偿分配一定面积的宅基地,在该成员没有必要从其他成员处有偿取得宅基地。其次,已经享有法定面积宅基地使用权的本集体成员若通过流转途径获得更多面积的宅基地,违反一户一宅原则。再次,本集体成员若将宅基地使用权出让从而自己丧失宅基地,则无法实现居住保障功能。最后,非集体成员若通过流转获得宅基地,则违反身份特定原则。

(二)宅基地与其他类型集体建设用地的相互转化

集体建设用地依据设立目的和用途分为集体经营性建设用地、集体公益性建设用地与宅基地,该体系下,宅基地可被视为一种法定的非经营性建设用地。若集体经济组织提交土地权利变更申请并通过土地管理部门审批,把宅基地转化为集体经营性建设用地,便可解决流转资质问题,使用权人也不受本集体成员的身份限制。在符合土地规划的前提下,三种集体建设用地应当被允许相互转化,公益性和经营性建设用地可以转化为宅基地,以有效满足无宅基地农民的居住需求,[1]宅基地也可以转权入市为有偿、有期限的集体经营性建设用地。在"三块地"改革试点中,有的试点地区通过整治闲置宅基地并将其转化为集体经营性建设用地,实现了适度放活宅基地的改革目标,避免了直接放开宅基地使用权处分和流转可能造成的过

〔1〕 参见黄忠:《城乡统一建设用地市场的构建:现状、模式与问题分析》,载《社会科学研究》2018 年第 2 期;耿卓:《宅基地"三权分置"改革的基本遵循及其贯彻》,载《法学杂志》2019 年第 4 期,第 35—44 页。

大冲击,从而降低了改革的成本和难度。[1]

实践中转化的主要方式是把宅基地腾退整治后的节余部分复垦为耕地,然后通过增减挂钩政策形成建设用地指标并入市交易,这里既包含因超标超占、长期闲置无人居住等被集体经济组织收回的宅基地,也包含农民退出集体经济组织而主动交回的宅基地,还包含少量从其他性质转变而来的宅基地。转化须经集体同意和政府审批,内容包括注销宅基地使用权和批准集体经营性建设用地使用权。宅基地与地上房屋一并转让给他人被视为原宅基地使用权人将宅基地使用权退还给集体,其转让的仅仅是房屋所有权,同时在符合规划与审批流程的前提下,集体将退回的宅基地的性质转化为集体经营性建设用地,依“房地一体原则”为房屋所有权人新设集体经营性建设用地使用权,将房屋所有权与宅基地使用权的“房地一体”更新为房屋所有权与集体建设用地使用权的“房地一体”。[2]

出让的集体建设用地使用权期限在届满后,应参照《民法典》第359条续期规则处理。未续期的则由集体经济组织收回,根据规划保持集体经营性建设用地,回归宅基地或者转为集体公益性建设用地。鉴于笔者坚持认为宅基地使用权承担特殊主体居住保障功能,故否定本集体成员转让面积限额内宅基地使用权的权利,届期后原宅基地使用权人便不再享有优先申请回复宅基地使用权的权利。

集体经济组织收回宅基地使用权时,若宅基地上建有房屋应当如何处理?《城镇国有土地使用权出让和转让暂行条例》第40条规定,土地使用权期间届满,土地使用权及其地上建筑物、其他附着物所有权由国家无偿取得。该规定一方面令原建设用地使用权人承受无端丧失建筑物所有权这一显失公平的后果;另一方面使权利人在

---

〔1〕　参见姜楠:《宅基地“三权”分置的法构造及其实现路径》,载《南京农业大学学报(社会科学版)》2019年第3期,第113页;高飞:《农村宅基地“三权分置”政策入法的公法基础——以〈土地管理法〉第62条之解读为线索》,载《云南社会科学》2020年第2期,第99—104页。

〔2〕　参见高海:《宅基地“三权分置”的法律表达——以〈德清办法〉为主要分析样本》,载《现代法学》2020年第3期,第113—126页。

使用权存续后期不再投资建设,建设用地使用权促进房地产开发建设的制度目的落空。[1] 因此,《物权法》不再规定房屋所有权一律归国家所有,而是首先根据双方约定,该约定既可以是原建设用地使用权出让合同中对使用权期限届满后房屋归属的约定,也可以是在使用权期限届满后双方经协商就房屋归属达成的协议。如果没有约定或约定不清,则依照法律、行政法规的规定办理。《民法典》第359条继续沿用了该规定,集体建设用地使用权期限届满后的不续期可以参照适用。

转权与入市两个步骤可以有机结合,允许农户在不影响其基本居住保障的前提下,向非集体成员身份的社会主体一并转让宅基地使用权与房屋所有权,或者单独转让宅基地使用权,在符合规划的前提下先行转权为集体建设用地,然后向集体经济组织办理入市的出让手续并缴纳土地出让金。[2] 该交易包括办理转权手续和入市出让使用权两个行为,转权行为为入市交易行为提供了正当性基础。集体经营性建设用地使用权不同于宅基地使用权的一个方面在于前者有着确切的期限,当转权后的使用权到期时,土地上的剩余权利仍然由作为所有权人的集体经济组织享有,其利益不仅及于入市时收取的出让金。因此,集体经济组织收取土地出让金时应适当向原宅基地使用权人让利及补偿,激发农户将闲置宅基地转权入市的积极性。宅基地转权入市还适用于非集体经济组织成员继承和取得宅基地后丧失成员资格的情形。限于本章主题和篇幅,不再详述。

六、结论

集体建设用地使用权依据设立目的和用途可类型化为集体经营

---

[1] 参见崔建远:《物权:规范与学说——以中国物权法的解释论为中心》(下册),清华大学出版社2011年版,第584页。

[2] 参见宋志红:《宅基地使用权流转的困境与出路》,载《中国土地科学》2016年第5期,第77页。

性建设用地使用权、集体公益性建设用地使用权与宅基地使用权。集体经营性建设用地又可细化为存量的乡镇企业用地和增量的工业、商业等经营性用地。入市客体仅限于集体经营性建设用地,实施主体包括由集体土地所有权确权登记确定的农民集体对应的集体经济组织或村民委员会、村民小组等法定代表主体及由前者通过意定代理机制委托的相应组织,行为符合农民集体决议程序及国土空间规划。设立集体经营性建设用地使用权只能通过公开竞价方式有偿出让,并通过转让、互换、出资、赠与或抵押等流转方式进入二级市场。

"集体土地用途管制+土地征收"一元化土地供应模式应转变为"公益性建设用地征收+非公益性建设用地入市"双轨制土地供应模式。入市与征收是联动与分工的关系,在征收模式下,集体的收益体现为"公平、合理的征收补偿",国家的收益体现为征地变为国有后出让获得的出让金减去征收补偿款的剩余部分;在入市模式下,国家所得收益体现为集体交纳的"土地增值收益调节金",集体所得收益体现为入市的土地增值收益减去调节金的剩余部分。在出让金数额或调节金缴纳比例与征地补偿标准之间保持适当平衡的前提下,征收模式与入市模式在经济效果层面差异并不大。入市的土地增值收益抑或征收补偿的土地补偿费和安置补助费,都需要在集体内部成员之间分配,应采"法定+意定"相结合的模式,由立法规定集体提留比例和主要用途,由集体经济组织通过决议程序决定并履行。应当对2019年《土地管理法》第45条予以整体解释,征收"成片开发建设需要用地"必须是"为公共利益需要",而非商业需要,对成片开发型征收设置国家议价购买的前置程序。

宅基地使用权和建设用地使用权在《民法典》中被分别规定以实现不同的规范目的和管制目标,宅基地使用权应坚持特殊主体居住保障的功能定位,可被视为一种法定的非经营性建设用地。在符合土地规划的前提下,三种集体建设用地应当允许相互转化,公益性和经营性建设用地转化为宅基地,宅基地也可以转权入市为有偿、有期限的集体经营性建设用地。转权与入市两个步骤可以有机结合,允许农户在不影响其基本居住保障的前提下,向非集体成员身份的社会主体一并转让宅基地使用权与房屋所有权,或者单独转让宅基地使用权,在符合规划的前提下先行转权为集体建设用地,然后向集体经济组织办理入市的出让手续并缴纳土地出让金。

第九章
土地承包经营权继承的
规范阐释与政策考量

一、导言

20世纪80年代我国农村经济的变革从推行家庭承包责任制开始,这一制度在法律上的构建就是土地承包经营权,[1]这种在集体土地上设立的使用权,不仅承载了改革的国家目标,也普遍构成了农民自身拥有的最大宗财产,代表着中国亿万农民生存和发展的希望。土地承包经营权的继承问题,对于健全和稳定我国农村的利益分配格局与现有农地制度,具有深刻而长远的影响。《中华人民共和国继承法》(以下简称《继承法》,已失效,下同)制定于改革开放之初的计划经济体制下,土地承包经营权在当时并未被立法确认为一种作为财产权利的用益物权,因此对于土地承包经营权继承问题规定得过于简单,与社会主义市场经济的发展相脱节。党的第十八届三中全会在《中共中央关于全面深化改革若干重大问题的决定》中也明确提出,"赋予农民更多财产权利,赋予农民对集体资产股份占有、收益、有偿退出及抵押、担保、继承权"。这无疑为改革现行土地承包经营权继承问题提供了绝佳的契机,并且指明了正确的方向。后《民法

---

[1] 本章采用的"土地承包经营权"的术语,如无特别说明,仅限于"以家庭承包方式设立的土地承包经营权",而不包含"在'四荒'土地上以其他方式设立的土地承包经营权"及"以家庭承包方式设立的林地承包经营权"这两种类型。

典》第 1122 条对《继承法》第 3 条进行了修改,但依然未明确土地承包经营权能否被继承。在此背景之下,本章对现行规范与继承实践等相关问题进行了探讨,希冀为土地承包经营权继承问题的讨论提供些许助益。

我国现行的法规范体系,对于土地承包经营权的继承问题一直持有一种"模糊否定"的立场。相关的立法规范、地方性法规和规章、立法和司法释义及各级法院裁判,在适用层面存在诸多矛盾和冲突,因此需要搭建妥适的阐释框架来对现有各类规范进行协调和证成。这一阐释框架,既可以是法构造层面的——从解释论的角度接轨和协调法体系内部各项规范,并使之与民法基础理论不存在矛盾和背反;也可以是法政策层面的——从立法论的角度引入社会实证与价值判断因素,对法规范的实质合理性进行权衡与论证。[1]

在法的内部构造层面,本章依次探讨四个问题:(1)土地承包经营权的权利主体是农户还是个体成员,这一问题关涉界定主体"死亡"与继承开始的时间点在于"绝户"[2]之时还是农户内部某成员死亡之时;(2)土地承包经营权的权利性质,即承包经营权具有的"财产属性"与"身份属性"是否影响它被纳入遗产范畴而成为继承的客体;(3)土地承包经营权的继承人范围,即是否需要准用土地承包经营权流转的相关规则,将继承人范围限定在集体经济组织内部成员之间,或采用"发包方同意"等规制工具对这一问题进行控制;(4)"继续承包"立法表述的性质,此问题涉及"继续承包"与"继承"的法律内涵的异同。

---

[1] 所谓法构造阐释,类似于 19 世纪德国法学家温德沙伊德的立场,"伦理方面、政治方面与国民经济方面的斟酌不是法学家的事情",仅仅是从法体系内部对一个规范进行证成。而法政策考量更类似于 19 世纪德国法学家萨维尼的立场,"优秀理论者的理论必须通过对于所有法律交往的完全、彻底的直观而变得生机勃勃;所有实际生活中的伦理宗教方面、政治方面、国民经济方面必须呈现在他眼前"。法构造阐释和法政策考量是相互联系的,法政策考量的结论可以在法构造阐释中作为"法律目的"因素而对法规范的解释和适用发挥作用。参见朱虎:《土地承包经营权流转中的发包方同意——一种治理的视角》,载《中国法学》2010 年第 2 期。
[2] "绝户"是指农业承包经营户中的最后一位成员死亡。

由于土地承包经营权继承之上存在的诸多否定和限制,并非法体系内部逻辑推演的结果,而是包含着一系列法政策的权衡和考量,因此在法构造阐释之外,本章集中于四个方面进行法政策层面的探讨:(1)通过实例论证"变账不变地"实践做法的缺陷及农户为承包经营权主体所导致的实质不合理后果;(2)从经济绩效与国家治理两个层面,论证土地承包经营权能否继承问题;(3)在肯定承包经营权可继承的预设下,探讨是否应当限定继承人范围的问题,并从社会保障功能与市场机能的冲突与协调角度提供可行的解决思路;(4)在多子继承可能导致农地零碎化的背景下,结合比较法经验与我国实情提出应对的思路及可行的制度构建。

二、土地承包经营权继承问题的法规范体系

(一)立法规范与司法释义

1985 年《继承法》是我国第一部涉及土地承包经营权继承问题的法律,其中第 4 条规定:"个人承包应得的个人收益,依照本法规定继承。个人承包,依照法律允许由继承人继续承包的,按照承包合同办理。"其中"个人承包应得的个人收益",是指公民个人承包集体所有的土地、森林、山岭、草原等,依照法律或合同的约定所取得的合法收入,既包括公民生前个人承包已取得的合法收益,也包括由于承包经营周期较长,承包人死亡时尚未取得的收益即预期收益。[1] 同时,王汉斌同志在 1985 年第六届全国人民代表大会第三次会议上所作的《关于〈中华人民共和国继承法〉(草案)的说明》中,对承包权能

---

[1]　对于预期收益能否作为遗产问题,《最高人民法院关于贯彻执行〈中华人民共和国继承法〉若干问题的意见》(已失效)第 4 条规定:承包人死亡时尚未取得承包收益的,可把死者生前对承包项目所投入的资金和付出的劳动及其增值和孳息,由发包单位或接续承包合同的人合理折价、补偿,其价额作为遗产。参见法律出版社法规中心编:《〈中华人民共和国继承法〉配套规定》(实用注解版),法律出版社 2012 年版,第 17 页。

否继承的问题作了进一步的立法释义:"关于承包权能否继承,考虑到承包是合同关系,家庭承包的,户主死亡并不发生承包权转移问题。有的如承包荒山植树,收益周期长,承包期限长,承包人死后应允许子女继续承包。但是,这种继续承包不能按照遗产继承的办法。如果按照遗产继承的办法,那么同一顺序的几个继承人,不管是否务农,不管是否有条件,都要均等承包,这对生产是不利的。"

《继承法》的规定及立法释义为土地承包经营权继承问题定下了基调,随后多部立法与司法解释基本没有超出《继承法》及立法释义所确定的框架,即个人收益可以继承;承包土地的主体是农户,所以单个成员死亡不发生承包的继承问题;"继续承包"不等同于"继承"。

1991 年《水土保持法》第 26 条第 4 款第一次对"四荒"土地承包经营权的继承问题进行了明确规定:对于荒山、荒沟、荒丘、荒滩等"四荒"土地,"国家保护承包治理合同当事人的合法权益。在承包治理合同有效期内,承包人死亡时,继承人可以依照承包治理合同的约定继续承包"。该条款虽然在 2010 年修订《水土保持法》时被删除,但基本内容已被《农村土地承包法》所继受。1993 年《农业法》是立法序列中唯一一部明文赋予继承人享有"继续承包"权利的法律,[1]但是经过 2002 年的修订与 2009 年、2012 年的两次修正,该条款被删除,使得我国在这一问题上的规范立场又趋于一致。

2003 年开始施行的《农村土地承包法》对土地承包经营权的继承问题进行了系统规范,该法将土地承包区分为"家庭承包的农地""家庭承包的林地"和"其他方式承包的'四荒'土地"三种类型,第 31 条涉及前两种类型的土地:"承包人应得的承包收益,依照继承法的规定继承。林地承包的承包人死亡,其继承人可以在承包期内继续承包。"第 50 条涉及第三种类型的土地:"土地承包经营权通过招标、拍卖、公开协商等方式取得的,该承包人死亡,其应得的承包收益,依继承法的规定继承;在承包期内,其继承人可以继续承包。"可

---

[1] 1993 年《农业法》第 13 条第 4 款规定:承包人在承包期内死亡的,该承包人的继承人可以继续承包。

见,该法承认了林地和"四荒"土地上继承人"继续承包"的权利,唯独在家庭承包的农地上延续了《继承法》的规范。2005年《最高人民法院关于审理涉及农村土地承包纠纷案件适用法律问题的解释》第25条进一步确认了《农村土地承包法》中关于林地与"四荒"土地的规定:"林地家庭承包中,承包方的继承人请求在承包期内继续承包的,应予支持。其他方式承包中,承包方的继承人或者权利义务承受者请求在承包期内继续承包的,应予支持。"《最高人民法院关于审理涉及农村土地承包纠纷案件适用法律问题的解释》后经修正,但该条被保留了下来。根据最高人民法院撰写的释义书,"林地家庭承包中,在家庭成员全部死亡,最后一位死亡的家庭成员的继承人在承包期内可以继续承包,直至承包期满,即林地承包经营权及其他方式承包经营权在承包期内可以继承。继承人不限于本集体经济组织成员。对于承包人的继承人不止一人的,确定有履行能力的人为继续履行人,对于放弃承包经营权的继承人,应由继续履行人给予适当的补偿"[1]。可见最高人民法院释义进一步明确了土地承包的主体为农户的法律结构,同时并未将林地和"四荒"土地的继承人范围限定在集体经济组织内部成员。

事实上,在《农村土地承包法》制定过程中,《〈中华人民共和国农村土地承包法〉草案》第9条第1款曾直接规定"土地承包经营权可以继承"。可是"有的委员、地方和部门提出了修改意见,认为应当区别对待。对于集体经济组织内部人人有份的家庭承包,如果不是该组织的成员,就没有继承权。对于少数通过招标、拍卖、协商等方式取得的土地承包经营权以及林地承包经营权,应当允许继承"[2]。这些反对意见致使该条草案胎死腹中,同时也反映出立法机关内部认为需要限定经营权继承范围的倾向。遗憾的是,2007年通过的

〔1〕 黄松有主编:《农村土地承包法律、司法解释导读与判例》,人民法院出版社2005年版,第376—382页。

〔2〕 顾昂然:《全国人大法律委员会关于〈中华人民共和国农村土地承包法(草案)〉修改情况的汇报——2002年6月24日在第九届全国人民代表大会常务委员会第二十八次会议上》,载《中华人民共和国全国人民代表大会常务委员会公报》2002年第5期。

《物权法》,对土地承包经营权继承问题只字未提。

(二)地方性法律与规章

与全国性法律规范对于承包经营权继承问题持模糊态度不同,多部在《农村土地承包法》制定之前颁布并施行至今的地方性法律和规章,皆明文赋予了继承人可以"继续承包"的权利。例如,1993年《山西省农村集体经济承包合同管理条例》(已失效,下同)第23条第2款规定:"农业承包合同的承包人在承包期内死亡的,该承包人的继承人可以继续承包。继承人不愿承包的,发包方与承包方继承人清理合同履行期间的债权债务后,另行发包。"〔1〕1996年《海南省农村集体经济承包合同管理条例》(已失效)第8条规定:"……承包人在承包期内死亡的,该承包人的合法继承人可以继续承包,继承人无能力或者不愿意继续承包的,发包方可以重新发包。对原承包合同和生产经营项目进行清理结算,原承包人应得的收益由其继承人继承。"1999年《山东省农村集体经济承包合同管理条例》(已失效)第17条规定,承包人丧失承包能力或者死亡,继承人放弃继承,致使合同无法履行的,允许解除合同,即继承人若不放弃继承,允许继续承包。另外,1992年《陕西省农村集体经济承包合同管理条例》(已失效)第8条、1994年《宁夏回族自治区农村集体经济承包合同管理条例》〔2〕第8条、1995年《湖北省农村集体经济承包合同管理条例(试行)》(已失效)第10条、1996年《贵州省农村集体经济承包合同管理条例》(已失效)第22条,皆明文规定"在承包期内承包人死亡的,该承包人的继承人可以继续承包"。

从颁布的时间来看,上述地方性法律和规章是对1993年《农业法》第13条第4款规定的重复或深化。虽然该规定在2002年修订《农业法》时被删除,而且2003年《农村土地承包法》对此进行了较

〔1〕《山西省农村集体经济承包合同管理条例》于2007年修正,第22条承继原第23条。
〔2〕《宁夏回族自治区农村集体经济承包合同管理条例》于2015年修正,第8条承继原第8条。

明确的规定,但 2003 年之后修订的诸多地方性法律和规章中仍然存在"土地承包人的继承人可以继续承包"之类的表述。例如,2004 年修正的《甘肃省农业承包合同管理条例》(已失效)第 18 条规定:"以个人名义承包的耕地、荒地、林地、果园、养殖水面、草场等项目,在承包期内承包人死亡的,其继承人可以继续承包。承包合同期满后,继承人有优先继续承包权。"该条的特色之处在于强调承包的个人名义,而回避了以户为单位的承包经营权的继承问题;又如 2010 年修正的《广西壮族自治区农村集体经济承包合同管理条例》第 13 条规定:"耕地、山岭、草原、荒地、滩涂、水面等自然资源的承包人在承包期内死亡的,其继承人可以继续承包,但应当在承包人死亡之日起六个月内以书面形式向发包方提出。逾期不提出继续承包的,发包方有权收回发包的自然资源、资产。"从文意来看,该条囊括农地、林地和"四荒"土地等多种土地承包类型,赋予了继承人"继续承包"的权利,同时课以一定期限内向发包方备案的义务。

数量如此庞大的地方性法规和规章与全国性立法内容相抵牾,其背后缘由引人深思。究竟何种做法更符合各地具体的继承实践,更具有实质合理性,是下文将要讨论的问题。值得一提的是,在下文所列的各级人民法院的司法裁判中,没有一例在裁判的实体法依据中引用了地方性法规和规章,而是清一色地依据全国性立法及司法解释的相关规定。可以发现,各级人民法院在裁判中对实体规范依据有选择性的适用,从某种程度上实质性地限缩了地方立法权的效力与适用。

(三)各级人民法院司法裁判与最高人民法院公报案例

《最高人民法院关于审理涉及农村土地承包纠纷案件适用法律问题的解释》第 1 条明确把"承包经营权继承纠纷"列为农村土地承包民事纠纷的五种类型之一,可见"承包经营权继承纠纷"并不仅是理论上的难题,还是我国司法实务中经常面对的热点。本章把近年来各级人民法院司法裁判中的相关见解,类型化为三个问题进行梳理。

　　第一个问题,承包经营权的主体是农户还是个体。辽宁省沈阳市中级人民法院在"吴某与赵某农村家庭土地承包经营权继承纠纷上诉案"[1]、河南省长垣县(现为长垣市)人民法院在"王某、王某1诉王某2土地承包经营权继承纠纷案"[2]中从"成员权"和保障功能的角度对经营权的主体为农户进行了论证:"家庭承包的承包方是本集体经济组织的农户,即家庭承包是以农户为单位而不是以个人为单位。这就决定了家庭土地承包经营权的继承与一般意义上的继承不同。以家庭承包方式取得的承包经营权有其特殊性,它的特殊性是指承包经营权是否可以继承受到集体成员权的影响。就通过家庭承包方式取得的承包经营权而言,它是以集体成员权为前提的。以家庭承包方式取得的承包经营权具有社会保障功能,它为集体成员提供基本的社会保障。当承包的农户中的一人或几人死亡时,承包地仍由其他家庭成员继续承包经营,也即继续履行承包合同直至承包合同期满,不发生继承的问题。"

　　第二个问题,承包经营权本身是否属于遗产而发生继承。对此,河南省驻马店市中级人民法院在"张某1与张某财产继承、土地承包经营权纠纷上诉案"[3]、广西壮族自治区武宣县人民法院在"黄某甲诉黄某乙等土地承包经营权继承纠纷案"[4]中明确,"承包户家庭成员全部死亡的,该土地上承包关系的承包方消亡,土地承包经营的责任田不能作为遗产继续承包经营,应由发包方收回承包地,另行发包"。另外,以上几个司法裁判皆区分了承包收益与承包经营权,仅肯认前者的可继承性:"承包经营所得的收益是一种财产权利,承包人死亡时其承包经营所得的收益应当依照继承法规范继承。法律所允许的继承范围是指承包经营所得的收益,而不是指承包经营权本身。承包经营权不属于遗产范畴。承包作为一种合同关系,承包人死亡,合同关系也就终止,经营权也就消失。除法律规定

---

[1] (2005)沈中民(3)合终字第897号,北大法宝引证码:CLI.C.36007。

[2] (2010)长民初字第819号,北大法宝引证码:CLI.C.744619。

[3] (2009)驻民三终字第376号,北大法宝引证码:CLI.C.278678。

[4] (2012)武民初字第532号,北大法宝引证码:CLI.C.1196227。

继承人可以继续承包外,承包经营权不能继承。"河南省鲁山县人民法院在"赵某1诉赵某土地承包经营权继承纠纷案"〔1〕中的表述更为决绝:"家庭承包方式的农村土地承包经营权只能属于农户家庭,而不可能属于某一个家庭成员。遗产是公民死亡时遗留的个人合法财产,农村土地承包经营权不属于个人财产,故不发生继承问题。"

第三个问题,不隶属于农村集体经济组织的继承人能否继续承包土地。在"王乙与王甲土地承包经营权继承纠纷上诉案"〔2〕中,一审法院经审理认为,王甲虽然已经成为国家公务员,但其作为王父的儿子,在王父死亡后仍应对其父的遗产具有继承权。土地承包经营权作为王父的财产性权利,亦应作为遗产。而二审法院推翻了这一观点,维持了土地承包经营权作为"成员权"的身份属性:农村土地承包经营权是对本集体经济组织内部的农户的基本生活提供保障。王甲已经成为国家公务员,其已经丧失了该农村集体经济组织成员资格,故不能继承土地承包经营权。

2009年《中华人民共和国最高人民法院公报》选取了南京市江宁区人民法院审理的"李维祥诉李格梅继承权纠纷案",该案的裁判观点符合最高人民法院的相关司法解释,也反映了最高人民法院的立场:根据《农村土地承包法》第15条的规定,家庭承包方式的农村土地承包经营权,其承包方是本集体经济组织的农户,其本质特征是以本集体经济组织内部的农户家庭为单位实行农村土地承包经营。家庭承包方式的农村土地承包经营权只能属于农户家庭,而不属于某一个家庭成员。根据《继承法》第3条的规定,遗产是公民死亡时遗留的个人合法财产。农村土地承包经营权不属于个人财产,故不发生继承问题。除林地外的家庭承包,法律未授予继承人可以继续承包的权利。当承包农地的农户家庭中的一人或几人死亡,承包经营仍然是以户为单位,承包地仍由该农户的其他家庭成员继续承包经营;当承包经营农户家庭的成员全部死亡,由于承包经营权的取得

〔1〕 (2010)鲁民初字第427号,北大法宝引证码:CLI.C.281643。
〔2〕 北大法宝引证码:CLI.C.300125。

是以集体成员权为基础,该土地承包经营权归于消灭,不能由该农户家庭成员的继承人继续承包经营,更不能作为该农户家庭成员的遗产处理。[1]

可以看出各级人民法院对"土地承包经营权的继承问题"基本持否定态度,除了法理论证,所引的实体规范依据为《农村土地承包法》第 15 条、第 31 条与第 50 条,《继承法》第 3 条,以及《最高人民法院关于审理涉及农村土地承包纠纷案件适用法律问题的解释》第 25 条。如上文所言,法院裁判完全排斥了地方性法规和规章的适用余地,在判决中表现得比全国性立法更为严苛,把立法"有意或无意"的制度模糊之处从严解释,例如,通过把土地承包经营权排除出遗产范围进而否定可继承性,这是无法从立法上推演出来的。

颇值玩味的是,在《中华人民共和国最高人民法院公报》刊载了"李维祥诉李格梅继承权纠纷案"之后,2011 年河南省平舆县人民法院在"汤某与汤某 3 农村土地承包经营权继承纠纷一案"与河南省驻马店市中级人民法院在"汤某 3 与汤某农村土地承包经营权继承纠纷上诉案"[2]中,不顾及最高人民法院的立场,判决:汤某生前承包的土地经营权在其去世后应由其女享有继承权,继续承包经营,其女继承符合《继承法》第 4 条的规定。这是诸多相关判例中,法院第一次引用《继承法》第 4 条而非《农村土地承包法》中相关条款作为实体法依据。该案判决书并未就相关问题进行法理论证,因此该判决一反最高人民法院立场的具体缘由无从得知,但它反映出了土地承包经营权的继承问题在司法实践中仍颇有争议。

(四) 小结

对于土地承包经营权的继承问题,我国法规范将其区分为三种土地类型进行分别规制(参见表 8):家庭承包的农地、家庭承包的林

---

[1] 参见《李维祥诉李格梅继承权纠纷案》,载《中华人民共和国最高人民法院公报》2009 年第 12 期。

[2] (2011)驻民一终字第 452 号,北大法宝引证码:CLI.C.824302。

地及其他方式承包的"四荒"土地。概括而言,"四荒"土地的承包人死亡后的承包收益,依继承法规定发生继承,继承人可以在承包期内继续承包;家庭承包的林地因为自身的生产经营周期长、收益慢、风险大等特殊性因素,承包人死亡后,继承人可以在承包期内继续承包。[1]

表 8　我国土地承包经营权继承的规范内容及其依据

土地类型	规范内容	规范基础及来源
家庭承包的农地	承包收益可以继承	《农村土地承包法》第 31 条《继承法》第 4 条
	土地承包经营权不属于个人财产,承包经营仍然是以户为单位,当农户中的一人或几人死亡,不发生继承问题,承包地由其他家庭成员继续承包经营	《中华人民共和国最高人民法院公报》[2]《关于〈中华人民共和国继承法〉(草案)的说明》[3]沈阳市中级人民法院判决[4]、河南省长垣县(现为长垣市)人民法院判决[5]
	农户成员全部死亡,土地承包经营权归于消灭,由发包方收回承包地,另行发包。承包经营权不属于遗产范畴。	《中华人民共和国最高人民法院公报》河南省驻马店市中级人民法院判决[6]、广西壮族自治区武宣县人民法院判决[7]、河南省鲁山县人民法院判决[8]

---

[1]　许多学者认为,如果法律不赋予林地承包经营权的可继承性,则难以调动承包人的生产投资积极性,不仅不能充分利用林地资源,还可能诱发滥砍滥伐现象。参见胡吕银:《土地承包经营权的物权法分析》,复旦大学出版社 2004 年版,第 209 页。

[2]　参见《中华人民共和国最高人民法院公报》2009 年第 12 期。

[3]　参见 1985 年王汉斌同志在第六届全国人民代表大会第三次会议上所作的《关于〈中华人民共和国继承法〉(草案)的说明》。

[4]　参见(2005)沈中民(3)合终字第 897 号,北大法宝引证码:CLI.C.36007。

[5]　参见(2010)长民初字第 819 号,北大法宝引证码:CLI.C.744619。

[6]　(2009)驻民三终字第 376 号,北大法宝引证码:CLI.C.278678。

[7]　(2012)武民初字第 532 号,北大法宝引证码:CLI.C.1196227。

[8]　(2010)鲁民初字第 427 号,北大法宝引证码:CLI.C.281643。

（续表）

土地类型	规范内容	规范基础及来源
	继承人限于本集体经济组织成员	《中华人民共和国全国人民代表大会常务委员会公报》[1] "王乙诉王甲案"二审判决[2]
	在承包期内承包人死亡的,该承包人的继承人可以继续承包	山西、海南、山东、陕西、宁夏、贵州、甘肃、广西等地的《农村集体经济承包合同管理条例》[3] 河南省驻马店市中级人民法院判决[4]
家庭承包的林地	承包收益可以继承	《农村土地承包法》第31条 《继承法》第4条
	承包人死亡,其继承人可以在承包期内继续承包	《农村土地承包法》第31条 2005年《最高人民法院关于审理涉及农村土地承包纠纷案件适用法律问题的解释》第25条
	家庭部分成员死亡,不发生继承问题,由其他家庭成员继续承包经营,直至承包期满	最高人民法院法律释义书[5]
	继承人不限于本集体经济组织成员	最高人民法院法律释义书
其他方式承包的"四荒"土地	承包收益可以继承;在承包期内,其继承人可以继续承包。	《农村土地承包法》第50条 《继承法》第4条 2005年《最高人民法院关于审理涉及农村土地承包纠纷案件适用法律问题的解释》第25条

---

[1]　参见顾昂然:《全国人大法律委员会关于〈中华人民共和国农村土地承包法(草案)〉修改情况的汇报——2002年6月24日在第九届全国人民代表大会常务委员会第二十八次会议上》,载《中华人民共和国全国人民代表大会常务委员会公报》2002年第5期。

[2]　北大法宝引证码:CLI.C.300125。

[3]　多数省份的《农村集体经济承包合同管理条例》已失效。

[4]　(2011)驻民一终字第452号,北大法宝引证码:CLI.C.824302。

[5]　参见黄松有主编:《农村土地承包法律、司法解释导读与判例》,人民法院出版社2005年版,第376—382页。

作为本章研究对象的"家庭承包方式设立的土地承包经营权的继承问题",立法仅仅区分了承包收益与承包经营权两者,肯定"承包收益可以继承"的同时回避了"土地承包经营权能否继承"的问题,造成了"有意的制度模糊",实践中通过地方法规、立法释义与司法裁判等方式进行补全,在规范适用层面存在诸多矛盾和冲突,主要观点可概括为:以户为单位取得的土地承包经营权,承包期内家庭的某个或部分成员死亡的不发生承包经营权的继承问题,承包收益属于遗产,按照继承法规定继承。家庭成员全部死亡的,土地承包经营权消灭,由发包方收回承包地,最后一个死亡的成员应获得的承包收益,按照继承法规定继承。继承人不是集体经济组织成员,就不应当享有土地承包经营权,否则就会损害其他成员的权益。[1] 可以说,立法的简约与模糊,为理论与实践中的突破埋下了伏笔,也为法构造层面的阐释创设了空间。

三、土地承包经营权继承问题的法构造阐释

(一) 土地承包经营权的权利主体:农户还是农民?

依我国《民法典》第 1121、1122 条规定,被继承人在死亡前是享有土地承包经营权的权利主体。土地承包经营权何时发生继承,取决于被继承人何时死亡,所以被继承人是谁成了确定土地承包经营权继承起始时间的关键,那么,对土地承包经营权主体的认定就与土地承包经营权继承问题有了关联性。[2] 根据 2018 年《农村土地承包法》第 3、16 条规定,除"四荒"土地外,"农村土地采取家庭承包方式,家庭承包的承包方是本集体经济组织的农户",即家庭

---

〔1〕 这是《农村土地承包法》起草领导小组组长柳随年同志的总结。参见何宝玉主编:《〈中华人民共和国农村土地承包法〉释义及实用指南》,柳随年顾问,中国民主法制出版社 2002 年版,第 63 页。
〔2〕 参见韩志才:《土地承包经营权研究》,安徽人民出版社 2007 年版,第 150—155 页。

承包经营权的权利主体是"农村承包经营户"(农户)而非农户内部成员。在此前提下,农户内部成员不存在对家庭承包经营权的享有和处分问题,家庭承包经营权无法在农户成员之间移转,也就不存在继承的问题。只有在"绝户"的情形下才可能发生家庭承包经营权的继承问题。[1]

"农户"作为独立的权利主体,很早便得到法律的认可。1986年《民法通则》第二章"公民(自然人)"第四节"个体工商户、农村承包经营户",明确把"农村承包经营户"界定为"自然人"的一种特殊类型,第27条对"农户"的定义是:农村集体经济组织的成员,在法律允许的范围内,按照承包合同的规定从事商品经营的,为农村承包经营户。这为"农户"独立成为土地承包经营权的"被继承人"提供了法律依据。自《民法通则》以来,各项法律规范都沿用了"农户"的称谓,却没有明确它的内涵和外延,导致继承和流转方面的争议。[2]在现有的法规范体系中,"农户"具有如下特征:农户是土地承包合同的一方当事人;组成农户的人数没有限制;农户成员具有集体经济组织成员身份;农户对外承担无限责任。[3]

将"农户"而非个体成员作为土地承包经营权的主体,原因在于,在计划经济向市场经济转型初期,在农村土地经营方式改革之始,发包方为便于税费的收缴与管理,以及粮食计划的完成,严格以户为单位进行发包。[4]而家庭土地承包的实际情况是,并非每个家庭(不管人口的多寡)承包土地的面积、缴纳的承包费都相同。承包地的面积和缴纳承包费的多少是按人头确定的,[5]土地承包经营权

---

[1] 准此以解,那种认为法律应当赋予林地承包经营权人的继承人以继承权的认识,不符合现有法律将家庭承包经营权归属于农户而不是公民个人的规定。参见周应江:《家庭承包经营权:现状、困境与出路》,法律出版社2010年版,第134页。

[2] 参见任丹丽:《集体土地物权行使制度研究——法学视野中的集体土地承包经营权流转》,法律出版社2010年版,第83页。

[3] 参见《民法通则》第29条。

[4] 参见王菊英:《土地家庭承包经营权继承问题论析》,载《肇庆学院学报》2010年第1期。

[5] 参见杨立新主编:《民商法理论争议问题——用益物权》,中国人民大学出版社2007年版,第220页。

基于人或劳动力均有的原则分配产生。[1] 在同一农村集体经济组织内部,每位成员承包土地的面积是大致相同的。家庭人口多的,承包土地的面积大,缴纳的承包费也多;家庭人口少的,承包土地的面积小,缴纳的承包费也少。[2] 由此可见,农村土地承包实质上是个人承包,而非农户家庭整体承包。

个人承包而非农户承包的实质,也表现在农村集体土地所有权的身份属性与均分倾向上。2009 年《土地管理法》第 14 条、2009 年《农村土地承包法》第 5 条、第 18 条、第 28 条规定:土地由本集体经济组织的成员承包经营;任何集体经济组织成员都有权承包本集体土地;集体经济组织成员依法平等地行使承包土地的权利;集体将可用于调整承包的土地承包关系给集体的新增人口。这些规范都表明了土地承包的个体性质:承包方虽以户为单位承包经营土地,但发包方是按户内的现有人口数平均分配土地的,家庭承包经营权不是抽象的存在,而是落实在每个家庭成员的每一分土地上的,在实质上它不是家庭这一单元集体的承包经营权,而是家庭成员个体的承包经营权。

承包经营权的"个体性质"还体现在个体有权对土地承包经营权进行分割量化。否则,等同于将家庭成员捆绑在一起作为一个抽象的"家庭集体"(被称为"农户")来对待,也就是说在农村集体经济组织内部又人为地分割制造出更多、更小层级和规模的集体,这样势必重蹈农村集体土地权利主体不明的覆辙,也与市场经济对产权明晰化的要求背道而驰。[3] 我国立法明确了承包经营权可以在家庭成员间分割量化的主张:2018 年《农村土地承包法》第 6 条和第 31 条

---

[1] 参见崔建远:《物权:规范与学说——以中国物权法的解释论为中心》(下册),清华大学出版社 2011 年版,第 510 页。

[2] 参见程宗璋:《关于农村土地承包经营权继承的若干问题》,载《中国农村经济》2002 年第 7 期。

[3] 当下正在开展的"村民自治式"选举,使村民以个人身份进入乡村政治领域,改变了中国传统乡村治理以家庭、家族为单元,个人依附家庭、家长的做法,这一转变体现的是现代中国对村民个体独立的承认与尊重,国家已在政治上承认村民的主体性与独立性,我们没有理由在经济上不承认农民的个体独立性与权利主体性。参见王菊英:《土地家庭承包经营权继承问题论析》,载《肇庆学院学报》2010 年第 1 期。

表明,"出嫁女"和"离婚女"在农户内的土地承包经营权是可以量化的,[1]《最高人民法院关于审理农业承包合同纠纷案件若干问题的规定(试行)》(已失效,下同)第 34 条也细化了土地承包经营权分割的程序。[2]

另外,"农户"这种特殊主体在理论上不存在"继承人"。司法解释称"林地家庭承包中,承包方的继承人请求在承包期内继续承包的,应予支持"[3],这里所指的继承人,并不是"农户"的继承人,而是"最后一位死亡的农户内部成员"的继承人。这也反映了法规范的混乱之处:虽然名义上"农户"是土地承包经营权的主体,但在涉及具体问题时着眼点仍是农户内部的单个主体。

通过以上分析,可以得出结论:"农户"只是土地承包经营权形式意义上的主体,而单个成员才是土地承包经营权实质意义上的主体。[4] 准此结论,尚需从法体系内部对这种"双重主体"结构进行协调,使之既符合土地承包经营权归属于个人的实质,又与 2018 年《农村土地承包法》第 16 条关于承包主体是"农户"的规定不相抵触。

一种解释路径是,"农户"内部成员可以依据《民法典》第 310 条的规定,在土地承包经营权上成立"准共有"。有的学者主张因共有人具有家庭关系而构成"准共同共有",[5]在共同共有关系存续期间,各成员不得请求分割土地承包经营权,但在发生共有关系终止的

---

[1]　2018 年《农村土地承包法》第 31 条规定:承包期内,妇女结婚,在新居住地未取得承包地的,发包方不得收回其原承包地;妇女离婚或者丧偶,仍在原居住地生活或者不在原居住地生活但在新居住地未取得承包地的,发包方不得收回其原承包地。

[2]　《最高人民法院关于审理农业承包合同纠纷案件若干问题的规定(试行)》第 34 条规定:承包方是夫妻的,在承包合同履行期间解除婚姻关系时,就其承包经营的权利义务未达成协议,且双方均具有承包经营主体资格的,人民法院在处理其离婚案件时,应当按照家庭人口、老人的赡养、未成年子女的抚养等具体情况,对其承包经营权进行分割。

[3]　2005 年《最高人民法院关于审理涉及农村土地承包纠纷案件适用法律问题的解释》第 25 条第 1 款。

[4]　参见韩志才:《土地承包经营权研究》,安徽人民出版社 2007 年版,第 150—155 页。

[5]　参见任丹丽:《集体土地物权行使制度研究——法学视野中的集体土地承包经营权流转》,法律出版社 2010 年版,第 83 页。

法定事由时,例如,在夫妻离婚、兄弟分家或者家庭成员的死亡等情形下,可以请求分割土地承包经营权这一共同共有财产。因此,"农户"内部成员死亡时,产生承包经营权份额的分割与继承问题;有的学者主张将土地承包经营权定义为"准按份共有"。每位成员承包土地的数量是相同的,所以每位成员在土地承包经营权上享有相等的份额,这就决定了"农户"内部成员之间对土地承包经营权构成按份共有。由于共有的标的是土地承包经营权而非所有权,因此应为准按份共有。[1] 依循这一解释路径,"农户"内部成员享有的共有份额,当然可成为遗产并发生继承。[2]

这种解释存在以下问题:"准共有"是指两个或两个以上的民事主体共同享有某一权利的法律状态,[3]而在土地承包经营权上,我国法律已经明确规定了单一主体——农业承包经营户,在这一立法前提预设下,并无另设共有的解释空间。

另一种可行的解释路径是,承认现行立法关于土地承包合同的缔约方(承包方)为"农户"而非单个农民,一个承包合同只能设立一个承包经营权,权利主体为"农户"。在此基础上,对"农户"进行"法人化"改造,把每位成员平等享有的份额"股份化",在某位成员死亡后,该成员享有的股份可以根据继承法发生继承。这一"股份化"方案不会造成即有法律理论之间的抵牾,而且已经被一些地方运用到实践中,如广州市白云区实行土地承包股份制经营方式,按照人口和承包地份数分配股份,分为人口股和田地股,允许田地股在承包期内继承。[4] 至于这一做法是否会导致实际耕种人的频繁变更进而影响到土地承包的稳定性,以及是否会使土地承包经营权外流到集体经济组织以外的人手中,影响到农地制度的保障功能,是下文法

[1] 参见房绍坤:《物权法用益物权编》,中国人民大学出版社2007年版,第72页。
[2] 参见周应江:《家庭承包经营权:现状、困境与出路》,法律出版社2010年版,第134页。
[3] 参见崔建远:《物权:规范与学说——以中国物权法的解释论为中心》(上册),清华大学出版社2011年版,第457页。
[4] 参见陈小君等:《农村土地法律制度研究——田野调查解读》,中国政法大学出版社2004年版,第116页。

政策考量中关注和解决的问题。

(二) 土地承包经营权的财产性与身份性:是否属于遗产?

虽然《继承法(草案)》的立法说明、最高人民法院公报案例及一些地方法院判例认为,土地承包经营权不属于个人财产,因而被排除出遗产范畴,但是在《继承法》和《农村土地承包法》中并无此规定,相反,这两部法律都明确了林地和"四荒"土地承包经营权的财产属性。《民法典》"继承编"也同样未将土地承包经营权排除出个人财产之外。因此,对于以家庭承包方式设立的土地承包经营权是否属于遗产,在我国法体系内部及理论上尚有解释余地。

民法继承以财产继承为限,被继承人人身专属之权利不得被继承。[1] 所以遗产只包括财产权利义务,而不涵括人身权利义务。虽为被继承人生前的财产权利义务,但因具有人身专属性而不能转由他人承受的,也不能列入遗产范围。[2] 因此,若要解决土地承包经营权能否继承的疑问,首先需厘清土地承包经营权的权利属性。

有学者认为,土地承包关系是发包人与承包人之间的内部关系,是发包方通过给予承包方一定的经营自主权,来实现自己的经营目标。因此,土地承包经营权实质上是集体经济组织内部分工、分配的权利义务关系。[3] 这一观点仅从发包方角度来界定土地承包经营权的性质并且据此否认其继承性,难免失之偏颇。从承包方的角度而言,土地承包经营权无疑是一种财产权利。[4] 1986年《民法通则》规定"土地承包经营权"的第80条隶属于"财产所有权和与所有权有关的财产权"这一章节;2007年《物权法》把"土地承包经营权"置于第三编"用益物权"之下,作为第十一章的标题。根据《物权法》

〔1〕 参见史尚宽:《继承法论》,中国政法大学出版社2000年版,第2页。
〔2〕 参见郭明瑞、房绍坤:《继承法》(第二版),法律出版社2004年版,第85页。
〔3〕 参见中国物权法研究课题组、课题组负责人梁慧星:《中国物权法草案建议稿附理由》(第二版),社会科学文献出版社2007年版,第445页。
〔4〕 参见郭继:《土地承包经营权流转制度研究——基于法律社会学的进路》,中国法制出版社2012年版,第161页。

第 125 条的规定,土地承包经营权是"土地承包经营权人依法对其承包经营的耕地、林地、草地等享有占有、使用和收益的权利"。《民法典》第 331 条直接沿袭这一条文。至此,土地承包经营权属于财产权利中的用益物权,在法律层面上已经得到了确认。接下来需要解决的是,土地承包经营权是否属于"具有人身专属性"的财产权利?答案直接关涉土地承包经营权能否作为遗产得以继承及继承人的范围。

必须承认,虽然《物权法》及其后的《民法典》进一步落实了土地承包经营权的物权内容,促使"农民"这一称谓从身份到契约关系的转变,但在我国现行立法与行政规范中,土地承包经营权体现出广泛的"身份特性",兹列举于下:(1)只有农村集体经济组织内部的家庭成员,方可在宜采取家庭方式承包的集体土地上设立土地承包经营权。[1] (2)农村集体经济组织以外的单位或个人,承包农村集体土地需要经过本集体经济组织成员同意。[2] (3)承包方转为非农业户口的,应当将承包的集体土地交还给发包方。[3] (4)土地承包经营权的转包,只限于转给同一集体经济组织的从事农业生产经营的其他农户。[4] (5)农村宅基地只能分配给本村村民,城市居民不得在农村购买宅基地。[5] (6)土地承包经营权的流转,在同等条件下,本集体经济组织成员享有优先权。[6] (7)以非家庭承包方式承包农村土地,在同等条件下,本集体经济组织成员享有优先权。[7] 这些身

---

〔1〕 参见《土地管理法》第 14 条;《农村土地承包法》第 3 条、第 15 条。

〔2〕 参见《物权法》第 59 条;《土地管理法》第 15 条;《农村土地承包法》第 48 条。

〔3〕 参见《农村土地承包法》第 26 条。

〔4〕 参见 2005 年农业部(已撤销)发布的《农村土地承包经营权流转管理办法》第 35 条。

〔5〕 参见 1999 年《国务院办公厅关于加强土地转让管理严禁炒卖土地的通知》第 2 条;2007 年《国务院办公厅关于严格执行有关农村集体建设用地法律和政策的通知》第 2 条。

〔6〕 参见《农村土地承包法》第 33 条;2005 年《最高人民法院关于审理涉及农村土地承包纠纷案件适用法律问题的解释》第 11 条、第 19 条。

〔7〕 参见《农村土地承包法》第 47 条。

份特性被学者总结为"成员权"。[1]

土地承包经营权的身份属性最直接的体现是在其设立阶段,这一阶段基本排斥了非集体经济组织成员获得家庭土地承包经营权的可能性。而进入流转阶段,土地承包经营权的身份属性就弱化了很多:可以通过转包、互换等方式将其流转给本集体经济组织的其他成员,这说明承包权并不具备"人身专属性";还可以以转让的方式将其流转给本集体经济组织以外的人,但需要满足"经发包方同意"和本集体经济组织成员的"优先权"两个限制条件。[2] 也就是说,土地承包经营权上的"身份属性",实质上强调的是"集体身份",而非"个体身份",因此可以作为遗产而发生继承。

有学者认为,即便不允许继承,作为变通和规避的手段,被继承人在去世前可以将土地承包经营权转让或转包给继承人,所得收益又可以作为遗产由继承人继承,从而发生与继承相同的法律效果,因此否定土地承包经营权的可继承性并无实效。[3] 该说法在"转让"这种流转方式下,因为存在"发包方同意"这一限制条件,尚有探讨余地,[4]其又涉及土地承包经营权的继承人范围问题,留待下文再行探讨。

(三)继承人范围的限制:通过继承流转与发包方同意

在认可土地承包经营权是遗产之后,需要解决的是继承人范围是否限缩于集体经济组织内部的问题。法规范在林地与"四荒"土地上并未对此问题进行限制,在家庭承包的农地上也并无立法规定,只有《中华人民共和国全国人民代表大会常务委员会公报》以及一些法

---

[1] 参见崔建远:《物权:规范与学说——以中国物权法的解释论为中心》(上册),清华大学出版社2011年版,第394页。

[2] 参见《农村土地承包法》第33条;《物权法》第128条。

[3] 参见丁关良:《土地承包经营权若干问题的法律思考——以〈农村土地承包法〉为主要分析依据》,载《浙江大学学报(人文社会科学版)》2004年第3期。

[4] "转让"与"转包"的区别在于土地承包经营权的继受主体是否为本集体经济组织成员。参见2005年农业部(已撤销)发布的《农村土地承包经营权流转管理办法》第35条。

院判例采取了限制的做法,因此具有解释的空间。在法构造层面上需厘清的是,如果不限制继承人范围,是否会在规范内部造成适用上的矛盾。

在规范体系中,似乎可以把"继承"视为 2018 年《农村土地承包法》第 36 条"流转的其他方式"中的方式之一,这也是许多学理解释的观点。例如,《〈中华人民共和国物权法〉条文理解与适用》一书认为,土地承包经营权的流转方式中包括继承。[1] 既然允许把土地承包经营权流转给本集体经济组织以外的人,[2] 从逻辑上推演,继承作为土地承包经营权流转的一种方式,当然可以由本集体经济组织成员以外的继承人继承土地承包经营权。需厘清的是,本集体经济组织以外的人继承的仅仅是土地承包经营权,并不能通过继承获得本集体经济组织成员身份资格。在理论上,当土地承包经营权的期限届满,权利消灭,土地回到集体经济组织手中开始新一轮的分配,本集体经济组织以外的继承人届时无法再次获得土地承包经营权。

对继承人范围不加限制在体系上可能造成的法律漏洞在于,当继承人不是本集体经济组织成员时,如果无须经过"发包方同意"就可以通过继承获得土地承包经营权,会导致 2018 年《农村土地承包法》第 36 条和 2004 年《土地管理法》第 15 条的规定形同虚设。为了填补这一漏洞,有学者对法定继承人范围进行了限缩:一般情形下以《继承法》确定法定继承人范围,但如果继承人脱离被继承人所在的集体经济组织,且在其他区域的集体经济组织中已取得土地承包经营权,则丧失继承权;如果继承人已从集体经济组织完全脱退而不从事农业生产,则丧失继承权。[3] 但是,这两种限缩方式基于不同身

---

〔1〕　参见最高人民法院物权法研究小组编著:《〈中华人民共和国物权法〉条文理解与适用》,人民法院出版社 2007 年版,第 386 页。

〔2〕　参见《农村土地承包法》第 33、37 条。

〔3〕　参见胡吕银:《土地承包经营权的物权法分析》,复旦大学出版社 2004 年版,第 216 页;程宗璋:《关于农村土地承包经营权继承的若干问题》,载《中国农村经济》2002 年第 7 期。

份、居住地或职业的区别对待,违背了继承法的基本原理。[1]

如果以文义解释来理解 2018 年《农村土地承包法》第 36 条"采取出租(转包)、入股或者其他方式向他人流转土地经营权,并向发包方备案",可以把"继承"归为该条中"流转的其他方式"而适用"向发包方备案"的规定,无须"经发包方同意"。但如果以目的解释来理解这一条款可以发现,"经发包方同意"与"向发包方备案"的区分标准在于,土地承包经营权主体是否变更为本集体经济组织成员以外的人。以此衡量,"继承"这一流转方式具有不确定性特征:继承人范围既有可能在集体经济组织内部,也有可能超出这个范围。

对此,有两种解释途径:第一种,完全不对继承人范围进行限制,只需"向发包方备案"即可发生流转的效力。它的基础是对"继承"与"转让"两种流转方式进行实质区分:转让的对象往往是承包人自由选择且本集体经济组织事先不可知的,因此立法者认为需要通过"经发包方同意"这一手段进行管控;而继承人的范围一般是可预见且相对固定的,因此是否仍有通过"经发包方同意"进行管制的必要?

第二种,严格依据立法目的、区分情形分别处理:如果继承人属于本集体经济组织内部成员,则"向发包方备案"即可发生继承的法律效果;如果继承人不具备集体经济组织成员身份,则需要满足"经发包方同意"这一限制条件。在发包方不同意的场合,可以采用折价给其他具备条件的继承人或本集体经济组织内部其他成员的方式对继承权的土地承包经营进行变现。这种解决方式不仅与土地承包经营权流转的规范相协调,也把土地的控制权留给了土地的所有者——集体自身,扩展了意思自治适用的空间,而非由立法者越俎代庖进行一刀切的管控。

需要指出,在上述情形中发包方并非可以随意否决本集体经济组织以外的人对土地承包经营权的继承,发包方的这一权力受到了

---

[1] 参见郭继:《土地承包经营权流转制度研究——基于法律社会学的进路》,中国法制出版社 2012 年版,第 161 页。

严格的限制。[1]《最高人民法院关于审理涉及农村土地承包纠纷案件适用法律问题的解释》第 13 条规定:"承包方未经发包方同意,转让其土地承包经营权的,转让合同无效。但发包方无法定理由不同意或者拖延表态的除外。"以上规定一方面明确了发包方在拖延表态的情形下转让有效,发包方 7 天内不表态的就被认定为拖延表态;另一方面把"发包方拒绝同意"限定在几种法定理由之内。[2]

(四)"继续承包"是否等同于"继承":三种阐释路径

我国诸多立法与司法解释采用了"继续承包"的表述方式,而没有使用"继承"一词。[3] 然而立法者和司法者在对"继承人可以在承包期内继续承包"的解释上,没有遵循语义一致的原则[4]:立法者和司法者在解释《继承法》时,认为"继续承包"不能按照遗产继承的办法予以处理,[5]而应由继承人依据原承包合同约定的条件承包,性质上是承包合同的主体变更;而在解释《农村土地承包法》时,则把"继续承包"解释为对土地承包经营权的继承。[6]

以 2018 年《农村土地承包法》第 31 条为例,有学者认为,如果立法的本旨在于允许继承人"继承"林地承包经营权的话,完全没有必要表

---

[1] 参见朱虎:《土地承包经营权流转中的发包方同意——一种治理的视角》,载《中国法学》2010 年第 2 期。

[2] 有学者将发包方有权拒绝同意的情形细化如下:(1)土地承包经营权转让合同改变土地的农业用途的;(2)受让方不具有农业生产经营能力的;(3)转让方拒绝在同等条件下与享有优先权的本集体经济组织其他成员签订土地承包经营权转让合同,而将土地承包经营权转让给本集体经济组织外的单位或者个人的;(4)土地承包经营权转让合同存在强迫签订情形。参见丁关良:《农村土地承包经营权流转存在的法律问题与对策建议研究——以浙江省为例》,载《法治研究》2009 年第 8 期。

[3] 参见《农村土地承包法》第 31、50 条;《继承法》第 4 条。

[4] 参见周应江:《家庭承包经营权:现状、困境与出路》,法律出版社 2010 年版,第132 页。

[5] 参见 1985 年王汉斌同志在第六届全国人民代表大会第三次会议上所作的《关于〈中华人民共和国继承法〉(草案)的说明》:……这种继续承包不能按照遗产继承的办法……

[6] 林地家庭承包中,最后一位死亡的家庭成员的继承人在承包期内可以继续承包,直至承包期满,即林地承包经营权及其他方式承包经营权在承包期内可以继承。参见黄松有主编:《农村土地承包法律、司法解释导读与判例》,人民法院出版社 2005 年版,第 376—382 页。

述为"继续承包"。可见"继续承包"仅指林地承包或者林地承包经营权行使的延续,不能得出林地承包经营权可以继承的结论。其实如果严格依照我国现行法律的规定,未发生"绝户"等情形时,若不考虑到继承人的范围问题,无论是家庭承包的林地还是家庭承包的农地,都发生"继续承包"的实然效果;只有在"绝户"等极端情形时才有区分的意义,此时林地承包人的继承人仍然可以"继续承包"林地,而农地承包人的继承人却不能"继续承包"。[1]

可见"继续承包"并不必然等同于"继承",两者的内涵可能存在天壤之别。"继承"是因自然人死亡这一法律事件而发生的将被继承人的遗产转移给继承人的法律关系。[2]在我国实行的是"当然继承",即自继承开始,继承人就取得承受遗产的权利,而不是以继承人接受继承为条件。[3]从法构造的层面看,在承包人死亡或"绝户"的情形下,对于"继续承包"的法律性质,有三种阐释路径:第一种将承包经营权视为基于承包合同产生的与人身有关的债权,不能继承,在继承人与发包方协商后,变更承包合同的主体"继续承包";第二种将"继续承包"理解为承包合同债权债务因继承发生的概括移转;第三种将"继续承包"理解为因继承而发生的土地承包经营权的物权变动。

第一种解释出现的时间最早。在20世纪80年代颁布《继承法》之时,没有规定承包经营权可以继承,有两个原因:一是我国将承包经营权的主体界定为农户,在没有发生"绝户"等极端情况下不存在继承的问题;二是当时的土地承包经营权作为一种用益物权类型尚未通过立法予以确认,所以"土地承包经营权"的继承问题在实践中一直被"土地承包关系"的继承问题所代替,而"土地承包关系"是基于承包合同产生的与人身相关联的债权,[4]不能让渡给他人,也不能作为遗产,一方当事人死亡则合同终止。如继承人想继续承包且为法律允许,可与原发包人协商,变更当事人而"继续承包",但这不

[1] 参见陈小君等:《农村土地问题立法研究》,经济科学出版社2012年版,第205页。
[2] 参见郭明瑞、房绍坤:《继承法》(第二版),法律出版社2004年版,第44页。
[3] 同上书,第60页。
[4] 参见陈小君等:《农村土地问题立法研究》,经济科学出版社2012年版,第91页。

是继承问题,而是承包合同的主体变更问题,[1]是合同主体变更后合同的继续履行。[2] 这种解释随着"土地承包经营权"被立法确认为物权之后已少有提及。

第二种解释从债法的角度出发,认为土地承包合同中的债权债务,在原承包人死亡或农户"绝户"的情形下,可以被继承,从而发生债权债务的概括移转。具体又区分为遗嘱继承与法定继承两种情形:在遗嘱继承场合,土地承包合同的债权债务基于遗嘱这一单方法律行为发生意定的概括移转;[3]在法定继承场合,依继承法规定,被继承人死亡导致合同权利义务在内的遗产移转给继承人,[4]属于基于法律规定而发生的债权债务的概括移转。

第三种解释则是从物权法的角度出发,在承认土地承包经营权是物权的基础上,将"继续承包"的法律效力等同于"继承"。[5] 根据《物权法》第 29 条的规定,继承引起的物权变动,属于基于法律行为以外的原因引起的物权变动,不适用物权变动的一般原则,不以登记或交付为生效要件,而是在继承开始时继承人当然地、直接地取得物权。[6] 因此,土地承包经营权作为用益物权,自承包人死亡时起移转给继承人。用益物权本质上具有自由之融通性,原则上可以随意让与他人,但契约有禁止或另有习惯者不在此限。[7] 所以土地承包经营权作为我国法定的用益物权之一,无疑可以通过继承的方式

〔1〕 参见陈苇主编:《婚姻家庭继承法学》,中国政法大学出版社 2011 年版,第 295 页;江平主编:《中国土地立法研究》,中国政法大学出版社 1999 年版,第 306 页。

〔2〕 参见中国法制出版社编:《继承法新解读》,中国法制出版社 2007 年版,第 11 页。

〔3〕 参见韩世远:《合同法总论》(第三版),法律出版社 2011 年版,第 495 页。

〔4〕 参见崔建远:《合同法》,北京大学出版社 2012 年版,第 219 页;张平华、刘耀东:《继承法原理》,中国法制出版社 2009 年版,第 83 页。

〔5〕 参见房绍坤、范李瑛、张洪波编著:《婚姻家庭与继承法》(第二版),中国人民大学出版社 2010 年版,第 213 页。

〔6〕 参见最高人民法院物权法研究小组编著:《〈中华人民共和国物权法〉条文理解与适用》,人民法院出版社 2007 年版,第 73 页。

〔7〕 参见谢在全:《民法物权论》(修订五版),中国政法大学出版社 2011 年版,第 451、493 页;债权的转让有一定的限制,而物权的转让则一般没有限制,这是物权与债权的主要区别之一。参见张广兴:《债法总论》,法律出版社 1997 年版,第 38 页。

移转,只是为了在法规范内部不造成法律漏洞,在移转之时,如果继承人属于本集体经济组织内部成员要"向发包方备案",如果继承人不是本集体经济组织内部成员尚需满足"经发包方同意"这一限制条件,方可发生物权变动的效果。

后两种解释都确认了继承人对土地承包经营权的权利取得方式是"继承"而非"继续承包",[1]这两种解释并没有矛盾之处,一种侧重于物权的角度,指出"土地承包经营权"这一用益物权因继承而发生物权变动;另一种则侧重于债法的角度,指出继承人通过继承概括继受了土地承包合同的债权债务,可以视为物权变动的原因行为。这两种解释结合在一起,使得"继续承包"具有了完整的"继承"内涵。

四、土地承包经营权继承问题的法政策考量

(一)"变账不变地"的继承实践:对农户作为承包权主体的实例分析

自 1995 年 5 月国务院批转农业部《关于稳定和完善土地承包关系的意见》中"增人不增地、减人不减地"三十年不变的土地联产承包制政策长期施行以来,实践中多采用"变账不变地"的做法,以承包户内部消化的方式解决土地承包经营权的继承问题。当"户"的成员数量减少时,可以向集体经济组织交出部分土地(部分解除合同),也可以继续承包原土地;当"户"的成员有增有减但总数不变时,则维持土地现状不变。这两种情形下仅在会计账簿上进行适当变动。[2]例如,2008 年在对天津市津南区大湾村 1600 户的调查中发现,有 98%

---

[1] 参见郭明瑞、房绍坤、关涛:《继承法研究》,中国人民大学出版社 2003 年版,第 11—12 页。
[2] 同上注。

的农户在人口有变动时,只在会计账簿上对人员变动作适当记载,没有承包经营权流转到其他户的情况;仅 2% 的农户(为五保户和全家迁往大城镇的农户)向集体经济组织退还了土地,并由集体经济组织统一转包到其他户。[1]

"变账不变地"的推行,是否影响到农民的继承意愿及对法规范的理解,可以通过几项田野调查数据进行说明。上文对天津市津南区大湾村 1600 户村民的田野调查显示,64.4% 的农民认为土地承包经营权可以继承,68.7% 的农民希望土地的使用权包括继承权。[2] 2006 年对安徽省池州市辖区内的"一区二县"农村的实地调查也显示,69.5% 的农民认为土地承包经营权应该可以继承;17.6% 的农民认为不可继承;12.9% 的农民认为可以继承,但对继承人范围要进行限制。另外关于农村土地承包经营权实际中可否继承,49.6% 的农民回答可以,只有 13% 的农民回答不可以,还有 37.4% 的农民回答谈不上继承不继承,一般由与其生前共同生活的人继续享有,发包方不过问。[3] 这表明在被调查地区,超过 80% 的农民对土地承包经营权继承持赞同态度,且实际上有 80% 以上的土地承包经营权是可以继承的。在费孝通先生写就的《禄村农田》中的禄村,调查者将 348 户人家按生活水平分为高、中、低三档,按 1∶1∶1 的比例随机抽取了 66 户人家进行实证调查,结果显示 100% 的被调查者认为土地承包经营权可以继承。[4] 从这些田野调查的数据来看,村民对土地承包经营权可以继承有着高度的共识,这一点或许是未来修法时需考量的因素。

因为承包户内部成员之间常常存在第一顺位继承的亲属关系,即继承人与被继承人隶属于同一个农户,所以多数情形下当继承

---

〔1〕　参见石胜尧:《土地承包经营权的继承:流转的依据与对策》,载《中国土地科学》2010 年第 1 期。

〔2〕　同上注。

〔3〕　参见韩志才:《土地承包经营权继承问题实证调查分析——以安徽省池州市实地调查为例》,载《池州学院学报》2007 年第 4 期。

〔4〕　参见张钧:《土地承包经营权继承法律问题研究》,载《云南大学学报(法学版)》2010年第 2 期。

发生时无须对土地承包经营权进行实际分割变动。在这个意义上可以说"变账不变地"是实践中对土地承包经营权"份额"继承的变通做法。另外它也符合"承包经营以户为单位,当农户中的一人或几人死亡,不发生继承问题,承包地由其他家庭成员继续承包经营"的思路。但是,在承包权主体为农户的预设下,"变账不变地"并未涉及"绝户"时土地承包经营权的继承问题;在承包权主体为个体成员的预设下,"变账不变地"并非都导致合理的后果,立法者仍需考量各种可能的因素:例如,继承人超出农户成员范围的情形非常普遍,不同成员的继承人范围各不相同。因此,"变账不变地"实践中的做法并未"一揽子"解决土地承包经营权的继承问题。

实践中由于"农户"这一概念没有确定的内涵与外延,立法也没有限定农户成员的人数,什么关系的几个家庭成员可以成立一户,法律无法界定,农户内部的人口数量及家庭成员结构也具有随意性,因此农户与内部成员掌握土地承包经营权的界限并非泾渭分明:有的家庭成员以个人名义承包土地,一个家庭就可能形成几个农村承包经营户;有的以家庭名义承包土地,整个家庭便组成一个农村承包经营户。[1] 在此背景下,以"绝户"作为承包经营权继承开始的时间点,理论上虽可行,但在实践中常导致较为不公和荒唐的结果。例如,甲夫妇有两个成年儿子乙和丙,第一种情形是,假设甲夫妇与两个儿子在承包土地时分别立户(法律上没有禁止一个成年人的立户,农村习惯也认可),各自获得一份土地承包经营权。在甲夫妇都去世后(绝户),甲夫妇承包的土地在不同的法律规则适用下,可能由乙、丙单独或共同继续承包,也可能由发包人收回;第二种情形是,假设甲夫妇与丙生活在一起,在承包土地时被视为一个农户,乙单立一户。在甲夫妇死亡时,因没有"绝户"不发生继承问题,所有土地由丙继续承包。如此一来,相同的法律事件(甲夫妇死亡)却导致截然

---

[1] 参见任丹丽:《集体土地物权行使制度研究——法学视野中的集体土地承包经营权流转》,法律出版社 2010 年版,第 83 页。

不同的法律后果,有悖于人情常理和社会习惯。[1] (参见表9)而且农户内部各成员的死亡时间不一,在允许土地承包经营权继承的预设下,获益的仅仅是最后死亡的农户成员的继承人,而之前死亡的

表9 不同立户情形下因甲夫妇死亡导致各继承人土地承包经营权总额差异

	甲夫妇在世	甲夫妇死亡	
甲夫妇与乙、丙两个儿子单独成立三个农户	甲夫妇 乙 丙	绝户且预设土地承包经营权可以继承	乙　丙
		绝户但预设土地承包经营权不能继承	乙　丙　集体
甲夫妇与丙成立一户,乙单独立户	甲夫妇 + 丙 乙	农户继续存在,不发生继承问题	丙 乙

其他所有农户成员的继承人完全不具备任何针对土地权益的继承资格。这反映了现有的以农户为土地承包经营权主体的制度确实会在实践中造成许多实质上的不合理之处。

因此,从厘清法律关系的角度出发,立法的最佳选择仍然是把土地承包经营权继承的时间点规定在每个农户成员死亡时而非"绝户"之时,同时依照前文的分析,把土地承包经营权的份额"股份化"并落实到每个农户成员头上。至于在法政策选择的层面上,土地承包经营权是否应该被继承、继承人的范围是否应当被限定、如何避免土地承包经营权的继承导致土地利用零碎化等问题,则由下文依次展开论述。

(二)土地承包经营权继承与否的经济绩效分析与治理方式的转变

土地承包人的死亡具有不可预期性,在某种程度上属于意外事

---

[1] 参见王菊英:《土地家庭承包经营权继承问题论析》,载《肇庆学院学报》2010年第1期。

件。如果法规范否定土地承包经营权的可继承性,则原定的承包期限会因承包人的死亡而突然中止,使得原承包人的生产和投资无法获得预期成效,甚至很难收回,也使得土地资源收归集体重新开始"非市场化"的分配,它对于土地的经济绩效所造成的影响与后果,是进行法政策选择时需要衡量的重要因素。

产权的稳定性对经济主体投资行为的影响至关重要,产权通过减少不确定性、激励约束等功能促使权利主体的投资等行为向有利于提高效率、增加产出等方向发展。农地产权制度对农民的长期投资行为的影响也是如此,在法经济学上被称为"地权稳定性效应":通过计量分析发现,地权的稳定显著提高农业绩效,地权稳定性和土地产出的正向联系来自更加稳定的地权对土地投资的激励作用,只有在具备明确回报的前提下,投资才会活跃。农民作为农地长期投资的直接参与者,所作的决策将直接影响到投资种类的选择,最终影响耕地资源的可持续利用状况。农地产权越稳定,农户长期投资收益预期越高,在投资行为上就会表现为投资增加。[1] 有效的农户投资能够提高农户生产效率、提升农户福利待遇,从而推动整个农村经济的发展。[2]

与此相反,不稳定的地权使农民对自己所拥有的地块缺乏长期的预期。土地承包经营权无法继承的作用如同一种随机税,它在不可预见的承包人死亡这一刻将土地拿走,同时带走农民投入土地的中长期投资。土地在农户间的单纯转移并不构成效率的损失,但是由于附着于土地的中长期投资也随之转移,且其价值一般难以得到完全补偿,土地的原所有者将会失去投资土地的信心,从而从一开始就减少对土地的投资。这样一来,土地产出率下降,经济效率也受到伤害。[3]

---

〔1〕 参见姚洋:《土地、制度和农业发展》,北京大学出版社 2004 年版,第 1—25 页。
〔2〕 参见朱喜、史清华、李锐:《转型时期农户的经营投资行为——以长三角 15 村跟踪观察农户为例》,载《经济学(季刊)》2010 年第 2 期。
〔3〕 参见姚洋:《土地、制度和农业发展》,北京大学出版社 2004 年版,第 1—25 页。

关于法经济学的这一假设,近年来的调查数据对其进行了佐证,证明对农地使用权预期好的农户与预期不好的农户对地块施用有机肥的数量有明显差异。[1] 另一组调查数据显示,2000 年被调查农户在自留地上的有机肥施用概率和用量都要显著高于在责任田上的相应水平。而随着农业税的减免、土地承包经营权"长久不变"的政策化及禁止调整承包地的稳定化,责任田和自留地在使用期限和使用权稳定性上的差异进一步缩小;而且随着承包经营权流转市场的发展,"交易收益"的存在使农户在责任田上的长期投资激励得到提升,所以到了 2008 年,被调查农户在两种田上的有机肥施用概率和用量的差异已经显著缩小了。这表明只要农户手中的土地的产权性质存在差异,其长期投资行为就有所差异。[2]

综上所述,否定土地承包经营权的继承性,会对土地的经济绩效产生负面影响;相反,允许土地承包经营权的继承,则会产生地权稳定性效应,显著提高农民的生产效率及对土地长期投资的激励作用。因此否定土地承包经营权可继承性的法政策,并非出于经济层面的考量,而应该从国家治理乡村的角度来进行观察。

事实上,集体经济从来不只是农村社区内农户之间的权利合作关系,它的制度基础最初不是私人之间的一种合约,而是国家控制农村经济权利的一种形式。[3] 20 世纪 80 年代农村集体经济的变革从推行家庭承包责任制开始,它在法律上的体现就是土地承包经营权制度。土地承包并不仅仅反映一种单纯的经济关系,作为一种地权划分方式,它是种种复杂的权力关系的集结,反映了国家对农村启动全面治理的过程。[4] 在农村社会中,对地权的划分意味着乡村治理权力的划分。国家对于乡村治理的途径和目标不同,自然就会影响

---

[1]　详细数据参见黄季焜、邬亮亮、冀县卿:《中国的农地制度、农地流转和农地投资》,格致出版社、上海三联书店、上海人民出版社 2012 年版,第 83 页。

[2]　同上书,第 208 页。

[3]　参见周其仁:《中国农村改革:国家和所有权关系的变化——一个经济制度变迁史的回顾》,载《管理世界》1995 年第 3、4 期。

[4]　参见赵晓力:《通过合同的治理——80 年代以来中国基层法院对农村承包合同的处理》,载《中国社会科学》2000 年第 2 期。

到土地承包经营权的具体规范设计,进而影响到治理权力的划分。[1] 这里就蕴含着通过治理视角来观察土地承包经营权继承问题的可能性。

国家基于治理的考量对土地承包经营权制度的规则设计产生了重大影响:一方面,实行土地承包制以来,承包户对土地的使用权被一系列法律所确立,从而扩大了承包方对土地的自主性,使得土地的产出价值与交易价值都在逐年上升。中央政府稳定土地的措施事实上正逐渐弱化和"剥夺"基层政权对土地资源的控制权,它使得土地集体所有制——实际上是土地的基层控制——进一步虚化,变成基层政权不能控制的国家所有和农民经营的合一。各种承包合同制约了基层政权利用土地获利的能力,这一变化触及基层政权存在的基础——集体对于资源的控制权与分配权,而这是基层财政备有周转余地的重要条件。[2]

另一方面,基层政权对集体土地的控制意味着其享有对于村社共同体的治理权力,这样,国家对村社共同体的一系列政策才能贯彻下去。因而必须保留作为发包方的乡村基层政权对于集体土地的一定控制权,使得基层政权享有治理权力以辅助国家对村社共同体的治理。[3] 因此,利用各种机会"回收"集体经济组织对土地资产的控制权,是基层政权最重视的任务之一,[4]其中否定土地承包经营权的可继承性,在承包人死亡后由集体经济组织把承包地收回,是基层政权保有对土地控制权的一种体现,是在基层政权与村社共同体

---

〔1〕 参见朱虎:《土地承包经营权流转中的发包方同意——一种治理的视角》,载《中国法学》2010 年第 2 期。
〔2〕 参见张静:《基层政权:乡村制度诸问题》(增订本),上海人民出版社 2007 年版,第 275 页。
〔3〕 参见朱虎:《土地承包经营权流转中的发包方同意——一种治理的视角》,载《中国法学》2010 年第 2 期。
〔4〕 参见张静:《基层政权:乡村制度诸问题》(增订本),上海人民出版社 2007 年版,第 62 页。

之间结构性利益分离的情形下,[1]国家所必然进行的治理考量。反之,如果土地承包经营权可被继承,那么依据《物权法》第126条第2款"承包期届满,由土地承包经营权人按照国家有关规定继续承包"的规定,很有可能导致农民在事实上对承包地享有"永佃"的权利,使得基层政权基本丧失对集体土地的控制及由这种控制带来的实际利益,这是基层政权所不愿接受的。

近些年来,为了缓解基层政权与村社共同体之间的利益冲突,国家通过"村民自治"的手段寻求在基层政权和村社共同体之间建立共同的利益关联结构。[2]这种利益关联结构的重建,对土地承包经营权制度背后的治理策略及具体规则的设计产生了重要的影响:基层政权的角色定位已经发生变化,它只能在村社共同体成员自愿的基础上进行集体利益的维护,同时为村社共同体成员提供公共服务;国家在通过各种社会保障方式增强对于村社共同体成员保障的基础上,将基层政权的功能限制在公共服务功能范围内。[3]随着国家治理方式的改变,国家与基层政权都无须通过否认土地承包经营权的可继承性的方式和手段来控制集体土地,因此在法政策的层面逐渐认可土地承包经营权的可继承性,就具有了合理性解释和证成根据。

---

〔1〕 基层政权与村社共同体之间的利益关系,从我国古代相互依赖所形成的"保护性经纪"关系,到清末以后基层政权的合法性来源上移至国家权威的授权而被"官僚化",基层政权与村社共同体之间形成了"掠夺性经纪"关系,进而出现利益的结构性分离。这样一种结构使国家经常面临不可调和的治理矛盾:一方面,为协调基层冲突和政治问题,它不得不采用各种方法限制基层政权的恣意行为;另一方面,国家又不得不依赖基层政权从事具体的治理,这又等于支持了基层权威的合法性,助长了他们的权力。参见张静:《基层政权:乡村制度诸问题》(增订本),上海人民出版社2007年版,第26—45页。

〔2〕 如此一来,基层政权治理权力的授权来源就又转移到村社共同体成员之上,这有利于扭转基层组织管理者与村社共同体成员的结构性利益分离乃至结构性冲突状况,重建二者的利益关联结构。参见朱虎:《土地承包经营权流转中的发包方同意——一种治理的视角》,载《中国法学》2010年第2期。

〔3〕 同上注。

(三)限定继承人范围的实质缘由:保障功能与市场机能的冲突和协调

在土地承包经营权的继承人范围问题上,实则隐含了农村土地集体所有结构中的双重身份问题——集体"成员权"(membership)与国家"市民权"(citizenship)之间的重叠与抵牾。一方面,《继承法》第9、13条明确规定了继承权平等和继承遗产份额均等原则,不因继承人的职业、身份、年龄等因素而区分对待,可谓市民在私法领域的基本权利,以上原则在《民法典》第1126、1130条中也得以承继。另一方面,《农村土地承包法》的立法解释[1]和司法判例把继承权与集体"成员权"相挂钩,此举因符合全体村民的利益而得到村民代表和村民大会的支持。于是构成体制内有趣的双重身份结构:一方面,存在遗产继承平等的市民权确认;另一方面,又存在继承权需具备本村户口的成员权确认。在继承人非本集体经济组织内部成员的场合,成员权与市民权两者并非互相支持,而是相互矛盾和抵牾的。[2]

双重身份的重叠在现代民事立法体系中实则具备一定的合理性。在公私法汇流的趋势之下,管制和自治之间复杂的关系使得公与私的规范纠缠不清。解决途径之一是对普通民法与特别民法进行水平切割,[3]《继承法》及《民法典》作为普通民法,从预设的平等主体组成的市民社会出发进行抽象规范,保持政策与价值的中立;而将圈定特别目标群体和产业部门取向、进行管制和公共政策干预的规范,留待特别民法如《农村土地承包法》进行规范,使得立法者能够针对具体群体进行政策选择,以此维护自由与管制之间的界限。[4] 当

---

[1] 参见顾昂然:《全国人大法律委员会关于〈中华人民共和国农村土地承包法(草案)〉修改情况的汇报——2002年6月24日在第九届全国人民代表大会常务委员会第二十八次会议上》,载《中华人民共和国全国人民代表大会常务委员会公报》2002年第5期。
[2] 参见张静:《基层政权:乡村制度诸问题》(增订本),上海人民出版社2007年版,第300页。
[3] 参见苏永钦:《寻找新民法》(增订版),北京大学出版社2012年版,第79页。
[4] 同上书,第90页。

两者发生冲突的时候,如果当事人身份符合特别民法则优先适用之,使政策考量因素进入法构造体系。于是需要解决的问题是,限制继承人范围的政策考量是什么?

在立法者看来,具有本集体经济组织成员身份,是继承土地承包经营权的前提条件。这种认识以土地承包经营权的"成员权"特征为依据,实质上凸显了土地承包经营权对于农村集体内部成员的社会保障功能。身份性的存在是为了实现其保障功能,如果保障功能不必要,则身份性也会消解大半。因此,实质问题不在于是否要限制继承人的范围或者在多大程度上给予限制,而在于如何平衡土地承包经营权的保障功能与市场机能。

土地承包经营权所承担的社会保障功能,与作为用益物权的财产性权利之间存在矛盾和冲突,因为两者是基于完全不同的价值理念和制度基础进行构建的。既然是保障性质,则应以需要为前提,不需要或者失去保障基础,就应当将权利收回;既然是无偿取得,则只应当用于保障,而不得流转营利。立法者认为我国在短时间内既不可能由其他制度取代土地保障功能以实现最基本的社会公平,又不能完全不顾及土地制度的利用效率。例如,《农村土地承包法》的立法目的是强调农村的保障与稳定,而《物权法》则是以促进土地经济效益的发挥为出发点,以物权的自由流转为手段促进资源的合理配置,实现作为财产权的土地承包经营权所具备的市场机能。从文义看,《农村土地承包法》稳定承包经营权的思路是力图通过禁止承包经营权买卖而达到目的,而《物权法》则转换了思路,没有移植2002年《农村土地承包法》第4条之规定,采取的指导思想是防止承包经营权受到发包方和国家的随意干涉,而非强调禁止流转。[1]

我国的现实情况是,农村土地利用制度,已经从土地承包制度初

---

[1]　2002年《农村土地承包法》第4条规定:国家依法保护农村土地承包关系的长期稳定。农村土地承包后,土地的所有权性质不变。承包地不得买卖。参见刘俊:《中国农村土地承包经营法律制度研究——以土地承包经营权为中心》,载蔡继明、邝梅主编:《论中国土地制度改革——中国土地制度改革国际研讨会论文集》,中国财政经济出版社2009年版。

期的解决吃饭生存问题的保障手段,转变为扩大土地农业经济产出的市场化工具。在国家财政建立的农村社会保障体系逐步完善的背景下,家庭土地承包经营权的身份性及其保障功能正在逐步弱化乃至消除。然而在现阶段财政转移支付有限、农村社会保障体系尚未健全的前提下,土地承包经营权上体现的生存和发展之间的矛盾仍未消除,在立法上就表现为力图在确保农村土地保障目标的基础上,实现土地的市场效益。试图使两大价值目标在同一个制度之中得以实现。如何解决这一矛盾? 如上文所述,可以将土地承包经营权分为"初始分配"与"自由流转"两个阶段,这两阶段的区分与结合,按保障理念配置土地承包经营权,按私权理念创设农村土地利用权的制度安排,体现了土地对农民的保障和土地作为资本的双重性,[1]使得生存保障和经济发展两大目标分阶段完成,而不是将两种截然不同的价值理念与具体规则同时混同在一套农地制度之中。如果坚持这一区分,在初始分配达至保障功能之后,作为自由流转的方式之一,土地承包经营权的继承无须继续承载社会保障功能,在此基础上把继承人范围限定在本集体经济组织内部成员,就不再具有实质正当性理由。

(四)继承导致农地零碎化的应对措施:"最小耕作单位"的"单嗣继承制"

目前农村多子女的现象较为普遍,加之民间由诸子女平分遗产的传统,如果各个继承人都按继承法的规定继承农地承包经营权,可能会引起严重的农地分割"零碎化"现象,与农业生产规模化、现代化背道而驰,不利于提高农业效率。这不是我国意识形态背景下独有的问题,在比较法上也具有相当的普遍性,因为对农地的无限分割零碎化趋势进行限制,是当代世界各国土地立法都必须面对和解决的法政策问

---

[1] 参见刘俊:《中国农村土地承包经营法律制度研究——以土地承包经营权为中心》,载蔡继明、邝梅主编:《论中国土地制度改革——中国土地制度改革国际研讨会论文集》,中国财政经济出版社2009年版。

题。例如，《意大利民法典》第 846 条规定了"最小耕作单位"，对用于耕作或适宜进行耕作的土地，在转移其所有权、分割或者以任何名义处分该土地时，以及在对该土地设定或转移物权时，必须以最小耕作单位为基础进行操作，不允许继续向下分割和处分。[1]《葡萄牙民法典》第 1376 条第 1 款也规定，适耕之土地不得分割成面积小于国家为每一区域所定之最低耕种面积单位之地块。[2]

在德国的继承实践中也面临同样的问题，无论各继承人是通过分割被继承人的土地所有权而对土地"实物"进行分割，还是按其价值进行分割，均会导致土地分散，从而给保持良性的农业经营带来极大危险。因此德国制定了《农庄单独继承法》，试图避免土地零碎化的结果，同时反映了德国大部分地区农民的继承习惯，其基本思想是：农庄随继承开始移转至某一单独继承人，而对其他继承人（即退出的继承人）进行一次性金钱补偿。金钱补偿额可由被继承人确定，也可参照法定的一次性补偿额标准。农庄所有权人原则上可以通过死因处分行为自由指定农庄继承人，该继承人一般需具备农业经营能力。在农庄所有权人未进行指定时则适用法定农庄继承人顺序，首先由被继承人生前长期将农庄交与其经营的某共同继承人享有农庄第一顺位继承资格，其次在农庄中工作，以准备承受该农庄的某共同继承人享有第二顺位继承资格，最后才适用长子继承权或幼子继承权制度。[3]

德国法上的一种解决思路类似于我国一些学者提出的"单嗣继承制"，该制度下土地承包经营权只能由一个子女继承，男女有同等的继承权，留在本社区的子女优先继承。[4] 但这一制度设计遭到了强烈的批评，批评观点认为它既违反了平等继承的原则，又极可能造

〔1〕 中译本参见《意大利民法典（2004 年）》，费安玲等译，中国政法大学出版社 2004 年版，第 210 页。
〔2〕 中译本参见《葡萄牙民法典》，唐晓晴等译，北京大学出版社 2009 年版，第 236 页。
〔3〕 参见[德]鲍尔、[德]施蒂尔纳：《德国物权法》（上册），张双根译，法律出版社 2004 年版，第 589—592 页。
〔4〕 参见王蜀黔：《论中国农村土地承包经营权的继承》，载《贵州师范大学学报（社会科学版）》2007 年第 5 期。

成对农村女性继承权的否定。[1] 另一种解决思路是共同继承,继承人不得对土地加以登记上的分割,即不得把同一宗土地分割为数块,分别进行登记;或者在继承方式上鼓励采取部分继承人继承,给予其他继承人折价补偿等不分割土地承包经营权的继承方式。[2]

以上对"单嗣继承制"的批评混淆了两个问题:首先,土地承包经营权是被继承人的遗产,但并不意味着被继承人的遗产仅包括土地承包经营权;其次,对土地承包经营权的继承人范围不加以限制,并不意味着鼓励继承人范围内的所有继承人来分割土地承包经营权。

根据我国的实情,最佳方案是把"单嗣继承制"与"最小耕作单位"两者结合起来,实行"最小耕作单位"的"单嗣继承制"(参见表10)。具体做法是:将每个集体经济组织依据自身的经济和农业条件、在初始分配时平等赋予本集体经济组织内部单个成员的承包地面积视为"最小耕作单位",也就是上文提及的土地承包经营权"股份化"之后所形成的"一股"。在承包人死亡之时,如果被继承的土地承包经营权包含多块"最小耕作单位"土地或者说包含"多股",则允许由多名继承人分别继承,但每一股即每块"最小耕作单位"土地最多只能由一个继承人继承,而不能继续分割;倘若多个继承人中只有一人继承了"一股"土地承包经营权,则基于继承平等原则,其他继承人继承遗产的剩余部分,以保持每位继承人继承遗产总额的大致均衡;而现实困境是,在许多经济欠发达的农村地区,土地承包权益可能构成了被继承人遗产的主要部分,甚至唯一有价值的部分,在此背景下,倘若遗产剩余部分的价值不足以匹配土地承包经营权,则由获得土地承包权的继承人对其他继承人进行金钱补偿。[3]

---

[1] 参见郭继:《土地承包经营权流转制度研究——基于法律社会学的进路》,中国法制出版社 2012 年版,第 166 页。

[2] 参见张钧:《土地承包经营权继承法律问题研究》,载《云南大学学报(法学版)》2010 年第 2 期。

[3] 借鉴德国法的经验,金钱补偿额可由被继承人确定,也可参照法定的一次性补偿额标准。确定补偿额时,还应当考虑剩余的承包期限的长短、承包土地的正常收益、继承人的经济状况等因素,使补偿数额公平合理。参见胡吕银:《土地承包经营权的物权法分析》,复旦大学出版社 2004 年版,第 222 页。

表 10　解决农地零碎化——根据土地面积不同而采取不同继承制

	多个最小耕作单位下的多子继承制		最小耕作单位下的单嗣继承制		最小耕作单位下的单嗣继承制+金钱补偿	
父亲甲的遗产	多个最小耕作单位的土地承包经营权　其他遗产		最小耕作单位的土地承包经营权　其他遗产		最小耕作单位的土地承包经营权	
儿子乙、丙对遗产的继承	乙	丙	乙	丙	乙	丙
	最小耕作单位　其他遗产	最小耕作单位　其他遗产	最小耕作单位	其他遗产	最小耕作单位	乙给予丙金钱补偿

在第一顺位继承人的数量超过可继承的"最小耕作单位"的土地数量时,于法定继承情形下(即被继承人未通过遗嘱指定土地承包经营权的继承人),如何确定哪些继承人有权优先继承这些土地的承包经营权? 2005 年农业部(已撤销)公布的《农村土地承包经营权流转管理办法》第 9 条第 2 款规定,农村土地承包经营权流转的受让方应当具有农业经营能力。2018 年《农村土地承包法》第 38 条规定:"土地经营权流转应当遵循以下原则:……(四)受让方须有农业经营能力或资质……"在学者的建议稿中,梁慧星编纂的《中国民法典草案建议稿》第 457 条及《中国物权法草案建议稿》第 247 条规定:农地使用权可以继承。从事农业生产经营或属于农业人口的继承人,可以优先分得农地使用权;在被继承人的其他财产不足以与该农地使用权相当时,可采取对非从事农业生产经营或属于非农业人口的继承人进行折价补偿的做法。发生农地使用权继承时,继承人不得将土地进行登记上的分割,可以采取折价分割。继承人均为非从事农业生产经营或非农业人口的,在继承农地使用权后一年内,应将农地使用权转让给从事农业生产经营者。[1] 王利明主编的《中国物权法草

[1]　参见中国物权法研究课题组、课题组负责人梁慧星:《中国物权法草案建议稿附理由》(第二版),社会科学文献出版社 2007 年版,第 463 页;梁慧星主编:《中国民法典草案建议稿附理由·物权编》,法律出版社 2004 年版,第 264 页。

案建议稿及说明》第 286 条规定：农村土地承包经营权人为公民的,其农村土地承包经营权可以继承,但继承人不得改变土地的农用目的。[1] 简要地说,立法者与学者对于遴选有优先继承资格的继承人有两点相关联的标准:(1)继承人需具备农业经营能力;(2)继承人不能改变土地的农用目的。

在对安徽省池州市的田野调查中,35.7%的被调查农民认为具有农业生产经营能力的人才可继承土地承包经营权,24.6%的被调查农民认为农民才能继承土地承包经营权,21.6%的被调查农民认为只要是继承人都可以继承土地承包经营权,16.8%的被调查农民认为与去世者共同承包的人才能继承土地承包经营权,4.2%的被调查农民不认同上述观点。调查反映出多数农民很看重土地承包经营权继承人的农民身份或农业生产经营的能力。[2] 德国法一般认为农庄所有权人原则上可以通过死因处分行为自由指定农庄继承人,该继承人需具备农业生产经营能力。

以上田野调查的结论和比较法上的考察与我国立法者和学者思路相同的一点在于,对继承人具有农业生产经营能力的强调。综合上述制度设计,本章认为可行的优先继承顺位是:当第一顺位继承人的数量超过可继承的"最小耕作单位"土地数量时,首先由具备本集体经济组织内部成员身份的继承人享有最优先的继承资格;其次由本集体经济组织内其他从事农业生产经营的继承人享有次优先的继承资格;最后才轮到本集体经济组织以外的从事农业生产经营的继承人。

如果第一顺位继承人之中没有从事农业生产经营的,没有必要因此否定所有第一顺位继承人的继承资格,并且把继承范围扩展到第二顺位继承人。因为在现阶段耕地保护政策下,继承人不能改变土地的农业用途,无农业生产经营能力的人在继承了土地承包经营

---

[1] 参见王利明主编:《中国物权法草案建议稿及说明》,中国法制出版社 2004 年版,第 378 页。

[2] 参见韩志才:《土地承包经营权继承问题实证调查分析——以安徽省池州市实地调查为例》,载《池州学院学报》2007 年第 4 期。

权后,若无意经营农业,完全可以通过转让、转包、出租等方式将土地承包经营权流转,让有农业生产经营能力的人经营。[1] 这种流转是一种理性经济人行为,更有可能使土地向本集体经济组织内高生产效率农户移转,使土地资源配置效率达到最佳,整体上提高农业生产效率。若非从事农业生产经营的继承人有意经营农业,则会投资于田野、带给乡村资本,更没有理由通过立法予以限制。[2]

五、结论

我国现行法规范并未规定以家庭承包方式设立的土地承包经营权的继承问题,由此造成的"有意的制度模糊"和解释空间,就需要在实践中通过地方法规、立法释义与司法裁判等方式进行补全,在规范适用层面存在诸多矛盾和冲突,需要基于立法规范从法的内部构造层面进行解释协调,同时通过引入社会实证与价值判断因素,从法政策层面对规范的实质合理性进行考量论证。

法构造层面的阐释得出以下结论:土地承包经营权形式上的主体虽为"农户",但实质意义的主体是"农户"内部成员;承包经营权的法律性质属于具备"集体身份属性"的财产权利,并无"人身专属性"特征,因而可作为遗产被继承;继承作为承包经营权的一种流转方式,在涉及继承人范围限制的问题上,一种可行的解释路径是交由

---

〔1〕　而且如果无农业生产经营能力的继承人属于限制行为能力人或无行为能力人等弱势群体,拒绝他们对土地承包经营权的继承,只会让他们陷入更为贫困的境地,只有承认其继承权,才能更好地保障无行为能力人、限制行为能力人和年老体弱之人的合法权益。依据《继承法》第 19 条之规定,剥夺了缺乏劳动能力又没有生活来源的人的继承权的遗嘱是无效的。参见王菊英:《土地家庭承包经营权继承问题论析》,载《肇庆学院学报》2010 年第 1 期。

〔2〕　农业生产经营应该是一种职业选择,而与城镇或农村户籍无涉。认为只有具有农村户口的人才能继承土地承包经营权,限制非农户口人员继承的思想,仍然是城乡二元户籍分割管理思维模式的反映。允许非农户口人员获得土地承包经营权以投资于土地和农业,有利于消弭长期以来因城乡人为分隔导致的经济、文化、生活、心理巨大差异的社会结构性裂痕。参见王菊英:《土地家庭承包经营权继承问题论析》,载《肇庆学院学报》2010 年第 1 期。

集体区分情形进行规制:本集体经济组织内部成员以继承人身份继承土地承包经营权时"向发包方备案",而本集体经济组织成员之外的继承人继承土地承包经营权时需要满足"经发包方同意"这一限制条件;对于立法上"继续承包"的表述,既可从物权的角度将其解释为土地承包经营权因继承而发生物权变动,也可从债法的角度将其解释为继承人概括继受了承包合同中的债权债务,两种解释结合在一起,使"继续承包"具备了"继承"的法律内涵。

　　法政策层面的考量得出以下见解:"变账不变地"是实践中继承土地承包经营权"份额"的变通做法,也符合以户为单位承包经营土地的立法思路,但并未涉及和解决"绝户"时承包经营权的继承问题,在实践中容易导致诸多实质不合理的结果,继承的最佳时点应该在每个"农户"成员死亡之时而非"绝户"这一刻;在经济层面上,允许土地承包经营权的继承,会产生地权稳定性效应,从而显著提高农民的生产效率及对于土地长期投资的激励作用;从否定转变为肯定经营权的继承性,也体现了国家、基层政权与村社共同体三者之间利益和治理关系的变迁,以及国家针对乡村治理方式的改变;现阶段把继承人范围限定在本集体经济组织内部成员的思路和做法,反映了土地承包经营权上呈现的社会保障功能与市场机能的冲突,解决途径是区分"初始分配"与"自由流转"两个阶段,在初始分配时按保障需求平等配置土地承包经营权,在自由流转阶段依照市场规则和私权理念促进土地承包经营权的自由移转,在此区分基础上不应再限定继承人范围;关于多子继承导致的农地"零碎化"问题,可能的应对措施是各集体划分土地承包经营权的"最小耕作单位",在"最小耕作单位"的承包经营权上采用"单嗣继承制",同时处理好继承的优先顺位、遗产继承额的均衡及对未获得土地承包经营权的继承人的补偿等问题。

第十章
宅基地使用权继承的制度重构

一、问题现状:法源缺失与裁判分歧

(一)法源缺失

宅基地使用权是否属于遗产及能否继承? 在规范法源层面,[1]《继承法》第 3 条对"遗产范围"采取"正面概括加列举"模式,规定"遗产是公民死亡时遗留的个人合法财产",并列举遗产的主要形态如房屋、生产资料及其他合法财产等,但并未列明宅基地使用权是否属于继承标的。《物权法》对该问题也未置可否,第 153 条将宅基地使用权的取得、行使和转让问题转由《土地管理法》等特别法和国家有关规定。2019 年修正的《土地管理法》中涉及宅基地的第 62 条同样保持了缄默。

《民法典》"物权编"有关宅基地的内容基本照搬自《物权法》,未作实质变动。"继承编"第 1122 条则放弃了《继承法》第 3 条正面列举遗产范围的方式,改采"正面概括加反面排除"模式,但仍未解决宅基地使用权的继承问题,只是将该问题转换为宅基地使用权是否属于个人

---

[1] 依据《最高人民法院关于裁判文书引用法律、法规等规范性法律文件的规定》第 4 条与第 6 条的规定,"法律"分为规范法源与准规范法源两大谱系,前者作为裁判依据,包含法律、法律解释、司法解释、行政法规和地方性法规;后者仅作为裁判理由,法官可自由裁量是否选择适用,包括部门规章、地方政府规章、其他政府规定及国家政策。参见汪洋:《私法多元法源的观念、历史与中国实践——〈民法总则〉第 10 条的理论构造及司法适用》,载《中外法学》2018 年第 1 期,第 122 页。

财产及是否符合"依照法律规定或者其性质不得继承"这一反面排除规范。对此,全国人民代表大会常务委员会法制工作委员会(以下简称"全国人大常委会法工委")的释义认为,宅基地使用权的主体以户为单位,相关权益属于家庭共有而非个人。[1] 最高人民法院的释义则认为,尚未建有房屋的宅基地使用权属于依据法律规定不能继承的财产权利,但并未列明具体的法律规定;建有房屋的宅基地基于"地随房走"的原则,宅基地使用权在房屋被继承时随之转移。[2]

在准规范法源层面,土地管理部门对于宅基地使用权继承的效力予以相当程度的认可。1989 年原国家土地管理局印发的《关于确定土地权属问题的若干意见》(已失效)第 34 条规定,"通过房屋继承取得的宅基地,继承者拥有使用权。若继承者已有宅基地,合计面积超过规定标准的,可以暂时按实际使用面积确定其集体土地建设用地使用权"。1995 年原国家土地管理局将《关于确定土地权属问题的若干意见》修订为《确定土地所有权和使用权的若干规定》,其中第 49 条规定:"……继承房屋取得的宅基地,可确定集体土地建设用地使用权。"2008 年国土资源部(已撤销)《关于进一步加快宅基地使用权登记发证工作的通知》(已失效)规定,除继承外,农村村民一户申请第二宗宅基地使用权登记的,不予受理。反面推知,因继承取得的第二宗宅基地使用权可以进行登记。2011 年国土资源部、中央农村工作领导小组办公室、财政部、农业部《关于农村集体土地确权登记发证的若干意见》规定:已拥有一处宅基地的本农民集体成员、非本农民集体成员的农村或城镇居民,因继承房屋占用农村宅基地的,可按规定登记发证,在《集体土地使用证》记事栏应注记"该权利人为本农民集体原成员住宅的合法继承人"。有学者认为,该做法只是被动确认了非本农民集体成员在房屋存续期内占有使用宅基地的权利,并非承认了宅基地使用权可继承,其权能效力与正常的宅基

---

〔1〕 参见黄薇主编:《中华人民共和国民法典继承编解读》,中国法制出版社 2020 年版,第 13—19 页。

〔2〕 参见最高人民法院民法典贯彻实施工作领导小组主编:《中华人民共和国民法典婚姻家庭编继承编理解与适用》,人民法院出版社 2020 年版,第 494—503 页。

地使用权存在重大差异。[1]

2016 年国土资源部(已撤销)印发的《不动产登记操作规范(试行)》(已失效)第 10.3.1—10.3.5 条规定:依法继承的已经登记的宅基地使用权及房屋所有权,可由权利人单方申请转移登记;不动产登记机构在审核过程中应注意要点包括受让方为本集体经济组织的成员且符合宅基地申请条件,但因继承房屋……导致宅基地使用权及房屋所有权发生转移的除外;已拥有一处宅基地的本集体经济组织成员、非本集体经济组织成员的农村或城镇居民,因继承取得宅基地使用权及房屋所有权的,在不动产权属证书附记栏记载该权利人为本农民集体原成员住宅的合法继承人。2021 年,自然资源部关于修改印发《不动产登记操作规范(试行)》的通知得以颁布,但并未对以上规定进行修改。部分地方高级人民法院的纪要、解答,[2]以及地方政府的政策文件对宅基地使用权继承问题也进行了规定,态度不一,[3]本章不再赘述。

自然资源部于 2020 年 9 月 9 日对十三届全国人大三次会议第 3226 号建议作出答复,明确"农民的宅基地使用权可以依法由城镇户籍的子女继承并办理不动产登记"。理由是,"根据《继承法》规定,被继承人的房屋作为其遗产由继承人继承,按照房地一体原则,继承人继承取得房屋所有权和宅基地使用权,农村宅基地不能被单独继承。《不动产登记操作规范(试行)》明确规定,非本农村集体经济组织成员(含城镇居民),因继承房屋占用宅基地的,可按相关规

---

[1] 参见宋志红:《宅基地资格权:内涵、实践探索与制度构建》,载《法学评论》2021 年第 1 期,第 79—93 页。

[2] 参见 2018 年《北京市高级人民法院关于审理继承纠纷案件若干疑难问题的解答》第 7—10 条。

[3] 例如,《临沂市农村宅基地管理暂行办法》第 21 条规定宅基地使用权不可以继承;《海南省土地权属确定与争议处理条例》第 23 条规定宅基地使用权可以继承;《河北省农村宅基地管理办法》第 15 条规定宅基地使用权在房屋未损坏尚能利用时可以有限继承。参见刘露:《解释论视角下宅基地使用权的继承性研究》,载《华东政法大学学报》2019 年第 1 期,第 134—143 页;另可参见曹益凤:《宅基地使用权继承的制度困境与出路选择》,载《农业经济问题》2020 年第 3 期,第 50—62 页。

定办理确权登记,在不动产登记簿及证书附记栏注记'该权利人为本农民集体经济组织原成员住宅的合法继承人'"。可谓有限承认了建有房屋的宅基地使用权在房地一体原则下可以被继承,这是目前最新且级别最高的肯定宅基地使用权继承的准规范法源。

(二) 裁判分歧

针对宅基地使用权能否被继承,司法实务中面临的问题更为细碎复杂,大致可分为肯定与否定两类裁判意见[1]:

持否定立场的裁判意见,其理由可细分为五种案型:第一种案型否认宅基地使用权属于个人财产,认为宅基地是分配给以户为单位的家庭集体成员共同使用,[2]当一户人口减少,宅基地仍由一户中剩余的成员共同使用,[3]当户内最后一个本集体经济组织成员死亡时,宅基地应由集体收回。第二种案型虽承认宅基地使用权属于个人财产,但否认宅基地使用权属于遗产,认为宅基地使用权作为一项特殊的用益物权,与集体经济组织成员资格紧密相关,因死亡而消灭;[4]或者仅仅否认未建有房屋的宅基地使用权属于遗产。[5] 第三种案型同样根据宅基地上是否建有房屋而进行区分处理,没有建筑物的宅基地使用权不能被继承,[6]尤其是在继承人已有宅基地的情况下,即继承人不符合申请分配宅基地的前提条件时,[7]不能单独继承宅基地使用权。第四种案型根据继承人身份进行区分处

---

[1]   裁判意见梳理亦可参见高海:《宅基地使用权继承:案例解析与立法构造》,载《东方法学》2018 年第 5 期,第 99—102 页。

[2]   参见湖南省湘西土家族苗族自治州中级人民法院(2017)湘 31 民终 491 号民事判决书;湖南省岳阳市中级人民法院(2011)岳中民一终字第 393 号民事判决书。

[3]   参见北京市第三中级人民法院(2017)京 03 民终 10777 号民事判决书;上海市奉贤区人民法院(2009)奉民一(民)初字第 1668 号民事判决书。

[4]   参见河北省石家庄市中级人民法院(2017)冀 01 民终 4682 号民事判决书;河南省洛阳市中级人民法院(2016)豫 03 民终 5503 号民事判决书。

[5]   参见浙江省松阳县人民法院(2015)丽松民初字第 411 号民事判决书。

[6]   参见最高人民法院(2017)最高法行申 6361 号行政裁定书;广东省肇庆市中级人民法院(2014)肇中法审监民再字第 2 号民事判决书。

[7]   参见最高人民法院(2018)最高法行申 236 号行政裁定书。

理,否认非本集体经济组织成员的部分继承人继承宅基地使用权及地上房屋的权利。[1] 第五种案型认为当享有宅基地使用权的村民死亡,其宅基地使用权并不当然由该村民的继承人继承,而应根据法定程序进行申报、审核和批准。[2]

持肯定立场的裁判意见往往附加了相关条件进行区分处理。续接上文第三种案型,第六种案型认可了房地一体原则下房屋依附于宅基地之上,房屋所有权与宅基地使用权具有不可分割性。无论继承人户口是否迁出,是否有其他宅基地,其对房屋及所依附宅基地享有一体继承权。[3] 但同样基于房地一体原则,对通过继承房屋实际取得的宅基地使用权施以各种限制条件,有建筑物的宅基地使用权的继承只限于宅基地上建筑物的存续期间,此期间内不得对原有房屋进行翻建、重建,或者只能使用该房屋和加以必要的维护,如房屋灭失或一经拆除,就失去了重新建造的权利,宅基地使用权收归集体。[4] 当房屋被依法征收时,其占用的宅基地或宅基地使用权补偿款应同时被村集体收回。[5] 续接上文第四种案型,第七种案型肯定了非本农民集体经济组织成员的城镇居民可继承农村集体土地上的房屋,并取得宅基地使用权,[6] 在此情形下应当按规定登记发证,权利受侵犯时可提行政诉讼。[7] 第八种案型认为,《土地管理法》中的"一户一宅"限制并不能作为申请继承房屋土地使用权的限制,[8] 农村村民依继承享有两处宅基地[9]。无论继承人户口是否迁出、是否

---

〔1〕　参见山东省淄博市周村区人民法院(2013)周民初字第 1134 号民事判决书;内蒙古自治区呼和浩特市中级人民法院(2016)内 01 民终 649 号民事判决书;河南省鲁山县人民法院(2013)鲁民初字第 2110 号民事判决书。
〔2〕　参见最高人民法院(2017)最高法行申 1160 号行政裁定书。
〔3〕　参见河南省淅川县人民法院(2014)淅行初字第 80 号民事判决书。
〔4〕　参见浙江省宁波市中级人民法院(2016)浙 02 民终 3633 号民事判决书。
〔5〕　参见浙江省宁波市中级人民法院(2016)浙 02 民终 3633 号民事判决书;吉林省梅河口市人民法院(2015)梅民初字第 199 号民事判决书。
〔6〕　参见浙江省诸暨市人民法院(2015)绍诸草民初字第 292 号民事判决书。
〔7〕　参见山西省忻州市中级人民法院(2012)忻中行终字第 31 号行政判决书。
〔8〕　参见河南省汝阳市人民法院(2000)汝行初字第 027 号行政判决书。
〔9〕　参见山东省淄博市中级人民法院(2010)淄民一终字第 326 号民事判决书。

有其他宅基地,其对房屋及所依附宅基地享有一体继承权。[1] 对于实践中因继承等原因而存在的"一户多宅"现象,不能简单地一撤了之。[2] 裁判分歧整理如下:

表 11　宅基地使用权继承的裁判分歧

基本立场	案型	裁判理由
否定	案型一	宅基地使用权不属于个人财产
	案型二	宅基地使用权不属于遗产
	案型三	没有建筑物的宅基地使用权不能单独继承
	案型四	非本集体经济组织成员的继承人不能继承
	案型五	根据法定程序进行申报、审核和批准后方可继承
肯定	案型六	依房地一体原则可同时继承宅基地,但有诸多限制
	案型七	非本集体经济组织成员的城镇居民也可继承
	案型八	宅基地使用权继承不受一户一宅的限制

裁判分歧可以归纳为以下问题:首先,宅基地使用权的主体和权利性质,涉及宅基地使用权是否属于个人财产;其次,继承人身份的影响,涉及非本集体经济组织成员可否继承宅基地使用权;再次,房地一体原则的影响,涉及可否通过继承房屋而取得宅基地使用权;最后,一户一宅原则的面积限制对宅基地使用权继承是否产生影响。

二、问题根源:作为生存保障工具的价值预设应否维持

(一)宅基地使用权的价值预设:生存保障工具

我国农村集体土地所有权糅合了公法层面的治理功能、生存保

---

[1]　参见河南省淅川县人民法院(2014)淅行初字第 80 号行政判决书。
[2]　参见最高人民法院(2017)最高法行申 1126 号行政裁定书。

障功能及私法层面的市场化私权功能,是具备三重功能属性的集合体。[1] 宅基地使用权的生存保障功能,并非其作为用益物权的固有功能,而是集体土地所有权的生存保障功能经由宅基地使用权这一形式得以实现的。[2] 在我国社会保障体系还无法完全覆盖广大农村地区的现实前提下,农村集体土地所有权对其成员提供的生存保障内容包括"耕者有其田"和"居者有其屋"两个基本面。土地承包经营权解决了农民的衣食来源,宅基地使用权解决了农民的居住问题。[3] 宅基地使用权作为农民基于集体成员身份而享有的生存保障工具,这一价值预设体现为取得及流转的身份限制、面积限制、无期限且无偿等制度构造。

1. 身份与面积限制

宅基地使用权的取得和转让均以主体具有本集体经济组织成员身份为前提。宅基地使用权人的处分权严格受限,仅被允许在本集体经济组织内部随同房屋所有权一同流转,不得向非本集体经济组织成员流转或抵押。[4] 随着我国房地产市场的发展,国土资源部(已撤销)曾多次发文,严禁城镇居民在农村购置宅基地,严禁为城镇居民在农村购买和违法建造的住宅办理宅基地使用权登记。非本集体经济组织成员取得宅基地使用权的唯一途径,是通过继承房屋而取得房屋占用范围内的宅基地使用权,近年来通过继承取得宅基地

---

[1] 参见汪洋:《集体土地所有权的三重功能属性——基于罗马氏族与我国农村集体土地的比较分析》,载《比较法研究》2014年第2期,第13页。

[2] 参见韩松:《宅基地立法政策与宅基地使用权制度改革》,载《法学研究》2019年第6期,第71—90页。

[3] 参见黄薇主编:《中华人民共和国民法典物权编解读》,中国法制出版社2020年版,第530—539页。

[4] 1999年《国务院办公厅关于加强土地转让管理严禁炒卖土地的通知》、2004年《国务院关于深化改革严格土地管理的决定》、2007年《国务院办公厅关于严格执行有关农村集体建设用地法律和政策的通知》均明确指出,宅基地只能分配给本村村民,禁止城镇居民到农村购买宅基地和房屋,宅基地使用权只能转让给无宅基地或面积未达到标准的本集体成员。2011年《最高人民法院关于印发〈全国民事审判工作会议纪要〉的通知》明确规定:将宅基地上建造的房屋出卖给本集体经济组织成员以外的人的合同,不具有法律效力。

的比例为 69.9%,已经远远超过通过申请审批获得宅基地的比例,成为宅基地使用权最主要的取得方式。[1]

《土地管理法》将宅基地使用权人表述为农村村民及本集体经济组织成员。集体经济组织成员资格的认定,可借鉴承包地征收补偿费用分配纠纷的资格认定标准,综合当事人生产生活状况、户口登记状况及农村土地对农民的基本生活保障功能等因素。[2] 以本集体土地为生活保障和与本集体经济组织形成权利义务关系这两者为实质性评判标准,并由集体经济组织以自治方式通过合理程序认定,形成本集体经济组织成员资格认定的复合标准。[3]

虽然在宅基地使用权登记时权利人一栏记载的是村民个人而非农户,但实务运作中基于一户一宅原则以户为单位配置宅基地,村民人数仅仅影响宅基地的面积,不决定宅基地的块数。[4] 2020 年《土地管理法实施条例(修订草案)》(征求意见稿)第 46 条便明确规定,"农村村民申请宅基地的,应当以户为单位向村集体经济组织提出……"一户一宅中的"户"不完全等同于农村承包经营户,而是指以血缘、婚姻关系为纽带,以共同生活为基础的自然户,[5]内部关系适用共有规则。因分户、户口迁出等原因导致户内人数减少的,应核减宅基地面积;因建筑物等原因无法核减的,应减少新申请户的宅基地面积。[6]

---

[1] 参见余敬、唐欣瑜:《实然与应然之间:我国宅基地使用权制度完善进路——基于 12 省 30 个村庄的调研》,载《农业经济问题》2018 年第 1 期,第 47 页。

[2] 参见最高人民法院民法典贯彻实施工作领导小组主编:《中华人民共和国民法典物权编理解与适用》(下),人民法院出版社 2020 年版,第 836—858 页。

[3] 参见曹益凤:《宅基地使用权继承的制度困境与出路选择》,载《农业经济问题》2020 年第 3 期,第 50—62 页。

[4] 参见崔建远:《中国民法典释评·物权编》(下卷),中国人民大学出版社 2020 年版,第 233—235 页。

[5] 户籍制度的主要功能是统计人口并进行行政管理,在城乡人口流动加剧、户籍制度改革的背景下,多种因素导致的户籍迁入迁出等十分频繁,不宜完全依户籍确定宅基地这一财产权的分配。参见高圣平、吴昭军:《宅基地制度改革的试点总结与立法完善——以〈土地管理法〉修订为对象》,载《山东社会科学》2019 年第 8 期,第 104—111 页。

[6] 参见李凤章:《宅基地资格权的判定和实现——以上海实践为基础的考察》,载《广东社会科学》2019 年第 1 期,第 232—237 页。

为了避免宅基地使用权主体与房屋所有权主体不一致带来的弊端,将对建房有贡献的宅基地使用权申请人作为宅基地使用权原始取得的权利主体更为适宜。[1]

宅基地"三权分置"改革方案中的宅基地资格权再次强调了权利人的身份限制。享有宅基地资格权的主体包括:原始成员户、新迁入及新分户的未分配宅基地的本集体经济组织成员户;[2]所占有的宅基地面积低于法定面积标准的本集体经济组织成员户,这部分成员户享有对剩余法定面积的宅基地资格权,可通过以小换大、面积补差等方式实现该权利;以及《民法典》第 364 条规定的宅基地因自然灾害等原因绝对灭失、宅基地被征收或依 2019 年《土地管理法》第 66 条第 1 款被依法收回且未获得其他补偿的农户。[3]

生存保障功能还决定了会对每户无偿占有的宅基地面积进行"量"上的管制——不得超量占有。若因继承等原因导致所占有的宅基地面积超出法定面积标准,即使因自然原因导致部分宅基地灭失,只要剩下的宅基地面积符合法定面积标准,就不能依据《民法典》第 364 条申请分配新的宅基地。[4] "一户一宅"旨在控制宅基地建设规模,减少占用耕地。《土地管理法》授权各省自行制定标准,是考虑到我国各地生活习惯和自然条件差异很大,对住宅的要求也不相同,无法制定全国统一的标准,由各地根据本地实际情况对宅基地面积作出规定比较合理。宅基地面积标准的考虑因素包括人均耕地面

〔1〕　参见高海:《宅基地使用权继承:案例解析与立法构造》,载《东方法学》2018 年第 5 期,第 103—107 页。

〔2〕　还包括因特殊人员安置等特殊原因新迁入的户,如国家政策性移民;回乡定居的军人家属、烈士家属;经批准回乡定居的港澳台胞和华侨等与本集体经济组织具有现实的或者历史上的权利义务关系的特殊人群。上述人群的成员资格,由农村集体经济组织表决确认。如果既不承认上述人员的成员资格,又要解决其占地建房需求,则这些人群应当通过向农村集体经济组织支付对价的方式取得集体建设用地使用权。参见宋志红:《宅基地资格权:内涵、实践探索与制度构建》,载《法学评论》2021 年第 1 期,第 79—93 页。

〔3〕　参见黄薇主编:《中华人民共和国民法典物权编解读》,中国法制出版社 2020 年版,第 530—539 页。

〔4〕　参见最高人民法院民法典贯彻实施工作领导小组主编:《中华人民共和国民法典物权编理解与适用》(下),人民法院出版社 2020 年版,第 836—858 页。

积、地理位置、占地类型、户内人口数,等等。实践调研显示,每个集体经济组织内部各成员实际享受的宅基地面积并不均等,但保持了大体公平。[1]

近年来,相当多的农村地区已经处于无宅基地可批的状态,宅基地分配权益的实现受到现实土地资源不足的约束。鉴于此,2019年修正后的《土地管理法》第62条第2款,将宅基地资格权的实现方式从传统的"一户一宅"扩展至"一户一房",可以通过建设新型农村社区、农民公寓和新型住宅小区等方式保障农民享有基本的居住权益。实施过程中,应切实依照法定程序征求村民意见,取得大多数村民同意,不得强制农民"上楼"。[2]

2. 无期限且无偿

生存保障功能决定了宅基地使用权不应存在期限限制,[3]无期限的前提是宅基地使用权的分配和保有符合身份和面积限制。超标的宅基地使用权,以及非本集体经济组织成员因继承而获得的宅基地使用权,已经溢出生存保障功能范畴,权利存续无期限便不再具有正当性。有学者建议采"固定期限+有条件的自动续期"模式,这种模式不会妨碍适格的本集体经济组织成员在期满后通过自动续期达到与无期限同样的保障效果,[4]以及非本集体经济组织成员占有的宅基地使用权,期限届满后有偿续期或者由集体收回,这一法定固定期限比地上房屋自然存续期限具有更为明确的可预期性,且避免了因限制延长房屋使用寿命的修缮改建而导致资源无法充分使用的不良后果。在宅基地"三权分置"的改革层面,明确使用权期限,在避免虚置集体所有权的同时,有助于确定使用权的转让和抵押价值、完善

---

[1]　参见宋志红:《宅基地资格权:内涵、实践探索与制度构建》,载《法学评论》2021年第1期,第79—93页。

[2]　参见杨合庆主编:《中华人民共和国土地管理法释义》,法律出版社2020年版,第112—116页。

[3]　参见王利明:《物权法研究》(第四版,下卷),中国人民大学出版社2016年版,第942页;梁慧星、陈华彬:《物权法》(第六版),法律出版社2016年版,第248页。

[4]　参见高海:《宅基地"三权分置"的法实现》,载《法学家》2019年第4期,第134—147页。

其流转机制,达到"适度放活宅基地使用权"的目标。

对于宅基地使用权有偿还是无偿取得的争议,1990 年《国务院批转国家土地管理局关于加强农村宅基地管理工作的请示的通知》以引导农民节约土地、合理使用土地兴建住宅、严格控制占用耕地为目的,提出开展宅基地有偿使用试点工作。但 1993 年《中共中央办公厅、国务院办公厅关于涉及农民负担项目审核处理意见的通知》又将宅基地有偿使用费和宅基地超占费作为农民不合理负担项目予以取消。2014 年《关于农村土地征收、集体经营性建设用地入市、宅基地制度改革试点工作的意见》首次指出,对因历史原因形成的超标准占用宅基地和一户多宅的,以及非集体经济组织成员通过继承房屋等占有宅基地的,由农村集体经济组织主导,"探索实行有偿使用"。大多数地区将有偿使用的范围限于上述宅基地的保有环节,在分配环节依旧维持无偿取得做法;少数地区则将有偿使用范围扩展至分配环节。[1]

无偿取得的观点主要建立在生存保障功能的价值预设之上;反对意见则认为目前存在宅基地分配不均、批少占多等问题,因继承等原因拥有两处以上宅基地的情况很普遍,建议全面施行有偿取得以维护集体经济组织的收益,或者对保障基本居住的部分无偿取得,而对超标部分有偿使用。[2] 由此可见,有偿抑或无偿与有无期限,都取决于是否符合身份和面积限制这一前提,符合的以无偿为原则,反之则以有偿为原则。有偿使用政策试图利用经济手段,以对超标面积实行阶梯累进计收使用费的方式激励农户退出超标的宅基地;以对不同身份采取区别收费标准的方式激励非本集体经济组织成员退出宅基地;以根据区位地段等因素决定收费高低的方式实现宅基地使用权的市场化定价。

---

〔1〕　参见高圣平、吴昭军:《宅基地制度改革的试点总结与立法完善——以〈土地管理法〉修订为对象》,载《山东社会科学》2019 年第 8 期,第 104—111 页。
〔2〕　参见黄薇主编:《中华人民共和国民法典物权编解读》,中国法制出版社 2020 年版,第 530—539 页。

(二)"三块地"改革背景下价值预设并未改变

《物权法》依土地用途规定了土地承包经营权、建设用地使用权和宅基地使用权三种用益物权,2019 年《土地管理法》第 4 条则区分了农用地、建设用地和未利用地三种类型,目的在于通过用途管制确保粮食安全,其中土地规划是用途管制的主要形式。[1] 由于我国土地又被划分为国家所有和农民集体所有两种所有制形式,因此建设用地包括国有建设用地和集体建设用地两种类型。2004 年《土地管理法》第 43 条把集体建设用地进一步划分为乡镇企业用地、村民建设住宅用地即宅基地、乡(镇)村公共设施和公益事业建设用地三种子类型。2019 年《土地管理法》第 59 条规定了前述用于乡镇企业、乡(镇)村公共设施、公益事业、农村村民住宅等乡(镇)村建设的集体建设用地的基础上,第 63 条又增设了为工业、商业等经营性用途并经依法登记的集体经营性建设用地这一子类型。

由此可见,虽然在《物权法》和《民法典》中,宅基地使用权是与建设用地使用权并列的用益物权,但在《土地管理法》中,涉及宅基地内容的条文位于"建设用地"章节,《土地登记办法》第 2 条也将宅基地使用权和集体建设用地使用权并列在集体土地使用权范畴之下。2019 年《土地管理法》第 59 条直接将农村村民住宅与用于乡镇企业、乡(镇)村公共设施、公益事业等乡(镇)村建设的土地并列为集体建设用地的一种利用情形,农村村民住宅与其他情形的共同点为价值取向的非营利性,类似于划拨方式设立的国有建设用地,由集体经济组织作为土地所有权人无偿划拨供给,不遵循出让方式下有偿设定的市场化配置逻辑。[2] 鉴于宅基地使用权内容及其行使的身

---

[1] 参见韩松:《论农村集体经营性建设用地使用权》,载《苏州大学学报(哲学社会科学版)》2014 年第 3 期,第 71—74 页。

[2] 参见宋志红:《集体建设用地使用权设立的难点问题探讨——兼析〈民法典〉和〈土地管理法〉有关规则的理解与适用》,载《中外法学》2020 年第 4 期,第 1043—1060 页;高圣平:《论集体建设用地使用权的法律构造》,载《法学杂志》2019 年第 4 期,第 14—26 页。

份与数量限制其无期限且无偿的特征,以及申请—审批取得程序,可将其视为一种法定的集体非经营性建设用地使用权。

　　近年来,随着"征地制度""集体经营性建设用地入市制度""宅基地制度"的"三块地"改革的逐步展开,在符合土地利用的总体规划和城乡规划的前提下,宅基地存在与其他类型的集体建设用地相互转化的可能。集体经济组织通过提交土地权利变更申请及土地管理部门审批,可以将宅基地转化为具备自由流转资质的集体经营性建设用地;也可以在宅基地腾退整治后把结余的部分复垦为耕地,通过增减挂钩政策形成建设用地指标并在市场上交易;还可以结合租赁房改革需求,将公益性集体建设用地和经营性建设用地转化为宅基地,以满足无宅基地农民的居住需求。[1] 土地性质转化须经集体同意和政府审批,其内容包括注销宅基地使用权和批准集体经营性建设用地使用权。转化为集体经营性建设用地使用权之后,参照适用《民法典》"物权编"及2020年修订的《城镇国有土地使用权出让和转让暂行条例》等关于国有建设用地使用权的性质、权能和期限的规定。[2]

　　"三块地"改革的整体趋势是把宅基地作为集体建设用地范畴下的一种子类型进行规制,并且符合条件时可以与其他类型的集体建设用地相互转化,因此仍然应当坚守宅基地使用权的生存保障功能这一价值预设,当具体情境溢出生存保障功能的边界时,将宅基地使用权转化为其他子类型的集体建设用地使用权,满足集体建设用地范畴下各子类型的功能分工,分别实现农户的生存保障需求、市场化资源配置需求及集体经济组织自身的利益需求。宅基地使用权的继承问题需要在集体建设用地这一更大的类型框架下进行制度重构。

---

〔1〕　参见黄忠:《城乡统一建设用地市场的构建:现状、模式与问题分析》,载《社会科学研究》2018年第2期,第84—92页;耿卓:《宅基地"三权分置"改革的基本遵循及其贯彻》,载《法学杂志》2019年第4期,第35—44页。
〔2〕　参见高海:《宅基地"三权分置"的法实现》,载《法学家》2019年第4期,第134—147页。

三、制度重构:将宅基地纳入集体建设用地的类型框架

(一)房地一体对宅基地使用权身份与面积管制的影响

若宅基地上未建有房屋,该宅基地使用权本身可否被单独继承,仅需要考察:继承人是否符合身份限制,以及分配的宅基地是否符合面积限制。若继承人为本集体经济组织成员且之前未分配或未足额分配宅基地,则允许其在限额面积内单独继承宅基地使用权,无偿使用且无期限限制。在宅基地"三权分置"改革背景下,这属于宅基地资格权的实现。[1] 若继承人不适格,则不能单独继承宅基地使用权,宅基地使用权由集体经济组织收回。《自然资源部对第十三届全国人大三次会议第 3226 号建议的答复》在说理部分也强调了非集体经济组织成员只能按照房地一体原则继承取得房屋所有权和宅基地使用权,不能单独继承宅基地使用权。

继承发生时宅基地上通常建有房屋,宅基地使用权继承的难题,主要体现为:具有严格身份及面积限制的宅基地使用权与无身份及面积限制的房屋所有权之间的冲突,即房屋的可继承性与宅基地使用权能否继承的不明确性之间的冲突。这一冲突产生的根源在于"房地一体"原则,其静态层面指房屋所有权人和土地使用权人主体一致;动态层面指房屋所有权和土地使用权应当一同处分。[2] 宅基地上所建房屋属于农民私有财产,房屋所有权的继承与继承人身份及宅基地超额与否本无关联,但由于房地事实上的不可分离,房屋被继承必然导致宅基地使用权随之转移。"地随房走"使得非本集体经济组织成员或已足额分配宅基地的本集体经济组织成员经

---

〔1〕 参见刘宇晗、刘明:《宅基地"三权分置"改革中资格权和使用权分置的法律构造》,载《河南社会科学》2019 年第 8 期,第 85 页。

〔2〕 参见刘露:《解释论视角下宅基地使用权的继承性研究》,载《华东政法大学学报》2019 年第 1 期,第 136—141 页。

由继承房屋而实质上获得了宅基地使用权,从而间接规避了宅基地使用权的身份与面积管制。

　　为了避免上述情况,地方实践往往在承认房屋可继承的同时,针对不适格的继承人设置限制性规则。[1] 有的地方由集体经济组织收回宅基地使用权,并责令继承人限期搬出房屋;有的地方将宅基地使用权和房屋收回,依据房屋价值给予适当补偿;有的地方虽允许当事人继承,但待房屋灭失后就收回宅基地使用权,且不允许该房屋被改建或拆除后重建。[2] 因村庄改造、征地拆迁等获取补偿的范围仅及于房屋而不包括宅基地使用权。[3] 近年来另一种流行的观点认为,不适格的继承人仅获得宅基地的法定租赁权,由集体经济组织收取租金或使用费,以实现集体土地所有权的收益权能。[4]

(二) 宅基地使用权通过继承转化为集体经营性建设用地使用权

　　笔者认为,在"三块地"改革背景下,应在广义的集体建设用地视野下解决宅基地使用权的继承难题。宅基地为集体建设用地的一种子类型,若非本集体经济组织成员或已足额分配宅基地的本集体经济组织成员继承房屋而获得宅基地使用权,已经溢出宅基地生存保障功能这一价值预设,在符合规划与审批流程的前提下,应当将无偿无期的宅基地使用权转化为有偿有期的集体经营性建设用地使用权,保障继承人权益的同时维护集体经济组织利益,实现宅基地与其他类型集体建设用地的功能分工。早在 2008 年,《海南省土地权属

----

[1]　参见陈甦、谢鸿飞主编:《民法典评注:继承编》,中国法制出版社 2020 年版,第 17—24 页。

[2]　参见张坚主编:《农村土地承包经营权、宅基地使用权流转的实证分析与法律构造》(第二版),法律出版社 2017 年版,第 93—94 页。

[3]　参见宋志红:《宅基地资格权:内涵、实践探索与制度构建》,载《法学评论》2021 年第 1 期,第 79—93 页。

[4]　参见陈小君:《宅基地使用权的制度困局与破解之维》,载《法学研究》2019 年第 3 期,第 49—72 页;韩松:《宅基地立法政策与宅基地使用权制度改革》,载《法学研究》2019 年第 6 期,第 71—90 页。

确定与争议处理条例》第 23、24 条便遵循了这一改革路径,[1]将房屋与宅基地使用权的"房地一体"更新为房屋与集体经营性建设用地使用权的"房地一体"。[2] 该条例于 2022 年修正,但第 23、24 条并未改动。继承人需要向集体经济组织补缴集体经营性建设用地使用权出让金,没有既定市场价格的,可以综合考量宅基地建设成本、当地经济收入水平、不同区位地段等因素,由集体经济组织决定。[3]费用缴纳方式也可由集体经济组织根据具体情况采取一次性或分期缴纳。期限可类推适用居住用途的国有建设用地使用权 70 年周期及续期规则。集体经营性建设用地使用权不存在流转限制,可自由转让给他人。

宅基地转化为集体经营性建设用地之后,若使用权届期且权利人未续期,则由集体经济组织收回,根据规划保持集体经营性建设用地用途,转为集体公益性建设用地,或者作为宅基地重新分配。届期时若地上房屋仍存续,根据 2020 年修订后的《城镇国有土地使用权出让和转让暂行条例》第 40 条规定,由国家无偿取得。该规定对于房屋所有权人显失公平,[4]也会导致权利人在后期不再投资建设,从而降低经济利用效率。因此应参照《民法典》第 359 条第 2款,首先根据双方约定处理,没有约定或者约定不明确的,再依照上述暂行条例的规定办理。

---

[1] 《海南省土地权属确定与争议处理条例》第 23 条规定:非农业户口居民原有或者合法继承的农村房屋,房屋产权没有变化的,可以依法确定其房屋宅基地的集体土地建设用地使用权。房屋拆除后不再批准重建的,土地使用权由农村集体经济组织收回。第 24 条规定:农村集体经济组织成员接受转让、购买房屋取得的宅基地,与原有宅基地合计面积超过当地政府规定标准,按照有关规定处理后允许继续使用的,可以确定其集体土地建设用地使用权。继承房屋取得的宅基地,可以确定集体土地建设用地使用权。

[2] 参见高海:《宅基地"三权分置"的法律表达——以〈德清办法〉为主要分析样本》,载《现代法学》2020 年第 3 期,第 113—126 页。

[3] 参见高圣平、吴昭军:《宅基地制度改革的试点总结与立法完善——以〈土地管理法〉修订为对象》,载《山东社会科学》2019 年第 8 期,第 104—111 页。

[4] 参见崔建远:《物权:规范与学说——以中国物权法解释论为中心》(下册),清华大学出版社 2011 年版,第 584 页。

(三) 继承人的退出与补偿机制

若继承人不愿补缴或者无力负担集体经营性建设用地使用权出让金,也可以将房屋转让给适格获得宅基地的本集体经济组织成员,从而实现房屋财产价值的变现,合理利用既有宅基地资源来解决本集体经济组织成员的住房问题,达到比单纯分配宅基地使用权更优的效果。继承人还可以将宅基地使用权退回集体经济组织,不同于宅基地使用权人退回宅基地,此处的继承人并非有权保有宅基地使用权的适格主体,原本就无法单独继承宅基地使用权;在房地一体原则下,退回宅基地会导致房屋所有权同样归于集体经济组织所有,因此集体经济组织应当向继承人赎买房屋或者补偿房屋价值,但不涉及宅基地使用权的补偿问题。

房屋的赎买或补偿标准可以参照土地征收的补偿规则,遵循合理补偿原则。在宅基地及房屋流转市场成熟的地区,可以直接采用市场价格、评估价格或者继承人与集体经济组织的协商价格。各地可以根据当地具体情况综合采取金钱补偿、置换公寓式安置房等多种补偿措施。[1] 补偿的核心问题在于农村集体经济组织提供财产补偿的能力及补偿资金的来源。当前大部分村级集体经济处于贫困状态,要求集体出资购买宅基地上的房屋,在绝大部分地区不具有现实可行性。[2] 基于"三块地"改革的前景展望,应当从集体经营性建设用地入市、集体通过村庄整理退出宅基地并复垦为耕地,获得的建设用地指标交易等收入中建立宅基地退出补偿资金。[3]

---

〔1〕　参见高圣平、吴昭军:《宅基地制度改革的试点总结与立法完善——以〈土地管理法〉修订为对象》,载《山东社会科学》2019 年第 8 期,第 104—111 页。

〔2〕　据统计,2011 年 10 月底黑龙江、海南、新疆、广西、浙江等省(自治区)集体经济绝对贫困的比例都接近或超过 70% ,该指标全国数据是 81.4% 。参见高海:《宅基地使用权继承:案例解析与立法构造》,载《东方法学》2018 年第 5 期,第 102—105 页。

〔3〕　参见韩松:《宅基地立法政策与宅基地使用权制度改革》,载《法学研究》2019 年第 6 期,第 71—90 页。

(四)宅基地使用权的共同继承

农村存在年长子女分家另过,另行分配宅基地,而年幼子女与父母共同生活居住,给父母养老送终,不再另行申请宅基地的习惯。父母去世后,在宅基地房屋进入拆迁程序可能获得较高补偿的情况下,年长子女往往对去世父母名下的宅基地房屋提出遗产继承的要求,以期获得拆迁补偿份额。对此问题,《北京市高级人民法院关于审理继承纠纷案件若干疑难问题的解答》第8条规定:已分家另过的子女主张对相应宅基地上房屋进行继承的,人民法院不予支持。人民法院应释明当事人可对相应宅基地上房屋折算价值主张继承。分家另过但仍具有农村集体经济组织成员身份且未取得宅基地的子女,主张相应宅基地上房屋权利的,应予支持。条文说明进一步提及,在部分年长家庭成员死亡后,由于该户尚存,宅基地使用权应当由户内剩余成员继续享有,原则上此时并不存在宅基地的继承问题。已分家另行取得宅基地的兄姐再行主张父母宅基地上房屋权利,由于房地一体原则,其实际获得的是宅基地使用权利益。这违反了一户一宅原则,既违背农村习俗也有失公平。对于可作为遗产分割的房屋建安成本价值,人民法院应释明当事人对父母生前享有的宅基地房屋共有部分价值主张继承,实践中该价值可参照房屋重置成新价计算。

宅基地使用权共同继承中问题的症结在于,若房屋由全体继承人继承形成共有,而宅基地使用权仅由部分继承人继承,房屋共有与宅基地使用权单独享有的状况不符合房地一体原则。笔者大体赞同北京市高级人民法院的立场,将继承人分为三类进行区分处理:若继承人为本集体经济组织成员且与被继承人共户居住,有权直接继承宅基地使用权和房屋所有权;若继承人为本集体经济组织成员但与被继承人分户居住,依据一户一宅原则不能共同继承宅基地使用权,只能继承遗产的剩余部分,或者由继承房屋的其他继承人依照其本可继承的房屋共有部分价值进行金钱补偿。当然,如果该继承人虽分户居住但未新分得宅基地,则对房屋及宅基地使用权皆享有继承权利;若继承人为非集体经济组织成员,也只能继承遗产的剩余部分,或者由继承房屋的其他继承人依照其本可继承的房屋共有部分价值进行金钱补偿。

实践中经常出现部分继承人或继承人以外的人以翻扩建宅基地房屋时有贡献为由,主张享有或者多分房屋的共有份额。《北京市高级人民法院关于审理继承纠纷案件若干疑难问题的解答》第10条规定,据此主张享有宅基地上房屋共有权或增加相应继承份额的,人民法院不予支持。对于其据此主张的相应补偿请求,应根据相应证据,尊重风俗习惯,从公平角度出发,在判断法律关系性质属于赠与、亲属间无偿帮扶抑或债务的基础上,确定是否支持。第9条规定,除经过继承人协商并同意据此确定各自的遗产份额外,被继承人死亡(继承开始)后对房屋进行翻扩建的,并不能影响依法已确定的该宅基地上房屋遗产的份额划分。同时,继承人有权要求上述擅自改扩建人承担恢复原状、赔偿损失等责任,但实际居住管理房屋的继承人出于居住使用、维护管理目的对房屋进行翻扩建的除外。翻扩建行为虽然增加了房屋价值,但对继承份额与物权归属并无影响,通过债法规范调整更为合适,笔者赞同北京市高级人民法院的观点。

(五) 宅基地使用权遗赠与继承应同等对待

由于将农村宅基地上房屋出售给本集体经济组织以外的人被明确禁止并被认定为无效,实践中存在以遗赠形式将宅基地上房屋转让给本集体经济组织以外的人的情况,实际造成宅基地使用权的流转。《北京市高级人民法院关于审理继承纠纷案件若干疑难问题的解答》第7条规定,遗赠人生前将宅基地上房屋遗赠本集体经济组织以外的人,受遗赠人在遗赠人死后主张因遗赠取得宅基地上房屋所有权的,人民法院不予支持。条文说明认为,虽然宅基地上房屋可以进行继承,但这只是对基于亲缘关系的宅基地上房屋流转的特殊认可,并不意味着在没有亲缘身份关系的人之间可以通过遗赠形式合法取得宅基地上的房屋。如果允许不具有本集体经济组织成员身份的人基于遗赠而获得房屋的所有权,会造成农村房地资源的流失。与此相反,2019 年《土地管理法》第 62 条第 5 款却新增了村民住宅以赠与方式移转的规定,"农村村民出卖、出租、赠与住宅后,再申请宅基地的,不予批准",且官方释义认为,"出租和赠与的对象不受集体经济组织成员身份的限制"[1]。赠与和遗赠虽然分属双方和单方法律行为,法律效果上却基本相同,可视为《土地管理法》对遗赠宅基地上房屋持肯定立场。

这一问题涉及《民法典》中继承与遗赠的区分。第 1133 条第 2、3 款规定,"自然人可以立遗嘱将个人财产指定由法定继承人中的一人或者数人继承。自然人可以立遗嘱将个人财产赠与国家、集体或者法定继承人以外的组织、个人"。仅以遗产承受人的身份"是否在法定继承人范围内"作为两者的区分标准,就会沦为纯粹形式意义上的类型划分,除了接受或者放弃的意思表示方式有法定区别,在第 1163 条规定的遗产债务清偿等方面都对遗嘱继承与遗赠进行了同等对待。[2] 若无其他理由,也不应对宅基地使用权继承和遗赠进行区分对待。因此,宅基地使用权人将宅基地上房屋遗赠给非本集体经济组织成员或者已足额享有宅基地使用权的本集体经济组织成员时,同样应按照转化为有偿且有期限的集体经营性建设用地使用权并补缴出让金,或者由集体赎买房屋从而退回宅基地使用权的方案处理,北京市高级人民法院的立场不足采。

四、结论

宅基地使用权能否继承的问题根源在于应否维持其作为生存保障工具的价值预设。在"征地制度""集体经营性建设用地入市制

---

[1] 杨合庆主编:《中华人民共和国土地管理法释义》,法律出版社 2020 年版,第 112—116 页。

[2] 参见汪洋:《中国法上基于遗赠发生的物权变动——论〈民法典〉第 230 条对〈物权法〉第 29 条之修改》,载《法学杂志》2020 年第 9 期,第 65 页。

度""宅基地三权分置"的"三块地"改革背景下,宅基地成为集体建设用地范畴下的一种子类型,符合条件时可以与其他类型的集体建设用地相互转化,实现宅基地与其他类型集体建设用地的功能分工。因此宅基地使用权继承问题需要在集体建设用地这一更大的类型框架下进行制度重构。适格保有宅基地使用权的继承人有权单独继承宅基地使用权,反之则由集体经济组织收回。若宅基地上建有房屋,房地一体原则导致房屋的可继承性与宅基地使用权能否继承的不明确性之间产生冲突。继承人不适格保有宅基地使用权时,土地性质转化为有偿且有期限的集体经营性建设用地使用权,继承人需要补缴出让金。继承人也可以选择将房屋有偿转让给适格获得宅基地的本集体经济组织成员或者将宅基地使用权退回集体经济组织,由集体赎买房屋或进行价值补偿。宅基地使用权共同继承中,同样需要区分继承人是否为本集体经济组织成员及是否与被继承人共同居住等情形进行处理,且不应对宅基地使用权继承和遗赠区分对待。

从宅基地使用权继承问题这一切口可以窥见,物权制度抑或继承制度,不能仅从自由主义底色的私有财产权神圣及交易取向的经济效率优先视角观察。作为宅基地使用权规范目的的生存保障功能,从私法的社会任务层面呈现物权的社会关联性功能,还通过对资源及其分配进行有效管控,使权利规范体系的架构具备了财产基础秩序乃至于社会基本结构的形成功能,并使得国家规制的目的介入其中。[1] 在权衡制度设计的优劣时,不应仅仅局限于权利人视角,譬如,继承人权益是否得以最大化,同时不应忽视集体经济组织自身利益,以及当宅基地使用权的生存保障功能被突破或规避之后,是否减损了本集体经济组织其他成员的长远利益。若打着维护私权的旗号一味否定对私权的任何限制或管制措施,倒不禁让我想起了《清平乐》中赵祯诘问众臣的那句话,"奉旨论政,不如违逆上意进谏言,显示风骨?"

---

〔1〕　参见汪洋:《土地物权规范体系的历史基础》,载《环球法律评论》2015年第6期,第18页。

第四卷
居住权的历史演进与中国实践

Tractatus de Iuribus in Agro Aedeque Aliena

第十一章
从用益权到居住权：罗马法人役权流变史

一、基于现代民法视角对罗马人役权体系的重构

若以现代民法体系回溯罗马物法,可以将罗马物法中的诸多概念重构为一座体系金字塔。"居住权"(habitatio)与"使用权"(usus)衍生自"用益权"(ususfructus),三者隶属于"人役权"(servitutes personarum)范畴,与更为古老的"地役权"(iura praediorum)共同构成"役权"(servitutes),区别于"支配权"(mancipium)、"市民法所有权"(dominium)及"所有权"(proprietas)等表达归属的概念,在优士丁尼法上,役权与地上权、永佃权等构建起用益性质的"他物权"(iura in re aliena)框架。

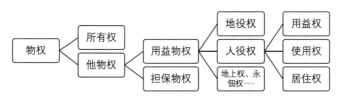

图 10　居住权在现代民法物权体系中的位置

运用"物权"这一近现代私法的认识范式对罗马法制度进行重述,反映了将古代史料填充进现代法律框架的尝试。然而罗马法中并未提炼出现代法实体意义上的"主观权利"概念,而是更着重于权益的外在客观呈现状态,他物权作为一般性概念,尚未被优士丁尼法

所采纳。[1] 因此历史上并不存在一个先验的逻辑一贯的物权体系,各类型的物权皆为历史的产物。[2] 从公元前 7 世纪罗马建城开始,到 5 世纪优士丁尼编纂《民法大全》为止,罗马法经历了一千二百余年的动态发展,各项他物权诞生于不同阶段,相互共存、替代或先后消亡,依时间先后催生出地役权、人役权、永佃权及地上权。如果再考虑到意大利及不同行省在规则层面的多样性与自治性特征,可以说罗马法上从未存在一个平面且统一的物权规范体系。通过现代法律术语去描述古代人的法律经验时,为了防止失真,一定要注意到概念所指向的历史时期和实际内容,而不能仅仅关注概念本身。

罗马法留存了丰富的原始文献,为我们了解先人的各项具体制度内容提供了一个窗口。有关用益权、使用权与居住权的原始文献资料,集中呈现于《学说汇纂》第七卷(D.7)、优士丁尼《法学阶梯》第 2 编第 4 章(I.2,4)及《优士丁尼法典》第 3 卷第 33 篇(C.3,33)。[3] 这些文本片段主要汇集了古典法以来法学家们的争议和解答,侧面反映出罗马社会经济生活环境的变迁,有助于后人在中观乃至微观私法史视角下,正确还原用益权、居住权及人役权等制度的流变、内涵外延及彼此关系。

古典法将"役权"理解为土地上的一种负担。人们运用比喻修辞来描绘一块土地为另外一块土地服务(servitus)这种古已有之的关系,直至今日仍然称呼这种权利为役权。但役权概念并未被《法学阶梯》所接纳,原始文献中只有《学说汇纂》能找到唯一片段(D.8,1,1),该片段中马尔西安把役权划分为地役权和人役权,用益权和类似权利

---

[1] Mario Talamanca, Istituzioni di Diritto Romano, I, Giuffrè Editore, 1990.

[2] Massimo Brutti, Il Diritto Privato nell'antica Roma, Giappichelli Editore, 2009, p.79; Matteo Marrone, Istituzioni di diritto romano, 3ª ed., Palumbo Editore, 2006, p. 21;参见汪洋:《土地物权规范体系的历史基础》,载《环球法律评论》2015 年第 6 期,第 17 页。

[3] 本章所引罗马法原始文献的中文译本,参考[古罗马]盖尤斯:《法学阶梯》,黄风译,中国政法大学出版社 1996 年版;徐国栋:《优士丁尼〈法学阶梯〉评注》,北京大学出版社 2011 年版;[古罗马]《民法大全·学说汇纂(第七卷):用益权》(中拉文对照本),米健译,法律出版社 1999 年版;[意]桑德罗·斯奇巴尼选编:《物与物权(第二版)》,范怀俊、费安玲译,中国政法大学出版社 2009 年版。

被置于役权概念之下。[1] 近代法典也把役权作为地役权与人役权的上位概念,但人役权被认为与中世纪的农奴制相关联,而在《法国民法典》、1865 年《意大利民法典》制定过程中颇受争议。[2]

人役权与地役权的实质区别体现在主体与客体两方面。人役权主体属人,是为特定人的利益而利用他人之物的权利,原则上不具有可让与性且不得继承;地役权主体则属物,反映了不动产之间的关系,具有可让与性。客体方面,人役权的法律结构中只有供役地,而无需役地的存在,地役权则要求两者同时存在。优士丁尼法中人役权包括以下四种类型:用益权、使用权、居住权、对奴隶和他人牲畜的劳作权。[3]

词源上,用益权(ususfructus)是使用(usus)与收益(fructus)的结合,这表明用益权包含的基本权利内容是使用权与收益权。用益权在人役权序列中诞生最早,公元前 3 世纪前后便已出现,源于与遗产继承有关的提供生活扶助性质的社会需求,是法学家的解释与裁判官的实践及习俗的演进三者共同努力的产物。[4] 使用权与居住权衍生自用益权,这一过程并非逻辑推演的结果,而是满足现实生活需求的产物。大约公元前 1 世纪,从用益权中分化出一种与之结构相似但内容更为狭窄的权利,这种权利只能满足单纯的个人使用,被称为使用权。居住权出现得更晚,体现为在他人房屋上居住的权能,最初仅作为受遗赠人享受某种利益的事实,直到优士丁尼法才被正式确立为法定的人役权类型,至此结束了历史上居住权属于用益权还是使用权的争议。在房屋为客体时,用益权、使用权、居住权三者的权利内容其实非常相近。

---

[1]　但罗马法学者普遍认为,这一片段是优士丁尼法时期添加的结果,因为古典法时期并没有役权这一概念。Cfr. Giovanni Pugliese, Istituzioni di Diritto Romano, Giappichelli Editore, 1991, p. 484.

[2]　Vincenzo Arangio-Ruiz, Istituzioni di Diritto Romano, Napoli, 1989, p. 233.

[3]　Antonio Guarino, Diritto Privato Romano, 12ᵃ ed., Jovene Editore, 2001, p.735.

[4]　Cfr. Mario Talamanca, Istituzioni di Diritto Romano, I , Giuffrè Editore,1990; Giovanni Pugliese, Istituzioni di Diritto Romano, Giappichelli Editore, 1991, p. 484.

二、用益权的社会功能与体系定位

(一) 家庭供养目的对用益权客体的拓展

依照现代民法理论逻辑,作为他物权的用益权,其客体只能是他人所有的非消耗物 (res inconsumabili) 与生息物 (res fruttifera)。这一定位无疑低估了用益权制度在起源时期作为供养目的工具的独特功能,而且很难解释为何公元 33 年之前的元老院决议允许针对死者财产中的一切物品概括设立用益权。

D.7,5,1 元老院决议规定,可以通过遗赠对一个人财产之中的任何种类的物设立用益权,这一元老院决议被认为允许通过遗赠对消耗物设立用益权。

用益权起源于与遗产继承相关的提供生活扶助的社会需求。共和国中后期,无夫权婚姻和奴隶解放日益增多,每遇家父亡故,没有或被剥夺继承权、同时又缺乏或丧失劳动能力的人的生活就成了问题。[1] 为了确保遗孀能够继续有尊严地生活,制度性安排包括嫁资返还、指定为继承人及一系列的遗赠,其中遗赠是最为频繁使用的工具。丈夫或家父把家产的用益权遗赠给遗孀、未婚女儿或被解放的奴隶,使他们生有所靠、老有所养。[2]

为遗孀利益而遗赠的安排往往是习俗而非法律的要求,与夫妇生前婚姻关系存续期间的生活扶助义务并无很大差别,很长一段时间内,两者皆为纯粹的社会层面的道德义务。考虑到家庭法领域内意思自治的空间,对这些义务的"非法定性"需特别强调,不存在基于共同生活而产生的法定规范性要求。裁判官与法学家依照"有利于遗孀利益"的原则处理个案,确保遗孀能够处于如同婚姻期间的生活

---

[1] 参见周枏:《罗马法原论》(上册),商务印书馆 1994 年版,第 390 页。

[2] Antonio Guarino, Diritto Privato Romano, 12ª ed., Jovene Editore, 2001, p.727.

状态,继续使用先前的生活物品。[1] 从这一历史背景和社会需求出发,就可以理解概括遗赠死者财产中一切物品的用益权,是出于供养目的,这一需求使得遗赠的用益权客体,必然包括财产中的消耗物。[2]

另一方面,从用益权的具体实施角度观察,由于用益权具有强大的"抽空"特征,实践中若遗赠了死者财产中一切物品的用益权,效果类似于将所有财产的所有权遗赠给用益权人。那么如何落实和保护继承人,即婚生子女的利益? 在罗马人的实际生活中,当存在婚生子女时,遗赠给遗孀的用益权通常被看作一种"与子女一起享用的用益权",由家庭成员对物进行事实上的共同使用和收益。[3] 法律结构可以归纳为:婚生子女作为继承人,继承了财产的所有权;遗孀即孩子的母亲作为受遗赠人,接受了财产的用益权,并与孩子一同享用。在这样的制度安排下,根本没有必要从用益权客体中排除消耗物。

因此,从用益权客体中排除消耗物的观点,是与日常生活需求完全冲突的。我们之所以试图排除消耗物作为用益权的客体,是受到与用益物权这一分类相关的理论模式的影响。可是,对于着重制度的功能而非制度的内在逻辑的罗马法,针对死者财产中的一切物品设立用益权,维持了由遗孀和孩子所组成的家庭共同体对财产的共同使用和收益,对于家庭存续具有无法替代的功用。如果生硬地依据法律逻辑排除消耗物,反倒不符合历史实情。

与之相反,金钱的用益权,在最初产生的时候,并非作为用益权的一种类型发展而来,而是一个独立的通过元老院决议自我发展的制度。

---

[1] 参见[意]鸠利亚诺·克里弗:《罗马法中的用益权问题》,薛军译,载费安玲主编:《学说汇纂》(第2卷),知识产权出版社2009年版,第114—126页。

[2] Cfr. Giovanni Pugliese, Istituzioni di Diritto Romano, Giappichelli Editore, 1991, p. 487; Antonio Guarino, Diritto Privato Romano, 12ª ed., Jovene Editore, 2001, p.735; Vincenzo Arangio-Ruiz, Istituzioni di Diritto Romano, Napoli, 1989, p. 240.

[3] 参见[意]鸠利亚诺·克里弗:《罗马法中的用益权问题》,薛军译,载费安玲主编:《学说汇纂》(第2卷),知识产权出版社2009年版,第114—126页。

D.7,5,3 针对任何物的用益权现在都可以被遗赠。这是否也适用于债呢? 内尔瓦认为不是这样,但卡修斯和普罗库勒支持该观点,认为对于债的用益权也可以通过遗赠来给予。但是内尔瓦反驳称,这样一种用益权只能实际上被留给债务人自己,并且他就不用支付利息了。

从用益权保证的效果角度观察,针对金钱的用益权与针对死者财产中一切物品的用益权在返还义务上有所不同。前者的返还义务是"相等数量(tantundem)的金钱",而后者是"那些仍然存在的物"。从中可以看出,金钱用益权没有明显体现出生活支持的功能,而这一功能对于后者恰恰是最重要的。我们也很难理解将用益权的客体扩展到金钱上,对遗孀能带来什么特殊的利益,因此这项权利实质上只是一种信用关系。[1] 甚至我们可以向债务人本人遗赠金钱上的用益权,依上述片段文本的分析,效果相当于免除了债务人应支付的利息。[2]

古典法以后,随着社会经济结构的变化,对所有权的保障日趋重要,用益权的内涵发生了重大变化,被彻底定性为依附于所有权的他物权。除供养目的外,用益权的功能进一步拓展,在建筑物、船舶、酒桶或衣服之上可以设立用益权,并非因为这些物会产生自然孳息,而是因为它们可以通过出租等形式给用益权人带来租息,即所谓间接权利孳息。法学家们为了调和作为他物权的用益权只应针对非消耗物的本质,与在消耗物上设立用益权的历史经验这两者的矛盾,统合了金钱与消耗物两种用益权客体,创设了"准用益权"(quasi usus-fructus)这一概念(D.7,5,2,1; I.2.4.2),并且适用与保护消费借贷相同的"请求给付特定款之诉"(actio certae creditae pecuniae),这是一种对人之诉而非对物之诉。[3]

---

〔1〕 [德]马克斯·卡泽尔、[德]罗尔夫·克努特尔:《罗马私法》,田士永译,法律出版社 2018 年版,第 306 页。

〔2〕 Alberto Burdese, Manuale di Diritto Privato Romano, 3ª ed., UTET, 1974, p. 372.

〔3〕 Cfr. Vincenzo Arangio-Ruiz, Istituzioni di Diritto Romano, Napoli, 1989, p. 241; Antonio Guarino, Diritto Privato Romano, 12ª ed., Jovene Editore, 2001, p.737.

(二)体系定位:用益权与所有权、人役权的关系

用益权是一种权利分化的工具,用益权的本质可概括为八个字:两权分离,一物两用。[1] 在古典法中,地役权、用益权与"市民法所有权"对应使用(Liv. 45.13.15)。作为现代法典中所有权概念表达的 proprietas 出现得略晚,也总是与用益权同时出现在原始文献中,构成"用益物所有权-用益权"(propietas-ususfructus)的对立结构(Gai. 2. 33)。[2]

I.2,4,1 用益权是从所有权分离出来的,这种情况以多种方式发生。例如,某人遗赠他人用益权。事实上,继承人享有虚空所有权;受遗赠人享有用益权。反之,如果减去用益权遗赠土地,受遗赠人享有虚空所有权,而继承人享有用益权。同样,可遗赠一人用益权,遗赠另一人减去了用益权的土地……

古典法时期,"用益权人"对应用益物的所有主(dominus proprietas)。[3] 派生出用益权的所有权名为"虚空所有权"(nuda proprietas),指称一种对物不享有任何实际支配能力,仅仅为名义上享有归属的权利,随后被法典化运动选中。[4] 法学家将用益权发展为独立的用益物权类型,抽空了所有权的大多数权能,独享"小所有权"或"部分所有权"(pars dominii)的地位,成为一种强大的全面利用他人财产的经济和法律工具。[5] 罗马法学家甚至认为,用益权人与虚空所有权人对用益物构成一种共有关系(pars rei)。[6] 正是为

---

〔1〕　参见徐国栋:《优士丁尼〈法学阶梯〉评注》,北京大学出版社 2011 年版,第 204 页。

〔2〕　Cfr. Luigi Capogrossi Colognesi, La struttura della Proprietà e la formazione dei „ iura praediorum" nell'età Repubblicana, Giuffrè Editore,1969, pp.494-497; Stefania Romeo, L'appartenenza e l'alienazione in diritto romano: tra giurisprudenza e prassi, Giuffrè Editore, 2010, p.74

〔3〕　Vincenzo Arangio-Ruiz, Istituzioni di Diritto Romano, Napoli,1989, p. 239.

〔4〕　Cfr. Feliciano Serra, Diritto private economia e società nella storia di roma, Prima parte, Jovene Editore, p.278.

〔5〕　Cfr. Antonio Guarino, Diritto Privato Romano, 12ª ed., Jovene Editore, 2001, p.729; Alberto Burdese, Manuale di Diritto Privato Romano, 3ª ed., UTET, 1974, p. 365.

〔6〕　Mario Talamanca, Istituzioni di Diritto Romano, I, Giuffrè Editore, 1990.

了保护虚空所有权人对物的归属名义,用益权人需负担一系列义务,如维持物的用途和良好状态、必要时对物进行维修和保养,而真正的所有权人没有上述义务。用益权消灭后,虚空所有权回复到对物享有完全支配权的完满所有权状态(I.2,4,4)。

后古典法时期,由于帝国东方各行省的民众法对罗马法的影响和渗透,法律的庸俗化使罗马法退化为非科学水平的"世俗法",古典法精细的定义和思维方式被抛弃,许多概念区分不复存在。在君士坦丁时期,用益权被直接视为内容受限制的所有权,逐渐融入这一时期的广义所有权概念中。[1] 优士丁尼法重塑法学家阶层,回归古典法传统,重新厘清了所有权与用益权的对立关系。[2] 中世纪以降,从共同法到法典化,罗马古典法中用益权的基本特征和权利内容在相当程度上得以维持。

用益权在罗马法上作为人役权的典型代表,而近代德国民法理论在继受罗马法时,却对用益权与人役权进行了区分。区分标准是,用益权人对标的物享有全面的使用和收益权,而人役权系对供役不动产为特定目的之使用,权利人只能就"个别关系"行使权能,与用益权的全面利用有别,故有限制人役权之称。进而,对于权利有需求者,可选择人役权模式,对标的物进行个别关系的利用,而保留所有权人的利用可能性;也可选择用益权模式,对标的物全面利用,排除虚空所有权人对用益物的利用可能性。

三、用益权的基本构造

(一)内容限制:保持物的本质

用益权的内容非常广泛,它赋予特定人以不改变用益物实体的

---

[1] Giovanni Pugliese, Istituzioni di Diritto Romano, Giappichelli Editore, 1991, p.863; 参见[德]马克斯·卡泽尔、[德]罗尔夫·克努特尔:《罗马私法》,田士永译,法律出版社2018年版,第307页。

[2] Giovanni Pugliese, Istituzioni di Diritto Romano, Giappichelli Editore, 1991, p.863.

任何方式而对其加以使用并收取孳息的权利，只是通过消极方式对用益权设置了一些限制，其中最重要的表现在于保罗对用益权所作的定义，该定义后被优士丁尼《法学阶梯》(I.2.4pr.)所采用，即权利的行使必须"保持物的本质"(salva rerum substantia)。[1]

> 用益权乃在保持物的本质情况下对他人之物使用和收益的权利。(D.7,1,1)

法学家在《学说汇纂》第七卷各原始片段中，为树木、房屋、土地、奴隶等划定使用与收益的范围。为了防止用益权人对物的滥用，法学家们对何为"保持物的本质"，主要采用了两种限制模式[2]：

第一种限制模式较为严格，以不影响物的外形为限，如禁止加高房屋、改变内部格局或增加门和窗户。禁止任何导致用益物超出正常磨损或折旧范围的贬值，也不允许导致用益物价值增加的改良(D.7,8,23)，因为内拉蒂说对物的改良与把物保持良好状态是两件不同的事(D.7,1,44)。

第二种限制模式放宽为以不改变物的社会经济用途为限，要求用益权人必须按照原所有权人的行使方式来使用和收益。[3] 例如，住宅只能居住而不能用作驿站出租(D.7,1,13,8)。乌尔比安在说明针对奴隶设立的用益权内容时更加形象地比喻道：

> 如果遗赠的用益权标的是奴隶，用益权人不可以滥加使用，而必须按其条件和种类加以收益；如果用益权人将一个抄写员送到农田，强迫他背筐拉石，让一个音乐家去做家务或让一个受过角斗训练的人去清扫露天厕所，那么，人们就必须将此视作对用益权的滥用。(D.7,1,15,1)

---

〔1〕 Alberto Burdese, Manuale di Diritto Privato Romano, 3ª ed., UTET, 1974, p.365.

〔2〕 参见肖俊：《大陆法系用益权概念解读——从罗马法到〈澳门民法典〉的考察》，载《澳门法学》2013年第1期，第96页。

〔3〕 Cfr. Giovanni Pugliese, Istituzioni di Diritto Romano, Giappichelli Editore, 1991, p.486; Antonio Guarino, Diritto Privato Romano, 12ª ed., Jovene Editore, 2001, p.731.

第二种限制模式下,权利人的权限范围更大。物的形态可以因为使用而有所磨损、折旧或改变,只要用益权人没有过错,且以符合物的经济用途进行了用益,则返还尚存的物即可。例如,衣服的用益权被遗赠,在用益权终止后,若非恶意,返还破烂衣服便不承担责任(D.7,9,9,3)。优士丁尼时代对改良用益物的限制并不严格。[1]

(二) 用益权返还之诉、用益权保证及"处分不破用益"

所有权人不得妨碍用益权人行使权利,也不得在未经用益权人同意的情况下在用益物上设立役权,影响用益权的正常行使(D.7,1,15,7)。用益权人通过"用益权返还之诉"(vindicatio ususfructus)这一工具对抗所有权人及任何无权占有用益物或阻碍用益权人享用用益物的第三人。[2] 裁判官通过扩用方式,将保护占有的一系列令状扩展适用于保护用益权人对用益物的占有和收益,最初仅能向所有权人主张,到古典法时期已经可以向任何无权占有人提起(D.7,6,5,1)。[3] 不过用益权人对用益物仅仅享有"自然占有"(possessio naturalis)即单纯持有的法律地位。[4] 在优士丁尼法中,所有的诉权可通过"确认役权之诉"(actio confessoria)进行保护,又被称为"维护用益权之诉"(vindicatio ususfructus)。[5]

为了保护物之所有权人的利益,用益权人不得损毁用益物,否则构成私犯。用益权人承担的义务包括:用益物交付之前,向所有权人提供用益权保证;用益过程中,尽善良管理人注意义务(arbitrium boni

---

[1] Mario Talamanca, Istituzioni di Diritto Romano, I, Giuffrè Editore, 1990, p.462;参见[德]马克斯·卡泽尔、[德]罗尔夫·克努特尔:《罗马私法》,田士永译,法律出版社2018年版,第305页。

[2] Giovanni Pugliese, Istituzioni di Diritto Romano, Giappichelli Editore, 1991, p.490.

[3] Cfr. Alberto Burdese, Manuale di Diritto Privato Romano, 3ª ed., UTET, 1974, p.369; Vincenzo Arangio-Ruiz, Istituzioni di Diritto Romano, Napoli, 1989, p.251.

[4] Antonio Guarino, Diritto Privato Romano, 12ª ed., Jovene Editore, 2001, p.730.

[5] Cfr. Giovanni Pugliese, Istituzioni di Diritto Romano, Giappichelli Editore, 1991, p.864; Mario Talamanca, Istituzioni di Diritto Romano, Milano, 1990, p.471.

viri),[1]不得变更用益物的经济用途,承担维护用益物所必需的日常
负担、必要费用及一切与该物相关的义务,但不包括重大修缮费用;
用益权消灭时,返还用益物尚存部分与附属物,若用益权以生命为期
限,则用益权人死后由其继承人负责返还。[2] 若发生严重的权利滥
用,所有权人也可要求用益权人在期限届满之前归还用益物,归还时
用益权人对因过错造成的损坏承担责任。

"用益权保证"(cautio usufructuaria)是罗马法中维护物之所有权
人利益,由用益权人提供的一项担保。

> 如果一物的用益权遗赠给某人,那么,对裁判官来说似乎最
> 合适的是受遗赠人提供两项担保:一是担保他将依诚信之人的
> 判断利用该用益物;二是在用益权终止后将仍存在的用益物返
> 还。(D.7,9,1pr.)

在用益权诞生初期,裁判官只要求用益权的受遗赠人提供保
证,后来保证的适用范围逐渐扩大至其他设立用益权的情形。自公
元 2 世纪开始,用益权保证被视为用益权人当然应承担的法定义
务,不得免除或以遗嘱或遗赠方式豁免,以免损害继承人或受赠人利
益。[3] 在优士丁尼法中,人们可以为获得用益权保证而提起诉讼
(D.7,9,7pr.)。用益权人拒绝提供用益权保证时,所有权人有权不交
付用益物或索回已交付的物。[4] 只有在父亲或再婚配偶的法定用
益权中,以及为赠与人保留的用益权和设立为嫁资的用益权中,无须
提供用益权保证。[5] 现代民法也借鉴了用益权保证的内容标准,确
立起用益权人与所有权人之间一系列法定债之关系。

〔1〕 Mario Talamanca, Istituzioni di Diritto Romano, I, Giuffrè Editore, 1990.
〔2〕 Vincenzo Arangio-Ruiz, Istituzioni di Diritto Romano, Napoli, 1989, p. 240.
〔3〕 参见周枏:《罗马法原论》(上册),商务印书馆 1994 年版,第 403 页。
〔4〕 Alberto Burdese, Manuale di Diritto Privato Romano, 3ª ed., UTET, 1974, pp. 368-369.
〔5〕 参见[意]彼得罗·彭梵得:《罗马法教科书》(2005 年修订版),黄风译,中国政法大学出版社 2005 年版,第 194—197 页。

实践中还存在类似于现代民法"处分不破租赁"的法律效果,即虚空所有权人将用益物出卖,并不会对用益权人产生影响。例如,所有权人甲将房屋赠与乙用益,用益权人乙出租给承租人丙,年租金365 银币,按使用天数支付租金。制度诞生初期,若乙于租约生效后第 300 日死亡,用益权消灭,甲不仅可以向丙收取剩余 65 天的租金,也可以以自己未参与乙丙间租约为由将丙逐出并收回房屋。实践中,承租人丙与用益权人乙订约时,为了确保租期未满前不被剥夺使用房屋的权利,会明确以租约取得所有权人甲同意为停止条件,甲以要式口约方式承担遵守租约的义务。同理,当所有权人为先订有租约的房屋设立用益权时,也会要求用益权人保证遵守租约。这种口约相沿成习,以至于裁判官在没有特约的情形下,也承认用益权人订立的租约可拘束所有权人,反之亦然。[1]

(三)意定与法定设立方式

用益权最常采用的设立方式是直接遗赠,即所有权人将用益权遗赠给继承人之外的第三人(D.7,1,7);反之也可在保留用益权的条件下遗赠所有权,以便用益权能由继承人享有(D.7,1,6pr.)。用益权还可以通过生前行为设立,[2]这便是"用益权保留"(deductio usus-fructus),它表现为所有权人在向他人转让自己物品时,通过拟诉弃权(G.2,30)或要式买卖的方式保留对该物的用益权。[3]

> 人们可以采用以下方式通过要式买卖设立用益权:在转让所有权时扣除用益权。在这种情况下,用益权实际上并未被买卖,而是在对所有权进行要式买卖时被扣除,从而使得一人享有用益权,另一人享有所有权。(G.2,33)

在家庭遗产或共同财产分割程序中,亦可以通过分配裁判(adi-udicatio)方式,由法官裁决设立用益权,将所有权判给一人,而用益权判

---

〔1〕 参见周枬:《罗马法原论》(上册),商务印书馆 1994 年版,第 402 页。

〔2〕 Antonio Guarino, Diritto Privato Romano, 12ª ed., Jovene Editore, 2001, p. 728.

〔3〕 Vincenzo Arangio-Ruiz, Istituzioni di Diritto Romano, Napoli, 1989, p. 244.

给另一人(D.7,1,6,1)。行省土地上的用益权还可通过简约、要式口约(G. 2, 31)或"容忍"(patientia)等多种方式设立(I.2,4,1;D.6,2,11,1)。[1]容忍通常表现为所有权人以默认形式准允他人享用该物并收取孳息。

除了当事人以生前意愿或遗赠等方式设立的意定用益权,后古典法时期还出现了所谓法定用益权,在相关条件具备时由法律直接设立,无须所有权人的意思,如家父对外来特有产的用益权、再婚配偶对再婚前所拥有的婚姻所得的用益权等。[2]

用益权可以由多人在同一物上设立,也可以仅在共有份额上设立(D.7,1,13,3)。[3]用益权的设立主体,在古典法之前仅限于自然人,古典法时期扩展到一些团体或共同体,如将城镇等作为用益权人。[4]赋予城镇等团体用益权时,如何处理用益权有期限这一难题?帕比尼安解释说,若承认用益权因不行使而消灭,就可以向团体遗赠用益权(D.31,66,7)。莫德斯丁则用迦太基城被罗马夷为平地的例子进行了更直接的回应。[5]

> 如果将一项用益权遗赠给一个城市,而该城市被夷为平地,以至于不再成为一个城市,就如发生在迦太基那里的情况一样,那么,用益权也就因此而像用益权人死亡一样不复存在。(D.7,4,21)

最终的处理方案是对团体享有的用益权设立固定期限。优士丁尼参考长寿者的生命周期,最终通过对盖尤斯的原始文本进行增补,[6]确定了用益权保护期限为 100 年的方案(D.7,1,56)。

---

〔1〕　Cfr. Alberto Burdese, Manuale di Diritto Privato Romano, 3ª ed., UTET, 1974, p.365; Giovanni Pugliese, Istituzioni di Diritto Romano, Giappichelli Editore, 1991, p. 489.

〔2〕　Giovanni Pugliese, Istituzioni di Diritto Romano, Giappichelli Editore, 1991, p. 486, p. 861.

〔3〕　参见[德]马克斯·卡泽尔、[德]罗尔夫·克努特尔:《罗马私法》,田士永译,法律出版社 2018 年版,第 300—305 页。

〔4〕　Alberto Burdese, Manuale di Diritto Privato Romano, 3ª ed., UTET, 1974, p. 371.

〔5〕　Mario Talamanca, Istituzioni di Diritto Romano, Ⅰ, Giuffrè Editore, 1990.

〔6〕　Cfr. Vincenzo Arangio-Ruiz, Istituzioni di Diritto Romano, Napoli, 1989, p. 242; Antonio Guarino, Diritto Privato Romano, 12ª ed., Jovene Editore, 2001, p.735.

(四)人身专属性:权利转让与消灭

用益权作为人役权,专为特定人的需求而设立,供养目的决定了用益权高度的专属性与人身性,既不能转让,也不能继承(G.2,30)。[1] 用益权买卖被视为债权性买卖,买受人并不取得用益权,只被允许在事实层面行使相关权利。[2] 也就是说,用益权虽然不能让与,但用益权的行使是可以让与的,既可本人对用益物实现收益,亦可通过债权性合同让与他人收益,如将物出租并收取租金(D.7,1,12,2)。优士丁尼《法学阶梯》对该问题的表述颇有争议:

> 使用权人享有的权利不可出售、出租或无偿授予任何他人,而享有用益权的人可以做所有这些事情。(I.2,5,1)

对于该片段中提到的用益权人可转租用益权的争议,乌尔比安认为,用益权人转租的是用益物而非用益权。[3] 虽然用益权因具有高度专属性而禁止转让和继承的原则被各国民法典普遍继受,但不能不认识到,从古代社会到现代社会的转变,给用益权制度的适用背景带来了根本性的变化。在现代经济生活中用益权不可移转的原则有很大局限性,近年来用益权被愈发重视,再加上基于税收的理由,用益权的遗赠从继承税角度来看是较为有利的;通过先取继承的途径,所有权常常在生者之间就已转移,但通过用益权保留排除取得人利用的方式,规避后来产生的继承税。[4] 论题因超出罗马法范畴,本章暂不赘述。

用益权本质上属于有期限的权利,最长仅以生命为限,最常见的消灭事由是权利人的死亡(D.7,4,3,3)。只有通过这种时间上的限制,负担人所有权被用益权侵蚀和抽空为虚空所有权才是可以

---

[1] Antonio Guarino, Diritto Privato Romano, 12ᵃ ed., Jovene Editore, 2001, p.731.

[2] 参见薛军:《物权与占有》,载费安玲主编:《罗马私法学》,中国政法大学出版社2009年版,第227页。

[3] 参见徐国栋:《优士丁尼〈法学阶梯〉评注》,北京大学出版社2011年版,第206页。

[4] 参见[德]鲁尔夫·柯努特尔:《导言》,载《民法大全·学说汇纂(第七卷):用益权》(中拉文对照本),米健译,法律出版社1999年版,第9—10页。

忍受的。[1] 若权利设立时已经确定终期或者解除条件,用益权因期限届至或条件成就而消灭。[2] 在期限到来之前,权利人死亡或"人格减等"(capitis deminutio)也会导致权利提前消灭(D.7,4,1pr.)。[3] 消灭事由还包括用益物灭失(I.2,4pr.;D.7,4,5,2)、用益物被抛弃、所有权与用益权混同(D.7,4,27)或变成其他物,如池塘干涸成为耕地(D.7,4,10,3)。优士丁尼将其总结为死亡、人格减等、滥用权利、混同及灭失五大原因。

> 用益权消灭,或因用益权人死亡;或因两种人格减等;或因未按规定的方式在规定的期限内行使。所有这一切都是朕的敕令规定的。同样,如果用益权人把自己的用益权让与财产的所有权人;或相反,如果用益权人获得了物的所有权,这被称为混同,用益权消灭。除此之外,如果房屋因火灾烧毁,或因地震或因其瑕疵而倒塌,用益权显然消灭,地基的用益权确实也不被负欠。(I.2,4,3)

用益权不行使属于特殊消灭事由,在古典法时期,动产不行使权利的期间为一年,不动产不行使权利的期间为两年。[4] 但优士丁尼在公元531年通过一项谕令宣布(C.3,34,13):

> 我们不允许用益权在如此短的时间内就被丧失,因而将其丧失时间定为十年或二十年。如当事人居住在同一省即在场者,役权因在十年内不行使而消灭;若当事人非居住于同一省即不在场者,役权因在二十年内未行使而消灭。

---

〔1〕 参见[德]马克斯·卡泽尔、[德]罗尔夫·克努特尔:《罗马私法》,田士永译,法律出版社2018年版,第300页。

〔2〕 Mario Talamanca, Istituzioni di Diritto Romano, I, Giuffrè Editore, 1990.

〔3〕 古典法时期丧失家庭地位的小人格减等便会导致用益权消灭,到了优士丁尼法时期,消灭原因限制为大人格减等与中人格减等。Cfr. Vincenzo Arangio-Ruiz, Istituzioni di Diritto Romano, Napoli, 1989, p.241; Antonio Guarino, Diritto Privato Romano, 12ª ed., Jovene Editore, 2001, p.734; Giovanni Pugliese, Istituzioni di Diritto Romano, Giappichelli Editore, 1991, p.490.

〔4〕 Vincenzo Arangio-Ruiz, Istituzioni di Diritto Romano, Napoli, 1989, p.247.

四、使用权与用益权的边界:从质到量的转变

(一)理想边界:使用权人不得收取孳息

在人役权的理想序列中,用益权与虚空所有权对应出现,包含使用与收益等各种广泛的权能;使用权派生自用益权的使用权能,排除了收益权能;居住权则是在房屋这一特殊客体上设立的使用权。使用权与居住权以用益权为蓝本,权能范围递减,而人身专属性递增,[1]逻辑上泾渭分明。但是历史实情并非如此,出于解决现实生活问题的需要,关于使用权人是否可以收取孳息,以及居住权人是否可以出租房屋的争论,导致三种权利的边界晦暗不清。

使用权的原初含义仅限于使用而不能收益,因此须排除权利人对孳息的收取(I.2,5,4),乌尔比安对此作过明确阐释:

> 如果一物的使用权遗留给某人,使用权人可以使用该物,但不可从中获取孳息。(D.7,8,2pr.)

古典法时期的法学家们在界分用益权与使用权时,清晰展示了一个物上的权利如何随着权能的精确细化而独立出新的物权类型。为了使物上的权利状态与实际状态相一致,防止权利称谓与具体的利益状态相脱节,法学家会在理论层面厘清各种权能结构的差异,创设新的权利类型,使其与当事人的具体利益状态相吻合。乌尔比安在下述片段文本中对用益权与使用权的边界作了清晰划分:

> 在收益权中必然包含着使用的权能,但在使用权中却可以不包含收益权能。没有使用就不能收益,但没有收益却照样可以使用。因此,如果给某人遗赠的收益权中保留了使用权能,那么如彭波尼所说,这种遗赠是无效的。如果在一项用益权遗赠

---

[1] Mario Talamanca, Istituzioni di Diritto Romano, I, Giuffrè Editore, 1990.

中只是撤销了收益权能,该行为被视为设定了一项使用权。但是如果在一项用益权遗赠中撤销了使用权能,则阿里斯多认为该撤销无效。(D.7,8,14,1)

如果一个得到使用权遗赠的人又被遗赠了收益权,则按彭波尼的看法,该使用权与收益权合并。如果遗赠给你的是使用权,遗赠给我的是收益权,而我们在使用时发生争议,则我独享用益权。(D.7,8,14,2)

(二)现实边界:使用权人孳息收取范围受限

但是在《学说汇纂》第七卷其他章节中,法学家们却通过一系列存在争议的个案,逐渐承认了使用权人对物的利用方式既包括直接使用,也包括为了权利人自己需要而适度收取孳息,[1]例如,针对一群牲畜的使用权包括使用羊奶(D.7,8,12,2)。从原始文献中还可以发现,赋予使用权人收取孳息权能是基于现实需求,即解决遗嘱或遗赠的效力问题。

当年在许多人被遗赠了森林的使用权时,先皇帝哈德良决定,收益权也同时被遗赠。因为如果不允许受遗赠人砍柴、卖柴,就像用益权人可以做的那样,那么他们从这种遗赠中就一无所获。(D.7,8,22pr.)

随着人们普遍承认了使用权人同样享有收取孳息的权能,用益权与使用权的理想边界被打破。若皆可收取孳息,对两种权利应如何区分? 私法史上因是否添加问题而饱受争议的文本,[2]对此进行了说明:

对于被遗赠了土地使用权的人,除了居住权,还有去散步、骑马、坐车及乘轿的权能。萨宾和卡修斯的理论是,他还享有每日所

---

〔1〕 Alberto Burdese, Manuale di Diritto Privato Romano, 3ª ed., UTET, 1974, p. 373.

〔2〕 Vincenzo Arangio-Ruiz, Istituzioni di Diritto Romano, Napoli, 1989, p.243.

需的木材、鲜花、水果、蔬菜及水源等,但不得从中获利,只能为个人使用而不得滥用。奈尔瓦也是如此认为并且补充道,权利人还可以使用秸秆和柴枝,但不包括板材、油、谷物或田里的果实。萨宾、卡修斯、拉贝奥和普罗库勒同意这一看法并进一步补充说,对于该块土地上的出产物,使用权人还可因他及其家庭的生计需要而加以使用。尤文图斯甚至还认为他可为了招待客人和娱乐而使用这些东西,因为对于使用权人,人们应给他以相应于其身份的且还要略为慷慨一些的使用范围⋯⋯(D.7,8,12,1)

该片段中,乌尔比安认为使用权人可以有限度地收取孳息,并对孳息收取范围进行了三项限制[1]:主体范围限于使用权人及其家人和宴客;使用目的限于"仅供个人使用不得滥用"及"为家庭生计需要";[2]使用地点限于村舍中。优士丁尼《法学阶梯》(I.2,5,1)把孳息收取标准限于"为日常用度使用"。《学说汇纂》中还有片段对收取孳息规定了不超过一年的时限(D.7,8,15pr.)。分析结论为,用益权与使用权的区别,从"收不收取孳息"转变为"收取多少孳息"的量的差别,用格罗索的话说,罗马人创设使用权本是强调利用有别于收益,而在拜占庭学者那里却转化为一个无足轻重的数量问题。[3]

允许使用权人收取孳息之后,使用权的功能逐渐被定性为不给所有权带来过重负担的"小用益权"角色。用益权完全掏空了所有权的经济内容,使之沦为一个虚空所有权;而在使用权中,权利人仅仅获取满足生活需求的孳息,所有权人仍然可以留存剩余部分的孳息。[4] 因此弗伦丁认为,在同一个物上,可以同时设立所有权、使用权及"不包含使用的用益权"(fructus sine usu):

[1] 参见曾健龙:《使用权与用益权的界限问题——D.7, 8, 12, 1 之文本分析》,载《云南大学学报(法学版)》2008 年第 5 期,第 72 页。
[2] Giovanni Pugliese, Istituzioni di Diritto Romano, Giappichelli Editore, 1991, p.491.
[3] 参见[意]朱塞佩·格罗索:《罗马法史》(2009 年校订本),黄风译,中国政法大学出版社 2009 年版,第 326 页。
[4] 参见肖俊:《罗马法中非典型物权形态的解释方法研究——以使用权、居住权的形成史为中心的考察》,载《求是学刊》2012 年 1 期,第 88 页。

如果在同一物上为一个人遗赠了使用权,而为另一个人设定了收益权,那么,收益权人可以取得使用权人不享有的部分收益,而为了收益的目的,收益权人亦可具有使用权能。(D.7,1,42)

不包含使用的用益权与其说是一种被实践所接受的制度,不如说是一种学理上的概念。[1] 针对使用权孳息收取的限制,在优士丁尼法中被进一步淡化。法学家视使用权为用益权的一种变形,各方面皆以用益权为范本,并类推适用为用益权制定的规则(D.7,8,1,1)。不过同一物的使用权不能分割设立,保罗对此解释道,"一项使用权的一部分不能遗赠,因为收取孳息可以部分地实现,使用则不然"(D.7,8,19)。

五、居住权的诞生:从权能到权利

(一)第一阶段:作为生活需求与事实状态的居住权利

直到优士丁尼法,居住权才被明确纳入人役权范畴。在尚未成为独立的物权类型之前,居住的权利作为真实社会中常态化的生活需求,于日常语言中被频繁使用,被视为介于习俗与法律之间的事实权利状态。对于这种居住需求,常见的两种表现方式是:第一种,立遗嘱人直接说把房屋的"居住权"遗赠给他人。问题在于,当居住权还不是正式法律术语和制度的时候,该遗赠是否具有效力?这一问题类似于现代法上违反物权法定原则而自创的物权是何效力。帕比尼安认为有效,并等同于既有的使用权。

问题是:居住权遗赠与使用权遗赠是否相同?帕比尼安在《问题集》第18卷承认居住权遗赠同使用权遗赠的效力几乎是一样的。因此居住权的受遗赠人最终不能将居住权赠与他

---

[1] Cfr. Antonio Guarino, Diritto Privato Romano, 12ª ed., Jovene Editore, 2001, p.738; Vincenzo Arangio-Ruiz, Istituzioni di Diritto Romano, Napoli, 1989, p. 243.

人,但他可以允许使用权人也同意的那些人居住。居住权不能继承,也不因未行使或人格减等而消灭。(D.7,8,10pr.)

第二种,由于民众并不精通法学术语,常常会借助用益权或使用权的字眼来表达居住需求,如"以居住为目的的用益权"或"以居住为目的的使用权"(usus fructus habitandi causa),由此引发古典法中居住权性质上属于用益权抑或使用权的争议[1]:

> 如果遗赠表示为,遗赠给他"以居住为目的的用益权",那么应考虑的是:他只享有居住权抑或还享有用益权?普罗库鲁斯和内拉蒂认为仅居住权被遗赠。这是正确的。当然,若立遗嘱人明确表示"遗赠一项以居住为目的的使用权",那么无疑是指使用权了。(D.7,8,10,2)

乌尔比安在该片段中提到的两位法学家普罗库鲁斯和内拉蒂的见解是,"以居住为目的的使用权"就是使用权;而"以居住为目的的用益权"如何理解需考虑遗嘱目的,"以居住为目的"表明遗嘱人所要设立的只是一个满足居住需求的权利,故类推适用使用权规则即可,因此应解释为使用权从而不能出租。如果权利人出租房屋,则不能提起用益权确认之诉。而安东尼王朝时期的法学家马尔切勒更侧重于尊重文义本身,因此"以居住为目的的用益权"应优先被解释为用益权并适用相关规则,如房屋可以被出租。[2]

(二)第二阶段:优士丁尼颁布居住权谕令

古典法时期的法学家们根据各自立场对居住权利采用了不同的解释方式,帝国各行省也存在与居住相关的不同习俗,导致不同地域、不同个案中居住权的性质、效力、存续时间等各异的混乱局面,经由立法统一居住权规则的必要性日增。为了平息涉及居住权的各种

---

[1] Antonio Guarino, Diritto Privato Romano, 12ª ed., Jovene Editore, 2001, p.739.

[2] 参见肖俊:《罗马法中非典型物权形态的解释方法研究——以使用权、居住权的形成史为中心的考察》,载《求是学刊》2012年1期,第88页。

争议,公元 530 年,可能是基于希腊等东方行省的相关制度,[1]优士丁尼颁布针对居住权的谕令,记载于优士丁尼《法典》与《法学阶梯》:

> 如果对某人遗赠或以某种方式设立了居住权,人们既不认为它是使用权,也不认为它是用益权,而是一种专门的权利。对享有居住权的人,为了事物的功利,根据马尔切拉的意见发布了朕的决定,朕允许他们不仅自己在房屋中过活,而且也可将之租给他人。(I.2,5,5)

> 优士丁尼皇帝致大区长官尤里安:如果遗赠了房子的居住权,这种居住的权利属于使用权还是用益权? 或者是一种特别的权利? 古代法学家对此有疑问。接受居住权遗赠的人可否出租房屋? 或请求确认对房屋的所有权? 为了平息争议,朕以此简洁的意见消除法学家对居住权的一切疑问和争议。(C.3,33,13pr.)

在本谕令中,优士丁尼重申了房屋上设立的用益权和居住权是两种不同的权利(C.3,33,13,2),并且居住权的内容范围不得大于用益权(C.3,33,13,3)。出于允许使用权人有限度收取孳息的相同动机与实用目的,优士丁尼也赋予了居住权人(habitator)出租房屋的权利:

> 若一个人将居住权遗赠,我们认为最人道的做法是允许受遗赠人出租房屋,因为受遗赠人自己使用它与将其出租给他人以获取租金并无区别。(C.3,33,13,1)

《法学阶梯》(I.2,5,5)也予以明确记载。同样出于现实需求,享有居住权利的人除了居住权人本人,范围扩大到居住权人的配偶和近亲属,以及客人和奴隶[2]:

> 库伊特·穆齐最先承认,如果一栋房屋的使用权被遗赠给一个妇人,那么当她想使用该房屋时她可以同丈夫一起住在那

---

〔1〕　Giovanni Pugliese, Istituzioni di Diritto Romano, Giappichelli Editore, 1991, p. 865.

〔2〕　Mario Talamanca, Istituzioni di Diritto Romano, Ⅰ, Giuffrè Editore, 1990.

里以保持婚姻关系,因为人们从不怀疑妻子可以同丈夫住在一起。不管怎么说,如果房屋的使用权被遗赠给一个寡妇而她在获得使用权后再婚,她可以和丈夫一起住在那里吗? 正如彭波尼在《论萨宾》第 5 卷、帕比尼安在《论问题》第 19 卷所说,她再婚后可以和丈夫一起住在那里,彭波尼还进一步说道,她还可以同其公公一起住在那里。(D.7,8,4,1)

　　对房屋享有使用权的人,仍被认为仅能由本人居住,他不能将这一权利转让给他人。允许他接纳客人的做法,似乎是勉强地接受的。他也享有与其妻子、卑亲属一起居住的权利;同样,其解放自由人以及与其他像奴隶一样使用的自由人一起居住的权利。相应的,如果房子的使用权属于妇女,允许她与丈夫一起居住。(I.2,5,2)

使用权与居住权的内容、设立与消灭等具体规则,在没有特别说明时,准用用益权规则。[1] 居住权通常被视为终身享有(D.7,8,10,3),权利人死亡也会导致权利消灭。但在消灭事由上,居住权不同于用益权,并不因人格减等或不使用而消灭。[2] 莫德斯丁解释道,居住权能够在人格减等中得以保留的原因,在于它的性质是一种社会事实,而不是权利(D.4,5,10)。不过该片段先于优士丁尼颁布居住权谕令,反映的仅仅是居住权成为独立的人役权类型之前的情况。对于居住权,现代民法接受了优士丁尼法的处理方式,把它规定为一种独立的他物权形式,但在出租问题上,两者都选择了内拉蒂和普罗库鲁斯的主张,规定了居住权人不能将房屋出租。[3]

---

[1]　Giovanni Pugliese, Istituzioni di Diritto Romano, Giappichelli Editore, 1991, p. 491.

[2]　Cfr. Vincenzo Arangio-Ruiz, Istituzioni di Diritto Romano, Napoli, 1989, p. 243; Alberto Burdese, Manuale di Diritto Privato Romano, 3ª ed., UTET, 1974, p. 373.

[3]　参见《法国民法典》第 634 条;《德国民法典》第 1029 条;《意大利民法典》第 1024 条。参见肖俊:《罗马法中非典型物权形态的解释方法研究——以使用权、居住权的形成史为中心的考察》,载《求是学刊》2012 年 1 期,第 89—91 页。

六、结论:罗马法人役权流变史对民法典编纂的启示

罗马法中各项他物权诞生于不同阶段,相互共存、相互替代或先后消亡,在优士丁尼法上,地役权、人役权、地上权及永佃权等构建起用益性质的"他物权"框架。人役权主要包括用益权、使用权和居住权,用益权诞生最早,使用权与居住权衍生自用益权,在房屋为客体时,三者的权利内容非常相近。

用益权是一种权利分化的工具,在古典法中与所有权对应使用,成为强大的全面利用他人财产的经济和法律手段,派生出用益权的所有权名为虚空所有权。用益权作为用益物权,理论上要求在客体中排除消耗物,但罗马法更着重制度的功能而非形式逻辑,由于用益权起源于与遗产继承相关的提供生活扶助的社会需求,基于遵循"有利于遗孀利益"的原则及保护婚生子女的利益,罗马法允许针对死者财产中一切物品设立用益权,维持了由遗孀和孩子所组成的家庭共同体对财产的共同使用和收益。在这样的制度安排下,根本没有必要在用益权客体中排除消耗物。法学家们为此创设了"准用益权"以调和理论与实践的矛盾。供养目的决定了用益权高度的人身专属性,不能转让,也不能继承。用益权的内容非常广泛,但权利的行使必须"保持物的本质",以不改变物的社会经济用途为限。

人役权序列中,使用权与居住权以用益权为蓝本,权能范围递减而人身专属性递增,逻辑上泾渭分明。使用权与用益权的理想边界,以能否收取孳息为质的区别。但出于现实需要,罗马法学家们通过个案逐渐承认了使用权人收取孳息的权利,但对收取孳息的主体、地点及使用目的进行了限制,标准限于"为日常用度使用"。用益权与使用权的现实边界,转变为收取多少孳息的量的差别。使用权的功能逐渐被定性为不给所有权带来过重负担的"小用益权"角色。

居住权在尚未成为独立的物权类型之前,作为真实社会中常态化

的生活需求,被视为介于习俗与法律之间的事实权利状态。当事人针对居住权的约定,或者被等同于使用权,或者被解释为用益权,体现了文义解释、目的解释、类推等方法的运用。优士丁尼颁布居住权谕令,使居住权独立于用益权和使用权,并赋予了居住权人出租房屋的权利。这一过程并非理论推演的结果,而是满足现实生活需求的产物。

我国《民法典》在本章的论题上存在全面的制度缺位。虽然第323条中规定用益物权的客体是他人所有的不动产或者动产,但无论是建设用地使用权、宅基地使用权、土地承包经营权还是地役权,都仅仅涉及不动产的利用关系,缺乏针对动产的一般性利用工具;而且建设用地使用权与宅基地使用权对应的是传统民法上的地上权,解决的是他人土地上建造房屋的需求,土地承包经营权对应传统民法上的永佃权,解决的是他人土地上耕作的需求,缺乏针对现存不动产的一般性利用工具;地役权是为特定不动产利益而利用他人不动产的权利,缺乏针对特定人利益而利用他人之物的权利工具。

在所有权中心主义观念与物权法定原则"紧箍咒"的合力下,"所有权—他物权"体系呈现权利类型供给不足及权能受限的结构缺陷,在灵活性方面可谓先天不足。人们对他人之物的全面利用的现实需求无法得到正常满足,只能以增加社会与体系成本的方式采取变通手段,例如,通过立法政策将租赁权这一债法工具赋予一定程度上物权化的公示和对抗效力;或者导致实践中普遍运用的解决方案无法与理论兼容,例如,地下油气管道设施、轨道交通设施、电网工程等土地空间利用中设立不存在需役地的所谓地役权;或者人为导致了法体系内部的混乱及规范适用的复杂性,例如,夫妻共同遗嘱与后位继承中,因用益权方案的缺失而催生如何避免前位继承人损害后位继承人利益的难题。

我国《民法典》"物权编"中以共计六条的篇幅,增设了居住权制度,为人役权引入《民法典》开了一个窗口,值得肯定。罗马法上以用益权为蓝本的人役权虽然在诞生初期因主要满足家庭供养目的等生存保障功能而具有很强的人身专属性,却逐渐演变成为一种可以掏空所有权内容的权利分化工具,资源配置成为了最重要的规范目的。而我国的立法者在居住权的具体内容方面,仍然强调的是权利的人身与社会保障属性,如只满足"生活居住的需要""无偿设立""不得转让、继承""不得出租",等等,比罗马法上的居住权更为严苛,严重制约了居住权的适用范围及在国家治理、社会资源最大化利用等领域的功能价值。

罗马法的经验表明,现实生活需求是促使制度规则演化的最大动力,立法应更重视制度功能的完善,而不仅仅是理论逻辑的自洽,更不应该抱守物权法定的教条而无视人们生活需求的变化。未来的法律修改,除了完善居住权制度,还应当全面增设罗马法传统中以用益权为代表的人役权制度,将法定人役权中体现生存保障功能与人身专属性的内容,交由《民法典》"婚姻继承编"与社会保障法等特别法予以规制;在《民法典》"物权编"中为使用和收益他人之物提供一般性的物权工具,基于用益物权的定位对意定人役权进行现代更新,涤除人身专属性内容,发挥其权益分割的经济功能。

第十二章
民法典中的意定居住权与居住权合同

一、居住权的功能定位与规范类型

"居住权"肇始于罗马帝国时期的优士丁尼法,系为保障特定人居住利益而赋予其使用他人房屋的权利。作为满足现实生活需求的产物,居住权与使用权皆衍生于用益权,三者组合成人役权,与地役权、地上权、永佃权等构建起传统民法的用益物权体系。人役权诞生初期立足于家庭供养等生存保障目的,具有人身专属性,后来逐渐演进为一种侵蚀和抽空所有权内容、全面利用他人财产的资源配置和权利分化工具,设立用益权后,所有权沦为虚空所有权。[1] 居住权等人役权制度被欧陆各国民法典普遍继受,[2]但西法东渐时,东亚各部法典(除了我国澳门地区),基于多种原因,均未规定居住权等人役权。[3]

居住权在我国的立法过程可谓一波三折。全国人大常委会法工

---

[1] Cfr. Luigi Capogrossi Colognesi, La struttura della Proprietà e la formazione dei „iura praediorum" nell'età Repubblicana, Giuffrè Editore, 1969, pp.494-497;参见汪洋:《从用益权到居住权:罗马法人役权的流变史》,载《学术月刊》2019年第7期,第102页。

[2] 参见《德国民法典》第三编第五章及《住宅所有权及长期居住权法》,《法国民法典》第二卷第二章,《意大利民法典》第三编第五章,《瑞士民法》第二十一章。

[3] 参见[日]我妻荣:《我妻荣民法讲义Ⅱ:新订物权法》,[日]有泉亨补订,罗丽译,中国法制出版社2008年版,第421—423页;谢在全:《民法物权论》(修订五版),中国政法大学出版社2011年版,第505页。不过日本在最近的民法修改中,根据实际需要在继承编第1028条以下,增加了配偶居住权制度。

委 2002 年起草的《物权法(征求意见稿)》首次以 8 个条文规定了居住权。2004 年与 2005 年两版《物权法(草案)》关于居住权的条文分别增至 11 条与 12 条。但 2006 年"全国人大法律委员会关于《中华人民共和国物权法(草案)》修改情况的汇报"主张把居住权整体删除,[1] 随后在 2007 年《物权法》中了无踪迹。民法典编纂工作重启后,2018 年全国人大常委会法工委民法室起草的"民法典室内稿"中以 4 个条文恢复了居住权,随后各草案版本对具体内容进行了频繁修改。最终,《民法典》在第十四章第 366—371 条规定了居住权,居住权成为法典中人役权的唯一代表。

《民法典》颁布之前,学界从立法论角度充分论证了居住权的功能定位与规范类型。居住权从缓解无力购房者的居住困境,到丰富房屋所有权人的融资途径与财产利用手段,具有社会性与投资性双重功能。[2] 社会性居住权又分为两种类型,在家庭法领域,常见于赡养、离婚、分家析产及继承纠纷,以建立在家庭内部伦理基础上的互助方式,维护具有老年人、生存配偶及未成年人等特定身份的弱势群体的生存利益,仅用作居住目的,衍生出无偿性、不得转让和继承等人身专属内容。[3] 在非家庭法领域,居住权成为贯彻住房社会保障等公共政策的工具和通道,以实现对住房困难群体提供保护的目标,达成相应价值追求,满足国家提出的加快建立多主体供给、多渠道保障、租售并举的住房制度的需要。[4]

投资性居住权属于独立的用益物权,核心意涵是为房屋交易市场提供一种崭新的权利形式,是房屋在居民财产体系中地位提升的

[1] 参见何勤华、李秀清、陈颐编:《新中国民法典草案总览》(增订本,下卷),北京大学出版社 2017 年版,第 1713、1744、1777、1800 页。

[2] 参见申卫星:《视野拓展与功能转换:我国设立居住权必要性的多重视角》,载《中国法学》2005 年第 5 期,第 79—81 页。

[3] 参见辜明安、蒋昇洋:《我国〈民法典〉设立居住权的必要性及其制度构造》,载《西南民族大学学报(人文社会科学版)》2020 年第 2 期,第 106 页;曾大鹏:《居住权的司法困境、功能嬗变与立法重构》,载《法学》2019 年第 12 期,第 56 页。Cfr. Massimo Bianca, Diritto Civile, La proprietà, Giuffrè Editore, 1999, p. 635.

[4] 参见黄薇主编:《中华人民共和国民法典物权编解读》,中国法制出版社 2020 年版,第 541 页。

体现。居住权在所有权人和非所有权人之间架起可以过渡的中间地带,让交易主体在自由竞争的氛围中各取所需,实现私人自治与经济效率的双重目标,满足居住和投资的双重需求。[1] 投资性居住权原则上有偿设立,可以转让、继承和进行任何合理用益,也可以兼具一定的社会性功能,如家庭成员之间共同出资建房、父母为子女结婚目的建房或买房、以房养老等。未来统一的居住权市场建立之后,投资性居住权在旅游、酒店、房地产等商业领域有很强的发展潜力,权利客体从传统意义的住宅延伸至公寓式酒店、分时度假酒店、民宿等所有适合商旅居住的房屋。[2]

投资性居住权一般采取意定方式设立,而社会性居住权则根据不同政策考量采取法定、意定等方式设立。[3] 在立法体例上,《民法典》"物权编"应当只规定以意定方式设立的居住权,体现房屋所有权人的意思自治,规范居住权的一般性内容。体现国家管制与政策考量的社会性居住权应当规定在《民法典》"婚姻家庭编""继承编"和特别法中,涉及人身专属限制等特殊性内容。[4] 社会性居住权还可以通过裁判设立,[5] 例如,根据《民法典》第 1132 条的规定,裁判过程中可以运用居住权方案,解决无遗嘱继承的遗产分割问题及对离婚时生活困难一方予以帮助。

本章的论述对象限定为《民法典》"物权编"规定的意定居住权及居住权合同,不涉及社会性居住权。本章首先尝试分析意定居住

---

[1] 参见崔建远:《民法分则物权编立法研究》,载《中国法学》2017 年第 2 期,第 52 页。

[2] 参见单平基:《〈民法典〉草案之居住权规范的检讨和完善》,载《当代法学》2019 年第 1 期,第 5—13 页;申卫星、杨旭:《中国民法典应如何规定居住权?》,载《比较法研究》2019 年第 6 期,第 77—80 页。

[3] 比较法上,居住权的设立方式一般包括合同、遗嘱、取得时效、法律规定和法院裁判。参见《法国民法典》第 579 条、《意大利民法典》第 978 条、《瑞士民法典》第 746 条、我国《澳门民法典》第 1374 条。

[4] 参见鲁晓明:《论我国居住权立法之必要性及以物权性为主的立法模式——兼及完善我国民法典物权编草案居住权制度规范的建议》,载《政治与法律》2019 年第 3 期,第 14—21 页。

[5] 参见黄薇主编:《中华人民共和国民法典物权编解读》,中国法制出版社 2020 年版,第 554 页。

权关系中哪些内容发生物权效力、物上之债效力或者纯粹的债法效力,以及如何与不动产登记制度相协调(第二部分);其次针对《民法典》"物权编"居住权具体规范中的物权性内容,如权利设立、主体、客体、内容、期限、消灭事由及可转让性等,进行解释论作业(第三部分);再次针对《民法典》居住权制度中缺失的物上之债关系和纯粹的债之关系,参照法律评价上最相类似的租赁合同,厘清租赁中哪些规范可以类推适用于居住权关系(第四部分);最后是结论及对《民法典》居住权部分的整体评价(第五部分)。

二、意定居住权关系的三个层次及其登记

(一) 意定居住权关系中的物权、物务及债之关系

居住权的设定需要房屋所有人和居住权人订立债权性质的居住权合同。部分合同约定内容因登记而转换为物权及物务(Realobligation)。物权法定原则下规定的物权内容仅能覆盖当事人的部分需求,为了达成合理有效率的安排,需要大量约定内容对法定物权内容进行修正和补充。居住权的实质是,当事人从广义的继续性债之关系中通过登记切割出来的物化的债之关系。他物权和继续性债之关系属于可供选择的两种交易方式,交易者未必需要公开全部的交易关系。[1] 未公开登记的部分为属人状态的债之关系,而登记后物化的部分交易关系,具有对抗第三人并且单独处分的效力。物权关系因登记而让后手交易者得以了解,后手承受物务即物上负担就不至于构成对其财产权的侵害。一旦揭开他物权在权利之外的"关系"本质,就能理解他物权相较于继续性债之关系,增加了绝对效力,也增加了登记的信息成本。[2]

〔1〕 参见苏永钦:《可登记财产利益的交易自由——从两岸民事法制的观点看物权法定原则松绑的界线》,载《南京大学法律评论》2010年秋季卷,第17—22页。
〔2〕 参见苏永钦:《寻找新民法》(增订版),北京大学出版社2012年版,第483页。

他物权关系中的物上负担即物务,特点是义务随物走而不是随人走,又称为物上之债。物上之债的债务人是物权人,对特定物享有支配利益的同时要负担给付义务。物上之债作为债的属性体现为相对性,仅在特定主体之间形成约束力,以请求权为中心进行构造,债务人负担提供劳务或实物、支付维修费用、承担损害赔偿责任等积极给付义务,特定情形下还包括优先购买权等形成权;作为物的属性体现为粘附在特定物上,随着所有权移转而移转,随着物的灭失而消灭,不适用债权转让和债务承担规则。[1] 债权转让过程中,受让人的关注重点是债务人有无资力;而物上之债的潜在受让人并不关注物权人是谁,而关注权利义务笼罩下物的价值本身。[2]

意定居住权关系同样可分为物权、物务(物上之债)及债之关系三个层次。物权性内容包括《民法典》第 366 条与第 371 条规定的合同及遗嘱的设立方式、第 366 条规定的占有与使用权能,第 369 条规定的禁止转让继承及推定不得出租即无收益权能,第 368 条规定的推定无偿且登记生效,第 370 条规定的消灭事由,第 367 条规定的权利主体、住宅位置及权利期限。这些内容属于《不动产登记暂行条例》第 8 条第 3 款中不动产的自然状况和权属状况,不动产登记簿应当记载。全国人大常委会法工委释义认为第 367 条中只有当事人及住宅位置属于物权性内容,属于设立居住权的必备内容。[3] 其他各项内容如期限未规定则以权利人生命为限,未规定不影响居住权设立。

物务即物上之债有法定和意定之分,2005 年《物权法(草案)》规定了居住权人的合理使用义务、日常维护费用和物业管理费用的负担、不同性质修缮义务的分配及所有权人保障居住权人利用房屋的

〔1〕 参见常鹏翱:《物上之债的构造、价值和借鉴》,载《环球法律评论》2016 年第 1 期,第7—8、13—14 页。
〔2〕 参见张力毅:《通过契约实现的物之支配关系——债权物权化的另一种解释论框架》,载《东方法学》2015 年第 6 期,第 30—32 页。
〔3〕 参见黄薇主编:《中华人民共和国民法典物权编解读》,中国法制出版社 2020 年版,第 547 页。

义务,[1]这些负担内容附着于物权,不仅约束订立居住权合同的双方,登记后还能约束后手受让人,[2]性质属于法定物上之债。《民法典》"居住权"章却完全遗漏了上述内容,全国人大常委会法工委释义认为,日常费用承担等物上之债可由当事人约定并登记。[3]

当事人还可以通过居住权合同约定只发生相对效力的债之关系内容,如《民法典》第368条涉及的居住权的价款,第367条提及的居住的条件、要求及解决争议的方法。此类约定遵循合同自由和相对性原则,可以包括大量个性化内容,通常不具有登记能力与对抗性。保持各种复杂约定的相对效力也可以降低权利受让人的风险,例如,保险公司等金融机构参与以房养老时,如果金融机构转让房屋所有权会使当事人之间复杂的养老金计划随之移转,不但不符合以房养老交易的初衷,人为制造的交易复杂性也会让潜在交易者望而却步。[4]

(二) 居住权合同中各项内容的登记能力与登记方式

约定不能直接产生物务即物上之债,是否登记是区分物务和债务的关键。登记后的约定发生绝对效力,这样既维持了原有利益格局,不至于因第三人介入而重新洗牌,又为第三人提供了全面信息,保障其有效自主决策。[5]理论上,整套交易关系的登记比起只把权利抽离登记,更能降低产权交易的障碍,并缓解物权法定原则的僵硬性。[6]因此物上之债的设立和功能,取决于登记制度的支持力

---

[1] 参见何勤华、李秀清、陈颐编:《新中国民法典草案总览》(增订本,下卷),北京大学出版社2017年版,第1800页。

[2] 参见申卫星、杨旭:《中国民法典应如何规定居住权?》,载《比较法研究》2019年第6期,第68—70页。

[3] 参见黄薇主编:《中华人民共和国民法典物权编解读》,中国法制出版社2020年版,第548页。

[4] 参见申卫星、杨旭:《中国民法典应如何规定居住权?》,载《比较法研究》2019年第6期,第80—81页。

[5] 参见常鹏翱:《物上之债的构造、价值和借鉴》,载《环球法律评论》2016年第1期,第21页。

[6] 参见苏永钦:《物权法定主义松动下的民事财产权体系——再探大陆民法典的可能性》,载柳经纬主编:《厦门大学法律评论》第8辑,厦门大学出版社2004年版,第5、27页。

度。德国法宁愿将"买卖不破租赁"转化为法定契约承担,也不愿借助登记制度让租赁合同获得物权效力,其更多原因恐怕在于租赁合同登记存在的技术障碍。[1]

不动产登记法上有"登记能力"的概念,2015 年施行的《不动产登记暂行条例》第 5 条规定,"下列不动产权利,依照本条例的规定办理登记",明确了登记能力法定原则,并非不动产上任何事项都可以登记,只有对于保护权利人及不动产交易具有重大法律意义的事项,才应当在登记簿上记载并公示。哪些权利有登记能力不完全受物权法定的限制,物权法定只是要求物权的种类和内容由法律规定,即便不动产权利不属于物权,只要该权利的登记对于保护权利人和促进交易有必要性,就应当赋予登记能力。[2] 预告登记的对象则直接涵盖了作为物权变动的原因行为的各类债权合同。只要相对权被登记就有对抗力,至于呈现在物权簿页、登记专簿还是预告登记簿页,并无区别。[3]

《民法典》第 368 条后段规定,"设立居住权的,应当向登记机构申请居住权登记。居住权自登记时设立"。居住权采登记生效主义。2024 年 3 月《不动产登记暂行条例》被修订,2024 年 5 月《不动产登记暂行条例实施细则》被修正,增设居住权登记的相应簿页、具体操作流程及需提交的材料清单。如需办理居住权登记,可将居住权纳入《不动产登记暂行条例》第 5 条第 10 项中"法律规定需要登记的其他不动产权利"。居住权未登记视为物权性质的居住权未设立,双方订立的居住权合同作为《民法典》"合同编"中未规定的无名合同,发生相应的债法效力,诸多具体内容参照租赁合同的相关规范进行类推适用。

居住权合同属于《民法典》第 221 条中"其他不动产物权的协议",当事人在办理居住权登记前,可以约定向登记机构申请预告登

〔1〕 参见朱庆育:《"买卖不破租赁"的正当性》,载王洪亮等主编:《中德私法研究》(第 1 卷),北京大学出版社 2006 年版,第 51 页。
〔2〕 参见程啸:《财产权保护与不动产权利的登记》,载《浙江社会科学》2020 年第 6 期,第 31 页。
〔3〕 参见常鹏翱:《论可登记财产权的多元化》,载《现代法学》2016 年第 6 期,第 58 页。

记。《不动产登记暂行条例》第 8 条规定不动产登记簿应当记载的四类事项包括自然状况、权属状况、权利限制提示事项及其他相关事项。"其他相关事项"涉及不动产登记中需要进一步说明的情况,每个不动产权利登记簿页下都设置了"附记"栏,用于记载"其他相关事项"。可以把居住权关系中的物上之债内容记载于"附记"栏,也可以在相关簿页增设栏目,如"居住权的行使条件和要求",记载约定或法定的物上之债关系。随着电子登记簿与登记信息化的发展,不动产登记的效率提升、公示的效能增强、登记簿的容量也日趋扩大,既不会增加登记机构的工作量和登记审查的难度,也不会影响不动产登记簿的真实性与准确性。[1] 可以通过"一簿多页"的活页和表单化设计方式,[2]将居住权关系中常见的物上之债类型,如用益维护义务、不同性质修缮义务的分配、价金及其支付方式、权利消灭事由、可否出租、是否享有优先购买权等,做成方便勾选或填写的标准化表单,尽可能扩大可登记的事项范围,同时降低登记与查询成本。

　　当事人在居住权合同中的个性化约定内容可能极为复杂、详细,通过在不动产权利登记簿页上增设栏目的方式进行简要记载,无法满足当事人将更多的约定内容上升为物上之债的需求,对此的终极解决方案是,将居住权合同等相关文件集结为专簿,作为不动产登记簿的附件。例如,我国台湾地区允许直接将地役权合同粘附于登记簿,在地役权内容一栏登记为"详如契约"。[3] 已失效的《房屋登记办法》第 65 条也认可将地役权合同分别附于供役地和需役地的房

---

〔1〕　参见程啸:《财产权保护与不动产权利的登记》,载《浙江社会科学》2020 年第 6 期,第 34 页。

〔2〕　参见刘燕萍、张富刚主编:《不动产登记制度理论探究》,北京大学出版社 2016 年版,第 91—92 页。

〔3〕　参见国土资源部不动产登记中心(国土资源部法律事务中心)编:《不动产登记暂行条例实施细则释义》,北京大学出版社 2016 年版,第 150 页。我国台湾地区"土地登记规则"第 155—1 条、第 155—2 条、第 155—3 条、第 155—4 条还提及共有物使用管理专簿和土地使用收益限制约定专簿。参见常鹏翱:《论可登记财产权的多元化》,载《现代法学》2016 年第 6 期,第 54 页。

屋登记簿。《不动产登记簿样式及使用填写说明》涉及地役权登记信息中"地役权内容"一栏时规定,"填写地役权主要内容,包括地役权合同中约定的供役地利用目的和方法等。粘附地役权合同目的,本栏可以略写"。我国实践操作中也允许登记机构通过粘附地役权合同的方式对地役权内容进行记载。暂且不论登记和审查成本,把合同粘附于登记簿会使整个合同内容都产生绝对效力,未必符合当事人的利益及真实意图,只适合作为供当事人选择的登记方式之一。

居住权合同约定的内容与登记簿记载的内容不一致时,应当区分情况处理。[1] 若登记簿上的权利人是居住权合同订立时的当事人,则首先需要排除因登记错误而导致不一致,确定为登记错误的,登记簿公信力仅针对第三人,当事人内部仍以真实合意即合同内容为准;若不一致属于首次登记时双方合意对合同内容的变更,则以登记簿记载的变更后的合意为准;若登记簿上的权利人并非合同订立时的当事人,而是继受取得房屋所有权或居住权的,以登记簿记载的为准。

三、意定居住权作为用益物权的基本构造

(一)意定居住权的设立

《民法典》第 367 条第 1 款规定,"设立居住权,当事人应当采用书面形式订立居住权合同"。第 371 条规定,"以遗嘱方式设立居住权的,参照适用本章的有关规定"。无论基础法律关系是居住权合同还是遗嘱这一单方死因行为,《民法典》"物权编"的居住权在性质上都属于意思自治范畴内的意定居住权,而非法定居住权。第 367 条要求居住权合同采书面要式,为嗣后的居住权登记提供依据。交易实践中常见的设定方式还包括保留居住权的所有权买卖及赠与、设

---

〔1〕 参见程啸、尹飞、常鹏翱:《不动产登记暂行条例及其实施细则的理解与适用》(第二版),法律出版社 2017 年版,第 324 页。

定居住权的共有物分割协议或集资购房协议,等等。[1]

以遗嘱方式设立居住权时,依《民法典》第 368 条的登记生效规则,还是依第 230 条"自继承开始时发生效力",不以登记为生效时点? 此处有必要区分两个阶段的物权变动。第一阶段因遗嘱人死亡而引发,属于非基于法律行为的物权变动,居住权作为房屋上的负担,影响遗产范围内房屋的市场价值,由此涉及遗产债务清偿中的拍卖变卖顺序和实现方式,因此居住权自遗嘱人死亡时设立,由遗产继受人共同体共有。遗产清算完毕后,若房屋作为继承标的仍然存在,则在第二阶段分割共有财产时,由遗嘱指定的权利人获得单独的居住权。这一阶段若采裁判分割方式,属于法律文书导致的物权变动,无须登记;若采协议或遗嘱指定分割方式,属于法律行为导致的物权变动,自登记时生效。[2] 综上所述,以遗嘱方式设立居住权的,不能直接参照《民法典》第 368 条的登记生效规则。

(二) 居住权的主体范围:非自然人? 实际居住人?

意定居住权的制度功能和规范目的不同于法定居住权,无须对主体范围严格限制,无论是否为家庭成员或近亲属,均可成为居住权人。法人与非法人组织能否享有居住权?《民法典》第 366 条居住权定义中"满足生活居住的需要",第 369 条的"居住权不得继承"及第 370 条的"居住权人死亡的,居住权消灭"等表述,通过对权利主体生命周期的强调,暗含只有自然人才享有居住权的立法预设。但是第 367 条在"二审稿"中"当事人的姓名和住所"这一表述之外刻意新增了"名称",这显然意味着法人与非法人组织亦可成为居住权合同中

---

[1]　参见肖俊:《"居住"如何成为一种物权——从罗马法传统到当代中国居住权立法》,载《法律科学》2019 年第 3 期,第 97—105 页。

[2]　第一阶段设立居住权还涉及概括继承(遗赠)与特定继承(遗赠)的区分,若特定房屋之外的遗产足以清偿遗产债务,则无须动用设立了居住权的房屋。清偿债务时若要拍卖部分遗产,设立了居住权的房屋应列于后位。参见汪洋:《中国法上基于遗赠发生的物权变动——论〈民法典〉第 230 条对〈物权法〉第 29 条之修改》,载《法学杂志》2020 年第 9 期。

的所有权人或居住权人。前者如政府在国有政策保障房上为住房困难者设立居住权,以及以房养老中购买住宅的企业或金融机构为老人保留居住权;[1]后者如企业为了解决内部员工的住宿问题,在他人房屋上有偿取得居住权然后分给员工居住,这同居住权"满足生活居住的需要"的规范目的并不相违。[2]一些法人团体还可以投资居住权从事民宿等经营性项目,更加充分地实现房屋的经济效用,[3]以居住权之名实现用益权之实。

居住权人的其他家庭成员能否享有居住权?依《民法典》第366条的文义,似乎只有居住权人才有权居住。这一解释不符合生活实际,居住权人往往处于家庭与社会关系中,与配偶、子女、需扶养的近亲属等家庭成员,以及为权利人及家庭成员提供医务或家务等护理服务人员共同居住。罗马法就已经将权利人范围扩大至居住权人的配偶、近亲属、客人及奴隶,[4]《法国民法典》第632条和《意大利民法典》第1022、1023条也区分了居住权人与实际居住人,居住权人在住宅中可以接纳实际居住人共同居住生活,且实际居住人的范围并非僵化固定的。[5]这也符合"满足生活居住的需要"的立法目的,当居住权人组建家庭或者因年迈、疾病需要护理时,生活需求范围不仅仅是个人需求,还扩展到配偶、子女及护理服务人员的需求。实际居住人只是间接受益人,并非居住权合同一方当事人,权利享有与义务承担皆不同于居住权人。

在利益衡量上,一定数量范围内居住人数的变化,通常不会对房屋质量与市场价值产生实质性影响,且所有权人可以通过对房屋修缮与质量维护等进行约定来排除相关风险,因此所有权人的利益不

---

[1] 参见黄薇主编:《中华人民共和国民法典物权编解读》,中国法制出版社2020年版,第546页。

[2] Massimo Bianca, Diritto Civile, La proprietà, Giuffrè Editore, 1999, p. 634.

[3] 参见申卫星、杨旭:《中国民法典应如何规定居住权?》,载《比较法研究》2019年第6期,第80—81页。

[4] I.2,5,5; D.7,8,4,1; Cfr. Mario Talamanca, Istituzioni di Diritto Romano, Ⅰ, Giuffrè Editore, 1990, p. 466.

[5] Cian e Tranbucchi, Commentario breve al Codice Civile, CEDAM, 2018, p.1008.

因实际居住人而受到损害,也无须将实际居住人记载于登记簿。应赋予居住权人自由决定何者进入自己私人生活空间的权力,[1]且允许居住权人根据现实情况变更实际居住人的范围与人选,例如,应包括新出生及收养的子女、婚姻及同居状况变化后新的家庭成员或同居伴侣,实质标准是可以满足居住权人正常的家庭生活居住的需要。

(三) 居住权的客体及其登记:非住宅? 房屋的一部分?

《民法典》第 366 条的文义将居住权客体限于"住宅",因此首先排除土地,居住权只能在房屋上设立。客体为住宅大大限制了居住权的适用范围,比较法上如《德国住宅所有权及长期居住权法》便规定了住宅之外不以居住为目的的长期使用权。[2] 鉴于《民法典》未规定适用于一切物的用益需求的用益权,可以从功能主义视角拓展住宅的外延,以便居住权的客体范围能够涵盖公寓式酒店及民宿等经营性用房,因为酒店房间或民宿同样用于满足客人的住宿目的。这一结论还可以推导出设立居住权的房屋所在的土地类型不限于《民法典》第 359 条的住宅建设用地使用权及第 363 条的宅基地使用权,还可能涵盖商业、旅游、娱乐等土地用途的建设用地使用权,而厂房、商铺及科教文卫体等用途的房屋,原则上无法设立居住权。

房屋的一部分可以设立居住权吗? 常态下居住权往往设立在整套房屋上,但实际生活需求中,房屋所有权人可能在一套住宅上为数人分别设定居住权,或者自住的同时用部分房间为他人设定居住权,如所有权人可以将一间房间出租给承租人,这是否构成对一物一权的突破? 物权客体特定原则及不动产登记簿采取物的编成主义模式,催生了"不动产单元"的概念,《不动产登记暂行条例》第 8 条第 1 款规定"不动产以不动产单元为基本单位进行登记",法律地位

---

〔1〕　参见薛军:《地役权与居住权问题——评〈物权法草案〉第十四、十五章》,载《中外法学》2006 年第 1 期,第 97—100 页。
〔2〕　参见《德国住宅所有权与长期居住权法(德国住宅所有权法)》,胡晓静译,杨代雄校,载张双根等主编:《中德私法研究》(第 5 卷),北京大学出版社 2009 年版,第 163 页以下。

独立的不动产构成不动产单元,设置单独的登记簿页。于是问题转化为,住宅的一部分是否构成不动产登记簿中的不动产单元?

《不动产登记暂行条例实施细则》第 5 条规定,"《条例》第八条规定的不动产单元,是指权属界线封闭且具有独立使用价值的空间……所称房屋,包括独立成幢、权属界线封闭的空间,以及区分套、层、间等可以独立使用、权属界线封闭的空间"。《不动产登记操作规范(试行)》1.3.1 条规定:"……不动产单元是指权属界线封闭且具有独立使用价值的空间。独立使用价值的空间应当足以实现相应的用途,并可以独立利用……"结合《最高人民法院关于审理建筑物区分所有权纠纷案件具体应用法律若干问题的解释》第 2 条及业已失效的《房屋登记办法》第 10 条,不动产单元的实质要素可界定为自然形态上的空间性、权属界线上的封闭性以及使用价值上的独立性。[1]登记房屋所有权时不动产单元的认定应从严把握,不能认为一套房屋有几个房间就构成几个专有部分;但是居住权作为他物权不涉及物的归属问题,不动产登记应尽可能体现并满足实际生活需求。成套住宅中的个别房间经由门窗墙的区隔,构造上具有相对独立性,与其他房间之间存在"固定界限",功能上可以排他使用,具有相对完整性,通说也不以具备浴室、厕所、厨房等日常生活所必需的设施作为是否有独立经济效用的标准,[2]只要一般社会交易观念认为满足独立居住需求,就应当允许设立居住权。[3]修订《不动产登记暂行条例》及在登记簿中添加居住权信息簿页时,应当明确住宅的部分个别房间登记居住权的编码设置方案。

行使居住权还会涉及对日常家具、家用电器等房屋附属设施的使用。2005 年《物权法(草案)》把居住权客体表述为"住房及其附属

---

[1] 参见国土资源部不动产登记中心(国土资源部法律事务中心)编:《不动产登记暂行条例实施细则释义》,北京大学出版社 2016 年版,第 12 页。

[2] 参见最高人民法院民事审判第一庭编著:《最高人民法院建筑物区分所有权、物业服务司法解释理解与适用》,人民法院出版社 2009 年版,第 42—50 页。

[3] 参见黄薇主编:《中华人民共和国民法典物权编解读》,中国法制出版社 2020 年版,第 550 页。

设施",[1]《德国民法典》第 1093 条也规定"居住权仅及于建筑物之一部者,权利人对于为居住人全体共同使用而设之工作物及装备,得为共同之利用"。解释论上应将居住权客体理解为"住宅及其附属设施",权利人有权共同使用为居住所必需的设备设施,并按比例承担相应费用。[2]

(四) 居住权的权能与有偿性约定

《民法典》第 366 条强调居住权人对住宅仅享有占有和使用权能,第 369 条第 2 句规定"设立居住权的住宅不得出租,但是当事人另有约定的除外",此规定认可了居住权人通过约定出租而享有收益权能。在人役权序列中,使用权排除了用益权的收益权能,居住权则是房屋这一特殊客体上的使用权,三者逻辑上泾渭分明。但在私法史上,出于解决现实生活问题的需要,罗马法学家通过一系列存在争议的个案,逐渐承认使用权人可以适度收取孳息,[3]优士丁尼也赋予居住权人出租房屋的权利(C.3,33,13,1),导致三种权利的现实边界晦暗不清。

欧陆各国民法典严格限制居住权人将房屋出租,[4]以此区分居住权和用益权,禁止出租并非以某种实质的价值判断为基础。若居住权人一段时间因故不需要居住房屋,不允许出租则会导致房屋闲置和资源浪费;[5]若以房养老的房屋面积大,老年人在居住空间充足的前提下将部分房间出租获得收益,更能实现以房养老的制度目的。《民法典》只规定了居住权这一种人役权,是否允许出租不会导

---

[1] 参见何勤华、李秀清、陈颐编:《新中国民法典草案总览》(增订本,下卷),北京大学出版社 2017 年版,第 1778 页。

[2] 参见曾大鹏:《居住权的司法困境、功能嬗变与立法重构》,载《法学》2019 年第 12 期,第 60—64 页;申卫星、杨旭:《中国民法典应如何规定居住权?》,载《比较法研究》2019 年第 6 期,第 80—81 页。

[3] Cfr. Mario Talamanca, Istituzioni di Diritto Romano, I, Giuffrè Editore, 1990; Alberto Burdese, Manuale di Diritto Privato Romano, 3ª ed., UTET, 1974, p. 373.

[4] 参见《法国民法典》第 634 条;《德国民法典》第 1029 条;《意大利民法典》第 1024 条。

[5] 参见薛军:《地役权与居住权问题——评〈物权法草案〉第十四、十五章》,载《中外法学》2006 年第 1 期,第 97—100 页。

致权利类型混淆,解释立场上应尽可能拓展权能范围,弥补用益权缺失导致的立法缺陷。法定居住权基于特殊政策考量而另当别论,如共同生活关系中帮扶性质的居住权不宜认可出租的权利。

允许出租也意味着居住权突破了"满足生活居住的需要"的掣肘,该表述属于一种目的和功能宣示,并非居住权的构成要件。收益的形式不应当限于租金,例如,企业获得居住权后将此房屋分配给内部员工居住或者利用居住权经营民宿,居住权人的收益为劳动价值或经营性利润。

《民法典》第 368 条规定"居住权无偿设立,但是当事人另有约定的除外"。该条任意性规范兼顾了社会性功能的居住权与投资性的意定居住权。社会性功能的居住权以无偿为原则,以遗嘱这种意定方式设立的居住权也是无偿的。将以合同形式设立的意定居住权推定为无偿,当事人可以约定为有偿,更能体现居住权的财产权性质。有偿使所有权人从设定居住权中获益,有效提升了房屋上设定居住权的概率,还为以房养老等模式提供了制度空间。无偿方式表面上有利于居住权人的利益,事实上会减少居住权的适用场景及普及频率,效果适得其反。

(五)居住权的存续期限与消灭事由

居住权类型不同,期限亦不相同。法定居住权的期限取决于政策考量,例如,离婚帮助型与家庭亲属型居住权的期限通常为离婚后一定期限或未成年人具备独立生活能力之前;拆迁安置型及公房租赁型居住权的期限一般直至居住权人死亡为止。[1] 意定居住权的期限取决于合同中的约定或立遗嘱人的意思表示。《民法典》第 367条也将居住权期限作为居住权合同的一般条款。

《民法典》第 370 条规定了居住权期限届满或者居住权人死亡两种消灭事由。非家庭成员之间设立的意定居住权,作为纯粹财产性质

---

[1] 参见任宇飞、李玉斌:《论居住权的类型及其司法适用》,载《重庆大学学报(社会科学版)》2015 年第 3 期,第 137—139 页。

的他物权,权利期限应体现意思自治原则,由合同约定或遗嘱指定,意定的权利期限应记载于登记簿。设定的期限既可以是具体年限,也可以是居住权人的生命周期,若未约定或指定具体期限,则原则上至权利人死亡时消灭,居住权人为复数自然人时,最后一位居住权人死亡后,居住权整体消灭。房屋所有权人属于《民法典》第46条宣告死亡程序中的利害关系人的,可以向法院申请宣告居住权人死亡。

期限届满与权利人死亡两个法律事实往往在时间上并不同步。第一种情形是期限届满时居住权人仍在世,即生存期限长于设定期限,则记载于登记簿的设定期限届满,权利即告消灭。如果居住权人继续居住且所有权人未提出异议,可以认定存在不定期的居住权合同,其仅具有债法效力,可类推适用《民法典》租赁合同章第734条关于不定期租赁的规定,任何一方依第730条享有合理期限前通知对方后的任意解除权,利益状态不会失衡,价金等条件可以参照之前的居住权合同,也可以事后约定或依市场价格确定。第二种情形是居住权人死亡时期限尚未届满,即生存期限短于设定期限,此时问题转化为居住权是否可以作为遗产被继承。有学者对此持肯定立场,[1]而第369条却规定,"居住权不得转让、继承。设立居住权的住宅不得出租,但是当事人另有约定的除外"。"民法典室内稿"中"不得转让、继承"后为逗号,使"当事人另有约定除外"的但书规定及于首句,性质仍为任意性规范。《民法典》修改为句号以后,若严格依文义解释,居住权不得继承,居住权人死亡时即便期限未满,居住权亦告消灭。

文义解释的结论给居住权埋下严重的制度隐患。决定居住权价金的关键要素是期限长短。权利人何时死亡通常无法预测,若因死亡导致居住权消灭,会严重阻碍居住权交易的开展,[2]也会催生剩

〔1〕　参见鲁晓明:《论我国居住权立法之必要性及以物权性为主的立法模式——兼及完善我国民法典物权编草案居住权制度规范的建议》,载《政治与法律》2019年第3期,第14—21页;曾大鹏:《居住权的司法困境、功能嬗变与立法重构》,载《法学》2019年第12期,第60—64页。
〔2〕　参见申卫星、杨旭:《中国民法典应如何规定居住权?》,载《比较法研究》2019年第6期,第68—70页。

余设定期限居住权价值的补偿和返还问题。另一种解释方案为类推适用《民法典》第 732 条的租赁权法定让与,"承租人在房屋租赁期限内死亡的,与其生前共同居住的人或者共同经营人可以按照原租赁合同租赁该房屋",居住权人死亡后,实际居住人而非继承人有权按照合同内容,在剩余存续期限内享有居住权,债法效果上相当于居住权合同当事人地位的概括移转,[1] 无须签订新的居住权合同,只需变更登记居住权的主体。综上所述,对第 370 条"居住权期限届满或者居住权人死亡的,居住权消灭",应解释为若合同未约定或遗嘱未指定期限,居住权人死亡时权利消灭;若有明确的存续期限,期限届满时居住权消灭;若权利人死亡时期限未满,实际居住人有权在剩余期限内主张居住权。

不可否认,传统民法中用益权等人役权最长都是以生命为限,原因在于用益权人享有广泛的权能,只有加上生活周期这一时限,才可以忍受所有权被用益权侵蚀和抽空为虚空所有权。[2] 为了避免双方约定一个过长的期限而彻底架空所有权,在认可居住权人死亡不一定导致居住权消灭的基础上,未来修法或制定司法解释时可以借鉴《意大利民法典》第 979 条为法人设立用益权不得超过 30 年的经验,[3] 为意定居住权设定一个最长年限;或者直接类推适用《民法典》第 705 条关于租赁合同最长不超过 20 年的规定。另外,《民法典》第 359 条虽然规定住宅建设用地使用权期限届满自动续期,但续期费用等问题并不明朗,若居住权期限超出住宅建设用地使用权期限,且房屋所有权人因续期费用等原因未能续期,房屋及房屋上设立的居住权如何处置,需要未来的立法决断。

《民法典》第 370 条并未排除居住权因《民法典》"总则编""合同

---

〔1〕 参见王利明:《合同法研究》第三卷(第二版),中国人民大学出版社 2015 年版,第 341 页。

〔2〕 Cfr. Vincenzo Arangio-Ruiz, Istituzioni di Diritto Romano, Napoli, 1989, p.241;参见[德]马克斯·卡泽尔、[德]罗尔夫·克努特尔:《罗马私法》,田士永译,法律出版社 2018 年版,第 300 页。

〔3〕 Cian e Tranbucchi, Commentario breve al Codice Civile, CEDAM, 2018, p.978.

编"或"物权编"规定的其他法律事实及意定事由而消灭。早在优士丁尼法就曾总结死亡、人格减等、滥用权利、混同及灭失五类居住权消灭原因(I.2,4,3; I.2,4pr.; D.7,4,5,2; D.7,4,27)。2002年《物权法(征求意见稿)》规定了居住权人死亡、放弃居住权、期限届满、解除条件成就及住房灭失五种消灭事由;2004年《物权法(草案)》(修改稿)增加了未成年居住权人具有独立生活能力这一事由;2005年《物权法(草案)》又增加了居住权被撤销及住房被征收两种事由。[1]《意大利民法典》第1014、1015条的消灭事由还包括居住权与所有权混同及权利人损毁或不进行正常修缮等权利严重滥用行为。[2] 综上所述,意定居住权的消灭事由分为三大类:一为权利主体的原因,包括居住权人死亡、居住权人与所有权人身份混同及权利滥用;二为权利客体的原因,包括住宅灭失或被没收、征收;三为意定原因,包括期限届满、抛弃居住权、合同无效被撤销或解除、解除条件成就。居住权消灭的应当依《民法典》第370条及时办理注销登记,单方抛弃居住权若没有注销登记,居住权抛弃不生效力。

中国城市化进程中,因城市更新或旧房改造导致住宅灭失或被征收的,如何保障旧房上居住权人的合法权益? 对于法定居住权,应当综合考虑住宅的市场价值、住宅来源、居住权人与所有权人的关系及所有权人的经济支付能力等因素,合理确定经济补偿数额。[3] 对于意定居住权,《意大利民法典》第1020条规定用益权转移到相应的

---

〔1〕 参见何勤华、李秀清、陈颐编:《新中国民法典草案总览》(增订本,下卷),北京大学出版社2017年版,第1713、1745、1778页。

〔2〕 Cfr. L. Bigliazzi Geri, U. Breccia, F. D. Busnelli, U. Natoli, Diritto Civile, 2, Dritti Reali, UTET, 2007, p.161; Cian e Tranbucchi, Commentario breve al Codice Civile, CEDAM, 2018, p.1002.

〔3〕 在拆迁安置型中,应当重点考察居住权人依据拆迁安置政策对所有权人取得房屋所有权所做贡献的权重,如户籍、折算成本价购房的面积、成本价与标准价的差额等因素。在公房租赁型和家庭亲属型中,应当重点考察尚需占有、使用特定房屋的年限,结合房屋承租人或所有权人的经济支付能力。在离婚帮助型中,应重点考虑另行解决居住权益的成本,如租赁房屋应当支付的租金等因素。参见任宇飞、李玉斌:《论居住权的类型及其司法适用》,载《重庆大学学报(社会科学版)》2015年第3期,第137—139页。

征收补偿金上。2005 年《物权法（草案）》也规定，因住房灭失导致居住权消灭的，住房所有权人获得保险金、赔偿金或补偿金的，应当给予居住权人适当补偿，没有独立生活能力的居住权人也可以放弃补偿，要求适当安置，但因居住权人故意或重大过失致使住房灭失的除外。可见当权利消灭不可归责于居住权人时，不应将补偿形式局限于金钱，因为在补偿数额估价过程中，居住权人的交涉能力比所有权人更弱。当所有权人或被征收人获得安置房屋时，居住权人有权要求在新的安置房屋上恢复居住权，以避免生活无着或补偿数额不合理等难题。当事人也可以在居住权合同中对上述问题进行约定，预先分配住宅灭失或被征收的风险。

(六)居住权是否可转让

《民法典》第 369 条对"民法典室内稿"的修改，如上文所述，使"居住权不得转让、继承"成为强制性规范，居住权不具有"处分"内容，居住权人不得通过买卖、赠与、互易等方式移转居住权或抵押居住权；也不能通过继承、遗赠及遗赠扶养协议、死因赠与或遗产信托等以居住权人死亡作为移转前提的法律安排转让居住权，严重束缚了居住权制度的应用。

罗马法上，居住权、用益权等人役权专为特定人需求设立，供养目的造就了其高度的人身专属性，不能转让或继承(G.2,30)。[1] 人役权的专属性被欧陆民法典继受，随着时代转变亦在不断变革之中。《法国民法典》第 628 条把契约作为居住权的基本设立方式，意思自治要素的注入为缓和居住权的专属性打开了缺口；[2]《意大利民法典》第 1024 条禁止转让的规定，有学说认为可通过约定设立例外，而且第 980 条规定在设立文件未作禁止性规定时允许转让用益权，当事人可通过设定仅限于居住的不动产用益权方式达到居住权转让的

---

[1] Antonio Guarino, Diritto Privato Romano, 12ª ed., Jovene Editore, 2001, p.731.
[2] 参见鲁晓明：《"居住权"之定位与规则设计》，载《中国法学》2019 年第 3 期，第 224 页；申卫星：《视野拓展与功能转换：我国设立居住权必要性的多重视角》，载《中国法学》2005 年第 5 期，第 79—81 页。

效果。[1]《德国民法典》中的传统居住权依第 1092 条不得转让、继承,随后通过《德国用益权及限制的人役权让与法》《德国住宅所有权及长期居住权法》与《德国分时段居住法》确立了纯粹财产权性质的长期居住权,可以转让、继承及进行任何合理用益,当事人可以约定权利人让与长期居住权需要取得所有权人或第三人同意。[2]

现代经济生活中,意定居住权不可转让规则有很大的局限性。专为特定主体设立的法定居住权原则上不可转让,但意定居住权是一种纯粹的财产性权利。为贯彻物尽其用的效率价值,投资性居住权存在转让的迫切需求,只有允许居住权转让、继承及设定抵押等负担,才可以建立统一的居住权市场。禁止转让无法实现居住权的交换价值,房屋的整体效用也因此受到减损。[3] 为了缓解立法禁止居住权转让和继承带来的负面效应,可借鉴罗马法学家的做法,用益权虽不能转让,用益权的行使可以转让(I.2,5,1),既可以由本人对用益物实现收益,亦可以通过债权性合同让与他人收益 (D.7,1,12,2)。用益权买卖被视为债权性买卖,买受人并不取得用益权,只被允许在事实层面进行用益。[4] 同理,居住权人也可以授权他人行使居住权,居住权转让合同仅在当事人之间发生债法效力,受让人不具有物权人地位。

四、居住权合同对租赁合同的类推适用

(一)《民法典》中居住权合同的法律漏洞及准用对象

欧陆各国民法典皆规定了完善的人役权体系,在编章结构上,将居

---

[1]　Cian e Tranbucchi, Commentario breve al Codice Civile, CEDAM, 2018, pp.979,1008.
[2]　参见《德国住宅所有权与长期居住权法(德国住宅所有权法)》,胡晓静译,杨代雄校,载张双根等主编:《中德私法研究》(第 5 卷),北京大学出版社 2009 年版,第 176 页。
[3]　参见申卫星、杨旭:《中国民法典应如何规定居住权?》,载《比较法研究》2019 年第 6 期,第 68—70 页。
[4]　参见汪洋:《从用益权到居住权:罗马法人役权的流变史》,载《学术月刊》2019 年第 7 期,第 107 页。

住权置于用益权与使用权之后,由于法典承载的提取公因式和体系简化的任务,只需对居住权区别于其他人役权的特殊内容作出规定,其他方面准用用益权的规则即可。[1] 可是我国《民法典》并未继受用益权与使用权,因为居住权一章仅有六个条文,显得捉襟见肘,对于居住权关系中双方的权利义务等内容,规范配置严重不足,法律漏洞比比皆是。

依卡纳里斯的论述,法律漏洞指可能的文义范围内,法律制度违反计划的不完整性,并非"未为任何规定",而是欠缺特定的规则。法律漏洞中的公开漏洞,指依法律的规范目的,对某个问题违反计划地没有给出肯定回答。[2] 公开漏洞的主要填补方法为类推适用,又称为比附援引,将法律于某案型明定的法律效果转移适用于法律未设规定的案型上。[3] 其正当性基础在于,尽管待处理的案型没有被某个条文文义涵盖,对于该法条属于"否定的候选",但两类案型在与法律评价有关的重要观点上类似,以至于基于正义的要求,应按照同样问题同样处理进行评价,以保障法律评价体系中无矛盾性。类推适用是一种评价性而非形式逻辑的思考过程,原则上法官有类推的义务。[4]

《民法典》第 467 条第 1 款规定,"本法或者其他法律没有明文规定的合同,适用本编通则的规定,并可以参照适用本编或者其他法律最相类似合同的规定"。参照适用又被称为"准用",一般用于没有被直接纳入法律调整范围内,但是又属于该范围逻辑内涵自然延伸的事项,实质上是一种法律明定或明文授权式的类推适用。[5] 鉴于

[1] 参见《德国民法典》第 1093 条;《意大利民法典》第 1026 条;《瑞士民法典》第 776 条。
[2] 参见[德]卡尔·拉伦茨:《法学方法论》,陈爱娥译,商务印书馆 2003 年版,第 252 页;[奥]恩斯特·A.克莱默:《法律方法论》,周万里译,法律出版社 2019 年版,第 157、163 页。
[3] 参见王泽鉴:《民法概要》,北京大学出版社 2009 年版,第 18 页。
[4] 参见[奥]恩斯特·A.克莱默:《法律方法论》,周万里译,法律出版社 2019 年版,第 172 页;[德]卡尔·拉伦茨:《法学方法论》,陈爱娥译,商务印书馆 2003 年版,第 258 页;黄茂荣:《法学方法与现代民法》,中国政法大学出版社 2001 年版,第 394 页。
[5] 参见王泽鉴:《民法学说与判例研究》(重排合订本),北京大学出版社 2015 年版,第 82 页。也有学者认为,若法律为避免规定之重复繁杂,已就主要事项设有规定,而将类似其他事项,准用主要事项的规定,则无漏洞可言。参见杨仁寿:《法学方法论》(第二版),中国政法大学出版社 2013 年版,第 250 页。

居住权与租赁权在功能与制度构造上具有相似性,对于适用过程中的法律漏洞,应当依据第 467 条准用典型合同中法律评价最相类似的租赁合同的规定。

对于在期限届满及共同居住人等问题上如何准用租赁合同,上文已有论述。下文针对房屋所有权人、居住权人及各种类型的第三人之间的权利义务关系,逐个甄别是否可以准用租赁合同的相关规范。为省略篇幅,类推适用的《民法典》"合同编"及《最高人民法院关于审理城镇房屋租赁合同纠纷案件具体应用法律若干问题的解释》(以下简称《城镇房屋租赁合同解释》)的具体条文,阐述相关内容时以括号形式标注。

(二)居住权人的义务

1. 合理用益及维护义务

对于用益权人行使权利的限制,私法史上经典的表述从"保持物的本质"放宽为"不改变物的社会经济用途",[1]如禁止加高房屋、改变内部格局或增加门窗,禁止任何导致房屋超出正常磨损或折旧范围的贬值,住宅只能居住而不能用作驿站(D.7,1,13,8)。[2] 2002年以来的几部《物权法(草案)》均规定,"居住权人应当合理使用住房及其附属设施"。《民法典》第 367 条要求居住权合同中约定"居住的条件和要求"条款,这便暗含了居住权人承担约定及法定的合理用益义务。

居住权人应当按照约定的条件和要求使用房屋,对于房屋的自然损耗折旧,居住权人不承担赔偿责任(《民法典》第 709、710 条)。若居住权人擅自变动房屋建筑主体和承重结构或者扩建,在所有权人要求的合理期限内仍不予恢复原状,所有权人可以解除居住权合

---

〔1〕　Cfr. Alberto Burdese, Manuale di Diritto Privato Romano, 3ª ed., UTET, 1974, p.365; Giovanni Pugliese, Istituzioni di Diritto Romano, Giappichelli Editore, 1991, p.486.

〔2〕　参见汪洋:《从用益权到居住权:罗马法人役权的流变史》,载《学术月刊》2019 年第7 期,第 105 页。

同并要求赔偿损失(《民法典》第 711 条、《城镇房屋租赁合同解释》第 7 条)。[1] 居住权存续期间,约定可以出租房屋的,获得的收益归居住权人所有,但当事人另有约定的除外(《民法典》第 720 条)。

居住权人应当妥善维护房屋及其附属设施,因维护不善造成房屋及其附属设施毁损、灭失的,应当承担赔偿责任(《民法典》第 714 条)。用益过程中,居住权人承担善良管理人的注意义务及法定担保责任,[2] 因共同居住人或承租人的行为导致房屋毁损、灭失的,同样由居住权人向所有权人负赔偿责任。

2. 不同性质修缮义务的分配

修缮义务的负担是居住权与租赁权的重大差异之一。出租人有义务保持租赁物符合约定用途的状态,否则承租人的目的无法实现。[3]《民法典》第 712 条规定,"出租人应当履行租赁物的维修义务,但是当事人另有约定的除外"。承租人可以要求出租人在合理期限内维修,出租人未履行维修义务的,承租人可以自行维修,维修费用由出租人负担。未及时修复损坏的房屋,影响承租人正常使用的,应当按照约定承担赔偿责任、相应减少租金或者延长租期。当然若因承租人的过错致使租赁物需要维修的,出租人不承担责任。正当性理由在于,租赁权并非长期稳定的权利,如果由承租人负担房屋维修费用,一旦租赁合同终止,所支付的维修费用可能难以取回,不当加重了承租人的负担。[4]

而用益权和居住权则使房屋基本脱离了虚空所有权人的掌控,罗马法学家甚至认为,用益权人与虚空所有权人对用益物构成

---

[1] 参见胡康生主编:《中华人民共和国合同法释义》,法律出版社 1999 年版,第 326 页。

[2] Mario Talamanca, Istituzioni di Diritto Romano, I, Giuffrè Editore, 1990, p. 463.

[3] 参见宁红丽:《租赁物维修义务的法律构造——基于对我国司法案例的分析》,载《清华法学》2013 年第 5 期,35—47 页。当然,许多地区也存在"大修为主,小修为客"的习俗。参见王利明:《合同法研究》第三卷(第二版),中国人民大学出版社 2015 年版,第 296 页。

[4] 参见王利明:《论民法典物权编中居住权的若干问题》,载《学术月刊》2019 年第 7 期,第 99 页。

一种共有关系。[1] 居住权人实际控制着房屋及其附属设施,因此由其承担日常改良、修缮、维护和物业管理等必要费用,不仅更为便捷,还可以有效促使居住权人合理用益,积极维护房屋,使其处于良好状态。相反,超出日常修缮程度的重大维修,目的往往在于保有房屋不会损毁、灭失,涉及房屋所有权的保存行为,[2] 所有权人作为最大的受益者,应当承担重大维修费用。在司法裁量上,居住权期限的长短与"重大维修"标准判定之间具有一定的动态关系,期限越长,所有权人利益越少,重大性的标准越高。2005年《物权法(草案)》便规定,"居住权人应当承担住房及其附属设施的日常维护费用和物业管理费用,可以不承担重大维修费用"。比较法上如《意大利民法典》第1004、1005条也区分了用益权人的正常修缮义务和所有权人的非常修缮义务,因用益权人未履行正常修缮义务而导致的非常修缮的费用也由用益权人承担;第1006条规定用益权人进行了非常修缮并且垫付修缮费,有权请求所有权人偿还并有权留置房屋。[3]《民法典》对此不置一词,因不能类推租赁,未来宜通过修法或司法解释予以漏洞填补。

除了必要费用,超出合理用益范围的房屋装修使房屋在客观价值上增加的费用为有益费用。[4] 所有权人未同意的装修费不构成有益费用,反而是对所有权的侵害,所有权人可以要求居住权人恢复原状或者赔偿损失(《民法典》第715条)。有益费用限于居住权合同终止时房屋留存的增加价值,并非以居住权人实际支出的金额为准。由于合同可能存在无效、解除、期限届满等多种终止事由,合同终止可能归责于一方或双方,装修材料可能附合于房屋所有权或未

---

[1] Cfr. Mario Talamanca, Istituzioni di Diritto Romano, Ⅰ, Giuffrè Editore, 1990, p. 461; Antonio Guarino, Diritto Privato Romano, 12ª ed., Jovene Editore, 2001, p.729.

[2] 参见鲁晓明:《"居住权"之定位与规则设计》,载《中国法学》2019年第3期,第237页;申卫星、杨旭:《中国民法典应如何规定居住权?》,载《比较法研究》2019年第6期,第80—81页。

[3] Cfr. Massimo Bianca, Diritto Civile, La proprietà, Giuffrè Editore, 1999, p.634; Cian e Tranbucchi, Commentario breve al Codice Civile, CEDAM, 2018, pp.996-997.

[4] 参见王利明:《合同法研究》第三卷(第二版),中国人民大学出版社2015年版,第314页。

形成附合,因此清算关系较为复杂,违约责任、附合规则、不当得利等规范都有适用空间,[1]此时可参照《城镇房屋租赁合同解释》第9—12条,借鉴《意大利民法典》第985、986条[2]等比较法经验,处理归属及利益返还问题。

3. 支付价金及返还房屋

当事人依《民法典》第368条可以约定居住权的价金及其支付方式,未约定价金或约定不明确的视为无偿。考虑到居住权期限一般较长,市场价格在较长年限中可能存在很大幅度的变动,因此双方可约定价金的浮动计算系数,即被视为对价金有明确约定。对支付期限未约定或约定不明确,依补充协议、合同条款或交易习惯仍不能确定的,应当在每届满一年时支付,居住权剩余存续期间不满一年的,应当在期间届满时支付(《民法典》第721条)。居住权人无正当理由未支付或迟延支付价金的,所有权人可请求居住权人在合理期限内支付;逾期不支付的,所有权人可以解除居住权合同(《民法典》第722条),并就居住权人放置于房屋内的财物享有特殊留置权。[3]

居住权期限届满或其他原因导致居住权消灭时,原居住权人应当返还房屋,房屋应当符合约定或者正常使用后的状态(《民法典》第733条)。若明显超出正常损耗范围,如窗户破损或者墙壁严重污损,则构成合理用益义务的违反,居住权人对所有权人负损害赔偿责任。居住权消灭后,原居住权人转为无权占有,占有期间获得的收益构成不当得利,所有权人有权请求其参照约定的价金标准支付房屋

---

[1] 参见崔建远:《租赁房屋装饰装修物的归属及利益返还——对法释〔2009〕11号关于租赁房屋之装饰装修及其法律后果的规定的评论》,载《法学家》2009年第5期。

[2] 《意大利民法典》第985条规定:在返还用益物时,用益权人有权请求补偿为改良用益物支出的费用。补偿金应当选取改良费和因改良而使用益物增加的价值中金额较低的一项进行支付。第986条规定:在不改变用益物的经济用途的情况下,用益权人可以请求返还附加物。如果能够在不损毁用益物的情况下拆除附加物,则用益权人有权在用益权消灭时拆除附加物;所有权人希望保留附加物的情况除外。在这后一种情况下,所有权人应当在用益权人为附加物支出的费用与用益权人交回用益物时附加物的价值之间选择金额较低的一项作为补偿金对用益权人进行补偿。

[3] 参见林诚二:《民法债编各论》(上),中国人民大学出版社2007年版,第285页。

占有使用费(《城镇房屋租赁合同解释》第5条)。所有权人可基于居住权合同关系、侵权责任、不当得利请求权及物权请求权要求返还房屋。[1]

(三) 房屋所有权人的义务

2002年以来的几部《物权法(草案)》规定,"住房所有权人应当保障居住权人对住房及其附属设施占有、使用的权利"。合同存续期间房屋所有权人应承担的不作为义务包括,不得无故剥夺或干扰居住权人对房屋的占有、使用,如不得在不合理时间无故擅入房屋;须容忍居住权人以合乎合同目的的方法使用房屋,如安装电话和暖气设施。所有权人是否有排除第三人妨害房屋占有及使用的作为义务?居住权人作为用益物权人,有权主张《民法典》第235条以下规定的返还原物、排除妨碍与消除危险等一系列物权请求权,无须让所有权人再行承担相应的作为义务。

交付房屋时,所有权人应保证房屋质量不具有瑕疵或符合约定及通常用途。若居住权人订立合同时知悉质量瑕疵,应当自负风险,但是为了强化对生命健康权的保护,[2]当质量瑕疵危及居住权人及共同居住人的安全或者健康时,居住权人无论是否提前知悉均可随时解除合同(《民法典》第731条)。与租赁合同不同,对于居住权存续期间房屋的质量瑕疵,由居住权人进行日常维护修缮,只有构成需要重大维修的质量瑕疵时,所有权人才有义务采取重大维修等补救措施。

居住权经登记后具有公示和公信力,不存在租赁合同常见的出租他人之物或未经其他共有人同意出租共有物等权利瑕疵问题,登记簿上房屋所有权人记载错误时第三人也可善意取得居住权,皆没有类推适用《民法典》第723条的空间。但是实践中仍有可能因房屋违反《消防法》[3]等强制性规范被禁止使用,以及房屋被司法机关或

---

〔1〕　参见邱聪智:《新订债法各论》(上),中国人民大学出版社2006年版,第318页。
〔2〕　参见王利明:《合同法研究》第三卷(第二版),中国人民大学出版社2015年版,第310页。
〔3〕　参见《消防法》第13、15条。

行政机关依法查封,查封等强制措施可能会同时限制房屋的使用收益。[1] 因此当房屋被司法机关或者行政机关依法查封,或者具有违反法律、行政法规关于使用条件的强制性规定情形,致使房屋无法使用的,无过错的居住权人可以解除合同(《民法典》第724条)。

因不可抗力、意外事件等不可归责于双方当事人的事由,致使房屋部分或全部毁损、灭失的,居住权人可要求减少价金或者不支付价金;因房屋部分或全部毁损、灭失,致使不能实现合同目的的,居住权人可解除合同(《民法典》第729条)。由所有权人承担房屋损毁灭失的风险,理由在于居住权的设立并未导致所有权移转,房屋自身的价值通常高于居住权人的占有和使用利益。[2] 且房屋毁损、灭失往往超出日常修缮的程度,居住权人请求减少价金时还有权要求所有权人进行重大维修。若部分灭失影响到整体房屋的使用,如厨房严重受损导致无法生活居住,合同目的无法实现,居住权人有权拒绝支付全部价金并解除合同。

(四) 涉及第三人关系

1. 居住权人出租房屋

《民法典》第369条任意性规范确立的推定规则是不得出租,由此催生经所有权人同意的出租与未经同意的出租两种类型,分别对应租赁合同中经出租人同意和未经同意的转租。[3] 第一种情形,未经所有权人同意出租房屋,构成对第369条中法定义务的违反。在所有权人与居住权人之间,所有权人有权解除居住权合同(《民法典》第716条第2款),也有权向居住权人主张违约责任;在居住权人与承租人之间,基于合同相对性,租赁合同仍然有效,但无法履行,对

---

[1] 参见最高人民法院民事审判第一庭编著:《最高人民法院关于审理城镇房屋租赁合同纠纷案件司法解释的理解与适用》(第2版),人民法院出版社2016年版,第109—110页。

[2] 参见王利明:《合同法研究》第三卷(第二版),中国人民大学出版社2015年版,第336页。

[3] 参见林诚二:《民法债编各论》(上),中国人民大学出版社2007年版,第280页。

此不知情的承租人有权向居住权人主张违约责任;在所有权人与承租人之间,承租人的租赁权不能对抗所有权人,已占有房屋时,所有权人得直接请求返还。

第二种情形,居住权人经所有权人同意出租房屋,同意的形式既包括双方合意,也包括所有权人事先单方同意及事后追认。[1] 所有权人知道或者应当知道居住权人出租,但在六个月内未提出异议的,视为所有权人同意出租(《民法典》第 718 条)。承租人对房屋造成损失的,居住权人应当赔偿损失(《民法典》第 716 条第 1 款)。若租赁期限超过居住权剩余期限,超过的部分对所有权人推定为不具有法律约束力(《民法典》第 717 条)。所有权人与承租人之间不存在直接的法律关系,但是根据《民法典》第 524 条第 1 款规定,"债务人不履行债务,第三人对履行该债务具有合法利益的,第三人有权向债权人代为履行……"当居住权人不向所有权人履行合同债务时,承租人就属于向所有权人代为履行债务具有合法利益的第三人,代为履行的价金可以充抵承租人应向居住权人支付的租金,超出租金的部分还可以向居住权人追偿(《民法典》第 719 条)。居住权合同因无效、期限届满或解除而终止时,所有权人有权依物上请求权或其他权利基础,请求承租人返还房屋并支付逾期腾房的占有使用费(《城镇房屋租赁合同解释》第 18 条)。房租上涨时为了降低承租人故意违约的风险,应参照房屋占用期间租赁市场的价格而非合同中的租金标准认定占有使用费。[2]

2. 居住权与处分不破租赁

在租赁合同社会化大潮下,《民法典》第 725 条规定,"租赁物在承租人按照租赁合同占有期限内发生所有权变动的,不影响租赁合同的效力"。第 405 条规定,"抵押权设立前,抵押财产已经出租并转移占有的,原租赁关系不受该抵押权的影响"。这两条构成了处分不破租赁制度,论证思路或是债权物权化,或是合同当事人地位的法定

---

〔1〕　参见崔建远:《合同法》(第二版),北京大学出版社 2013 年版,第 518 页。

〔2〕　参见吉林省长春市中级人民法院(2014)长民一终字第 318 号民事判决书。

移转。[1] 居住权作为他物权登记生效,本身就具有对世效力,不受房屋所有权处分的影响。2005 年《物权法(草案)》曾规定,"居住权设立后,住房所有权人变更的,不影响居住权"[2]。该规定实为画蛇添足的赘言。房屋上同时设立居住权与抵押权时,应依登记的先后顺序解决权利冲突,后顺位权利人可通过查询登记簿知晓前顺位权利的存在,因此由居住权人自担顺位风险。先抵押后设立居住权的,抵押权实现后,居住权对受让人不具有约束力;先设立居住权后抵押的,抵押权实现后,居住权在存续期间内对新所有权人继续有效。

《民法典》增设居住权以后,还有保留处分不破租赁的必要吗?答案取决于居住权的客体与适用范围,若居住权只限于设立在解决生活居住需求的住宅之上,则无法涵盖商铺、厂房等非居住需求的房屋租赁市场,处分不破租赁制度仍有适用空间;若居住权被实质拓展为一切建筑上皆可设立的用益权,可自由转让和继承,具备租赁权通过物权化试图获得的对世效力,则与处分不破租赁功能重叠,保留纯粹债法效力的租赁即可。当事人依据自身需求与市场价格等因素,选择具有对世效力的居住权方案或者具有相对效力的租赁权方案。《民法典》上居住权的客体目前难以覆盖全部不动产租赁市场,仍有保留处分不破租赁的必要。

3. 居住权人的优先购买权

承租人对租赁房屋享有优先购买权和优先承租权的正当性理由,[3]同样可以适用于居住权人。所有权人出卖房屋的,应当在出卖之前的合理期限内通知居住权人,居住权人享有以同等条件优先购买的权利(《民法典》第 726 条)。居住权存续期间届满,居住权人

[1] 参见张双根:《谈"买卖不破租赁"规则的客体适用范围问题》,载王洪亮等主编:《中德私法研究》(第 1 卷),北京大学出版社 2006 年版,第 5 页。
[2] 何勤华、李秀清、陈颐编:《新中国民法典草案总览》(增订本,下卷),北京大学出版社 2017 年版,第 1778 页。
[3] 参见戴孟勇:《论〈民法典合同编(草案)〉中法定优先购买权的取舍》,载《东方法学》2018 年第 4 期,第 5 页。

享有以同等条件继续设立居住权的权利(《民法典》第 734 条第 2
款)。在所有权人将房屋出卖给近亲属或赠与、征收、继承等非买卖
情形中,居住权人不享有优先购买权(《民法典》第 726 条、《物释一》
第 9 条)。

优先购买权中的"同等条件"应当综合房屋转让价格、价款履行
方式、担保条件等因素确定(《物释一》第 10 条)。优先购买权的行
使期间依约定,未约定时为通知载明期间、通知送达或知道及应当知
道同等条件之日起十五日(《物释一》第 11 条)。所有权人委托拍卖
人拍卖房屋的,应在拍卖五日前通知居住权人。居住权人未参加拍
卖的视为放弃优先购买权(《民法典》第 727 条)。居住权人主张优
先购买权时不得提出减少转让价款、增加转让人负担等实质变更要
求;不得以优先购买权受到侵害为由,仅请求撤销买卖合同或者认定
合同无效(《物释一》第 12 条)。所有权人未通知或妨害居住权人行
使优先购买权的,居住权人只有权请求所有权人承担损害赔偿责
任,但是所有权人与第三人订立的房屋买卖合同的效力不受影响
(《民法典》第 728 条)。鉴于优先购买权的正当性基础存疑,为了降
低使用频率,通常不考虑第三人的恶意问题。损害赔偿性质为违反
法定义务的责任,赔偿范围为获得类似房屋所支出的价款损失与费
用损失。[1] 仅在部分房屋上设定居住权的,在所有权人整体出卖楼
盘或楼层时,类推适用最高人民法院的复函意见进行处理。[2]

---

〔1〕　参见王利明:《合同法研究》第三卷(第二版),中国人民大学出版社 2015 年版,第
334 页。

〔2〕　《最高人民法院关于承租部分房屋的承租人在出租人整体出卖房屋时是否享有优先
购买权的复函》(〔2004〕民一他字第 29 号):第一,从房屋使用功能上看,如果承租
人承租的部分房屋与房屋的其他部分是可分的、使用功能可相对独立的,则承租人
的优先购买权应仅及于其承租的部分房屋;如果承租人的部分房屋与房屋的其他部
分是不可分的、使用功能整体性较明显的,则其对出租人所卖全部房屋享有优先购
买权。第二,从承租人承租的部分房屋占全部房屋的比例看,承租人承租的部分房
屋占出租人出卖的全部房屋一半以上的,则其对出租人出卖的全部房屋享有优先购
买权;反之则不宜认定其对全部房屋享有优先购买权。

五、结论与评价

居住权具有社会性与投资性双重功能,社会性居住权体现国家管制与政策考量,集中于家庭法领域与社会保障领域,分别采取法定、意定及裁判方式设立;投资性居住权采取意定方式设立,属于独立的用益物权。意定居住权关系可分为物权、物务(物上之债)及债之关系三个层次。《民法典》"物权编"主要规定了居住权的物权性内容,包括设立方式、权利主体与客体、权利期限、权能范围、消灭事由、不可转让性及登记生效,未来应当在不动产登记簿中增设居住权登记的相应簿页。物务(物上之债)包括合理用益、费用分摊、修缮义务分配等附着于房屋的负担,"物权编"中未有规定的,可由当事人约定并经登记发生绝对效力,在登记簿上记载于"附记"栏或增设栏目及标准化表单。其他个性化约定内容,作为纯粹债之关系只发生相对效力,通常不具有登记能力,但有实践做法将合同作为附件粘附于登记簿,使所有合同内容产生对抗力。

意定居住权以书面合同或遗嘱方式设立,以遗嘱方式设立时不能参照登记生效规则。法人与非法人组织亦可成为所有权人或居住权人。居住权人可以接纳实际居住人共同居住生活,实际居住人包括家庭成员及护理服务人员等。居住权的客体除了住宅还包括公寓式酒店及民宿等满足客人住宿目的的经营性用房,但无法涵摄厂房、商铺及科教文卫体用房。房屋的一部分及房屋附属设施也可成为居住权客体,属于不动产登记上的不动产单元。意定居住权推定为无偿但可以约定为有偿,在占有、使用权能之外,应认可居住权人享有出租及其他合理方式的收益权能。居住权人可以约定或通过遗嘱指定权利期限,应当为意定居住权设定一个最长年限。未约定或指定时居住权人死亡导致权利消灭,若权利人死亡时期限未满,实际居住人有权在剩余期限内主张居住权。权利消灭事由包括居住权人死亡、身份混同、权利滥用、住宅灭失或被征收、期限届满、抛弃居住权、合同无效被撤销或解除、解除条件成就。《民法典》文义上禁止居住权转让或继承，产生很强的负面效应，居住权人可以授权他人行使居住权，转让合同仅发生债法效力。

《民法典》中居住权关系的规范配置严重不足，存在大量法律漏洞，鉴于居住权与租赁在功能与制度构造上具有相似性，应当参照租赁合同的相关规范，对居住权关系进行类推适用。居住权人应当承担合理用益及维护义务、支付价金及权利消灭后返还房屋的义务、支付日常修缮费用及物业管理等必要费用。房屋所有权人应当承担交付房屋时的质量瑕疵担保、房屋使用过程中的重大修缮义务、房屋因不可抗力或意外事件而损毁灭失的风险。居住权人经所有权人同意或未经同意的出租准用租赁合同的转租规则。居住权的客体难以覆盖全部不动产租赁市场，规定居住权后仍有保留处分不破租赁制度的必要。居住权人享有以同等条件优先购买房屋或优先继续设立居住权的权利。

行文至此，回顾《民法典》新增的居住权制度，遗憾的是，立法者"或许"未能厘清居住权的功能定位，其他各编未明确规定社会性居住权，而"物权编"中寥寥几个条文，将社会性居住权与投资性居住权的内容毫无章法地混杂，文义上对居住权主体、客体、权能、消灭事由及可转让继承性，都进行了极为严苛的限制，徒增了解释论的难度和适用成本，不当阻碍和限制了投资性意定居住权诸多功能的实现，进一步压缩了交易市场上的用益物权工具。立法者"或许"不了解传统民法人役权体系中从用益权到居住权的递进分工，因此只规定了人役权体系内适用范围和权能最为狭窄的居住权。未规定用益权的前提下，其实本可以采取补救措施，把居住权拓展为在他人不动产上使用收益的一般化权利分化工具。然而，立法者"或许"没有意识到公私法纠结的困境下，"法典"具有对国家管制与私人自治之间进行水平切割的功能，[1]以及提取公因式的体系化功能。"物权编"中的居

---

〔1〕　参见苏永钦：《寻找新民法》（增订版），北京大学出版社 2012 年版，第 78 页。

住权可以秉承政策中立与私人自治理念,规定适用于各自居住权类型的一般性规范,起到提取居住权公因式的作用;而特殊政策考量和弱者保护的社会性居住权,留待"婚姻家庭编""继承编"及特别法规定和处理,形成居住权外部体系的总分结构。不仅于此,立法者"或许"还疏漏了居住权与居住权合同的关系和不同效力、同不动产登记法的协调、居住权与租赁权的异同等不容忽视的问题,对规范居住权关系中当事人之间权利义务的必要内容不置一词,形成大量法律漏洞。18 年前,在《物权法》起草过程中,居住权入法因诸多原因半途而废。而今,居住权终于得以写入《民法典》,本是一件幸事,却因立法者这些"或许"存在的短板,人为制造了这么多缺憾。可惜! 可叹!

第十三章
遗嘱方式设立居住权的规范构造

《民法典》"物权编"新设居住权一章,对意定居住权作了较为全面的规范。第 366 条和第 367 条规定了订立居住权合同作为意定居住权的设立方式及居住权合同一般包括的条款内容,第 368 条和第 369 条规定了当事人有权约定有偿设立居住权及出租设立居住权的住宅等事项。可见该章主要将以合同方式设立的居住权作为规范对象,仅在章尾第 371 条才简单提及"以遗嘱方式设立居住权的,参照适用本章的有关规定"。然而,如此简略的规定无法应对以遗嘱方式设立居住权在法律适用上的难题。一方面,作为《民法典》"物权编"唯一明文规定以遗嘱方式设立的他物权类型,居住权在继承领域的重要性可见一斑。另一方面,从"民法典草案二审稿"中的"参照适用本章规定"到《民法典》第 371 条的"参照适用本章的有关规定",限定参照条款引发了对参照范围的疑问——是居住权一章内容全部参照适用,[1]还是除设立规则之外的权利内容、权限限制、消灭原因等规定都可参照适用,[2]抑或基于物权法定原则,不需要参照而直接适用?[3]

针对以遗嘱方式设立居住权引发的种种问题,首先,本章阐明遗嘱在私法史上对于设立居住权的重要性、以遗嘱方式设立居住权的体系定位及居住权是否属于遗产范围(第一部分);其次,本章梳理了

---

〔1〕 参见黄薇主编:《中华人民共和国民法典物权编解读》,中国法制出版社 2020 年版,第 554 页。

〔2〕 最高人民法院民法典贯彻实施工作领导小组主编:《中华人民共和国民法典物权编理解与适用》(下),人民法院出版社 2020 年版,第 897 页。

〔3〕 参见肖俊:《遗嘱设立居住权研究——基于继承法与物权法的交叉视角》,载《比较法研究》2023 年第 1 期,第 127 页。

经由死因行为设立居住权的具体方式及设立阶段的一些疑难问题,除遗嘱之外还包括继承协议(第二部分);最后,本章分析了以遗嘱方式设立居住权的物权变动模式、居住权登记义务人及首次登记的具体方法(第三部分)。

一、遗嘱方式设立居住权的历史源流与体系定位

(一)私法史上居住权滥觞于遗嘱继承环节

私法史上,遗嘱是设立居住权的普遍方式,不仅如此,遗嘱继承也是居住权最早及最重要的运用场景。居住权发端于罗马法,与用益权及使用权一并组成传统民法上的人役权序列,被定位成为了特定主体利益而利用他人之物的权利,区别于为了特定不动产利益而利用他人不动产的地役权。[1] 各项人役权诞生于罗马法的不同阶段,最早在公元前 3 世纪,所有权的收益和使用权能开始分化,独立为用益权;公元前 1 世纪,用益权的使用权能中衍生出使用权;优士丁尼法将受遗赠人在他人房屋上享有居住利益的事实确立为居住权。三种人役权在设立、效力、消灭等各方面非常类似,仅在理论层面的权利内容范围上逐渐缩减,而当权利客体是房屋时,三者在实践层面却无本质区别。[2]

罗马共和国中后期,裁判官与法学家们创设以用益权为代表的人役权,最初主要着眼于在遗产继承环节为遗孀及未婚女等家庭成员提供生活扶助。[3] 彼时的社会背景是,无夫权婚姻下的妻子对丈夫不享有继承权,当作为家父的丈夫死亡时,遗孀无法通过继承获得家产,老有所养成为问题。[4] 要缓解遗孀面临的困境,除了通过嫁

---

〔1〕 Antonio Guarino, Diritto Privato Romano, 12ª ed., Jovene Editore, 2001, p.735.

〔2〕 相关内容参见汪洋:《从用益权到居住权:罗马法人役权的流变史》,载《学术月刊》2019 年第 7 期,第 101—111 页。

〔3〕 Cfr. Mario Talamanca, Istituzioni di Diritto Romano, Ⅰ, Giuffrè Editore,1990, p.461; Giovanni Pugliese, Istituzioni di Diritto Romano, Giappichelli Editore, 1991, p. 484.

〔4〕 参见周枏:《罗马法原论》(上册),商务印书馆 1994 年版,第 390 页。

资返还的手段,最频繁使用的工具是由丈夫在家产上设立用益权并遗赠给遗孀或未婚女,实现死后扶养的功能。为了使遗孀的生活状态能够维持在丈夫生前时那样的水准,丈夫通常会针对所有家产概括设立用益权,使遗孀能够继续使用所有家庭财物。如此方能理解,在理论层面用益权作为用益物权,其客体中不应包含消耗物,但在实践层面可以通过遗嘱把所有家产"打包"设立用益权,其客体没有必要排除家产中的消耗物。[1]

人役权作为一种权利分化工具,把完整的所有权分割为具有使用、收益等权能的用益权和仅具有剩余权能的空虚所有权两部分。继承法场景下为了平衡作为继承人的婚生子女与非继承人的遗孀之间的利益,用益权的法律构造呈现为婚生子女继承家产所有权,而他们的母亲即遗孀就家产用益权受遗赠;或者把用益权交由婚生子女继承,而由遗孀就设立了用益权的空虚所有权受遗赠。[2] 无论在法律层面遗孀受遗赠的是家产的用益权还是所有权,在生活层面,遗孀皆与子女共同使用和收益,[3] 所以从这一角度而言也没有必要纠结用益权的客体是否需要排除消耗物。此外,与现代法相同,各项人役权都可以通过类似"用益权保留"的方式在生前创设,所有权人转让所有权的同时为自己保留用益权。[4]

---

[1] D.7,5,1:元老院决议规定可以通过遗赠针对所有那些属于一个人的财产之中的任何种类的物设立用益权,这一元老院决议被认为允许针对那些消耗物也通过遗赠设立用益权。Cfr. Giovanni Pugliese, Istituzioni di Diritto Romano, Giappichelli Editore, 1991, p.487; Vincenzo Arangio-Ruiz, Istituzioni di Diritto Romano, Napoli,1989, p.240.

[2] I.2,4,1:用益权是从所有权分离出来的,这种情况以多种方式发生。例如,某人遗赠他人用益权的情况。事实上,继承人享有虚空所有权;受遗赠人享有用益权。反之,如果减去用益权遗赠土地,受遗赠人享有虚空所有权;而继承人享有用益权。同样,可遗赠一人用益权,遗赠另一人减去了用益权的土地……

[3] 参见[意]鸠利亚诺·克里弗:《罗马法中的用益权问题》,薛军译,载费安玲主编:《学说汇纂》(第2卷),知识产权出版社2009年版,第115页。

[4] Gai.2.33:人们可以采用以下方式通过要式买卖设立用益权,在转让所有权时可以扣除用益权。在这种情况下,用益权实际上并未被买卖,而是在对所有权进行要式买卖时被加以扣除,从而使得一人享有用益权,另一人享有所有权。Cfr. Antonio Guarino, Diritto Privato Romano, 12ª ed., Jovene Editore, 2001, p.728; Vincenzo Arangio-Ruiz, Istituzioni di Diritto Romano, Napoli,1989, p. 244.

在优士丁尼立法前,居住权尚未从用益权和使用权中独立出来,而彼时社会上将房屋上的居住权益遗赠给他人的表述在遗嘱中已为常态,由此引发了此种遗嘱内容应被解释为创设使用权还是用益权的争议。[1] 公元 530 年,优士丁尼颁布居住权谕令平息了争议,从此居住权成为人役权序列中的独立类型。[2] 出于满足现实生活需求的目的,优士丁尼法规定居住权人享有出租房屋的权利,且居住权利人的范围扩大到居住权人的配偶、近亲属及客人。[3] 近代欧陆法典编纂浪潮中,罗马法中的居住权被各国法典所继受,2002 年曾在被提交的由全国人大常委会审议的《民法典(草案)》及 2005 年的《物权法(草案)》中昙花一现,最终在此次《民法典》编纂中被正式入典。

(二)体系定位:意定设立+保障功能

在制度功能层面,应区分定位于保障功能的居住权和定位于市场功能的居住权。居住权等人役权在制度创立初期旨在满足家庭成员生活供养的保障目的,逐渐拓展到通过对房屋进行"用益权—虚空

---

[1] D.7,8,10pr.:问题是居住权遗赠与使用权遗赠是否相同? 帕比尼安在《问题集》第 18 卷承认居住权遗赠同使用权遗赠的效力几乎是一样的。因此居住权的受遗赠人最终不能将居住权赠与他人,但他可以允许使用权人也同意的那些人居住。居住权不能继承,也不因未行使或人格减等而消灭。D.7,8,10,2:如果遗赠表示为,遗赠给他"以居住为目的的用益权",那么应考虑的是,他只享有居住权抑或还享有用益权? 普罗库勒和内拉蒂认为仅居住权被遗赠,这是正确的。当然,若立遗嘱人明确表示"遗赠一项以居住为目的的使用权",那么无疑是指使用权了。

[2] C.3,33,13pr.:优士丁尼皇帝致大区长官尤里安:如果遗赠了房子的居住权,这种居住的权利属于使用权还是用益权? 或者是一种特别的权利? 古代法学家对此有疑问。接受居住权遗赠的人可否出租房屋? 或请求确认对房屋的所有权? 为了平息争议,朕以此简洁的意见消除法学家对居住权的一切疑问和争议。I.2,5,5:如果对某人遗赠或以某种方式设立了居住权,人们既不认为它是使用权,也不认为它是用益权,而是一种专门的权利。对享有居住权的人,为了事物的功利,根据马尔切拉的意见发布了朕的决定,朕允许他们不仅自己在房屋中过活,而且也可将之租给他人。

[3] C.3,33,13,1:若一个人将居住权遗赠,我们认为最人道的做法是允许受遗赠人出租房屋,因为受遗赠人自己使用它与将其出租给他人以获取租金并无区别。Cfr. Mario Talamanca, Istituzioni di Diritto Romano, I, Giuffrè Editore, 1990, p.466.

所有权"的权利分化,进一步优化市场资源配置,[1]制度运用场景更为多元化。《民法典》之所以坚定引入居住权,也因其不仅可以纾解无房群体的居住难题,还丰富了有房者的融资手段和房产利用方式。[2]

定位于保障功能的居住权通常运用于家庭与社会保障领域。家庭领域设立的居住权常见于父母子女间相互扶养、离婚财产分割、分家析产及遗嘱继承等场景中,满足家庭内部成员,尤其是未成年人、老年人及女方等弱势群体的居住需求。社会保障领域设立的居住权则是在人人居有定所的社会治理目标下,用于实现"加快建立多主体供给、多渠道保障、租售并举的住房制度"的公共政策。[3] 鉴于定位于保障功能的居住权专用于特定人的居住需求,具有高度的人身专属性,罗马法与现代法皆规定了无偿性、不得转让、不得继承、最长以权利人寿命为限、权利人死亡则权利消灭等内容。[4] 定位于市场功能的居住权则属于典型的体现意思自治且政策中立的用益物权,原则上有偿设立,在转让、继承等方面与其他物权无异。通过这一权利分化工具为产权人提供更多的房屋利用和交易选择,满足各群体居住及投资的多元需求,实现私人自治的同时提升经济效率。[5]

在设立方式层面,应区分以意思自治为主导的意定居住权与以法律规范为主导的法定居住权。比较法上设立居住权的方式通常包

---

[1] Cfr. Luigi Capogrossi Colognesi, La struttura della Proprietà e la formazione dei „ iura praediorum" nell'età Repubblicana, Giuffrè Editore,1969, pp. 494—497.

[2] 参见申卫星:《视野拓展与功能转换:我国设立居住权必要性的多重视角》,载《中国法学》2005 年第 5 期,第 79 页。

[3] 参见黄薇主编:《中华人民共和国民法典物权编解读》,中国法制出版社 2020 年版,第 541 页。

[4] Gai.2,30; D.7,4,3,3. Cfr. Antonio Guarino, Diritto Privato Romano, 12ᵃ ed., Jovene Editore, 2001, p.731; Massimo Bianca, Diritto Civile, La proprietà, Giuffrè Editore, 1999, p.635;参见辜明安、蒋昇洋:《我国〈民法典〉设立居住权的必要性及其制度构造》,载《西南民族大学学报(人文社会科学版)》2020 年第 2 期,第 106 页;曾大鹏:《居住权的司法困境、功能嬗变与立法重构》,载《法学》2019 年第 12 期,第 56 页。

[5] 参见崔建远:《民法分则物权编立法研究》,载《中国法学》2017 年第 2 期,第 52 页。

含遗嘱、合同、取得时效、法院裁判及法律规定几种类型。[1] 我国法上,依据《民法典》第 367 条与第 371 条,居住权可以通过订立居住权合同及单方设立遗嘱这两种方式设立。作为双方法律行为的居住权合同和单方死因行为的遗嘱都是意思自治的工具,因此《民法典》"物权编"规定的居住权皆为意定居住权。法定居住权为满足法定要件时通过裁判等方式为特定主体设立的居住权,[2] 区别于意定居住权的最显著特征在于主体资格的法定性。[3] 最高人民法院《关于适用〈中华人民共和国婚姻法〉若干问题的解释(一)》(已失效)第 27条第 3 款曾规定"离婚时,一方以个人财产中的住房对生活困难者进行帮助的形式,可以是房屋的居住权或者房屋的所有权"。《民法典(草案)》吸纳了该条内容,规定"离婚时,如一方生活困难,有负担能力的另一方应当从其住房等个人财产中给予适当帮助。具体办法由双方协议;协议不成的,由人民法院判决"。但是正式公布的《民法典》第 1090 条删除"从其住房等个人财产中",更为简约的同时对该情况下是否可以设立法定居住权语焉不详。当然,《民法典》第 229条意味着可以通过人民法院的法律文书创设居住权。

那么,以设立方式划分的意定居住权和法定居住权,与以制度功能划分的保障性居住权及市场性居住权之间是何种关系?法定居住权旨在实现特定公共政策与国家管制目的,皆属于保障性居住权;市场性居住权则秉持政策中立,皆通过意定方式设立。保障性居住权也可以通过意定方式设立,例如,父母为子女购房的同时为自己保留居住权、产权人出卖房屋的同时保留居住权用以养老等,可见保障功能与市场功能两者并非无法共存。有法官认为审判实践中需要对居住权进行两次识别,先通过第 366 条和第 371 条认定居住权是基于

[1] 参见《意大利民法典》第 978 条;《瑞士民法典》第 746 条;《法国民法典》第 579 条;我国《澳门民法典》第 1374 条。
[2] 参见黄薇主编:《中华人民共和国民法典物权编解读》,中国法制出版社 2020 年版,第 554 页。
[3] 参见马新彦:《居住权立法与继承编的制度创新》,载《清华法学》2018 年第 2 期,第176 页。

合同还是遗嘱设立的,然后通过第 368、369 条认定居住权是更偏向于实现保障功能还是市场机能。[1]

理想的立法模式下,《民法典》"物权编"与"婚姻家庭编""继承编"及特别法在体系上各司其职,"物权编"居住权一章只涉及市场功能的意定居住权,作为公因式规定所有类型居住权都适用的一般性内容;而"婚姻家庭编""继承编"及特别法则规定涉及保障功能的意定和法定居住权,容纳各种人身专属性限制和公共政策的内容。[2] 可惜立法者并未厘清不同功能居住权的体系分工,《民法典》"物权编"在规定意定居住权的主体、客体、权能等内容时杂糅了大量体现保障功能的法定居住权应规范的内容,这反过来妨碍了作为用益物权的居住权的资源配置功能。[3]

以遗嘱方式设立的居住权属于意定居住权,鉴于遗嘱的无偿性、人身性等特征,所有权人与居住权人之间往往具有家庭成员关系或其他特殊身份及感情关系。因此,不同于以营利为目的的市场行为,该类居住权是更趋向于实现特定主体居住利益的保障性居住权。[4] 以遗嘱方式设立的居住权呈现的"意定设立+保障功能"的体系定位,既区别于纯粹的用益物权,又不同于政策性的法定居住权,杂糅了物权法与继承法的诸多难点问题。

(三)居住权的遗产属性及其与必留份的功能替代

继承的客体包括遗产、债务及可依法继承和承受的法律地位。[5] 关于遗产的范围,《继承法》第 3 条采取正面概括加列举模

---

[1] 参见马强:《〈民法典〉居住权类型之比较研究》,载《中国应用法学》2022 年第 4 期,第 144 页。

[2] 参见鲁晓明:《论我国居住权立法之必要性及以物权性为主的立法模式——兼及完善我国民法典物权编草案居住权制度规范的建议》,载《政治与法律》2019 年第 3 期,第 15 页。

[3] 参见汪洋:《民法典意定居住权与居住权合同解释论》,载《比较法研究》2020 年第 6 期,第 120 页。

[4] 参见马强:《民法典居住权规定所涉实务问题之研究》,载《法律适用》2022 年第 5 期,第 119 页。

[5] 参见张平华、刘耀东:《继承法原理》,中国法制出版社 2009 年版,第 84 页。

式,而《民法典》第 1122 条改采正面概括加反面排除模式。《继承法》制定于改革开放初期,当时民众私产有限,列明具体的遗产范围在技术上更易操作;而民法典时代民事权利呈现开放体系,权利类型随着社会经济生活发展而不断添新,采用列举方式难免存在漏洞。《民法典》第 1122 条第 1 款首先正面概括规定"遗产是自然人死亡时遗留的个人合法财产",然后第 2 款采取反面排除方式,规定依照"法律规定和根据性质不得继承的遗产,不得继承"。法律规定不得继承的范围包括自然资源利用权、归属主体为户的农村土地用益物权、生前租用或借用的他人财产、指定了受益人的保险金等;根据性质不得继承的范围主要指以被继承人人身关系为基础的专属性债权,如抚养费、扶养费和赡养费请求权、人身损害赔偿请求权及以特别信任关系为前提的财产权利等。[1]

意定居住权作为《民法典》明文规定的用益物权类型,具有登记能力、允许有偿设立、允许约定以出租方式收益,完全符合第 1122 条第 1 款的"自然人死亡时遗留的个人合法财产"的范畴。从第 1122 条第 2 款的反面排除规则观察,需要区分"房屋所有权人有权通过遗嘱为他人设立居住权"和"居住权人不得通过遗嘱将居住权移转给他人"两个问题。第 369 条规定的"居住权不得转让、继承"针对后一问题,是对业已设立的居住权权利人的处分限制。[2] 后果还包括除非遗嘱另有安排,居住权不属于转继承的客体。而第 371 条明确认可了以遗嘱方式设立居住权,可见对于房屋所有权人而言居住权不属于第 1122 条第 2 款依照法律规定不得继承的遗产范围。此外,意定居住权作为针对房屋的权利分化工具,如果所有权人有权将房屋转让他人,则举重以明轻,没有理由限制所有权人对析分出来的居住权的转让权限,何况立遗嘱人对居住权也不存在人身专属性。综上所

---

〔1〕 参见黄薇主编:《中华人民共和国民法典继承编解读》,中国法制出版社 2020 年版,第 13 页;最高人民法院民法典贯彻实施工作领导小组主编:《中华人民共和国民法典婚姻家庭编继承编理解与适用》,人民法院出版社 2020 年版,第 494 页。

〔2〕 这种限制未必合理,相关讨论参见汪洋:《民法典意定居住权与居住权合同解释论》,载《比较法研究》2020 年第 6 期,第 113 页。

述,意定居住权属于遗产,立遗嘱人有权通过遗嘱为任何人设立居住权。

《民法典》第 1159 条第 2 句规定了必留份制度,即应当为缺乏劳动能力又没有生活来源的继承人保留必要的遗产。遗嘱方式设立的居住权通常也用于保障特殊困难主体的居住权益,因此必留份与遗嘱方式设立的居住权两者的权利主体常常重合。裁判实务中,为特定主体设立居住权是否满足了必留份的强制性规范存在争议。在"段某甲、段某乙诉段某丙、段某丁、段某戊、段己分家析产、继承纠纷案"中,被继承人段某共育有段某戊、段某丙、段某甲、段某丁、段某乙五名子女,其中段某戊为精神残疾人,监护人为段某丙及段某丙之子段己。段某立遗嘱将价值为 350 万元的房产遗留给段己,段某戊对此房产享有居住权,且由段某丙给予段某甲、段某丁、段某乙补偿金每人 10 万元。裁判意见认为,段某在遗嘱中没有为段某戊保留必留份,必留份份额应为房屋价值的五分之一,故判决段己应给付段某戊70 万元折价补偿款。[1]

《民法典》并没有规定必留份的具体实现方式和数额标准,法院通常考虑必留份权利人的实际生活需要,将权利人能否维持当地正常生活水平作为实质标准。因此应分析遗嘱的具体内容,只要立遗嘱人分配遗产时为必留份权利人的未来生活作出特别安排,即使形式上未分配相关遗产的所有权,亦不应认定立遗嘱人未保留必留份。[2] 本案中,遗嘱一方面赋予了段某戊居住权,另一方面通过将房屋所有权给段己的方式,换取监护人段某丙及段己对段某戊未来的生活照顾,可以理解为对段某戊所作的特别安排。如果该安排足以维持段某戊的实际生活需要和当地正常生活水平,应当认定遗嘱以设立居住权的方式符合了必留份的强制性规范。当然,该遗嘱目前的安排无法将段某丙及段己对段某戊的生活照顾提升为更具有保

---

[1]　参见北京市朝阳区人民法院(2013)朝民初字第 11488 号一审民事判决书。
[2]　参见最高人民法院民事审判第一庭编:《民事审判指导与参考》2013 年第 2 辑(总第54 辑),人民法院出版社 2013 年版,第 111 页。

障性的法定义务,因此法院判决段已给付段某戊 70 万元折价补偿款,不失为更加稳妥的做法。

二、通过死因行为设立居住权的具体方式

(一) 以遗嘱方式设立居住权的要式性要求及意思解释

遗嘱包括遗嘱继承和遗赠,两者皆为立遗嘱人无偿给予遗产承受人财产利益的单方死因行为,形式上通常合并于一份遗嘱中。欧陆各国立法例多以遗产承受人是否承担遗产债务为标准区分遗嘱继承人和受遗赠人,[1]但是我国《民法典》第 1133 条以遗产承受人是否属于法定继承人范围作为区分标准。《民法典》第 1162、1163 条不仅没有从遗产债务清偿角度区分遗嘱继承与遗赠,甚至删除了《最高人民法院关于贯彻执行〈中华人民共和国继承法〉若干问题的意见》(已失效)第 62 条规定的"遗产已被分割而未清偿债务时"这一前提,意味着在遗产分割之前的共有阶段,受遗赠人于受遗赠范围内同样负有经由遗产管理人清偿遗产债务的义务。[2] 从继承客体角度观察,我国的立遗嘱人既可以遗赠特定物,也可以遗赠抽象的遗产份额,涵盖了传统民法中特定遗赠和概括遗赠两种类型,遗嘱继承中概括继承和特定继承两者也同样常见。

在登记环节,无论是现行的《不动产登记暂行条例实施细则》第 14 条、第 27 条,还是 2022 年 10 月底自然资源部公布的《不动产登记法》(征求意见稿)第 33 条,抑或近两年来武汉、济南、石家庄等地试行的地方性居住权登记操作规范,[3]均把继承与受遗赠同等处理。

---

[1] 详细梳理参见汪洋:《中国法上基于遗赠发生的物权变动——论〈民法典〉第 230 条对〈物权法〉第 29 条之修改》,载《法学杂志》2020 年第 9 期,第 64 页。
[2] 参见刘春茂主编:《中国民法学·财产继承》(修订版),人民法院出版社 2008 年版,第 363 页。
[3] 参见《武汉市居住权登记操作规范(试行)》;石家庄市自然资源和规划局印发的《不动产居住权登记办法(试行)》《齐齐哈尔市居住权登记操作规范(试行)》。

唯一作了区分的是 2021 年《上海市不动产登记技术规定》，留待后文详述。笔者认为，遗产承受人是否属于法定继承人，仅仅是纯粹形式意义上所作的区分，该标准不影响立遗嘱人对遗产的具体安排，除了《民法典》第 1124 条规定的遗产接受或放弃规则，将遗嘱继承人与受遗赠人同等对待符合我国的继承规范及继承实际。[1]

在同等对待遗嘱继承与遗赠的结论下，以遗嘱方式设立居住权的权利人可以是法定继承人，也可以是法定继承人之外的其他主体。居住权属于特定财产权益，因此以遗嘱方式设立居住权属于特定继承或特定遗赠。鉴于遗嘱方式设立的居住权多用于保障特定主体的居住利益，与必留份制度在功能层面有共通之处，对立遗嘱人所作的意思表示进行解释时，应当推定立遗嘱人希望通过居住权这一特定继承或特定遗赠方式照顾优待居住权人，而非让居住权人与其他概括继承人以同样的方式承担遗产债务。因此居住权人作为弱势群体，应赋予其遗产债务清偿层面的特殊保护。[2] 具体方式为顺序上居住权劣后于其他遗产用于遗产债务清偿，若居住权之外的其他遗产足以清偿债务，则居住权人不受影响，[3]以此方式实现对特定主体的居住保障。

对于设立方式，《民法典》第 367 条严格要求当事人采用书面要式订立居住权合同，以遗嘱方式设立居住权是否同样应当遵循书面要式？《民法典》规定的遗嘱设立方式中，公证遗嘱、自书遗嘱、代书遗嘱及打印遗嘱本就采用书面形式，有疑问的是能否通过口头遗嘱和录音录像遗嘱设立居住权？一方面，这两类遗嘱形式上只要有效成立，反映了继承人的真实意愿，没有理由不予以尊重；[4]另一方

〔1〕 参见张玉敏:《继承法律制度研究》(第二版),华中科技大学出版社 2016 年版,第177 页。

〔2〕 参见肖俊:《遗嘱设立居住权研究——基于继承法与物权法的交叉视角》,载《比较法研究》2023 年第 1 期,第 137 页。

〔3〕 参见汪洋:《中国法上基于遗赠发生的物权变动——论〈民法典〉第 230 条对〈物权法〉第 29 条之修改》,载《法学杂志》2020 年第 9 期,第 67 页。

〔4〕 参见宋莹璇:《遗嘱公证实务视角下的居住权研究》,载《中国公证》2021 年第 6期,第 45 页。

面,依据《民法典》第 1137、1138 条规定,录音录像遗嘱及口头遗嘱都需要至少两名符合资质条件的见证人在场见证,同样满足书面要式意图达到的证明和澄清功能。[1] 裁判实务甚至出现遗嘱中未明确居住权,法院直接根据证人证言确认居住权的情形。[2] 因此,在遗嘱方式问题上应优先适用《民法典》"继承编"规定,立遗嘱人有权充分运用各类遗嘱设立的法定形式包括以非书面形式设立居住权。

实际生活中以遗嘱方式设立居住权的常见情形有三类:一是让子女继承房屋的同时为在世的父母设立居住权用于赡养;二是让子女继承房屋的同时为再婚配偶设立居住权,达到确保配偶居住利益与遗产不外流的双重目的;三是为保姆或其他有特殊身份或情感关系的人设定居住权,以表达感谢或者作为回报。[3] 若立遗嘱人在遗嘱中并未精准地使用居住权这一术语,则需要通过意思表示解释来界定遗嘱中的相关表述是给予所有权还是设立居住权。有学者认为,若遗嘱动机是为了回馈家庭成员对自己的身心照顾而分配遗产,应尽量解释为给予所有权,除非遗嘱中明确了房产归属;若遗嘱动机是为了惩罚家庭成员疏于照应而削减遗产份额,则居住利益的表述应倾向于解释为设立居住权。涉及遗嘱效力时,如果解释为给予所有权会违反强制性规范或公序良俗而导致遗嘱无效,但解释为设立居住权合情合理合法,则采纳维持遗嘱效力的解释方案。[4] 房屋通常构成了遗产中的重要部分,且社会一般观念认为房屋产权应保留在家庭成员内部而不外流,因此当遗赠涉及法定继承人范围之外的居住利益时,将遗赠客体界定为居住权而非所有权更符合常情。

---

[1] 参见焦富民:《我国〈民法典〉居住权设立规则的解释与适用》,载《政治与法律》2022 年第 12 期,第 153 页。

[2] 参见山东省威海市中级人民法院(2021)鲁 10 民终 994 号民事判决书。

[3] 参见江梅:《民法典中的居住权公证》,载《中国公证》2020 年第 12 期,第 64 页。

[4] 江苏省无锡市锡山区人民法院(2012)锡法湖民初字第 0307 号"张某诉蔡某遗赠纠纷案"中,遗产继承附有以再婚为内容的解除条件。如果解释为给予所有权则违反婚姻自由原则,如果解释为设立居住权,仅仅保障再婚之前的居住利益,通常再婚后会另有安居之所,这一安排并不违反公序良俗。参见肖俊:《遗嘱设立居住权研究——基于继承法与物权法的交叉视角》,载《比较法研究》2023 年第 1 期,第 133 页。

当存在两份遗嘱,一份设立了居住权而另一份确立了房屋所有权时,裁判意见认为两份遗嘱内容并不冲突,应支持设立居住权。[1]

(二)夫妻共同遗嘱宜采"后位继承+居住权"的法律结构

夫妻共同遗嘱包括夫妻相互指定对方为继承人、共同指定第三方为继承人或者约定后死亡一方先继承并最终将遗产留给共同指定的第三方等多种类型。在法律结构上,夫妻共同遗嘱实质上是夫妻双方分别对自己遗产所作的单方死因处分行为,然后通过附条件在两个死因处分之间建立关联性。鉴于夫妻共同遗嘱可以通过双方意思表示的组合设计达到保护特定人如未成年子女或生存配偶利益、家产整体移转而避免因继承被零碎化、避免因遗产继承催生纠纷等功能,[2]因此在继承实践中得到广泛运用。《继承法》与《民法典》皆未明文规定夫妻共同遗嘱,而《遗嘱公证细则》间接承认了共同遗嘱的效力,[3]裁判实务对于夫妻共同遗嘱及通过共同遗嘱设立居住权总体予以承认和肯定。[4]

运用得最广泛的夫妻共同遗嘱被称为柏林式遗嘱,法律结构上有两种模式。第一种是完全继承模式,一方死亡后其遗产被生存配偶继承,合并为配偶的个人财产,当配偶死亡后遗产由共同遗嘱指定的受益人继承。该模式下生存配偶有权处分继承所得的遗产,最终受益人的权益无法得到妥善保障。由此诞生了第二种后位继承模式,生存配偶在一方死亡后作为先位继承人继承遗产,但处分严格受限,仅享有占有、使用和收益等权能,先位继承人继承的遗产并未与

---

[1]　参见北京市东城区人民法院·(2021)京 0101 民初 11506 号民事判决书。

[2]　参见蒋月主编:《婚姻家庭与继承法》(第二版),厦门大学出版社 2011 年版,第 330 页;张玉敏:《继承法律制度研究》(第二版),华中科技大学出版社 2016 年版,第 164 页。

[3]　《遗嘱公证细则》第 15 条规定:两个以上的遗嘱人申请办理共同遗嘱公证的,公证处应当引导他们分别设立遗嘱。遗嘱人坚持申请办理共同遗嘱公证的,共同遗嘱中应当明确遗嘱变更、撤销及生效的条件。

[4]　参见(2020)京 0105 民初 55886 号民事判决书;(2020)京 0105 民初 55886 号一审民事判决书。其他裁判意见梳理参见汪洋:《民法典时代共同遗嘱的理论构造》,载《法商研究》2020 年第 6 期,第 48 页。

其个人财产混同。当先位继承人死亡后,共同遗嘱指定的受益人作为后位继承人继承先死亡一方的遗产,同时作为普通继承人继承后死亡一方的遗产。[1]《民法典》第 1152 条规定"继承开始后,继承人于遗产分割前死亡,并没有放弃继承的,该继承人应当继承的遗产转给其继承人;但是遗嘱另有安排的除外"。该条规定与《继承法》相比增加了但书内容,为后位继承的运用留下了解释空间。

后位继承模式相当于从时间线上把遗产所有权分割为当前权益和未来权益,分别由先位继承人和后位继承人享有,契合英美财产法中"终生地产权"(estate for life)、"不限嗣继承地产权"(fee simple)、"限定继承地产权"(fee in tail)等土地权益可依时间轴并存,并区分为"现实占有的地产"(estate in possession)与存在复归权或剩余产权的"未来性地产"(estate in expectancy)的思路。[2] 但是这却同大陆法系的绝对所有权理论相抵牾,先位继承人作为名义上的所有权人依据遗嘱不能处分遗产。当然,在德国法上所有权人违反了禁止让与约定的处分行为同样发生效力,仅于债法层面承担违约责任。[3]

鉴于继承实践中后位继承的客体多为房屋,赋予生存配偶继承"处分受限的所有权"的思路人为制造了大量难题,不如改采设立居住权的思路,将房屋所有权由共同遗嘱指定的受益人直接继承的同时为生存配偶设立居住权,[4]这样既兼顾了生存配偶的居住利益和特定子女的财产利益,同样也可以实现遗产向后代流转及预防遗产外散等功能。[5] 生存配偶享有的居住权以其寿命为限,死亡时居住

〔1〕 参见[德]安雅·阿门特-特劳特:《德国继承法》,李大雪、龚倩倩、龙柯宇译,法律出版社 2015 年版,第 128 页。
〔2〕 See Jesse Dukeminier, Roberth H. Sitkoff, Wills, Trusts, and Estates, 9the ed., Wolters Kluwer, 2013, p. 834; Danaya C. Wright, The Law of Succession: Wills, Trusts, and Estates, Foundation Press, 2013, p.558;参见[美]罗杰·H.伯恩哈特、[美]安·M.伯克哈特:《不动产(第 4 版)》,钟书峰译,法律出版社 2005 年版,第 38—55 页。
〔3〕 参见《德国民法典》第 137 条。
〔4〕 参见汪洋:《民法典时代共同遗嘱的理论构造》,载《法商研究》2020 年第 6 期,第 54 页。
〔5〕 参见马新彦:《居住权立法与继承编的制度创新》,载《清华法学》2018 年第 2 期,第 171 页。

权消灭,受益人对房屋的虚空所有权回复到完全所有权的状态。如果房屋所有权人先于生存配偶死亡,依他物权的一般法理,由所有权人的继承人继承负担居住权的房产,不会影响到生存配偶享有的居住权。

(三) 应认可通过继承协议方式设立居住权

《民法典》明文规定的三种自主决定继承事宜的制度设计是作为死因行为的遗嘱继承和遗赠及订立时即发生效力的遗赠扶养协议。但是遗赠扶养协议的一方限于法定继承人范围外的主体,因此我国立法层面欠缺被继承人与法定继承人之间协商继承和赡养事宜的制度设计。[1] 尤其是当被继承人因各种因素舍弃第一顺位继承人而选择第二顺位的法定继承人如兄弟姐妹协商扶养和继承事宜时,继承协议制度供给缺失的弊病便显现无遗。[2]

继承协议在我国继承实践中被广泛运用,多数民众早就予以接受。[3] 最常见情形如各方商定由部分继承人赡养被继承人并在其去世后分得遗产,其他继承人自愿放弃继承权,或者被继承人生前通过赠与补偿方式换得其放弃继承权。但在很多案件中,被继承人死后,未履行赡养义务的继承人往往转而主张放弃继承权无效,从而引发纠纷。近年来裁判意见对继承协议也多持认可态度,[4]很多学者也肯定继承协议的效力。[5] 北京高级人民法院和上海高级人民法院的倾向性意见认为,法定继承人对遗产继承的期待利益也属于财产性

---

〔1〕　参见刘耀东:《论继承合同制度及其在我国民法典继承编的立法构建》,载《河南财经政法大学学报》2015年第6期,第62页。

〔2〕　参见王旭光、王明华:《论继承契约的效力》,载《人民司法(应用)》2013年第19期,第73页。

〔3〕　参见《当代中国民众继承习惯调查实证研究》,项目负责人:陈苇,群众出版社2008年版,第479、577页。

〔4〕　参见(2021)沪01民申194号申诉民事裁定书;(2021)京03民终2108号民事判决书;(2017)辽01民再51号再审民事判决书;(2018)鲁1082民初724号民事判决书;(2020)浙02民终3203号民事判决书。

〔5〕　参见张玉敏:《继承法律制度研究》(第二版),华中科技大学出版社2016年版,第67页;郭明瑞:《继承放弃行为辨析》,载《东方法学》2018年第4期,第52页。

权利,可以通过协议方式自主处分。当协议约定遗产继承与赡养义务相关联,放弃继承的表示系在分家析产等合意行为中作出,涉及赡养等权利义务安排,放弃一方主张继续享有继承权有违习俗并导致显失公平,应当按照协议内容处理继承事宜。[1] 立法论上的最便捷方案是把遗赠扶养协议的主体拓展至法定继承人,将其改造为适用范围更广的继承协议。

在德国法上,作为双方死因处分行为的继承协议通常包括指定继承人、遗赠和负担等内容,其协议特征体现为相对方需接受被继承人的处分表示,并由此产生原则上不得撤回的约束力。继承协议签订后,被继承人不得另行作出侵害协议受益人权利的死因处分,但是生前仍可以处分财产,唯有生前赠与存在明显的侵害意图时,协议受益人才可得到一定保护。[2]

《民法典》颁布后,我国已经出现通过继承协议设立居住权的案例,裁判意见对继承协议效力予以肯定。[3] 以继承协议方式设立居住权作为死因处分行为,区别于订立便生效的居住权合同,因此以继承协议方式设立居住权的具体时点及其物权变动与以遗嘱方式设立居住权相同,两者的唯一区别是被继承人生前可以随时撤回遗嘱,但是继承协议因其属于双方法律行为,原则上不得撤回,除非出现协商解除、单方解除或撤销等情形。

继承协议可以与分家析产协议、赡养协议等捆绑订立于一份文件中,但是各自效力独立,分家析产协议和赡养协议等不属于死因处分行为,在协议人生前即发生效力。例如,多方约定由部分法定继承人或者继承人以外的保姆等人尽赡养照顾义务,被继承人死亡后由尽到赡养照顾的人获得房屋的居住权。该情形下,赡养照顾等供养

---

[1] 参见 2018 年《北京市高级人民法院关于审理继承纠纷案件若干疑难问题的解答》第 16 条;2015 年"上海高院关于若干民事疑难问题的研讨纪要"第 2 点。

[2] 参见[德]雷纳·弗兰克、[德]托比亚斯·海尔姆斯:《德国继承法(第六版)》,王葆蒔、林佳业译,中国政法大学出版社 2015 年版,第 125 页、第 129 页;[德]马蒂亚斯·施默克尔:《德国继承法(第 5 版)》,吴逸越译,中国人民大学出版社 2020 年版,第 120—124 页。

[3] 参见江苏省扬州市中级人民法院(2020)苏 10 民终 2982 号民事判决书。

协议的内容自协议订立时直接生效,被继承人有权要求义务人履行;但是死后在房屋上设立居住权的内容为继承协议,属于死因处分,自继承开始后发生效力。虽然继承协议与赡养协议或者分家析产协议之间不存在对待给付关系,但是协议各方完全可以通过约定,将两种协议组合成一体性行为,一部分无效时其他部分也无效,或者通过附条件、单方解除权等工具在两个协议之间建立起关联性,[1]以此方式保障各方利益。

三、遗嘱方式设立居住权的物权变动与居住权登记

(一) 以遗嘱方式设立居住权的物权变动模式的三种观点

《民法典》第368条末句规定"居住权自登记时设立",全国人大常委会法工委释义回避了第371条与第368条的关系问题,[2]以遗嘱方式设立居住权的物权变动是否需要参照第368条成为争论不休的难题,学界和实务界的分歧大致可以总结为三种观点:第一种观点认为以遗嘱方式设立的居住权应当参照第368条采取登记生效主义,属于基于法律行为发生的物权变动,居住权自登记时设立。[3]《民法典》施行之后有部分裁判意见倾向于此观点。[4]

第二种观点认为以遗嘱方式设立的居住权依据《民法典》第230条自继承开始时设立,属于非基于法律行为发生的物权变动,第230

---

〔1〕　参见［德］雷纳·弗兰克、［德］托比亚斯·海尔姆斯:《德国继承法(第六版)》,王葆莳、林佳业译,中国政法大学出版社2015年版,第125、128页。

〔2〕　参见黄薇主编:《中华人民共和国民法典物权编解读》,中国法制出版社2020年版,第555页。

〔3〕　参见中国审判理论研究会民事审判理论专业委员会编著:《民法典物权编条文理解与司法适用》,法律出版社2020版,第386页;杨立新主编:《中华人民共和国民法典释义与案例评注·物权编》,中国法制出版社2020年版,第595页;崔建远:《物权法》(第五版),中国人民大学出版社2021年版,第346页。

〔4〕　参见新疆维吾尔自治区乌鲁木齐市头屯河区人民法院(2022)新0106民初633号民事判决书;福建省龙海市人民法院(2021)闽0681民初3961号民事判决书。

条相较于第 368 条应该优先适用。[1] 居住权人自继承开始就可以获得房屋的租金等收益,针对所有权人的债权人强制执行房屋的要求有权提起第三人异议之诉,[2] 并且可以避免登记之前因继承人处分房屋导致居住权人无法取得居住,实现立遗嘱人设立居住权的目的和本意。[3] 最高人民法院发布的第一批人民法院贯彻实施民法典典型案例中的"邱某光与董某军居住权执行案"认为,以遗嘱方式设立的居住权不适用第 368 条,[4]《民法典》施行之后大多数裁判意见也倾向于该种观点。[5] 但是在本章后文论述中,上述裁判属于法院对遗产进行的裁判分割,依据《民法典》第 229 条而非第 230 条的规定,自法律文书生效时居住权设立,自然无须登记。

第三种观点认为以遗嘱方式设立的居住权自遗嘱生效时设立,未经登记不得对抗善意第三人,以此来平衡居住权人与房屋善意受让人的利益。[6] 有学者认为,若遗嘱确定的居住权人居住在房屋内,基于占有的权利外观,应认定为房屋的受让人符合《最高人民法院关于适用〈中华人民共和国民法典〉物权编的解释(一)》第 15 条

〔1〕 参见最高人民法院民法典贯彻实施领导小组主编:《中华人民共和国民法典物权编理解与适用》(下),人民法院出版社 2020 年版,第 898 页;房绍坤:《论民法典中的居住权》,载《现代法学》2020 年第 4 期,第 85 页。

〔2〕 参见肖俊:《遗嘱设立居住权研究——基于继承法与物权法的交叉视角》,载《比较法研究》2023 年第 1 期,第 140 页。

〔3〕 参见马强:《民法典居住权规定所涉实务问题之研究》,载《法律适用》2022 年第 5 期,第 119 页。

〔4〕 参见湖北省武汉市洪山区人民法院(2021)鄂 0111 执 1164 号执行裁定书。

〔5〕 参见河南省安阳市文峰区人民法院(2021)豫 0502 民初 609 号民事判决书;北京市第一中级人民法院(2021)京 01 民终 10858 号民事判决书;北京市丰台区人民法院(2021)京 0106 民初 11531 号民事判决书;山东省烟台市莱山区人民法院(2021)鲁 0613 民初 2850 号民事判决书;北京市丰台区人民法院(2021)京 0106 民初 25811 号民事判决书;上海市嘉定区人民法院(2021)沪 0114 民初 16641 号民事判决书;北京市东城区人民法院(2021)京 0101 民初 11506 号民事判决书;江苏省苏州市姑苏区人民法院(2021)苏 0508 民初 1766 号民事判决书;江苏省镇江市京口区人民法院(2020)苏 1102 民初 3318 号民事判决书;北京市丰台区人民法院(2021)京 0106 民初 6688 号民事判决书。

〔6〕 参见赵莉:《以遗嘱方式设立居住权的生效问题》,载《中国公证》2022 年第 5 期,第 38—41 页;屈然:《论我国居住权的设立方式与登记效力》,载《法学杂志》2020 年第 12 期,第 98 页。

第 1 款第 5 项"受让人知道他人已经依法享有不动产物权"的情形,从而排除善意取得。[1] 反对登记对抗主义思路的学者认为,在当然继承制度下,不单单是居住权,经由遗嘱分配的所有权也会发生权利实际变动情况与权利外观的冲突,如果移转所有权采取登记生效而设立居住权采取登记对抗,则不具有合理性。[2]

坚持区分对待遗嘱继承和遗赠的学者认为,遗嘱继承设立的居住权自继承开始时设立,而遗赠设立的居住权应参照《民法典》第368 条规定,居住权自登记时设立。[3] 有学者认为对因继承形成的共同共有关系应当以法定继承人身份作为识别标准,因此受遗赠人不应被纳入这种共有关系。[4]《上海市不动产登记技术规定》也区分了两者,规定"受遗赠设立居住权的,申请人还应当召集全部继承人或者遗产管理人到场确认,并提交书面确认声明"。笔者认为,继承领域不同于婚姻家庭领域,因继承形成的共有关系是一种临时性的着眼于财产而非人身问题的共同体,并且在遗产管理人负责遗产清算的制度设计下,遗产继承人或者受遗赠人都无法任意处分遗产,遗产债权人利益已经得到妥善保护,将包括居住权在内的遗产承受人限于法定继承人范围以增加共同体成员的可识别性不具有实益。

各国立法例对于遗赠具有债法效力还是物权效力,区分是否承认概括遗赠及采取意思主义还是形式主义物权变动模式,解决方案多有不同。[5] 在我国特有的对于遗嘱继承和遗赠的区分标准下,若认定遗

[1] 参见刘琬乔:《以遗嘱方式设立居住权对登记规则的参照适用》,载《西部法学评论》2022 年第 4 期,第 125 页。

[2] 参见肖俊:《遗嘱设立居住权研究——基于继承法与物权法的交叉视角》,载《比较法研究》2023 年第 1 期,第 136 页。

[3] 参见屈然:《论我国居住权的设立方式与登记效力》,载《法学杂志》2020 年第 12 期,第 98 页;郭红伟、金俭:《遗嘱方式设立居住权的法律适用冲突及消解路径》,载《南京社会科学》2022 年第 7 期,第 81、84 页。

[4] 参见刘琬乔:《以遗嘱方式设立居住权对登记规则的参照适用》,载《西部法学评论》2022 年第 4 期,第 127 页;焦富民:《我国〈民法典〉居住权设立规则的解释与适用》,载《政治与法律》2022 年第 12 期,第 154 页。

[5] 详细梳理参见汪洋:《中国法上基于遗赠发生的物权变动——论〈民法典〉第 230 条对〈物权法〉第 29 条之修改》,载《法学杂志》2020 年第 9 期,第 67 页。

赠具有债法效力,则遗赠产生的债务与遗嘱继承及被继承人尚未履行的赠与合同处在同一序列,对清偿了普通债务后的剩余遗产进行履行;[1]若认定遗赠具有物权效力,则受遗赠的特定物或权益同样属于遗产债务的责任财产,并不能因为物权效力而减免遗产债务的清偿责任。因此在结果层面,债法效力抑或物权效力无实质区别。在法律适用层面,遗嘱继承与遗赠常常在形式上合并于一份遗嘱之中,仅仅以不同遗产的承受人身份是否属于法定继承人范围这一原因而采取不同的物权变动模式,并无足够的说服力。两者在接受或放弃规则上虽有所不同,但接受或放弃的效力都溯及至遗嘱生效时,因此结果上并无区别。综上所述,笔者对遗嘱继承和遗赠发生的物权效力进行统一处理。

(二)区分继承两个阶段界定居住权的物权变动

继承的大致流程是继承开始后由继承人与受遗赠人共同整体承受遗产,当遗产管理人负责遗产清算完毕后,在继承人与受遗赠人之间再依照遗嘱或法律规定分割剩余遗产,导致物权变动的原因包括立遗嘱人死亡这一事件及遗嘱这一单方法律行为。根据上述流程应当区分继承的两个阶段,立遗嘱人死亡引发第一阶段,适用《民法典》第 230 条直接发生非基于法律行为的物权变动,所有遗产权益移转至遗嘱指定的遗嘱继承人和受遗赠人共同组成的遗产承受人共同体,[2]对遗产形成继承法层面概括性的共同所有状态,类似于夫妻对夫妻共同财产共同所有。这种财产归属状态在物权法层面通常也被视为一种共同共有关系。[3] 这一阶段继承人或受遗赠人也有可

---

[1] 遗嘱继承和遗赠都属于无偿行为,在遗产债务清偿顺位上劣后于普通债务具有实质正当性。参见夏吟兰主编:《婚姻家庭继承法》(第二版),中国政法大学出版社 2017 年版,第 281 页;巫昌祯主编:《婚姻与继承法学》(第五版),中国政法大学出版社 2011 年版,第 343 页。

[2] 无遗嘱时由所有的法定继承人组成遗产承受人共同体;遗嘱未涵盖所有遗产时,由遗嘱继承人、受遗赠人和法定继承人组成遗产承受人共同体。

[3] 参见房绍坤:《遗赠效力再探》,载《东方法学》2022 年第 4 期,第 196 页。笔者认为我国物权法上的共同共有概念及其类型存在严重缺陷,鉴于该问题与本章主题关联不大,待另文再行展开论述。

能放弃继承或受遗赠导致遗产承受人共同体的成员发生变动,并溯及至立遗嘱人死亡时发生效力。

在遗产管理人负责遗产清算完毕后,依据遗嘱对遗产的具体分配方案进入第二阶段即遗产分割阶段。遗产继承人或者受遗赠人基于遗嘱内容,对遗产管理人享有遗产分割请求权,由遗产管理人从遗产承受人共同体移转具体的遗产权益给自己,属于基于法律行为发生的物权变动,自交付或登记时发生效力。若产生纠纷后由裁判分割,则属于第229条基于法律文书发生的物权变动,同样无须登记即发生效力。[1]

以遗嘱方式设立的居住权作为物上负担影响到房屋的市场价值,且涉及遗产债务的实现方式及拍卖变卖顺位等问题。如果遗嘱继承人或者受遗赠人未放弃继承或受遗赠,在第一阶段立遗嘱人死亡时,依据《民法典》第230条直接设立居住权,暂时性归属于遗产承受人共同体所有,无须登记。遗产清算完毕时如果房屋仍然属于遗产范围,在第二阶段遗产分割时,居住权人作为遗产承受人共同体的共有人,依照遗嘱对遗产管理人享有协助居住权登记请求权,适用《民法典》第368条,居住权自登记时设立。由于第一阶段设立居住权无须登记,第二阶段的居住权登记为首次登记;倘若由法院通过裁判分割遗产的方式设立居住权,自法律文书生效时居住权直接设立,无须登记。[2]

从遗嘱生效后到第二阶段居住权首次登记前,遗嘱确立的居住权人尚未独立获得居住权,该期间内如何保障其居住利益?以遗嘱方式设立的居住权具有保障功能,遗嘱确定的居住权人在遗嘱生效后首次登记前,作为遗产承受人共同体的共有人,在不妨碍遗产管理人清偿遗产债务的前提下,有权依据有效的遗嘱对房屋进行占有、使用和收益,此时遗嘱的功能类似于共有人之间就如何具体利用共有

---

[1]　参见汪洋:《中国法上基于遗赠发生的物权变动——论〈民法典〉第230条对〈物权法〉第29条之修改》,载《法学杂志》2020年第9期,第74页。

[2]　相同观点参见申卫星、冉超、李惠:《居住权制度立法供给与司法需求的完美对接——"邱某与董某某居住权执行案"评释》,载《荆楚法学》2022年第3期,第157页。

物所达成的分管协议。

(三)居住权登记义务人及居住权预告登记

在居住权登记生效的前提下,为了保障以遗嘱方式设立的居住权权利人利益,结合《民法典》新增的遗产管理人制度,应把居住权登记纳入遗产管理人的法定职责范围。[1]《民法典》第 1147 条第 5、6 项规定,遗产管理人应当履行的职责包括"按照遗嘱或者依照法律规定分割遗产"及"实施与管理遗产有关的其他必要行为",在解释论上均可涵盖办理居住权登记的义务。《上海市不动产登记技术规定》及《上海市不动产登记技术规定的补充规定》先行一步,规定遗产管理人可以代为申请居住权登记,并且要求首次登记时召集全部法定继承人或者遗产管理人当场确认设立居住权的情况,提交书面确认声明等材料。《不动产登记法》(征求意见稿)第 33 条也规定,因继承、受遗赠取得不动产申请不动产登记的,不动产登记机构可以根据遗产管理人等方式确认继承权并予以办理。

如果遗产管理人未履行居住权登记的法定职责,例如,未告知遗嘱继承人或者受遗赠人根据遗嘱获得居住权的事实、拒绝协助遗嘱继承人或者受遗赠人进行登记,依据《民法典》第 1148 条规定,"遗产管理人……因故意或者重大过失造成继承人、受遗赠人、债权人损害的,应当承担民事责任",居住权人有权请求遗产管理人承担赔偿责任,并且要求继续履行或协助履行办理居住权登记。

为了进一步保障居住权人利益,当遗嘱生效且继承人或者受遗赠人接受遗产后,遗产管理人未积极协助其进行居住权登记时,由于遗嘱与合同都属于意定居住权的设立方式,应当受到同等保护,应将设立居住权的遗嘱解释为《民法典》第 221 条及《不动产登记法》(征求意见稿)第 93 条中的"其他不动产物权的协议",因此应赋予居住

---

[1] 参见郭红伟、金俭:《遗嘱方式设立居住权的法律适用冲突及消解路径》,载《南京社会科学》2022 年第 7 期,第 89 页;屈然:《论我国居住权的设立方式与登记效力》,载《法学杂志》2020 年第 12 期,第 98 页。

权人办理正式的居住权登记前向登记机构申请预告登记这一临时保全手段。[1]

居住权人申请预告登记时,相较于居住权首次登记,可以适当降低提供证明材料的要求,例如,采取《不动产登记法》(征求意见稿)第 33 条规定的告知承诺制,减轻预告登记人的证明负担。预告登记产生权利保全效力,我国禁止权利人在预告登记存续期间擅自为处分行为,《民法典》第 221 条规定"未经预告登记的权利人同意,处分该不动产的,不发生物权效力"。

(四)居住权首次登记的具体方法

《民法典》颁布实施以来,《不动产登记暂行条例》与《不动产登记暂行条例实施细则》暂未对需要登记的权利范围进行修改,在中央法规层面,可将居住权视为《不动产登记暂行条例》第 5 条第 10 项的"法律规定需要登记的其他不动产权利"而予以登记。《不动产登记法》(征求意见稿)第 6 条中登记的权利类型第八项已经列明居住权,第 53 条规定了居住权的首次登记、变更登记和注销登记,其中设立居住权的首次登记包括合同、遗嘱或者生效法律文书三种方式,由此大致可以窥见未来颁布的《不动产登记法》会规定居住权登记的相关程序和内容。

在《民法典》颁布实施之后,各地陆续修订了关于不动产登记的地方性法规和地方政府规章,增加了依据合同、遗嘱、生效法律文书等方式设立居住权,由登记机关进行首次登记并核发居住权证明的内容,[2]但是除了《上海市不动产登记技术规定》,大都欠缺具体的登记类型、登记流程、申请人、申请材料、审查要点等内容。自 2021

---

[1] 参见汪洋:《民法典意定居住权与居住权合同解释论》,载《比较法研究》2020 年第 6 期,第 108 页。

[2] 参见《广州市不动产登记办法》第 27 条;《上海市不动产登记若干规定》第 27 条;《杭州市不动产登记若干规定》第 30 条;《浙江省自然资源厅关于进一步规范不动产登记工作的若干意见》第 2 条第 1 项;《上海市不动产登记技术规定》及《上海市不动产登记技术规定的补充规定》。

年以来,武汉、合肥、济南、长沙、石家庄、齐齐哈尔等市制定了居住权登记操作规范或登记办法,〔1〕对居住权首次登记的申请人、申请材料、审查要点等内容作了较为详尽的规定,为今后《不动产登记法》中完善居住权登记奠定了很好的基础。

立遗嘱人往往是在原本不存在居住权的房屋所有权上新设居住权,通过遗嘱把居住权和所有权给予不同的遗产承受人,因此以遗嘱方式设立的居住权在继承开始之前并不存在,因继承或遗赠而发生的居住权登记的性质属于首次登记,而房屋所有权因继承或遗赠而发生的登记性质为转移登记。多地的规范性文件皆规定居住权首次登记可以先于不动产的转移登记办理,也可以一并办理或者在不动产转移登记后办理。可见,居住权首次登记具有独立性,因遗嘱引发的物权变动两个阶段完成一次登记即可,类似于比较法上《德国土地登记条例》第 40 条等规定的省略登记。〔2〕 济南、石家庄、上海等地规定首次登记应当在不动产再次办理转移登记前办理,原因在于房屋第一次转移登记意味着针对该房屋的遗产分割程序已经完成,房屋产权业已归属于特定的遗产承受人,而再次转移登记意味着遗产承受人将房屋处分给第三人,此时应当保护第三人对不动产登记簿的信赖,第三人取得的房屋所有权上不存在居住权这一负担,因此不能于再次转移登记之后要求登记居住权。

是否一并申请办理居住权首次登记与房屋产权转移登记会影响登记申请人及申请材料,对此可分为三种情形进行分析:第一种情形是居住权首次登记先于不动产转移登记。《不动产登记暂行条例》第 14 条规定继承、接受遗赠取得不动产权利的可以由当事人单方申请,《不动产登记法》(征求意见稿)第 31 条承继了该条规定,各地登

---

〔1〕 以下分析内容所涉地方规范性文件和地方工作文件,具体参见《武汉市居住权登记操作规范(试行)》《合肥市居住权登记操作规范(试行)》、济南市自然资源和规划局发布的《关于开展居住权登记工作的通知(试行)》《长沙市居住权登记操作规定》、石家庄市自然资源和规划局发布的《不动产居住权登记办法(试行)》《齐齐哈尔市居住权登记操作规范(试行)》。

〔2〕 参见[德]鲍尔、[德]施蒂纳尔:《德国物权法》(上册),张双根译,法律出版社 2004 年版,第 321 页。

记办法也都认可由遗嘱确定的居住权人单方申请,申请材料根据《不动产登记暂行条例实施细则》第 14 条及各地的居住权登记办法,除了登记申请书、身份证明、不动产权属证书等登记所需的一般性材料,针对遗嘱设立所需的特别材料包括生效的遗嘱及遗嘱人的死亡证明。此时虽为单方申请,但是申请人应当召集全体继承人到场,书面确认遗嘱是否为生效的遗嘱。可见要求比较严苛,若继承人不配合易陷入僵局。申请人也可以选择召集遗产管理人到场书面确认居住权状况,鉴于遗产管理人负有协助办理居住权登记的义务,可以降低登记难度。

对此,济南和石家庄等地规定,如果提交的遗嘱形式为继承或接受遗赠公证书,则登记机构直接办理首次登记;如果提交的是其他的遗嘱形式,还需要登记机构审查其效力或者全部继承人确认遗嘱生效的书面材料。依照上述规定,公证遗嘱无须再经其他继承人书面确认,是居住权首次登记最为便捷的方式。《不动产登记法》(征求意见稿)第 33 条还规定申请人申请可适用告知承诺制,减轻申请人提供证明材料的负担,同时申请人应承担不实承诺的法律责任,也保护了其他权利人的利益,值得肯定。

第二种情形是居住权首次登记与不动产转移登记一并申请办理,由遗嘱确定的居住权人与全体继承人、受遗赠人共同申请,申请材料除遗嘱外,武汉等地规定不再需要重复提交遗嘱人的死亡证明。

第三种情形是居住权首次登记后于不动产转移登记办理,多数地方规定由遗嘱确定的居住权人单方申请,而石家庄市自然资源和规划局关于《不动产居住权登记办法(试行)》和《上海市不动产登记技术规定》规定申请人还应当包括现不动产登记簿记载的全部产权人。笔者认为此时的房屋产权人同样是依据遗嘱或者法定继承获得房屋,设立居住权与此时房屋产权人的意思毫无关联,何况此时的房屋产权人有何动力配合在房屋上申请设立居住权?且未办理再次转移登记之前,并不涉及潜在交易第三人的保护问题。因此,由遗嘱确定的居住权人单方申请可以有效避免房屋产权人不配合完成登记手续的风险,房屋产权人作为共同申请人毫无必要。申请材料除生效遗嘱外,无须另行提交遗嘱人的死亡证明。

四、结 论

遗嘱继承在私法史上是居住权最早,也是最重要的运用场景,主要着眼于为遗孀及未婚女等家庭成员提供生活扶助,平衡作为继承人的婚生子女与非继承人的遗孀之间的利益。以遗嘱方式设立的居住权属于意定居住权,鉴于遗嘱的无偿性、人身性等特征,呈现"意定设立+保障功能"的体系定位,区别于市场功能的意定居住权和政策性的法定居住权。以遗嘱方式设立的居住权属于遗产范畴,须区分"房屋所有权人以遗嘱为他人设立居住权"和"居住权人通过遗嘱将居住权移转给他人",前者不属于依照法律规定不得继承的范围。如果遗嘱为必留份权利人设立居住权的同时,通过分配房屋所有权给他人作为对价为必留份权利人的未来生活作出特别安排且足以维持正常生活水平,应认定符合必留份的强制性规范。

以遗嘱方式设立的居住权包括特定继承或特定遗赠,应被同等对待。应赋予居住权人遗产债务清偿层面的特殊保护,居住权劣后于其他遗产用于遗产债务清偿。立遗嘱人有权通过口头遗嘱和录音录像遗嘱设立居住权。夫妻共同遗嘱常与后位继承结合,宜解释为将房屋所有权由共同遗嘱指定的受益人直接继承、同时为生存配偶设立居住权,实现遗产向后代流转及预防遗产外散等功能。我国继承实践中还可通过继承协议这一死因处分行为设立居住权,协议人生前原则上不得撤回,可以与分家析产协议、赡养协议等捆绑订立于一份文件中,各自效力独立,协议各方也可通过约定、附条件等在协议间建立关联性。

应当区分继承的两个阶段来界定居住权的物权变动。如果遗嘱继承人或者受遗赠人未放弃继承或受遗赠,在第一阶段立遗嘱人死亡时,居住权依据《民法典》第 230 条直接设立,暂时性归属于遗产承受人共同体所有,无须登记。在第二阶段遗产分割时,居住权人依照遗嘱对遗产管理人享有请求协助居住权登记的权利,适用《民法典》第 368 条,居住权自首次登记时设立。若由法院通过裁判方式分割遗产,则自法律文书生效时居住权设立。遗嘱确定的居住权人在遗嘱生效后首次登记前、不妨碍遗产管理人清偿遗产债务的前提下,有权依据有效的遗嘱对房屋进行占有、使用和收益及申请预告登记。居住权首次登记可以先于、同时或者后于不动产的转移登记,但应当在不动产再次办理转移登记前办理,办理登记的时间会影响登记申请人及申请材料。

后　记
清华园里的第一个十年

　　本书的全部内容,写于 2012 年至 2022 年这十年。这是我在清华园(园子)从教的第一个十年,也是我成为一名父亲的第一个十年,以及从三十而立到四十不惑的十年。我想着利用出版本书的节点,用"春秋笔法"回忆并记录这十年来的点滴学术记忆与生活感悟,虽只关乎个人,却或多或少可以侧面映衬出一个时代留下的"雪泥鸿爪"。

一、起步

　　每一位"青椒"在学术起步阶段,往往都会选择进一步延续和深化博士期间的研究,可见博士学位论文选题的重要性和持续性价值。我刚去意大利留学时,龙卫球老师就敏锐地觉察到,罗马公地制度与我国土地国有以及集体所有制度高度相似,而且关乎大陆法系物权体系的生成,因此建议我把博士学位论文选题定为"罗马法上的土地制度"。回国之后,我日益发觉这个主题具有很强的当代价值与延展性,于是继续针对罗马法上所有权的概念史和用益物权体系的演进史,进行了全景式梳理,相关成果收录于本书前两章;并在后续借着《民法典》引进居住权的契机,扩展研究罗马法中的人役权,成果收录于本书第十一章。正是基于学术起步阶段对罗马法的梳理和研究,在正式入职清华大学后,我坚持每年开设"罗马法与现代民法"课程,从历史与当代两个视角讲授民法规范的缘起和流变,使我在将学术研究转向国内法之后，依然可以把罗马法作为研究的材料、方法和亮点。

刚来园子那几年，科研生活中印象最深的莫过于明理楼条件有限，我被安排在没有窗户的"小黑屋"办公。每到冬天，暖气片烧得发烫，且因线路原因无法调温或关停，"小黑屋"成了一座烤炉，一进去就头晕脑胀，根本没法集中精力写作。于是我们几位年轻同仁便驻守明理楼的"老法图"，开启了"打开 Word 就是干"的生活。虽然办公条件比较艰苦，但所幸老一辈学者总会不遗余力地对晚辈予以支持，让我们体察到学术界温暖而美好的一面。以本书第一章的发表历程为例，当年我写完便投稿到《环球法律评论》，有一天下午，接到一位带着浓重口音的陌生来电，"你好！你是汪洋老师吗？我是《环球法律评论》的主编徐炳……"作为时任主编，亲自给一位小"青椒"打了整整一个半小时电话，手把手教如何改论文。徐炳老师江湖人称"徐爷"，名实相符，过人甚远！

二、转向

留学回国的"青椒"，或多或少、或快或慢，都会面临研究对象、研究风格和研究方法转向的问题。我虽然在国内读了民商法专业的硕士，但在意大利主要研习罗马法，内容和风格都更偏向私法史领域。回国之际，恰逢法教义学研究突飞猛进，几年后又举步迈进民法典编纂的伟大时代，伴随这一历程的是纯粹的他国私法史文章在很多刊物上消失殆尽。因此，研究转向不可避免，只存在自主还是被动的区别。我记得博士后入站时正值汪姑娘刚出生，实在无暇他顾，于是想偷个懒，继续顺着博士学位论文选题进行博士后研究。当我到崔建远老师办公室呈递研究计划时，崔老师第一次严肃地批评我，"你已经回国了！还仅仅研究外国法怎么行！这不是清华大学民法学科的态度！你自己好好考虑考虑吧！"这番话"一语点醒梦中人"，让我以最快速度走出博士研究的舒适区,尝试转向研究中国法以及中国问题。几个月之后,我在"老法图"完成了本书第九章的前身《土地承包经营权继承问题研究》一文。文章刊出不久,有一次跟谢鸿飞老师喝酒,酒酣之际,他一边用大手使劲拍着我的后背,一边说道,"汪洋你小子,从罗马回来没多久,论文里就一个外文引注都没有了!你……"(此处省略一百字)我一时无法判断谢老师这是夸还是骂,只是感觉后背被拍得生疼。

我的研究方向转向中国法,也得益于备课和授课过程中的"教学相长"。清华大学民法学科每学期的教学任务由崔老师亲自安排,自博士后以来,我给本科生和研究生讲授过民法总论、合同法、物权法、亲属与继承法、罗马法与现代民法等多门课程,涵盖了民法知识谱系的多数内容,有时出于"自虐"的冲动,还会给自己加难度,比如,考虑到本院没有开设"合同法分则"课程,我便利用债法专题研究课系统讲授各类有名合同。伴随着《民法典》以及一系列司法解释的出台,每学期的大部分时间用于备课和更新课程内容。我不认同青年教师入职前几年不上课、专心科研的做法,讲课不只是为了满足"站稳讲台"的职业正当性,于我而言备课的乐趣也丝毫不亚于写作,不仅可以以此为契机补齐知识短板、拜读最新的文献资料,而且可以在授课互动过程中发现好的论文选题,或者在备课过程中觉察到民法不同板块之间的连结与互动。本书第四章至第十章聚焦的都是中国法问题,不少源自我在物权法、婚姻法和继承法授课过程中发现的问题,当我发现一个问题不太能讲得清楚的时候,就有了进一步研究写作的必要。

三、志业

如果学术研究是一项志业,而不单单是为了"数篇数、挣工分",那么在漫长的学术生涯中,如何让研究和写作长久保持新鲜感,便是一个需要认真对待的问题。我每每用一种套路写了两三篇文章之后,总会产生一种"工厂流水线式"论文生产的倦怠感,于是会尝试着换一个研究领域,或采用不同的写作风格和方法。以本书第三章的写作经历为例,我利用博士阶段每年待在国内的时间系统搜集、阅读和整理传统中国土地制度的文献材料。这些材料虽然没有体现在博士学位论文里,但帮助我深化并融贯了对财产权领域中西、古今、官民三个维度的理解。入职清华大学两年后的一个暑假,读完诺斯的论著,我产生了一种冲动,何不尝试运用国家理论和产权理论从功能角度重构传统中国的地权制度和交易类型?在写作过程中,当我用一整晚时间画出"传统地权秩序的理论模型"那张 XY 轴图的刹那,第一次强烈体会到了学术本身带给我的成就感,原来写论文也可以分泌脑内啡和多巴胺!那天深夜,我游荡于明理楼一层大厅,真想撞见哪位夜归人,分享这个寻常日子里的开心一刻。苏东坡曾写道,"时于此间,得少佳趣。无由持献,独享为愧,想当一笑也"。子瞻懂我!我懂子瞻!

论文完成的兴奋期过去之后,我感觉这种"不务正业风"的文章可能很难发表,便暂时静置在文件夹里。有一年秋天,北航召开海峡两岸民商法论坛,物权法分论坛一位发言嘉宾临时有事,龙老师让我顶替发言,于是我借机汇报了"传统地权秩序"这篇文章。当时评议嘉宾有苏永钦老师和陈自强老师两位大家,没想到他们对文章主题特别感兴趣,说了很多肯定和勉励的话,这让我萌生了投稿一试的勇气并有幸刊出。尔后很长一段时间,我都不敢再碰这类政治哲学、私法史与民法结合的主题,制度史并不比思想史容易,每一项具体制度的背后都联结着彼时的政治社会经济史。但就研究过程本身而言,偶尔"喜新厌旧"一下,可以让乐趣本身成为保有学术热情最原生的动力。

开始指导硕士生以及博士生之后,我便周期性举办"老汪读书会",书目涉及法学方法论、私法史、法经济学、社会学、政治哲学等领域。每两周找一个夜晚,跟学生们齐聚法图,沉浸于韦伯、滋贺秀三、阿蒂亚、拉伦茨、克莱默、卡拉布雷西、梅因、克诺伯、萨维尔等人的思想世界。办读书会的公心是提高学生们的"学术天花板",私心则是借着读书会逼自己啃啃经典,毕竟平日里更多的时候只是在"看文献"而非"读书"。黄山谷曾言,"士大夫三日不读书,则义理不交于胸中,对镜觉面目可憎,向人亦语言无味"。读书不跟上,两三篇文章写完,就会产生恐慌感,心知肚明,肚子里空了。读书会对我尝试不同的研究径路有很大的促进作用,比如,本书第四章的内容,就是在读完卡拉布雷西的《法和经济学的未来》之后,尝试着用"卡-梅框架"再造空间役权、公共役权与相邻关系的体系,使得整篇文章不是仅停留在法教义学层面,而是还观照国家权力在财产规则和责任规则下对土地开发利用的不同介入程度。再如读完滋贺秀三的《中国家族法原理》,我尝试对比分析传统与现代家庭财产法,完成了《貌离神合:家庭财产法对传统家观念的呈现》一文,这些都可以看作读书会的副产品。

四、园子

这是我在清华园里待的第一个十年,我要在后记里为园子保留一页情书。记得博士后入站那天正值大雪,我从明理楼出来,踏着厚厚的积雪,深一脚浅一脚地去工字厅人事处办理入站手续,走了好久好久,第一次对园子之大有了最直观的印象。入职两年后,有次招呼陆青去近春园吃饭,我们顺着校河一路绕行,竟然迷路了。直到汪小妹出生,全家搬到园子里居住,才借着遛娃的机会走遍了大小角落。在园子里待久了,有一段时间每次出清华东南门,都仿佛一下子回到嘈杂的凡尘,心态上竟然有一丝的不适应。

园子里我最喜欢夏夜的意境。北京的夏天总是湿漉漉的,每个深夜回家经过二校门与荷塘那一片,总能闻到一股夏夜独有的气味,它被包裹在一层薄薄的雾霭中,混合着虫鸣与露水,更显得夜的静谧、幽玄,那是一种连朱自清先生的《荷塘月色》中也未曾提及的气味。与家乡徽州春日的油菜花香、南方之秋温婉的桂花飘香,以及罗马被烈日烤炙后的草地的焦糊香一道,常常思而不得,甚至于近"香"情怯。21世纪了,为何影像可以被定格,而味道仍然难以留存?

整个北京,我最喜欢的便是海淀西北角的三山五园,那里处处透着一股高级且大气的美。我挑选的"新法图"七层的办公室,窗户几乎无遮拦地对着整个园子以及远处的西山胜景,我可以在工作间隙,眺望不同季节和风月下的"远山长、云山乱、晓山青",哼着"西山苍苍,东海茫茫",感受"物换星移几度秋"。记不清有多少个日落时分,最后一抹斜阳洒满了整个办公室,成就了萧飒的北国冬日里唯一的一抹暖色,我目送着夕阳垂落于太行山脉,直到"红霞万朵百重衣"。我非常笃定,就这景,这辈子,相看两不厌。

五、同道

学术写作这条道,如果要寻找一个意象,东坡笔下的"孤鸿"颇为适配,正所谓"时见幽人独往来,缥缈孤鸿影"。任何写作很大程度上都是孤独的,正如徐晋如评价晏小山说他是有精神洁癖的狷者,写作只为己,却动摇人心,而动摇人心是写作的最高境界。做学问写文章,一定要说出内心最想表达的东西,一定是"有病呻吟",这就是"为己"。但与此同时,若能有缘觅得几位"同道中人",相互论道、慰藉、滋养,就不至于自我陷入"孤单寂寞冷"的苦行僧模式。这方面我是幸运的,清北人法等高校的几位民法圈的老兄弟们,总会隔三岔五找由头聚众打牙祭。每季还得有那么一两回,在办公室干到夜里九十点,临时起意,微信邀约隔壁以及苏州桥的俩师兄,"累了!""喝点?""喝点!"合意达成,拎一瓶酒、找间街边小馆,聊到午夜、尽兴而归。第二天醒来,聊了什么内容已全然不知,只记得聊得很愉快。这,或许是中年学术男们最接近于嵇康的一刻了。

　　除了一众师友,可爱、聪慧、重情的学生们也成为我学术记忆乃至生命历程中不可或缺的一部分。一年又一年,迎来一茬新人,送走一众旧人,跟学生的年龄差距也从十岁增加到二十岁。有时会收到已毕业学生的来信,偶尔会借着出差的机会跟大家短暂重聚。师生之间的归属感和信任感,作为人与人之间纯粹而干净的情感联结,在校园里生成、发酵,并没有随着毕业而失散,相反,在"别后常忆君"的某个时刻,随着各自的成长而更受珍视。老师的职业提供了契机,但师生之情不是单方的,没有对价,却像"债"的关系,相互督促着成为更好的人。

六、感谢

　　本书各章内容的精简版,曾发表于《法学研究》《中外法学》《清华法学》《当代法学》《比较法研究》《环球法律评论》《河北法学》《学术月刊》《云南社会科学》《江汉论坛》《中德私法研究》等刊物,衷心感谢各家刊物的编辑老师、外审老师的提携与不弃!感谢在写作和发表过程中提供指点和无私帮助的各位师友!为了避免"拉大旗、作虎皮"的嫌疑,不再一一列上各位师友的名号,知恩于心。感谢北京大学出版社杨玉洁编辑、孙辉编辑为本书出版付出的努力!感谢我指导的博士生林婉婷对本书初稿细致而卓有成效的校对和整理!感谢我敬爱的父亲在扉页为本书题赠墨宝!感谢长绵翻译的极具格调的拉丁语书名!

　　2012 年我将出版的博士学位论文,献给了给予我生命的父母。本书,我要献给我的爱人何芳玲女士。歌德曾咏叹道,"永恒之女性,引导我们上升"。我的爱人、我的父母和岳父母,为了保障我有足够的时间用来研究和写作,承担了几乎所有的家务,我深知这些付出和牺牲并不是理所应当的。从"夫妻协力论"的角度,这本小书理应归属于"夫妻共同所有"。这也是我成为一名父亲的第一个十年,感谢汪姑娘和汪小妹,容忍我在无数个本应陪伴她们的夜晚或周末,跑去加班或出差,她们时常睡前在我的枕边留下一碟水果,果盘上的便利贴稚嫩地写着"gěi 爸爸"。如刘瑜所言,是她们,让我体验到生命层层开放的神秘与欣喜,让我放下所有戒备去信马由缰地爱。如果说从而立到不惑的这十年,我最大的感触是什么,那就是"家"的意义所在:

> 为他人而活,而不仅仅为自己而活,是多么幸福的一件事情。

汪洋

2024 年 12 月 7 日初稿于京沪高铁

2025 年 4 月 17 日定稿于清华园法律图书馆

图书在版编目（CIP）数据

用益物权论／汪洋著. --北京：北京大学出版社，2025. 6. --ISBN
978-7-301-36198-6

Ⅰ. D923.24

中国国家版本馆 CIP 数据核字第 202538XZ05 号

书　　　　名	用益物权论	
	YONGYI WUQUAN LUN	
著作责任者	汪　洋　著	
责 任 编 辑	孙　辉	
标 准 书 号	ISBN 978-7-301-36198-6	
出 版 发 行	北京大学出版社	
地　　　　址	北京市海淀区成府路 205 号　　100871	
网　　　　址	http://www.pup.cn　　http://www.yandayuanzhao.com	
电 子 邮 箱	编辑部 yandayuanzhao@pup.cn　　总编室 zpup@pup.cn	
新 浪 微 博	@北京大学出版社　　@北大出版社燕大元照法律图书	
电　　　　话	邮购部 010-62752015　　发行部 010-62750672	
	编辑部 010-62117788	
印 　刷 　者	北京中科印刷有限公司	
经 　销 　者	新华书店	
	650 毫米×980 毫米　16 开本　27.5 印张　439 千字	
	2025 年 6 月第 1 版　2025 年 6 月第 1 次印刷	
定　　　　价	89.00 元